U0486306

理论与战略

唐子农 · 著

时事出版社
北京

图书在版编目（CIP）数据

发展之道：理论与战略 / 唐子农著 . —北京：时事出版社，2019. 4
ISBN 978-7-5195-0259-1

Ⅰ. ①发… Ⅱ. ①唐… Ⅲ. ①发展中国家—发展战略—研究 Ⅳ. ①D501

中国版本图书馆 CIP 数据核字（2019）第 027198 号

出 版 发 行：时事出版社
地　　　址：北京市海淀区万寿寺甲 2 号
邮　　　编：100081
发 行 热 线：（010）88547590　88547591
读者服务部：（010）88547595
传　　　真：（010）88547592
电 子 邮 箱：shishichubanshe@ sina. com
网　　　址：www. shishishe. com
印　　　刷：北京旺都印务有限公司

开本：787 × 1092　1/16　印张：23　字数：375 千字
2019 年 4 月第 1 版　　2019 年 4 月第 1 次印刷
定价：130. 00 元

序 言

20 世纪 50 年代以来，在社会科学对发展中国家发展乃至全球发展问题的研究和探讨中，陆续出现并形成了各种不同的发展理论范型，“经济发展理论”是其中的主流理论，处于其他学科的前列，为其他学科研究发展理论奠定了基础。发展是一切事物最基本的属性，是社会科学研究的主题。发展研究属于跨学科的研究，发展理论直接影响到国家与社会的发展和进步，关系到发展目标的确立和发展战略的抉择。

《发展之道：理论与战略》试图从历史与逻辑的角度分析和阐述发展概念和发展范畴的演变，以及发展理论研究与认识的不断深化，从发展中国家的角度探寻发展的复杂性、特殊性和内源性，以揭示人类社会或国家发展的综合性、整体性和规律性。本书阐释发展理论和发展战略研究的主要观点，并依据发展中国家在发展过程中的经验教训和面临的问题，借鉴国内外学术的某些研究成果，提出对发展理论与战略研究的认知与观点。本书吸收过去的经验，探讨发展政策的目标，发展的动力源，以及发展理论对发展战略抉择的影响，发展战略取得的绩效，发展战略的制成原则与方法，战略实施、管理与控制论的体系。

人类社会一直在对“什么是发展”“为什么发展”“为谁而发展”和“怎样发展”进行不断地探索。其中“怎样发展”是最重要的。本书关于发展理论与战略的研究，就是试图深化对发展的探索，认识和解决“怎样发展”的重要性。本书专门章节论述追寻发展的梦想，讲述中国共产党不断探索中国的发展，取得了伟大的成效，创新和丰富了人类发展的理论。

人类发展体现了错综复杂关系的演变，又反映出不同国家的发展方式或发展战略的多样性。然而，无论什么发展关系、方式与战略都只有在正确的理论指导下，才能抵达发展的彼岸。本书认为，新发展、新变化来自新的理念、新的思想，也需要新的战略。摒弃发展的速度崇拜，确立绿色发展方式，制定持续发展战略的长远方向，借鉴世界各国发展的经验，可能使一个国家的未来发展更加清晰，战略效应将更加凸显。对发展的深刻认识产生新的理论，提升新的境界，引领新的战略。

理论对发展是重要的，而发展更需要有战略。没有战略，发展就没有清晰的航标。发展与战略的关系是一个历久弥新的议题，自古就被思想家们所重视。发展问题的研究不仅是发展理论的研究，而且是发展战略的研究，精准的战略可以促使发展立于不败之地。在现代社会，发展与战略的关系更显突出，不仅成为国际学术界关注和研究的重要议题，而且是各国政府领导人抉择发展战略和制定政策所需要的认识与思维角度。

本书力图从理论、战略、实践与经验方面论述，理论是人类社会发展的基础，是重要的思想支撑力量；战略是人类社会发展的指向，规范人们进行发展的行为。战略是一种智慧，其运谋方法不仅是谋智，而且是谋圣，即增强理论之认识，征服人之心，为发展之道共同奋进。对于发展，有了理论的认识，人们可以从内心去管理与控制发展行为，而且遵循战略的导向，有目的地进行发展，更有效地保护好环境与资源，真正地实现可持续发展。有了发展理论的准备，有了发展战略的准备，国家发展必将踏上金色的征程，实现梦想与目标，值得憧憬。国之发展，在于理论，重于战略；发展得失，由乎研究；战略得失，由乎管控。有了理论与战略，发展才能行稳致远。

作者希望通过本书，阐释国际社会特别是发展中国家发展的历程，借鉴好的经验与方式，且有助于任何一个国家，特别是自己的国家——中国，在未来发展战略或道路上不至于重犯他国在发展过程中所走过的弯路和教训。

本书是一本具有理论性与实用性相结合的著作，有助于人们系统了解国际社会研究发展理论与战略的变化及历程，帮助人们认识发展和把握发展，了解战略理论与方法，制成发展战略，开发战略管控，以促进国家的发展永居持续之境地。此书对研究人员、教学人员和学生，乃至各级政府部门、企业（公司）的战略决策者、管理人员、计划人员和一般工作人员都有参考意义。

本书自本人 2013 年退休后经历五年研究与撰写而成，感谢夫人郝卫红的支持，感谢时事出版社领导和编辑同志的帮助。此书谨献给关注发展问题的人们，谨献给研究发展问题的学者与学生们，谨献给在我工作时期给予己关心和帮助的同事们！

2018 年 7 月于北京莲香园

目 录

第一篇 追寻梦想与发展

第二篇　发展理论与研究

第三篇 战略研究与实绩

第一篇　追寻梦想与发展

不忘初心，牢记使命，高举中国特色社会主义伟大旗帜，决胜全面建成小康社会，夺取新时代中国特色社会主义伟大胜利，为实现中华民族伟大复兴的中国梦不懈奋斗。

——习近平在中国共产党第十九次全国代表大会上的报告

梦想属于每一个人，广大劳动群众要敢想敢干、敢于追梦。

——习近平在知识分子、劳动模范、青年代表座谈会上的讲话

中国人民的梦想同各国人民的梦想息息相通，实现中国梦离不开和平的国际环境和稳定的国际秩序。

——习近平在中国共产党第十九次全国代表大会上的报告

第一章／发展的梦想与战略

每一个国家、每一个民族、每一个人都有自己的梦想。不同的国家、不同的民族、不同的人，梦想不可能是一样的，况且不同的国家或社会在不同的发展阶段，梦想也是不一样的。然而，任何国家和民族，人人都有追寻梦想的权利。梦想是对发展的追求，只有战略才能实现追求发展的梦想。

追赶发达国家及其现代化，不仅是广大发展中国家的梦想，也促使发展中国家探索着各种不同的发展战略。通过发展战略，达到高收入水平与幸福生活是所有发展中国家的梦想。对于广大发展中国家来说，实现现代化、减少贫困、追求繁荣是一个共同的梦想。但是二战结束之后，真正能够实现现代化繁荣目标的发展中国家数量非常少，其主要原因就在于这些国家往往以西方发达国家发展的经验和理论为蓝本来指导本国的发展战略，从而导致出现经验与理论“水土不服”的现象。

在这个追逐梦想的舞台上和在实践发展战略的历程中，从来没有一个国家，能够像中国这样战胜如此众多的艰难险阻，把一个经济和社会相对落后的人口大国带入快速现代化的发展轨道。中国发展之道不仅是为发展中国家现代化树立了成功的典范，而且也为人类社会发展积累了宝贵的经验。

第一节　梦想与发展之简释

什么是梦？什么又是梦想？梦是想象，是期待，而梦想是信念的坚持，是理想的勇气和执著，是奋斗之精神。梦与梦想都是社会的客观存在对心理与思想上的反映。梦想首称为梦之意，或梦境之意，另称为理想之意，是人们追寻的目标，是一种希望或向往。梦想被看作是人们意思的表达，欲望的追求。没有梦想就不可能有所追求的目标。

梦是物理因素、生理因素和心理因素的反映。实际上，梦与人的社会环境、心理因素以及形体状况有着不可分割的联系。钱钟书在《列子张湛注—周穆王》中，对中国古代释梦之说讨论甚详，并提出了梦或成于“想”或成于“因”。梦，即所谓“体气之梦，因体内之感觉受触而成梦”。

从心理学的角度来看，梦是有意识看无意识的一扇窗子，或者说是一种潜意识的欲望。心理学家弗洛伊德认为，梦是潜意识欲望的满足，梦是人欲望的替代物，并以一种幻想的形式，体验到梦寐以求的本能的满足。当潜意识中的欲望之火由于现实的原因遭受压抑不能满足，而潜意识中的冲动与压抑不断斗争，形成一对矛盾，进而形成一种动力。这种动力使欲望寻找另外一种途径或满足，就成为梦。梦作为一种欲望的追求，正如人们所说“日有所思，夜有所梦”，梦的内容绝不是偶然形成的联想。目前已有研究表明，梦境是可以控制的。美国一项调查发现，64.9%的参与者能意识到自己在做梦，34%的人认为自己能控制梦境。控制梦境或许并非幻想。在现实中的梦，依据人的意识与环境变化，更可以控制梦的变化，为梦想而奋发有为。

梦想是人的大脑对社会意识状态的反映与发挥，社会意识越强烈，则梦想越真实。意识达到一定的程度，人就成为了社会的参与者、观察者，甚至是创造者。梦想是人的意识的强烈表达。意识可以让社会更精彩，意识可以让人在社会中生活得更强大，意识也可以让人享受实践的快乐与幸福。

梦想可以给人以跨越空间的想像与自由的表达。中国古代诗人对梦想有着奇特的想像，以宏大的表达，气势恢宏地寄寓了人们对世界沧桑的深切感慨。诗人李清照在一首记梦词《渔家傲》中写道：“九万里风鹏正举，风休住，蓬舟吹取三山去”，表达了对自由的渴望和对光明的追求。诗人陆游在梦中不忘保卫祖国的职责：“夜阑卧听风吹雨，铁马冰河入梦来”（《十一月四日风雨大作》）。陆游有一百多首记梦之作，有时“夜梦驻军河外，遣使招降诸城”，有时“梦从大驾亲征，尽复汉唐故地”。这些梦的表达折射出陆游的爱国精神，以梦写志，展现了陆游至老壮心不已的精神境界，也激励人们要胸怀报国之志。

个人的梦想可称之为自己的希望和要实现的一种目标，应是遵从实际情况做出的选择。虽然在现实中无法将梦想一下子实现，但个人却可以一步一步走向梦想。日本知名的马拉松运动员山田本一就是运用这个方法取得了胜利，他将超长的马拉松赛程间隔成一段一段的小距离跑步，这样就不会感到赛道没有尽头，轻轻松松就可以跑完。实际上，任何个人在实现梦想的路上也可以运用这个方法，可以将梦想划分成几个阶段，比如自己要想成为科学家，自己就可以先试着坚持每天阅读科学书籍和科学实验，不断积累知识与经验；如果自己想成为商人，就可以从学习记账和销售开始。梦想看似遥远，但如果人们能把自己的梦想划分为若干小目标，不断达成小目标，那就会发现正在一步一步接近自己的梦想，最终实现自己的梦想，达成自己的目标。要实现个人的梦想就要积累多一些实际经验与知识，才能更好地认清自己，才能让自己的梦想变得成熟和完善，否则那不能叫做梦想，只能叫"幻想"，如白日做梦。此外，要实现自己的梦想就要永不放弃，一定要看准方向，立足脚下，一步一步前行而走向成功。这就是希望，是梦想的曙光，激励自己奋发有为。

国家的梦想可称之为民族之梦和人民之梦。可见，"国家之梦"是民族和人民为主体的共同梦想，其基本内涵是国家发展、民族振兴、国家富强、人们幸福为目标的共同梦想。"国家之梦"体现了多元化的命题，即经济发展、社会发展、文化发展、政治发展、生态发展，以及军事发展，如此等等。从发展战略的视野来看，"国家之梦"就是强国富民的发展之梦。"国家之梦"可凝聚共识、激励人心、引领未来。国家之梦是伟大之梦，是促进发展之梦、探索战略之梦。梦想要激发力量、鼓励奋斗，离不开发展的深厚基础；梦想要开花结果、落地生根，更有赖于发展战略的强力支撑。只有坚持永续发展的理论与战略思想，才能不断促进实现国家梦想的物质与文化基础，加快国家的经济与社会发展，是实现国家梦想的必然要求和根本途径。

伟大的梦想，源于发展的基础。国家之梦的形成过程，反映出一个国家不断发展前行的过程。当一个国家或民族被外来欺压和剥削，国内战乱频仍、民生凋敝、经济萧条，何敢言梦？只有一个国家"站起来"，到经济发展"富起来"，再到整体发展"强起来"，才可能梦想成真，才可能听到国家发展强大之梦渐行渐近的铿锵足音。

只有通过不断发展，才能让梦想成为现实。国家富强、民族振兴、人民幸福的国家之梦，体现在国家物质硬实力和文化软实力的提升上，体现在更好的教育、更稳定的工作、更满意的收入等等，实打实的民生改善与获利之中。一个国家只有保持经济社会发展的旺盛活力，综合国力、社会生产力、人民生活水平得到极大提升，国家之梦才有最坚实的基础。国家梦想的实现需要经历艰辛的探索和不懈的奋斗，人类比以往任何时候更加清醒地认识到只有发展才有梦想，才能实现梦想。

国家之梦实质就是人民之梦，国家发展就是人民发展，而人民发展首先要国家发展，没有国家发展就没有人民发展。没有国家之梦，何谓人民之梦。因此，只有国家和民族的全面持续发展，个人梦想才能真正得以实现。同样，只有每个人为自己的梦想而充满激情和动力，“国家之梦”才能实现，才更加坚实，而更加美丽。

第二节　追寻“赶超”的发展梦想

发展中国家大多数是第二次世界大战后获得独立的殖民地、半殖民地国家，在民族独立后迫切希望改变其在经济上落后状态，尽可能实现快速发展的梦想。的确，殖民主义的瓦解与民族独立唤起了发展中国家新的发展梦想，许多发展中国家的领导人决心让自己的国家迅速赶上发达国家的发展水平，提高人民生活水平，并提出“发达国家如果在走的话，发展中国家就必须跑。”这确实反映了发展中国家对发展的愿望与梦想，而且相信自己能找到发展的“捷径”。因此，半个多世纪以来，发展中国家追求“赶超”的梦想，推行了“赶超”发展战略。

发展中国家推行传统“赶超”发展战略有其深刻的历史背景。自工业革命以来，人类开始从农业文明向工业文明过渡，资本有机构成提高、产业扩张和经济发展相互联系。因此，无论重商主义还是历史主义学派，都强调赶超发展对国强民富的重要意义，而广大发展中国家从西方资本主义国家的发展过程中窥见了实现民族独立和国家富强的希望，以“赶超”战略追寻发展的梦想。

这种赶超的梦想与发展战略开始于20世纪50年代，正好搭上了国际经济复苏和繁荣的班车，70年代中后期开始走下坡路，到80年代不断遭遇危机。实际上，20世纪50年代至80年代，发展中国家为追求发展之梦想，选择了两种发展方式或战略。其一，模仿发达国家的发展方式。发展中国家当时接受了西方发展经济学家的理论与思想的影响，追寻西方发达国家发展的梦想，以谋求国民生产总值迅速增长为目标，以西方发达国家的现代化水平为模式，以工业化为主要内容，以外延的增长为主要方式。而且一些发展中国家急于变革社会，改进生产关系，追求单方面的经济增长，而忽视了发展的多维性和建立科学管理体制的必要性。许多发展中国家在实行以工业化为梦想的"赶超"发展战略中，认为国家必须发挥主要作用，忽视了培育和发挥市场机制的作用；不信任国际商业投资，但又看到国内资本严重短缺和缺乏企业家，只得依靠国际援助。其二，冷战思维的影响和对发达国家资本主义扩张政策的忧虑，使发展中国家在政治与经济上实行相对封闭的发展战略。一些发展中国家认为发达国家利用跨国公司作为新的殖民工具，加深了对发展中国家的掠夺，也促使发展中国家加重了对发达国家的依附性。发展中国家要实现自己的发展梦想，就必须与发达国家"脱钩"，强调自力更生，倡导南南合作，在发展中国家之间建立区域经济一体化。一些激进的发展学家，诸如，普雷维什、辛格和阿明等，提出了"中心—外围"论和依附论，为发展中国家实现发展之梦而推行"赶超"发展战略提供了理论支持。

在"赶超"发展战略的指引下，发展中国家曾取得一定的成就，人口预期寿命有一定的提高，识字人口增加，健康有所改善，并大量投资在较长周期的设施部门，改进道路、港口、通信和电力。虽然发展中国家为促进和管理自己的发展积累了一定的经验，但在追寻发展之梦想选择适宜国情的发展战略上仍缺乏理论认识。发展梦想注重工业发展、城市发展和现代商业发展，而忽视了农村和农业发展。小农发展、小商发展、非正规部门发展、适宜技术发展在传统"赶超"发展战略中没有引起足够的关注和重视。低收入人口很难获得基本衣食住行的必需品，而教育、卫生和基础设施只有少数权贵们才能获得享用。

由于历史原因和自身实际条件的局限，发展中国家所选择的发展战略对实现其发展的梦想是很有限的。尽管在20世纪70年代以前，发展中国家有着比发达国家稍高的经济增长速度，但这只是其民族独立后百废待兴、经济基础差和经济基数小等原因所产生的。到80年代中后期，随着经济全球化趋势不断扩展，发展中国家内部存在的经济与社会、政治与军事的矛盾突显起来，致使“赶超”发展战略遇到了许多的困扰，发现自己的梦想并未实现，不仅没有赶上发达国家的水平，而且与发达国家的差距扩大，缺粮日趋严重，国内贫富悬殊，失业增加，通货膨胀严重，教育、科技、文化和卫生水平低下，生态平衡遭受破坏等等，出现了许多严重的发展问题。因此，发展中国家认识到摆脱困境的出路在于调整传统“赶超”战略，确立新的梦想与重构发展战略。

在国际发展学术研究中以寻求对发展梦想的再认识为开端，促进了发展理论的创新，探寻新的发展战略，强调从发展中国家的实际出发，重新全面地、整体地认识发展，尤其突出人的发展，并以满足人的基本需求为目标；发展方式上更注重民众参与、分散经营和采用适宜技术，并探求新的衡量发展水平的方法，重视生活质量的标准。进入21世纪，发展中国家对发展的认识进一步深化，虽然其发展仍面临各种困难，但对追寻发展的梦想有了更新的认识，对制定和实行适合本国的发展战略有了更充足的理论与实践认识。

许多发展中国家调整了战略，而非盲目追求“赶超”梦想，使发展速度和规模与自己国力相适应，同时努力促进农业发展，以提高粮食的自给能力。墨西哥、巴西和委内瑞拉等国，以及中东和东盟一些国家普遍压缩了过分追求高速增长的战略，注意“增长与稳定发展并重”。一些发展中国家调整产业和出口贸易结构，在积极扩大出口贸易的同时竭力减少不必要的进口。亚洲“制成品出口”国家和地区，由于产品更新换代，增强了贸易的竞争能力。许多发展中国家还采取了鼓励私人投资和向外资进一步开放的政策。印度政府不仅在发展战略中强调增加私营投资，而且放宽了对私人垄断资本和外资的限制，允许私人和外资进入以往只能有国家经营的部门，如石油、煤炭、电力、化肥和文化产业。21世纪第一个十年，亚洲国家掀起了市场化与私有化的浪潮，追寻发展的合作与发展的质量，而非洲许多国家进一步对外开放，寻求内外综合平衡的“赶超”发展战略。

第三节 中国梦的民族复兴战略

中国梦是历史的、现实的、未来的，也是发展战略的追求。中国梦凝结了无数仁人志士的不懈努力，承载着全体中华儿女的共同向往与追求，不断探索与创新发展战略。中国人民自中华人民共和国成立以来一直以自力更生和奋发图强的发展战略追寻梦想，而改革开放加速了中国的发展之梦想，进入 21 世纪中国更加接近实现民族的伟大复兴，其发展战略日臻完善而更加科学。因此，“中国梦”的定义就是“实现中华民族伟大复兴”的发展战略之梦，其战略核心的涵义是和平发展、国家富强、民族振兴、人民幸福；实施战略的途径是坚持中国道路、弘扬中国精神、凝聚中国力量；实现战略的要求是国家经济、政治、社会、文化、生态、军事、外交、安全等整体性的强大。

中国梦是国家发展之梦、民族强盛之梦、人民幸福之梦，具有鲜明的战略目标性。近代以来，当世界发展进入工业文明之时，中国却因封建专制统治的压制，闭关锁国、不思进取而逐渐衰落，而帝国主义的入侵与列强瓜分，迫使中国成为积弱贫穷的半殖民地半封建国家。帝国主义列强通过侵略战争，签订了数百个不平等条约，对中国进行疯狂掠夺，中华民族濒临亡国灭种边缘，遭受了深重苦难，中华儿女做出了重大牺牲。因此，中华民族儿女就开始了百年“中国梦”的辛苦求索、艰难追寻。直到 1921 年中国共产党成立以后，带领中国人民历经千辛万苦，付出各种代价，取得革命斗争和经济建设的伟大胜利，开创和发展了中国特色社会主义，从根本上改变了中国人民和中华民族的前途与命运，中国人从此站立起来，国家逐步走向富强，人民生活越来越幸福。因此，对中华儿女来说，实现中国梦就要推行中华民族伟大复兴的强国富民发展战略，这绝不仅是一句豪言壮语，而是有着十分深刻的内涵，标志着艰苦卓绝的奋斗，国家的持续发展与强大，对人类和平与发展做出巨大贡献。

中国梦想是发展之梦，就要坚持不断、持续、全面发展的整体战略思想。改革开放以来，中国政府始终坚持“发展是硬道理”和科学发展观的战略思想，促进了中国经济与社会发展的良好局面，为实现中国梦和创新发展战略夯实了重要的物质文化基础。现在，发展的内涵日益丰富，已经不是单纯的发展经济，而是包括经济建设、政治建设、文化建设、社会建设、生态文明建设在内可持续的全面性发展，是以满足人民日益增长的美好生活需要为目标的发展。发展的梦想就是要实干兴邦，促进全面发展，民族就会复兴，国家就会富强，人民就会幸福。

中国梦确立了两个百年奋斗的发展战略目标，即在中国共产党成立一百年时全面建成小康社会，在新中国成立一百年时建成富强民主文明和谐的社会主义现代化国家。这是在新的历史起点上，对中国梦新的具体追求。顺利实现两个百年目标，让每个中国人都能实现自己的“住房梦”“就业梦”“教育梦”“健康梦”，让中国人过上更加富裕、更有尊严的生活，仍然面临着巨大困难和严峻挑战。而战胜困难，梦想成真，都将有赖于在习近平新时代中国特色社会主义思想的指引下中国的持续发展。

中国梦是人民的梦，是人民幸福之梦。习近平主席指出：“中国梦归根到底是人民的梦，必须紧紧依靠人民来实现，必须不断为人民造福。”① 这段话深刻阐述了中国梦的根本属性，而且说明了实现中国梦的基本方式。中国梦的实现是一切为了人民，一切依靠人民，坚持把人民的利益放在首位。中国发展战略归结于人民的发展与幸福，始终要把人民利益作为基本出发点和归宿点，用人民利益的实现程度作为衡量的根本标准。中国梦是人民的幸福梦，就是坚持共同富裕的方向，保证人民平等参与、平等发展权利，维护社会公平正义，才是社会和谐、推动发展的重要战略选择。

中国梦的实现必须凝聚中华民族的力量，中华各族人民大团结的力量是推行中国全面发展战略的动力。中国梦是各民族的梦，是各民族强盛之梦，只要各民族紧密团结，齐心合力，为实现共同梦想而奋斗，实现梦想的力量就无比强大，各民族每个人为实现自己梦想的努力就拥有广阔的空间。生活在伟大祖国和伟大时代的中国各族人民，共同享有人生发展的机会，共同享有梦想成真的机会，共同享有同祖国和时代一起成长与进步的机会。有梦想，有机会，有奋斗，国家确立的发展战略目标一定会实现。全国各族人民一定要牢记使命，心往一处想，劲往一处使，十四亿人的智慧和力量就能汇集起不可战胜的磅礴力量。

国家发展，民族强盛，就不会遭受外来的欺凌。中国梦的战略追求不

---

① 习近平：《在第十二届全国人民代表大会第一次会议上的讲话》，2013 年 3 月 17 日。

仅寻求国家强大之荣光，而且决不再让中华民族遭受曾经的欺凌。只有国家发展，民族复兴，中国才能立于世界民族之林，而且中国发展之梦寻求人类共同发展，世界各国共享发展。世界共享发展不是坐享其成，而是相互合作，共同发展。只有发展合作，才有共享发展。当今，世界各国相互联系、相互依存的程度空前加深，各个国家都正在加速走向现代化，和平、发展、合作、共赢的思想深入人心。世界上每一个国家都有自己的梦想。世界正处于全球化与信息化的伟大时代，为各国实现梦想提供了前所未有的历史机遇。中国实现梦想的过程中，将始终走一条和平发展的道路，致力于开放的发展、合作的发展、共赢的发展。中国梦的实现，将带给世界的是更多机遇而不是什么威胁，更不是称霸，不仅造福于中国人民，而且造福于世界各国人民，造福于人类社会。

中国梦就要坚持中国共产党的领导，坚持中国特色社会主义道路，坚持全面与科学的发展战略思想。梦想连接发展，发展在于战略，战略决定成败，成败取决于是否坚持共产党领导。中国共产党的领导是历史的选择，人民的选择，也是中国发展的必然选择。中国发展正是在中国共产党的领导下，中国人民历经了千辛万苦，付出了各种代价，将中国实际和时代特征相结合与创新，坚持独立自主与开放的发展。中国发展战略是从改革开放以来近 40 年的伟大实践中走出来的，是从中华人民共和国成立近 70 年的持续探索中走出来的，是从近代以来 170 多年中华民族发展历程的深刻总结中走出来的，是从中华民族 5000 多年悠久文明的传承中走出来的。这一切证实了中国共产党领导的正确性，“没有共产党，就没有新中国。”中国共产党领导人民在中国发展过程中继承历史文明，不断艰辛探索，敢于创新实践，为中国特色社会主义发展道路奠定了深厚的历史渊源和建立了广泛的现实基础，为实施中国全面发展战略提供了保障。中国人民一定会继续坚持和开拓适合中国发展的社会主义道路，中国梦只有在中国共产党领导下，坚持中国特色社会主义道路和实施全面发展战略才能实现。

中国梦是国家的、民族的，也是每一个中国人的。国家好、民族好，人民就会好。中国梦一定要在坚持中国道路，坚持共产党领导，弘扬中国精神，凝聚中国力量，万众一心，众志成城，为实现中华民族伟大复兴而不懈奋斗。人民创造发展的历史，发展战略开创崭新的未来，中国伟大梦想必定实现。

第二章／探寻发展理论与战略

发展中国家追寻梦想，探索发展理论与战略经历了艰辛而不平凡的过程，其经验与教训导致人们对发展的认识和理论不断创新，并影响着发展战略制定和调整。这对人类发展产生了积极的效应，是弥足珍贵的。追寻发展梦想需要人们在理论上认清发展，制定正确的战略，才可获得有效的持续发展。对发展理论与战略的不断深入探究，可能就是对发展的反思与借鉴，可能帮助人们更加清晰地认识发展。

探索什么是发展（发展概念的认识），为什么要发展（确定发展的目标）和怎样去发展（制定发展战略，确立发展的途径与机制），这就是要研究发展理论与战略之间的关系。只有建立于充分理论认识的基础之上，发展战略才更具有科学性和实践性。

第一节　发展研究的功能性与原则

任何一种研究都是形成于社会实践的基础之上，适应当时社会发展的需要而产生。研究是理论认识的开始，只有科学的理论认识，才有正确的实践。发展研究的产生也是这样，发展研究是对客观发展实践的理论认识与反映，从而形成了现代发展研究的理论架构。现代发展研究形成于20世纪50年代，是对发展中国家发展问题研究的架构体系与方法，发展研究不仅探索解决发展中国家的发展问题，而且对探寻人类社会的发展规律和指导制定发展战略，都将起到重要的作用。

一、发展研究的功能性

发展研究对于认识社会发展和制定发展战略有着重要的功能性作用，主要表现为描述、解释、预测、管控等方面。

（一）描述

发展研究中的描述就是了解与认识发展（问题）研究对象的特点和状况，这是研究最基本的开始。在进行深入研究之前，正确地描述发展研究对象的状况是必要的。例如，描述研究对象的发展水平、在国际社会中的地位及其特征等。只要有了描述性的了解与认识，就能正确地把握发展研究对象的状况与特征，这是发展研究深入的基础。

（二）解释

发展研究中的解释是对发展研究对象的分析，是对发展过程与特点的形成原因以及相互关系等进行的诠释。如果说描述要解决“是什么”问题的话，那么解释就是说明“为什么”。例如，为什么随着全球化和信息化的扩展，各国的发展不断加快？同时又如何面对世界发展的激烈竞争？经济和社会发展包括哪些个阶段，各个阶段的关系及影响因素怎样？而不同国家又有什么差异？等等。只有对“什么问题”进行“为什么”的研究，才能对发展研究对象从一般认识上升到理论的解析。

（三）预测

发展理论研究中的预测是运用相关的科学理论与方法，依照一定的规律，通过一系列的逻辑推理，对研究对象以后的发展变化和在特定情景中的反应做出推断的过程。预测需要在掌握现有信息的基础上，对未来的发展状态进行推断与测估，预先了解和评估发展的过程与结果，以便更好地管理与控制。预测的方法与形式多种多样，主要是以现代科学技术与逻辑推演相结合，依据现有信息资料进行精密分析与推断后，对发展过程、状况与结果的预报性的判断，对制定发展战略和战略决策具有重要意义。

（四）管控

发展理论及战略研究中的管控，即管理与控制是研究的最高目标，根据科学理论与方法改变研究对象某一变量的决定条件或创设一定的情境，使发展研究对象产生理论预期的变革。管控功能对发展理论与发展战略的研究都起到重要的作用，充分发挥管控功能更有利于实现发展目标和最佳战略效应。发展是一个系统过程，有效的系统发展意味着最大程度地管控各种相关因素或全部因素产生最佳效果。

发展理论研究的四个功能是层次递进的关系，前一项是后一项的基础。正确的描述是合理解释变化关系的基础，只有合理解释才能产生正确的预测或评估，根据正确的解释和预测才能进行有效而合乎预测目标的管控。发展理论研究的四项功能，将以研究的基本方法性原则表现出来。

二、发展理论研究的基本原则

发展理论研究的基本原则是发展理论研究工作的指针和研究学者所持的态度。

（一）客观性原则

客观性是指事物存在和发展的必然性。客观性是不以人的意志为转移，即不能创造也不能消失，是不可抗拒的。任何科学研究只有符合客观事物的真实面貌，坚持实事求是，才能达到真理性的认识。发展是客观事物的存在，发展理论研究的客观性是遵循客观和实事求是研究的根本原则，违背了这个原则就会误入歧途，甚至导致反科学的结论。发展理论研究在于真实地揭示经济、社会、政治、文化等领域发展的规律及相互关系，因此坚持客观性研究发展理论应注意以下的问题。

第一，发展理论的科学研究绝非去论证或说明某一个决策，去附和预先的“结论”，而是为在决策前提供科学的依据，起到先行的作用。

第二，发展理论的科学研究必须从实际出发，而不允许从“期待”出发。从实际出发是科学研究的基本态度，那种符合自己“期待”的研究结果则采用，不符合自己“期待”的结果则舍去的做法，是违背科学研究职业道德的。

第三，发展理论的科学研究要求客观评论，对待任何一种研究成果，应持同等的评价原则，吸取精华去除糟粕，同时要避免重犯他人错误。

只有坚持客观性原则来研究发展理论，才能探究人类社会发展的客观规律。此外，研究发展的指标与统计也要贯彻客观性原则，坚持客观性的发展指标与统计是发展理论研究坚持客观性原则的重要表现。发展指标显示为发展的各种外部表象（外在表现形式），例如GDP、人均增长率等，能够被研究学者所科学测定和系统分析。客观指标的评测和分析是发展理论研究参数的依据，其反映出发展的时间、速度、阶段性等必须是客观的。

（二）矛盾性原则

发展理论主要研究社会或国家发展的规律和不同阶段的特征，而发展规律的普遍性和发展阶段的特殊性是相对的，而不是绝对的。随着各种条件的不同，发展规律和阶段特征在一定范围或程度内，可以发生某些变化，但是这些变化又是有限的，而不是无限的。发展规律普遍性和阶段特殊性的关系具有共性和个性的关系，即反映出发展规律和阶段特征与个别（国家）差异的关系。因此，在人类社会发展过程中，既有一般性和普遍性，又有特殊性和个别性，并统一形成整体，互相依赖，互相制约，这就是发展规律的突出表现。因此，对发展理论的研究，必须坚持一般与个别相结合的法则。

《矛盾论》指出“差异就是矛盾”，意指事物发展存在着不平衡。矛盾着的对立面之间存在相互依存、相互吸引、相互贯通的一种趋势和联系。因此，在研究发展理论中应注重和考虑发展的不平衡性，要做到具体问题具体分析。

（三）逻辑性原则

发展理论研究是要揭示社会或国家发展的辩证法规律，阐释发展是怎样有规律地从低级到高级、从简单到复杂的变化或变迁。发展的逻辑显示社会发展具有相互联系与内在作用的各种发展形式，而且是辩证发展的过程。对发展的各种形式的认识，就是对发展理论研究对象的认识。因此，对这些不同发展形式，就是发展理论研究的主要对象。社会发展过程是从最简单的变化开始而作为逻辑起点，发展理论研究的逻辑起点当然应从这种变化的最低级、最简单的形式开始。逻辑起点虽是低级和简单的，但仍包含复杂的发展现象与形式所固有的矛盾性。因此，发展本身就是矛盾，甚至简单的现象与形式也包含着发展的矛盾。这些矛盾的连续性产生和同时解决正好就是发展。①

发展理论研究的逻辑顺序不能主观随意地确定，必须有客观的依据。具体发展对象的各个方面，发展的各个阶段之间的内在联系，及其与周围其他对象的各种关系是错综复杂的，因此反映各种客观发展具体对象之间的联系方式也必然是多种多样的，不可能有千篇一律的固定模式。发展理论研究从抽象到具体的逻辑顺序就是从简单到复杂、从低级到高级的转化。另一方面，从分析与综合相互关系的角度来研究发展问题，就是从感性具体上升到科学抽象，再从科学抽象上升到思维具体，而成为一个完整的研究与认识过程。实质上，从具体上升到抽象，主要表现为分析矛盾的过程，而从抽象上升到具体，主要表现为矛盾逐渐展开的过程，即演绎的过程。任何社会发展都有其一般性、独特性和超越性，从抽象到具体、再从具体到抽象的认识过程。人们研究发展理论要遵循这种重要的逻辑原则。

（四）历史性原则

发展理论研究的历史性与逻辑性原则是统一的，表现为一种系统的逻辑体系。然而，这种逻辑体系不是任意虚构的，而是客观历史过程的反映。恩格斯说："历史从哪里开始，思想进程也应从哪里开始，而思想进程的进步发展不过是历史过程在抽象的、理论上前后一贯的形式上的反映。"② 这里所说的历史过程，既是所研究对象的历史发展过程，又包括人们研究和认识其历史发展的过程。发展理论研究坚持从抽象到具体，又从具体到抽象的逻辑过程，实质上也是遵循历史的原则，而且是对客观现实发展历史规律的概括反映，对指导制定发展战略有着重要意义。

历史性原则是历史唯物主义与现实实践意义相结合的基本方法，即从社会历史和社会现实的现象、事实的认识中，探索社会发展规律性与实践性。历史性原则在发展理论研究中表现为：一方面应看到发展的一般规

---

① 参阅恩格斯《自然辩证法》，北京：人民出版社，1971 年版，第 132 页。

② 《马克思恩格斯选集》第 2 卷，北京：人民出版社，1972 年版，第 122 页。

律、一般概念，与其反映的社会发展的历史过程具有本质上的一致性，也体现发展的历史过程内在联系的理论抽象；另一方面研究和分析发展历史的具体现象，在个别上升到一般的过程中实现理性的升华，得出对认识社会发展现象，对具体实践有直接指导意义的结论。因此，历史性原则要坚持理论性与实践性相结合的两个重要方面。

第二节 理论的影响与战略的机制作用

发展理论与战略研究简单讲就是提出“做什么”和“怎么做”的问题。在发展理论与战略研究活动中，能够正确而及时地提出问题，即选择“什么问题”，这是非常重要的第一步；然后才能提出解决问题的途径与方法。况且，发展理论研究要以战略思维和视野进行审视，才可能选择“什么问题”。因此，发展需要对其理论与战略进行研究。

发展的理论与战略是发展研究中两个不可忽视的有机整体，二者缺一不可。发展理论研究探索发展的基本内容、发展的基本规律和发展方向或道路与模式等一系列根本性问题，而发展战略是研究发展的目标、发展的途径、发展的重点、发展的方针以及发展的操作性方案（包含规划与计划）等问题的设计或制成，还包括战略实施与管理。一个国家、一个地区，甚至一个公司或企业，如何发展，如何制定战略，首先对发展在理论上要有深刻和清楚的认识。从发展中国家制定发展战略的经验教训来看，没有正确处理好这两者的关系，曾出现偏重于发展战略的设计，而忽略了发展理论的指导。因此，发展战略不仅难以适合本国发展的实情，而且可能出现频繁变换，今朝一个发展战略，没隔多久又出现一个新的发展战略取而代之；今朝进行一个发展“预测”，据此制定长期目标，很快又进行新的“预测”，又据此设计新的发展目标，而且一届新政府或一代新领导人任意制定新的发展战略取代原有的发展战略。不同时期的发展战略不是相互衔接与补充，而只是简单的相互代替。发展战略的不断更换，可能意味着人们进行的发展活动在不断地浪费，意味着发展现代化进程被人为地干扰，甚至被扭曲变形。任何发展战略如果不是基于科学发展理论的指导，肯定是不符合实际的，缺乏持久的稳定性，使发展的进程受到严重的影响，甚至出现大量资源的浪费，出现走弯路的情形。发展战略的制成必须以发展理论为基础，发展战略研究的理论认识将可帮助人们正确地认识发展和制定战略，对发展进行战略管理。

进入21世纪以来，国内外学术界都日益深刻地认识到一个民族的崛起，一个国家的发展，需要战略理性的高扬。现代发展理论与发展战略的研究在21世纪似乎显得更为重要，没有战略就不可能有更好的发展，也可能是一个民族和一个国家的衰落。21世纪发展战略环境对于中国和其他发展中国家显现巨大的机遇与潜力，一方面中国的崛起与发展正在产生震撼式的影响，所有发展中国家都面临着世界和平与发展的机遇；另一方面人类对发展战略文化和气势的理性认识，正在汇聚成一股强大的思潮，国家的振兴与发展必将伴随世界的发展和全球化的进程产生巨大的物质力量和精神文明。民族的复兴和国家的崛起必须要有发展战略，而且需要人们对发展具有理性的认识，具有战略思维和战略管理的能力。

发展理论与发展战略的研究是理论思维与战略思维的结合，其重点在于阐释发展理论与发展战略的关系，或发展理论如何影响发展战略，如何认识对制定发展战略的作用，而发展战略既是发展理论的实践，更是发展理论研究与认识的升华。发展理论与战略研究不仅是一条智慧的长河，而且是一种智慧的力量。

任何国家都要使发展成为有组织的社会化行为，战略就是行为规范、组织管理和促进主体性参与。战略作为约束发展行为规范的机制，其重要性与作用在社会（国家）发展的过程中显现和发挥。发展战略是规范发展主体的行为，而且是规范发展所服务的对象、方向、目标和措施的基础。

战略规范化是从发展系统的整体出发，对各环节输入的各项发展要素、转换过程、目标效益等确定制度、规程、指标等要求与标准，并严格实施规范，以使发展行为能协调统一地进行。战略规范是国家或社会发展整体性的客观要求，只有进行规范化，才能使主体（社会组织与人）统一意识，形成合力参与战略实施，而且是促进国家或社会法治的必然选择。

一个社会在发展过程中的发展行为如何，战略对发展行为进行规范的重要性与作用如何，是战略与发展关系研究的重要内容。发展被当作一个社会的整体运行过程来看待，不是个体或部分人的活动或行为，也不是某个部门或方面的活动或行为，而是遵循发展战略的规范，在国家和政府领导下的有组织和目标的社会活动。

第三节　发展理论与战略研究之趋向

一、发展研究广度与深度的增进

现代思维方式是从分析性过渡到综合性，考察一种科学研究活动必须从其体系与结构着眼，方可辩证地把握其研究的整体与全局。发展研究是全面考察人与自然、人与社会、人与人之间的各种关系，要研究其发展的结构、关系和整体，而不是零碎地、个别地观察与分析问题。发展理论与战略研究的领域已由经济发展扩展到社会、文化、政治和环境等多领域，表现为多元化结构，而战略目标由单向目标扩展到多向目标，具有多维性。在考察发展理论与战略研究的进展时，可以在观察和分析方法的基础上从整体和交叉两个角度加以分析，进行比较研究，探寻其增进和趋向。整体研究与交叉研究要灵活运用，使其配合，取长补短，并考虑多维变量，可称为“动态”研究。

发展理论与战略研究的整体化，主要表现为其研究的纵向深度和横向广度不断提升。近30多年来（自20世纪80年代以来）发展理论与战略研究的整体性变化，主要表现出两个特点：一是发展理论与战略研究领域中不断产生新的交叉学科；二是发展理论战略研究越来越向多维方向演进，从而产生多极目标的延伸。近几十年来，国际学术界在发展理论与战略研究中发现许多新的交叉学科，这种现象的产生既有其深刻的历史原因，也有其特定的现实状态。从历史原因来说，人类对世界的认识与把握存在两种形态，一种是整体化的综合性；一种是个性化的分析性。这两种形态是相互依赖、辩证的统一。作为人类对世界认识的结晶，当今的科学发展与研究表现出在高度分化、高度专门化基础上高度整体化的特性，新兴边缘科学或交叉学科的出现便是这种特征的体现。从这个意义上说，发展理论与战略研究中整体性与交叉性的出现，正是由科学发展与研究的大趋势所决定的，也是发展理论与战略研究不断深化的必然结果。从现实状态与要求来看，社会实践是推动科学发展、促进科学进步、产生新学科的内在源泉和根本动力。随着社会经济的发展，人类文明的进步，“认识自己”逐步成为人类共同的愿望，保持社会良好状态，改善人们愉悦的生活，成为现代人共同的需求，这也是发展理论与战略研究的范围不断扩展、新兴的交叉学科不断出现的外在原因。发展理论与战略研究整体性与交叉性的变化，直接指向人类的具体实践，人们逐渐把着眼点转向发展研究的应用方面，尽力解决实践问题和实际问题。

二、发展研究方法的增新

随着发展理论与战略研究的不断深入，随着现代科学技术和社会的迅速发展，发展理论与战略的研究方法也有了较大的进步，而实际上，研究方法的进步又加速了发展理论与战略研究的不断深入。现代系统科学方法论的运用，已经为发展战略的研究提供了新的视角。

系统科学方法观察和研究发展理论与战略的体系架构，体现出方法的层次性。发展理论与战略研究包括一系列的概念、规范、范畴和规律，是多层次的结构。不同层次有其特定的研究范围，但不同的层次总是相互联系、相互作用，从而构成发展研究体系的结构。发展研究对象的扩大，要求研究方法多样性和互补性，必须适合于不同领域和不同方面发展研究的不同特点。

现代系统科学原理成为发展理论与战略研究的方法论基础。所谓系统科学原理是指系统论（System Theory）、控制论、信息论、协同论（Synergetics Theory）和突变论（Mutation Theory）等的基本思想和方法。尽管这些理论产生的时间和关注的问题不同，但它们的许多基本概念、思想和方法却是相通的，其实质是各有侧重地探讨系统的结构、功能及其变化的发展趋势。具体地说，系统科学方法是指按事物本身系统性，把研究对象作为一个具体且有一定组成、结构和功能的整体来加以考察和分析的方法，即从整体与环境、整体与部分、部分与部分之间的相互联系、相互制约、相互作用的关系中综合地研究特定事物及其发展的方法。因此，由系统科学原理而演变成的系统科学方法就具有了普遍的方法论意义，成为发展理论与战略研究的方法论基础。

系统科学方法对发展理论与战略研究的指导作用至少包括三个方面：

其一，系统科学原理有助于建立发展理论与战略研究的整体发展观。系统的方法要求将社会（或国家）发展看做是一个有机的系统，这个系统一方面可能是一个更大系统（例如，全球系统）的子系统；另一方面，社会发展本身就包括着许多子系统，以及不同层次、不同水平、不同序列的亚系统。高层次的系统整合着子系统，但不是子系统功能与特点的机械而简单相加。作为一个开放系统，社会发展通过信息的组织、转换和自行调节，不断地从无序到有序，或再从无序，或初级有序，经过涨落到更高的有序状态而向前发展着。这样就使得社会（或国家）发展表现出整体性、结构性、层次性和动态性的特点。

其二，系统科学原理有助于人们对发展理论与战略确立科学的研究思路。从系统科学的角度来看，任何事物不是孤立存在的，而是在与其他事物的相互作用中存在并确立自己位置的。系统方法的运用更有利于处理发展理论与发展战略制定的关系，把握正确的发展战略方向，采用科学的发展方式，实现更大的社会效应。

其三，系统科学原理对发展理论与战略研究的方法有重大的影响。在考察和分析社会（或国家）系统结构的从属与包含关系时，对发展理论与战略的研究使用原有的一般研究方法是远远不够的，必须借用其他学科的研究方法，与其他学科联合，共同探讨社会（或国家）发展的规律。况且，单变量或单维的分析和某一方法的运用，显然不足以探讨社会（或国家）的发展及其规律，采用多变量或多维的分析，多方法综合运用成为发展理论与战略研究的趋向。

三、发展研究的跨界性与生态化取向

发展理论与战略研究是综合性与复杂性的系统工程，决定了其研究方式的综合性与复杂性。因此，近几十年来，发展理论与战略出现了研究方式的跨学科与跨文化特点，表现为跨界性。

发展理论与战略研究的对象是社会（或国家）发展的各种关系及其规律，所涉及的内容是纷繁复杂的。发展理论与战略研究的许多问题常常不是一门学科所能承担和解决的，从多学科的角度研究社会（或国家）发展规律，探究发展中各种现象，解决发展中的各种问题，就成为当今发展理论与战略研究的一个新特点。这种跨学科的研究有两种不同的水平：其一，发展理论、战略研究与经济学、社会学和政治学领域内的其他有关分支学科的协作，这种多分支学科协同的研究方式，使各分支学科之间形成

相互联系、补充和促进的动态过程，大大地促进了发展理论与战略的研究；其二，发展理论与战略研究与经济学、社会学和政治学之外的各有关学科的合作。发展理论与战略研究所涉及的许多问题，除需要与经济学、社会学和政治学领域内各分支学科加强合作之外，通常还要与其之外的相关学科加强合作研究。例如，生态学、哲学、历史学、心理学等等。

随着发展理论与战略研究的不断深入，人们越来越重视不同文化背景对发展行为的影响，从而寻求不同社会（或国家）文化背景中不同发展行为的表现和心态的类似性和特殊性，即探究哪些发展规律是在特定文化背景中存在，哪些发展规律在各文化背景下均普遍地存在。作为研究方式的一种新趋势，跨文化研究涉及如何根据不同文化类型进行研究。

发展理论与战略研究的生态化是 20 世纪 80 年代以来西方发展理论与战略研究领域出现的一种新趋势，探寻社会（或国家）发展行为和目标与自然环境、社会环境、文化环境中各种因素的相互作用，从而揭示其发展与变化的规律。生态化是指以生态文明为导向，以当代生态学原理为理论基础，以维护自然环境和促进自然与社会的和谐，实现可持续发展为宗旨。发展研究生态化最基本的要求是树立生态行为的发展意识和创建生态关系与系统的发展战略。从生态学的观点来看，发展行为是在真实的自然和社会环境中进行的，其发展行为要受到多种因素的约束，而这些因素之间又相互作用，相互影响，是一个完整的系统。一个社会（或国家）发展水平、特点和变化，都是其系统中各种因素相互作用的综合结果，发展研究就是在其中揭示变量之间和现象之间的因果关系。正是在生态化趋势的影响下，发展理论与战略研究不仅要十分重视整体性研究与交叉研究的运用，而且要创造更多先进的研究方法。

第三章／发展理论引领开创未来战略

人们追求发展的梦想，对发展的理论认识也越来越清晰，当代发展具有综合性、系统性、整体性。为了实现发展之梦想必须确定方向、目标、方法和机制，这就需要制定发展战略。只有在正确的发展理论引导下，才可能制定科学的发展战略，才能达成发展梦想之目标。发展不仅是一个国家的事情，而且是全世界的事情。发展需要人类社会协调和一致的行动，才可能取得更有效的成果。

不同国家发展具有许多不同的经历，也取得了不同的丰硕成果，在挫折和喜悦中砥砺前进，积累了闪烁的经验与智慧。不断开拓发展理论的新认识，将促进未来发展更加清晰而顺畅。

中国人民在中国共产党领导下坚持走中国特色社会主义道路，对发展的理论认识实现了超越，发展征程跨越了时代，取得了穿越时代的成效，为人类发展创立了典范。

第一节　发展的认知与探索

发展是人类社会的主题，发展在当代社会已成为人们普遍认知的一个词汇。然而，人们对发展认识的不断深化并形成“发展理论”，却经历了艰辛和复杂的过程。

发展一词的涵义有一般意义（广义）和特定意义（狭义）之分。实际上，发展具有多种涵义，发展过程具有多维性。人们一般把发展理解为泛指某种事物的增长、变化和进步。在此含义上，与增长（Growth）视为同一语。发展是东西方理论宝库中最古老最有影响的一种思想，界定为机体组织中具有稳定性、累积性、不可逆转性和目的性。从严格意义上来说，发展尤指一种事物持续的系列变化，特别是整体的结构性和协调性的变化。这种变化可能是由于演进的因素，也可能是环境或外部冲击的影响。况且，这种变化既有量变，也有质变。量变与质变的结合才可能构成真实的发展。

人类对发展的研究自古已有之，但作为当代社会科学意义的发展研究兴起于20世纪中叶，并形成“发展理论”（Development Theory）。发展理论研究是在不发达国家（或不发达经济）发展的基础上产生的。不发达国家如何朝向发达国家水平发展是发展理论探索的方向和目标。

发展理论是研究一个社会或一个国家从不发达社会向发达社会演进变化的全过程，包括其内因、外因、社会文化背景、发展的特点和规律；简言之，就是研究不发达社会（国家）向发达社会（国家）发展的特点和规律。社会或国家发展的过程中表现出量和质两方面的变化，同时与国际社会有着密切的关系。这种过程中既表现出连续性，又表现出阶段性，因而形成不同社会（国家）的不同发展特征。发展理论正是研究不同社会或国家自身发展及其与国际社会发展的各种关系与特征。

任何一个社会、一个民族或国家都面临各种发展问题。一个民族或一个国家对发展理论认识的变化，反映出一个民族或国家在发展过程中不断成熟的表现（或进入不断成熟的阶段）。只有在理论上对发展问题有了比较深刻的认识，才能制成有效的发展战略，更有效地解决发展中的问题。发展是在历史的过程中构建起来的一种架构体系，其中经济是基础，社会是本体，政治是主导，文化是引领，生态是条件，法律是保障，国力是方向，人民是核心。发展是以增强国力为方向，只有国力增强了国家安全才能保障，人民生活才能稳定。但在国力发展的方向中，人力发展或人的发展是核心，没有人的发展，国力就不可能强大。

人类社会一直在对“为什么发展”“什么是发展”“为谁而发展”和“怎样发展”进行不断地探索。中国共产党也在探索中国的发展，不断创新和丰富了人类社会的发展理论，并取得了伟大的成效，中国人民一直对中国的发展道路充满着信心。

人类社会发展是人的主动性与自觉性的发展。这种发展只有在科学理论认识的基础上才能实现，需要有科学理论的研究。现代发展学术研究认识到，发展理论的深化是随着实践而深化，而发展理论的深化又反过来影响着发展的实践。这个理论的基本特征表明，实践是发展的本体和存在方式，时间是人类发展的空间。按照现代科学发展观，社会发展归根结底是人的发展，而只有人掌握了科学的发展理论，才能使发展真正体现人的主动性与自觉性。发展的认识与理论探索和研究是永无止境的，而实践和创新就是当代中国和人类发展的强大动力。抓住时代提出的一些重要发展问题，进行科学的思考，这是理论联系实践的表现。中国与人类的整体性发展，需要科学的理性思考，构建中国与人类的持续发展的结构体系，需要有特殊的定位和探索。在当代，随着中国综合实力不断增强，要实现中华民族的伟大复兴，需要有一种理论自觉和思想自觉。这种自觉就是关于发展的理论与思想探索，主观上就是力图去完成这种理论与思想自觉的历史使命。中国发展和人类发展一样，呼唤科学的理性和思想的自觉性。

发展理论是第二次世界大战后出现的关于发展中国家发展的理论架构和制定发展战略的思想基础，而这种理论架构促进了人类认识发展，探寻正确的发展战略。人类对发展认识的理论进步与发展战略所产生的效应，促进了在21世纪第一个十年出现了两个重大的变化：一是许多发展中国家崛起，亦称“南方的崛起”；二是中国2010年经济总量达到全球第二，中国成为世界发展的驱动力，2017年中国对世界经济增长贡献超过了30%。在人类社会发展历史中，这两个巨大变化增强了发展中国家的整体势力，标志着世界发展的大格局正在改变。

第二节 发展研究在中国的兴起

中国对发展理论的研究，虽然受到国外发展理论的影响，特别是在改革开放初期引进了许多发展理论，但在此之前，中国对发展早就有了认识，并形成了发展理论的思想基础。

中国古代就有“天人合一”的发展思想，来源于中国古代哲学思想的“整体观”，这是中国人对发展的认识不同于西方的重要特征。中国人的“整体观”是把“天、地、人”统一起来分析和认识人类社会的发展，是对发展活动和相关的事务以及社会现象的全面认知，是对人的能动性和社会性的全面把握。“整体观”强调人对发展活动的社会背景、文化背景、生态背景以及道德和精神作用的协调与统一性，是从哲学的高度来认识和研究发展的规律性。发展是“天、地、人”相互对立、相互依存、相互影响的密不可分的矛盾统一整体。现代中国发展理论正是继承了古代关于发展的哲学思想，对发展有了科学正确的认识，也就把握好了发展的方向。

一、中国发展理论的形成与特征

新中国成立以来，发展理论基本上形成于四个阶段，每一阶段都具有不同的特征。

第一阶段（酝酿期），从新中国诞生到中国的改革开放（1949—1978年）。在这个阶段中，虽然受“文化大革命”的影响，但许多中国社会科学家以各种不同的方式从事发展理论的探索，主要是验证国外发展理论研究，对比国内外经济发展的异同点，揭示中国经济发展的特点。以中国经济发展为研究对象，重新验证外国发展理论研究的成果，是中国发展理论研究的第一步。这种研究不仅可以吸取外国发展研究的精华，从中探寻人类社会发展的共同性，而且比较系统地研究了中国社会发展的特殊性。通过这个阶段，为中国的发展理论研究奠定了基础。

在这一阶段早期主要是受到苏联发展理论的影响较大，在后期开始关注西方的发展理论。

第二阶段（形成期），从改革开放到20世纪90年代初。在这个阶段，中国社会科学家所做的工作，主要是研究中国经济和社会发展的特有的重要现象，也就是揭示在中国文化、社会和政治背景下经济发展的特性。探索中华民族文化背景下中国经济发展的方式，是中国发展理论研究的一个重要方面，也为中国发展理论奠定了生长点和立足点。

在这一阶段，国际传统发展理论对中国的改革开放起到了影响与作用：一是利用跨国公司引进技术和资金；二是利用劳动力的成本优势，发展对外加工贸易，改善国际贸易结构；三是发展沿海工业，建设沿海城市；四是以GDP的快速增长带动其他方面的发展。

在这一阶段，中国要发展，就要以经济建设为中心，确立了发展是硬道理，但如何发展却在探索，提出“摸着石头过河”思路。

第三阶段（整合期），从20世纪90年代开始到21世纪初。在这个阶段，中国社会科学家所做的工作主要是修正西方发展理论中的旧概念与旧理论，创立发展理论的新概念与新思想，以适用于中国经济与社会发展的特点。中国社会科学家把诸如“天人合一”、主动与被动、持续发展与阶段性、改革与开放等观点、思想、理论整合起来，将宏观与微观研究统一起来，对各种问题提出新的见解，提出了一系列创新的经济与社会发展理论，为人类发展理论研究做出了重要贡献。

在这一阶段，中国政府关注“以人为中心”的发展问题，注重经济与社会之间的发展关系，生态环境与经济发展的关系，加强企业的科学管理与国家宏观发展的协调。

在这一阶段，发展目标有了明确的设定后，对如何发展有了清醒的认识，制定出科学的政策与方法，对发展有了更自觉的意识和主动性，提出梯度发展理论，以沿海发展带动落后地区发展，促进西部大开发，而且更为重要的是提出了把发展作为中国共产党执政兴国的第一要务。

第四阶段（创新期），从 21 世纪初至今。在这个阶段，中国社会科学家主要是在研究内容和方法上改进和创新，积极寻求适合于中国实情的发展理论与方法，形成适合中国特点的科学发展理论体系，逐步建立完善的发展机制。

在这一阶段，创立了科学发展观，推动绿色发展，坚持全面协调可持续发展，坚持五位一体总体布局，即经济建设、政治建设、文化建设、社会建设和生态文明建设，而且中国共产党的代表大会首次提出“以人民为中心的发展”思想。

在这一阶段，中国发展的道路更加坚定，发展的方向与目标更加明确，发展的政策与方法更加清晰，发展的效应更加有利于国家和人民的利益，也使得人民更加坚信中国共产党的领导和中国特色社会主义道路。

二、发展理论中国化的基本途径

人类社会正在朝着理性化、科学化、综合化、整体化、一体化和全球化的方向发展。因此，发展理论的研究日益深化、细化、系统化和全景化。中国的发展离不开世界，离不开全球，与各个国家的发展相互依存。中国社会科学家仍需进一步借鉴外国研究的成果，创新中国发展理论的研究，为中国实现持续发展提供理论与思想基础。

（一）摄取

中国学者对国外研究的发展理论成果不仅高度重视，而且不断摄取其精髓，用以促进中国发展。中国与外国发展理论的研究各有特色，但也有差距。差距主要表现在研究课题、研究方法、研究手段和工具等方面。有差距就得学习，就得引进，就得摄取其中的精华。然而，任何一个国家的发展理论研究都带有一种地域性文化的社会背景，都含有其特殊的内在因素。

（二）选择

在摄取外国发展理论研究成果的要素和精华时，绝对不能全盘照搬，而要加以适当选择。选择就是批评地吸收。中国社会科学家在摄取外国发展理论的成果和精华时必须坚持马克思主义的立场，保持分析、批评和选择的态度。中国与外国发展有共同的特点，即存在着普遍性，但更重要的是具有不同的特点，即特殊性。如果照搬外国发展理论的成果，势必失去客观性和真实性，也会影响中国发展理论研究的科学性。

（三）创新

中国发展理论研究在于创新，即中国化，适用于中国发展。中国发展理论研究的创新必定有着本民族、本国家的特点，这就要求对外国发展理论有选择性地摄取之后，需经过一个中国化的过程，与中国特殊性相融合，即创新过程。不管中国学习美国还是学习欧洲，最终目的还是要进行中国化的发展理论研究。这就要求中国学者做到扬长避短，首先应当从方法论角度来分析各自的特点，以便在研究时能取其所长，去其所短。在这个基础上，中国在研究发展理论的时候，应当加入中国式的想法和看法，中国社会科学家要自觉地把中国的国情融入发展理论的研究之中，并且在理论和实践上能推陈出新，有所突破。

发展理论研究是一门科学，科学是没有国界的。中国社会科学家所进行的一切研究，不仅是为了中国发展，也是为世界（人类）发展及其理论研究做出贡献。这种人类观点的提出和出发点是与发展理论研究的中国化相辅相成的，更能促进发展理论研究的本国化。因为发展理论研究的本国化，主要是各国的发展理论学者在研究工作中更能做到从研究本国出发，准确地发现本国发展的特点和规律，提高其实用性与时代性。只有这样，才能彻底地揭示不同文化背景下人类社会发展的相同点和差异点，为世界发展理论的研究做出应有的贡献。

第三节　科学发展理论与整体战略布局

中国人民在中国共产党的领导下经过长期的艰辛发展历程，坚持自力更生、奋发图强、改革开放、发展生产力，探索出适合中国特色的发展道路，提出了科学发展观的理论，确立发展的总体布局，创立了新时代中国特色社会主义思想。中国共产党在十七大报告中指出："科学发展观，是立足社会主义初级阶段基本国情，总结我国发展实践，借鉴国外发展经验，适应新的发展要求提出来的。"科学发展观不仅为世界发展中国家的发展提供了宝贵的实证经验，而且为人类社会的发展理论（包括马克思主义发展理论）做出了重要贡献。

1945 年在党的"七大"会议上，毛泽东提出了"为中国工业化和农业现代化而斗争"的号召。在党的七届二中全会上，毛泽东又进一步提出"使中国稳步地由农业国变为工业国，把中国建设成一个伟大的社会主义国家"的历史任务。依据中国发展的经验教训，毛泽东力图突破苏联发展模式，努力探索和寻找适合中国的发展道路，撰写了《论十大关系》等多种关于发展方面的著作。虽然遗憾的是没有能够坚持下去，遭受了"文化大革命"的劫难，但毛泽东领导新中国进行社会主义建设的时间内，基本实现了从农业国到工业国的历史性跨越。美国耶鲁大学教授莫里斯—迈斯纳称毛泽东时代为"世界历史上最伟大的现代化时代之一，与德国、日本和俄国等几个现代工业舞台上主要后起之秀的工业化过程中最剧烈时期相比毫不逊色。"

"文化大革命"的结束进一步为中国发展开启了新的历史时期。邓小平以敏锐的眼光认识到 20 世纪末期是中国发展面临的世纪性机遇，提出了"改革开放促进生产力"的发展理论。"改革开放"解放和促进生产力，成为中国发展的新动力。邓小平指出："为了发展生产力，必须对我国的经济体制进行改革，实行对外开放的政策"，"经验证明，关起门来搞建设是不能成功的，中国的发展离不开世界”，“中国要谋求发展，摆脱贫困和落后，就必须开放”，改革与发展。[①] 邓小平提出的发展理论的核心是改革开放，解放和促进生产力。

进入21世纪，中国共产党继续带领中国人民探索和实践适合中国特色的发展道路，结合几代中国共产党领导人领导中国发展的经验与教训，提出了科学发展观。科学发展观是关于中国总体发展的思想体系，涉及发展本质、内涵、目的和方式，是发展理论与发展战略的核心基础。科学发展观提出了为谁发展、发展什么、如何发展的根本问题。什么样的发展观（即发展思想）决定着什么样的发展道路、发展模式和发展战略，对发展的实践具有根本性、全局性的统领作用。

科学发展观作为思想体系首先明确了发展的战略方向，中国共产党提出了始终坚持社会主义发展道路，坚持公平与正义，消灭贫困与共同富裕，才是中国特色的社会主义；其次明确发展的战略本质，坚持“以人为本”，就是以人民群众为本，就是要着眼于人民的根本利益，促进人的全面发展，解决了“为谁发展”的问题；其三明确“物质文明和精神文明的共同发展”的思想，就是解决“发展什么”的问题；其四确立“全面协调可持续的发展”，解决了如何发展的问题。

科学发展观的思想核心是发展的全面性（即整体性与系统性）、协调性（即平稳性与均衡性）、持续性（即不间断与永恒性）。全面发展是“科学发展观”关于发展范畴的认识，就是以经济发展促进社会的全面发展和人的全面发展。协调发展是“科学发展观”关于发展形态的认识，就是要促进社会主义物质文明、政治文明和精神文明的协调发展。可持续发展是“科学发展观”关于发展时效的认识，就是要在开发利用自然资源中实现人与自然的和谐相处，实现经济和社会的平衡与持续发展。因此，全面发展、协调发展和持续发展具有内在的一致性，相互贯通，相互渗透，相互作用。

党的十八大以来，以习近平同志为总书记的党中央在深化对中国发展认识的基础上，提出了“创新、协调、绿色、开放、共享”的发展理念，同时确立了“全面建成小康社会、全面深化改革、全面依法治国、全面从严治党的战略布局”，到2020年要全面实现小康。进一步丰富和深化了中

① 《邓小平文选》第3卷，北京：人民出版社，1993年版，第138页、第78页、第266页。

国如何实现发展的方法论体系。“创新、协调、绿色、开放、共享”的发展理念就是促进人们增强大发展的思想，大战略的思路，实现全面而整体发展的架构体系。在党的十八大五中全会上，首次在党的会议上和文件中正式确立了“以人民为中心”的发展思想，进一步解决和强调发展为什么人，由谁享有发展成果的首要问题，反映了坚持人民主体地位的内在要求，彰显了人民至上的价值取向。中国正在积极推进绿色发展，实施可持续发展战略，坚持以人为中心，发展为了人民，发展依靠人民。人民是发展的根本力量，是创造者、推动者和践行者。没有人民就没有发展，只有发展为了人民，才能体现真实的发展。

以习近平总书记为核心的党中央和中国政府对发展的认识与理论的创新有四个最明显的特征：一是创建积极主动的发展型政府，建立有效的发展体制和机制；二是不断开放全球市场，建设“一带一路”，参与发展的全球化；三是坚定不移地促进人的发展，改革社会政策，实现和谐与平衡的发展；四是强化发展综合国力，捍卫国家利益和提升国际地位。习近平新时代中国特色社会主义思想凸显整体发展，开放发展，绿色发展，和谐（平衡）发展，强化领导（指导）发展，即国家主导发展。

中国发展理论的创新反映出中国共产党和中国人民对中国发展规律的新认识，是改革开放以来中国发展历程的经验结晶，也是未来中国的发展思路、发展方向、发展着力点的战略体现，指明了中国未来发展的大方向、大趋势，大战略。中国未来的发展将进一步着力提高发展体系的效益与质量，更好满足人民的需要，关注民生、保障民生、改善民生，同时，促进城乡区域协调发展，注重绿色与持续发展，推进政治改革，强化军事发展，不断增强发展的整体性，提高发展的管理能力。

第四节 中国发展的绩效与大趋势

一、中国发展取得的绩效

中国的发展不仅继承了人类对发展不断深化的认识，而且结合实情创造性地建立了中国特色的发展理论与战略体系，实现了人类发展历史上最伟大的跨越。联合国的《人类发展报告》指出，在工业革命的发源地英国，人均产出经过150年才翻了一番，在进入工业革命后的美国，则经历50年才翻了一番，而当时这两个国家的人口都不到1000万人。相比之下，中国发展的腾飞之初，人口已经达到10亿，而且在不到20年的时间人均产出就翻了一番，这种发展的转变所惠及的人口超过当时美国的100倍，1990—2008年中国有超过5亿人口摆脱贫困。

依据联合国的数据统计显示，1982年中国成年女性的受教育人口比率为51%，2000年该比率提高至87%，到2010年该比率达到91%。在1997年，中国接受初级教育的人口比率为94%，到2007年，已基本实现全民接受初级教育。此外，至2013年底，中国99%的农村人口已通过新的农村合作医疗保险计划享受到了医疗保险服务。中国人预期寿命2015年达到76.34岁，人均寿命比1990年延长了8.5年。

联合国依据人类发展指数将世界国家分为四类（从高至低）：第一类，最高人类发展指数国家，指数从0.999至0.800；第二类，高人类发展指数国家，指数从0.799至0.700；第三类，中等人类发展指数国家，从0.699至0.550；第四类，低人类发展指数国家，从0.549以下。

中国人类发展指数：1980年为0.423，属于低人类发展指数的国家；1990年为0.502，虽然还处于低类国家，但经过10年的改革开放，已经取得了非常明显的进步。2000年又经过了10年的改革与发展，人类发展指数达到0.591，进入到中等人类发展指数的国家。2010年中国人类发展指数达到0.701，不仅超过全世界平均人类发展指数的0.693，而且进入高人类发展指数的国家。30年，中国的发展是10年一个大台阶。因此，自2010年起，中国人类发展指数开始高于世界平均人类发展指数，2014年全球人类发展指数为0.702，而中国指数为0.727。从1990—2014年中国人类发展指数平均年增长率为1.57%，是世界最高的几个国家之一（印度为1.48%）。中国人类发展指数的列位从1990年113位升至2014年90位，上升了23位，相当于每年升一位，而且仅2008年至2013年就前进了10个位次。这种发展的社会效应远超其他发展中国家。这表明经过几十年的改革与发展，中国已经成为高人类发展指数的国家。

联合国认为，过去20年中国的迅猛发展不仅仅要归功于劳动力人口的不断增长，也要归功于劳动力受过良好教育，并具有生产效率。况且，中国是在10亿多人口的发展道路上不断前进，人口的个人能力显著提升，创建了适合本国实情的发展体系，显示出持续性发展的能力，并直接影响到全球的发展，为“南方崛起”（发展中国家崛起）和人类进步做出了重大贡献。

二、中国发展的大趋势

历史是一种记录，是一面镜子，为人们对发展的反思提供了依据，可以帮助人们提升对发展的理论认识，推动社会前进。

从发展中国家和国际社会，以及中国发展的历程中，人们可以找出发展的规律与方向，对中国的发展会有新的认识。中国发展已成为中国共产党执政的第一要务，从建国一直到改革开放的时期，对中国发展的认识主要表现为“要不要发展关系到党的存亡”，而现在表现为“发展得好与坏关系到党的存亡”，更主要的是“如何发展，如何取得好的社会效应，如何让人民享有发展成果”，“如何更加有利于国家利益与安全”。

进入21世纪以来，从中国消费结构、产业结构、就业结构、社会结构、经济实力和发展治理能力的变化来看，中国已开始由“生存型”社会向“发展型”社会转化。“发展型”社会的战略目标是以经济领域为重点的发展转向全面发展（整体发展），在实现经济发展方式转变的同时，推进以民生为重点的社会建设，解决高速发展带来的问题，创建和提升发展治理能力，强化制约又协调的权力结构和运行机制。未来，中国必定是更加富强、平等、公正的社会。这就是说，按照中国现在的状态持续发展，中国再经过20至30年的发展（或到2050年之前），中国将进入联合国确定的最高人类发展指数的国家，甚至进入此类指数的前10位国家的行列。为什么呢？根据2015年联合国《人类发展报告》，2014年中国人类发展指数为0.727，比世界第一位挪威国家的指数0.944，少0.217，比世界第八位美国的指数0.915，少0.188，比世界第十位加拿大的指数0.913，少0.186，比世界第二十位日本的指数0.891，少0.64。如果按照中国自1980年至2014年的35年间人类发展指数增加了0.304，那么中国再经历20—30年的发展，不仅可能超过日本，而且可能超过美国，进入世界最高人类发展指数的前10位国家。当然，参照发达国家发展经历，越是发达，发展的速度可能要减缓，但可以确认，在习近平总书记为核心的中国共产党领导下，在习近平新时代中国特色社会主义思想的指导下，中国的经济与社会的整体发展（即联合国所指的“人类发展”）将更加强劲，中国的发展必定是持续的，中国人民应该充满理论信心、道路信心和能力信心。

中国的发展已经取得了巨大成就，也面临很多的困难，然而，中国的发展道路与发展战略被事实证明对人类发展具有重要价值，中国仍将坚持自己的道路与战略，中国人将以自己的智慧提出更多更好的方法促进发展，解决好可能遇到的各种问题，中国的未来发展必定会更好！

第四章／发展的战略思维与思想

世界格局的变化和科学技术的突飞猛进推动人类社会进入辩证而全面发展的突变阶段，解决发展的认识论和方法论显得更为重要。战略思维对发展具有认识论与方法论的意义，战略思想对发展具有指导性作用。战略思想源于战略思维，所体现的是大思维观、大发展观和大战略观。古人云：不谋万世者，不足谋一时；不谋全局者，不足谋一域。这里所说的万世之谋、全局之谋，就是指战略思维，反映出大思维观的战略思想。战略思维的核心是全局性思维，基本着眼点是用宏大的战略眼光分析发展问题，其特点是整体性、长远性、系统性和统筹性。战略思维是认识发展规律的根本性思维方式，而战略思想是指导人们分析和解决宏观性、前瞻性、政策性等重大战略问题的立场、观点和方法。

发展需要具有以大发展观为基础、以大战略观为主导的战略思维与战略思想。因此，战略思维与思想对发展具有持久性的影响，决定着发展战略目标是否能够实现，是否最大限度地发挥政治、社会、经济、文化、科技、生态、军事和外交等领域在发展中的整体性作用，并在其中求得自身的最佳发展。战略思维与思想不仅是发展战略理论的思想基础，而且引导人们认识发展战略的重要性，并积极支持和参与发展战略的实施。

第一节　战略思维的性质

科学的思维才能形成正确的思想，没有战略思维就不可能产生战略思想并促进有效的发展。战略思维是在一定历史时期内对于社会或国家发展具有全局性、整体性、系统性、长远性认识和构想所形成的观念体系，形成对发展的总思路，奋斗的总目标和行动的基本准则等。因此，战略思维应当是对社会发展具有准确、系统、缜密、完整的理论认知和概括。实质上，战略思维集中体现了发展中的社会系统和社会意志。发展的社会意志存在于其社会系统的相互作用中，是在战略思维的发育过程中形成和发展起来。一个社会系统的社会意志或一个国家的国家意志除了受到其意识形态制约和影响外，从根本上说还取决于社会或国家系统的根本利益，即社会或国家系统的战略利益。因此，战略利益与战略思维之间的关系恰如社会存在和社会意识的关系一样，发展的战略利益总是第一位的。战略利益决定战略思维，而不是战略思维决定战略利益。

战略思维是一种科学思维，是研究战略艺术的最高殿堂。战略思维反映出对发展研究的思维过程，实际上是战略思想形成过程。只有在辩证的战略思维过程中才能形成客观和正确的战略思想。首先，战略思维是对发展及发展战略的现实进行深入思考与研究，形成现实的思想，包括人们认为将会发展什么，人们想要发展什么，人们要促进什么样的具有创造性的发展，如何进行现实的发展行动。其次，战略思维是对发展未来的思考与研究，形成对未来发展的思想，包括战略抉择、战略制成、战略实施和战略管控，实现发展目标。因此，战略思维是“一种特殊的目的性思维”①。

发展目标不仅决定于特定的历史条件和现实环境，而且决定于战略思维与战略思想。历史条件与现实环境是决定发展目标的客观依据，战略思维与战略思想是决定发展目标的理论依据。在同一种特定的环境下，不同的战略思维与思想会确定不同的发展目标，从而也会产生不同的发展效应。例如，在20世纪六七十年代，发展中国家认为，发达国家的发展是“走”的速度，而发展中国家只有“跑”的速度，才能赶上发达国家，将发展目标确定为“快速增长”，而战略思维与思想表现为“速成论”。

战略思维是解决一定发展时期的主要任务或使命的基本科学观，不仅决定发展目标，而且决定战略方法的选择、战略资源的配置。因此，战略思维对发展具有非常的重要性，只要有科学的战略思维，才能体现发展战略系统科学化的要求，才能实现发展目标的整体效应。战略思维通过目标与方法（手段）的优化实现效用结构，不仅要在目标与手段的实践维度展

① 段培君主编：《战略思维理论与方法》，北京：中共中央党校出版社，2011年版，第78页。

开，而且要在全局与局部的宏观维度展开，具有整体性的结构。①

战略思维实际上是一个民族的文化积淀下来的独特的思考方式，是历史文化和经验的升华，成为一种科学的思维方法论。然而，战略思维要面对复杂的、多变的、互动的发展客体。因此，战略思维是由多元构成，是多种思维方法的综合，通过活跃的主观能动作用成为心智的创造物，作为自主的认识去指导发展。发展要有战略思维，而战略思维是大思维。大思维是以科学思维为基础，对发展要有科学的战略预判。战略思维具有升华的境界，蕴含高远的志向，崇尚人类美好的未来。

第二节　战略思维的方法

战略思维是将发展理论与战略理论运用于现实世界的能力，并形成发展战略思想而有效地推进国家的发展利益，规避对其他国家发展产生负面结果或影响的不应有风险。这就是战略思维对发展具有科学与艺术的两面性所产生的积极效应，要求战略家和战略管理人员深入分析环境波动性、不确定性、复杂性和模糊性的特征，制定理性的发展战略。战略家和战略管理人员不仅将战略思维运用到发展战略的制成过程中，而且将发展战略转化为特殊的战略计划与管理，这就需要有深邃的战略思维，指导制订适宜的战略计划与管理，在发展战略实施过程中是否进行必要的调整，评估成功与失败。

发展理论与战略理论的理解与应用要求战略家与战略管理人员认知战略思维的作用，掌握战略思维的方法，发挥战略思维的能力，才能在发展战略的制成、实施与管控过程中充分反映出战略思想的精髓。依据现代发展理论与战略理论，战略思维可以归纳为五种思维方式：系统性思维、创造性思维、时空性思维、批判性思维和伦理性思维。这些思维方法形成战略思维的架构，作为训练战略家和战略管理人员的战略思维过程，增进战略思想与知识的维度，并应用于发展战略的制成和管控。发展理论与战略理论是指导确立发展战略制成的基本理论架构，而战略思维与战略思想作

① 段培君主编，《战略思维理论与方法》，北京：中共中央党校出版社，2011 年版，第 79 页。

为方法体系应用于发展理论架构，制定出科学与艺术相结合的发展战略。战略思维方法表现为综合思考和系统分析，而战略思想反映出不断运用战略思维方法的能力。有了战略思维，才可能形成战略思想。

一、系统性思维

系统性思维即称系统思维，是一种战略思维能力的素质。系统思维的本质就是要认识和思考任何问题与环境的整体性，而不只是部分，必须依据系统眼光来观察事物，其中的各部分是相互依存，互为联动的关系。发展及发展战略系统具有整体的结构性和动态性，反映出系统思维的结构性与动态性。因此，系统思维的第一步是明确发展的系统性与整体性；第二步是认识和理解系统的性质和特征，是一种解析与综合的过程；第三步是要了解系统的整体性作用与功能，系统性的变化对整体产生的效应。整体性是系统性的核心，系统性是整体性的生命，缺乏系统性的整体，就构不成有机整体和有序整体。系统思维意味着对发展的全面管控，意味着最大程度地实现整体效应。

二、创造性思维

创造性思维体现开发新思想与思路的能力，认识和解释问题的能力，有助于解决当前和潜在的问题。创造性思维可能受到传统思维与教育及文化的阻碍，而传统思维强调理性和线性思维，以标准化的方法解决问题。虽然传统思维方法对于处理熟悉与常规的发展问题和环境变化有很大的价值，但发展战略及其战略环境的性质具有开放性，其问题的性质、解决的方法和行动与否的后果难以被整体性地清晰认识。创造性思维增强了对发展及其环境的理解，扩大了可能的解释和替代的选择，认识到潜在的战略机会。

三、时空性思维

时空性思维是将思维的时间与空间分离现象连接起来，将潜在未来与理想未来的思维选择联系起来。对于未来思维，实际上是过去思维和现时思维与认识的连续性。如果理想未来可能实现的话，那么时空性思维就是通向实现未来的重要支柱。时空性思维可以帮助人们思考现实的未来，了解其过去之源，怎样制定发展战略，如何进行战略管理，提出要改变什么和怎样改变，努力去实现发展战略目标，即理想的未来。

四、批判性思维

批判性思维作为一种方法，表现为谨慎、自觉和恰当地运用质疑的精神，对信息有目的地和认真地评析，以此改进自己的判断。它要求开放思维，有意识地质疑和挑战传统智慧与自己的观点。首先，认识问题的性质和复杂性，解析其主次部分；其次，思考各种不同的观点，超越以我为中心的自我意识。批判性思维就是认真判断和评析问题所产生的境况及其影响，必须举一反三和客观地评估各种推断。在识别观点、设想和推断时，批判性思维要有目的地评析有关问题的信息。在评析信息时，批判性思维要积极地避免认知错误，要有目的地思考启发性的意见，甚至对偏颇和谬误的意见也要认真地考虑。一旦信息被正确地识别，批判性思维就要考虑对此问题已了解的所有因素及含义：事实、观点、设想、推断、短期与长期的可能性、潜在影响和多层级效应。批判性思维是深度与广度的思维，是客观性与质量性的思维，是选择适应性的思维。通过综合与分析的过程，批判性思维的知识结论流向发展与战略，以利于确立目标、选定方法和选配资源。

五、伦理性思维

伦理性思维在发展及发展战略中是一种重要的能力素质，直接影响到发展的成功，对于全球化的发展显示出特殊的真实性。伦理本质上是规定人的行为，即义务的（必须做什么）、禁止的（不得做什么）或容许的（可以做什么）。人类发展活动与物质力量相比更多地受到道德价值的指导，发展需要评价道德的力量和竞争对手的精神与性情。人类发展的历史经验表明，道德力量赋予物质力量生命。作为一种能力素质，伦理性思维要评估发展的伦理道德的“正确性”，发展效应才能获得国内外的可接受性。实际上，伦理性思维表现为增加心理因素和以人为核心的思维。

战略思维具有两种基本的功效：前瞻性和整体性，被积极推广并应用于发展战略的制成与实施之中。前瞻性功效是依据历史的经验与现实的条件，预估一定时限内（甚至长远的未来）发展战略的效益与效应，避免预期的损失（或失败），达成最佳的预期效果。只要有了前瞻性的思考，才能做到未雨绸缪，不管风吹浪打，胜似闲庭信步。整体性功效是以逻辑和系统方法为基础，对发展战略制成与实施的整体性判断与决策，体现发展战略各种要素如何有机组合、相互依存、相互转化和相互联动，包含全面筹划，分期（分阶段）实行，表现为有机的和连续的过程，具有严谨的科学性和方法性。战略思维是对战略家和管理者所要求具备的能力素养，懂得战略思维功效的内涵与精湛的方法就等于掌握了发展战略的科学与艺术的结合。懂得战略思维功效的内涵与精湛的方法就等于掌握了发展战略的科学与艺术的结合。

第三节　战略思维与发展的关系

发展需要以战略思维对社会和国家发展的重大问题进行宏观的、前瞻性的思考。战略思维要求把握好整体性、协调性、长远性，坚持全面发展、平衡发展和持续发展，具有重要的战略意义与价值。

战略思维是有规则的定向思维，具有明确的目标性和方向性，对发展做出科学的定位。在一定时期的发展阶段内，发展方法、计划或方案灵活多变，但发展的总目标必须始终如一，这就是战略思维的规定性要求。只有当政策和任务发生重大变化时，才实行战略转变与调整，实现整体性的发展效应。

一、战略思维的整体性与全面发展

战略思维的整体性原则，是指必须围绕实现战略目标正确处理全局与局部的关系，争取整体效应与局部（部分）效应的统一，甚至当两者出现矛盾时，局部效应必须服从整体效应。战略思维之所以要坚持整体性原则，这是社会发展的辩证法性质决定的。社会发展不仅作为矛盾，即合作与竞争而存在，并且是作为整体，即系统与过程而存在。作为系统，是由多种要素所构成；作为过程，是由多个阶段所构成。社会发展就是由各种要素和各个阶段所构成的有机整体。社会发展的整体性原则要求观察和处理问题必须着眼于整体，把整体的功能和效应作为认识和解决问题的出发点和归宿。在处理发展问题时，要立足整体、总揽全局，寻求实现整体功能和效应的最佳方案。战略思维的实质就是要通过协调各方面和各阶段的效应，以寻求整体上最大效应的决策。

全局发展是战略思维的基本要求。战略思维作为全面发展的世界观和方法论的集中体现，是把握社会发展的整体性思维。战略思维把全面发展的物质文明与精神文明、政治文明、生态文明、人性文明看成相互联系的整体。战略思维把全面发展看成生产力与生产关系、经济基础与上层建筑，以及各个部类、各个领域、各个方面，人与社会、人与自然环境、当代与后代等彼此相互联系，相互促进，不可分割的整体过程。战略思维把历史经验、时代进步潮流与基本国情、人文价值联系起来思考，探索发展的规律，形成自觉的世界观和方法论。坚持整体性原则认识全面发展的问题，并提出解决问题的办法，这就是关于发展的战略思维。

二、战略思维的协调性与平衡发展

战略思维的协调性原则是要求兼顾各方，是对各个部分或局部“统筹兼顾，合理安排”，正确处理各方之间的关系，使各方之间处于有序状态。战略思维的协调性原则与平衡性是紧密相联系的。“协调”蕴含着全局与部分、部分与部分之间的有机关系，而这种有机关系形成相对的平衡性。有机关系越是复杂，就越需要协调性，就更能显示平衡的重要性。只有协调才能保证相对的平衡。

发展是一个相互联系的有机整体，要求各个方面和各个环节进行协调，统筹兼顾，实现平衡发展。发展所追求的全面性与整体性，要求坚持协调性，促进平衡发展；而实现社会有机体要素的平衡，是发展协调的基本原则与规律。现代化发展是一种跃变的过程，各种重大比例与结构关系必须不断地调整，才能消除比例失调、结构失衡，实现快速与持续发展。从系统方法论来看，坚持结构分析，处理好各方及各环节的相互关系、相互作用的协调，就能实现平衡发展，保持发展的整体效应。

三、战略思维的长远性与持续发展

战略思维的长远性是指为了实现发展战略目标，需要正确处理一个长时期的过程中各个阶段的关系，既要为实现阶段目标努力，又要为实现长远目标创造条件。阶段目标服从于长远目标，阶段目标是长远目标的基础，体现了发展的持续性。持续发展伴随着全球发展而凸显，是人类为了追求良性健康的长远发展而提出的发展新理念。持续发展就是既要考虑当前发展的需要，又要考虑未来发展的需要，不要以牺牲后代人的利益为代价来满足当代人的利益。因此，战略思维就是着眼于长远性的效应来审视社会和国家的持续发展。

战略思维正是着眼于统筹当前发展和长远发展，要求任何国家必须坚持可持续发展。任何国家都可运用其体制资源、自然资源、人力资源、资本资源、技术资源和国外资源等方面的有利条件和有利因素，在不断推动阶段性发展的同时，促进和保证可持续发展。战略思维要求在发展战略中充分考虑资源与环境的承受力，统筹当前发展和未来发展的需要，既要积极实现当前发展的战略目标，又要为未来的发展创造有利条件，为后代人的发展留下充足的发展空间。生态环境是社会可持续发展和人们生存质量不断提高的重要基础，不能以损害环境为发展的代价，不能以当前发展损害长远发展。

战略思维就是要坚持长远性，以持续发展为方向，设定当前发展目标就是为长远的持续发展打下牢固的基础，创造厚实的条件。战略思维坚持长远利益与当前利益的统一，把既有利于长远发展，又有利于当前发展的方法和方案作为最佳选择，以促进持续发展。这是战略思维的长远性原则在发展中的科学运用。

四、战略思维与发展风险管理

战略思维的一个重要方面就是强化发展的风险管理，这是对全局性、长远性、预期性的判断和评估，事关兴衰成败。预则立，不预则废，表明了战略思维对发展风险管理的重要性。人类发展已进入全球性、复杂性和预期性为显著特征的发展时代，风险与危机的战略管理有了特殊的地位与重要性，对提高战略思维也有了特殊的要求。1986 年德国社会学家贝尔提出“风险社会”的概念，认为“风险社会是现代社会中的一个发展阶段，在这一阶段里，社会、政治、经济和个人的风险往往会越来越避开工业社会中的监督制度和保护制度。”① 发展中的风险，不论是环境和自然风险、经济风险、社会风险，还是政治风险，都具有整体性影响，其后果往往难以估量。核武器、环境污染、生态危机、化学产品、基因工程、恐怖主义都有全球性的特征。战略思维对发展的风险管理具有特殊的意义。

当代发展环境要求强化战略思维，进一步把握现代社会发展的动态趋势和对风险的评析。战略思维引导“经济社会全面协调可持续发展”的大发展观和大战略观，促进经济与社会、文化、政治、军事、外交、教育、生态环境、城乡、区域等相互协调发展，相互促进可持续发展的整体效应，这样才能减少发展的风险。全球化的发展使任何一个国家的发展所面临的风险不断上升。发展中深层次的矛盾使潜在的风险增大，加强战略思维，预防风险危机已成为重要手段。在全球化推动下，国际发展机制处于转型之中，伴随发展的风险增多。“风险”虽然本身不是“危险”或“危机”，或“灾难”，但却具有危险与危机的可能性。有了战略思维，才有对发展风险的预测和评估。战略思维引导对发展风险的预防，越是对风险有所预防，就越能比较有效地应对风险，人们不能在风险或危机来临之后才想到处理的办法。战略思维是提前思考的方法，是风险预防性的构想。

第四节　战略思想的形成与原则

战略思维的过程产生战略思想，围绕发展形成战略思想体系。战略思想反映国家发展的战略利益，并具有指导性的原则意义。在现代社会快速发展的大趋势当中，战略思想的作用将更显突出，具有更加特殊的重要意义。

---

① （德）乌尔里希·贝尔、（英）安东尼·吉登斯、（英）斯科特·拉什著，赵文书译：《自反性现代化》，北京：商务印书馆，2001 年版，第 8、9 页。

一、战略思想结构

从国家发展的实践意义上来说，可以从多方面来解析战略思想体系的结构。

（一）指导思想

战略思想作为发展的指导思想，主要是指在一个社会或一个国家占统治地位的基本理论体系。例如，在中国，马克思列宁主义和毛泽东思想便是研究与制定发展战略的根本指导思想，而在发展的现阶段要坚持习近平新时代中国特色社会主义思想的指导。任何发展战略的指导思想除了既定社会或国家的根本指导思想之外，还包括国家政府对其基本要求和政策。发展战略指导思想实际上是如何认识发展问题，如何处理发展问题。因此，对发展问题的认识和处理一般会受到立场、观点和方法的影响。发展战略指导思想是人类从自然界和历史发展的实践与认识中总结出来的，反映事物的客观规律。对发展事物有了清晰而深邃的认识，且严格遵守事物发展的客观规律，发展战略的指导思想才具有深远的根基。

（二）基本观念

发展战略表现出基本的发展观和战略观，亦称基本观念。基本观念是战略谋划的思想基础，已经成为现代社会能动发展进程中不可缺少的一种重要思想。发展战略的基本观念是以大发展观和大战略观为基础，以大思维观为导向，要求认真地总结人类社会或者国家在发展历程中的经验与教训，并且进行深入科学的研究与认知，否则在发展的过程中就会埋下重蹈覆辙的隐患。对发展战略的内部和外部环境进行充分、系统分析，是确定基本思想观念的基本内容与要求。通过对历史与现状的周密而完整地分析，真正弄清已有的优势和制约条件以及出路所在，就能达到明晰思想、心中有数的境界。

（三）基本意图

发展战略是战略行为者或战略主体针对发展确定的战略意图。没有意图的行动是盲目的、失去方向的行动。意图可称之为需求、要求、意向与安排，有条理而分先后处理目标顺序。现代社会发展如果盲目行动，其后果不堪设想。基本意图是发展战略谋划的出发点，而基本意图只有与预期相结合，才能确定发展战略要实现的目标。基本意图是对发展战略目标如何实现的描述，高度概括和总结，既不应当是遥远无期，也不应当是急功近利，而应当是经过一段时期具体努力与奋斗所能实现的要求。一般来说，发展战略的基本意图是确定战略目标的基础，既不应当高不可攀，又不应当轻易可得，应具有指向性的功能和相对稳定的特性。发展战略的基本意图应当成为鼓舞社会全体成员奋进，成为产生社会合力的旗帜。

发展战略的基本意图除包括体现整体动向的战略目标以外，还包括在战略目标指引下发展主要阶段的划分。发展阶段性是组织社会活动的一个基本特征，尤其在充满不确定因素的社会活动领域，发展阶段滚动式已成为体现发展战略意图的必要方式。

（四）基本原则

战略思想不仅是社会或国家发展的理论基础，对世界发展的基本认知与理解，确定奋斗目标和发展阶段的划分，还应规定出在一定历史时期内发展行动的基本原则或准则。战略思想的基本原则，是一个社会或一个国家发展过程的结晶，且历久而弥新，对于实践者和管理者是不言自明的行为准则。任何一个社会系统在组织活动时都应确定出基本行动原则，或称为基本行动政策，才可能减少系统的内耗，减少行动的盲目性，为形成最佳的发展战略奠定思想基础。

从以上分析可以看出，“指导思想”是社会或国家意识的体现，是发展战略的最高思想原则；“基本观念”是对发展的历史性综合描述，现状的系统分析和未来的科学预测；“基本意图”是对发展的总体要求和不同阶段的描述，以及如何设定发展目标；“基本原则”是发展行为的准则和规范，以实现科学有效的协调，体现政策的内涵。因此，这些构成了战略思想的基本架构，指导发展战略的谋划。

战略思想虽然可以分成多个方面来进行论述，但实际上却是一个完整的体系，有时甚至可以高度概括成一句话而成为社会或国家系统全体成员的现代口号。例如，第二次世界大战后日本的发展是以“贸易立国”和“技术立国”为战略思想，奠定了日本经济起飞的指导思想基础。实际上，任何国家发展战略首先是确立经济发展的战略思想，而经济发展主要依靠科学技术。在现代社会，科学技术、产业革命递推波动周期愈益缩短，而且科技成果的产生和物化也快速转化为一个社会系统发展的主线。因此，发展战略思想应当充分反映出大科学时代的主要特征，应当充分反映出全球化发展的时代特征，及其对经济、社会、文化、政治、军事和外交发展所产生的巨大影响，并提出新技术革命与新产业革命对策的基本谋划和思想原则。

战略思想的形成应立足于对发展内外部条件和环境进行综合分析与评估，也可依据历史经验和借鉴他国发展战略，并提出发展战略的构想方案。提出战略构想方案，简单地说，就是对内外部发展条件和环境的分析研究的结果，即综合思考出一条适合未来前进的方向和要走的道路。这是发展战略抉择过程中最严谨、最重要的环节，也是最富有意义的结果。

战略思维是方法，战略思想是指导。战略思想正如毛泽东同志提出的“把握大局”，就是要求决策者把握发展的大局，从“战略思维”到“战略思想”应当在贯穿发展战略的全部过程中和统帅一切发展范畴的基础上把握大局。“把握大局”的关键是要抓住机遇，寻找增长点、生长点和发展点在哪里。因此，人们提出“把握大局是第一，抓住机遇是第二，这是两个基本环节，二者相统一。”① 战略思想决定着一个社会或一个国家的发展，对于中国社会来说，其体现了中国共产党的理论、路线、纲领，体现了党的战略思考和战略布局。没有战略思想的指导就不可能制定好发展战略，也就没有战略管理，不可能有效地实施发展战略。

① 郑必坚：《战略思维理论和方法》序言，北京：中央党校出版社，2011 年版。

第二篇　发展理论与研究

人类社会所有宝贵的东西都基于给予个人发展的机会。

——阿尔伯特·爱因斯坦

什么是历史?“历史是一种文化，是一种智慧，谁掌握了这种文化和大智慧，谁就掌握了历史!”

——《读懂中国智慧》前言，冷成金著

发展本身就是历史，历史本身就是发展。发展，不仅是历史，更是未来，而且是更美好的未来。然而，没有大智慧掌握不了人类社会发展的历史，对发展的历史难以从理论上去认识，去总结。而发展的未来更是需要有大智慧，没有大智慧更难以认识未来，把握未来。

——作者

第五章/发展的原理

发展是一切事物的基本属性，是人类社会存在的客观基础。发展概念是指事物由小到大、由简到繁、由低级到高级、由旧质到新质的有规律的运动变化过程。发展不仅是自然界的演变和社会进步的历史过程，而且是事物本身内在矛盾的运动以及彼此间相互作用和在时序上相互联系进化的和辩证的历史运动，是一个永恒的、基本的范畴。

发展总是表现为一定事物具体的演变过程，并具有自身的内在规律，发展的实质是新事物的产生和旧事物的灭亡。从辩证法的观点来看，事物总是处于不断运动和变化、不断更新和发展的状态，其过程中始终产生新的东西，表现为新的进步。事物内在的矛盾性是其发展的源泉和动力，事物发展的根本原因就在于内在矛盾的运动和变化；事物发展的外部原因表现为与其他事物发展的相互关系和相互影响，即发展的互动性，但外部因素通过内在矛盾的运动而起作用。发展表现为量变与质变的两种状态和两种过程，从量变到质变，又从质变到量变的辩证形式，从肯定到否定，再到否定之否定的波浪式前进或螺旋式上升的过程。恩格斯说："由矛盾引起的发展，或否定的否定——发展的螺旋形式。"① 一方面，发展的总方向是前进的；另一方面，发展的具体过程又是曲折的，有时甚至出现（暂时性）倒退。因此，发展的前进性和曲折性表现为统一性和周期性。任何具体的发展可能是有限的，而整个客观世界的发展则是无限的，发展是客观世界的实体。现代科学研究证明，发展是永恒的运动、不断更新的无限变化过程。

---

① 《马克思恩格斯选集》第3卷，北京：人民出版社，1972年版，第521页。

第一节　发展的概念

发展是一个多维的概念，具有经济、社会和政治等方面的许多特征。发展理论从不同的方面来研究发展的各种问题，从而形成了经济发展理论（发展经济学）、社会发展理论（发展社会学）和政治发展理论（发展政治学），以及日益兴起的“比较政治经济发展理论”。不同的研究领域为发展理论的研究提供了广阔的前景。

发展对于研究发展理论和发展战略是非常重要的概念。现代发展研究用发展的概念来描述国家或社会变化的过程，探讨有序的结构和共同的特征与规律，把发展作为战略与政策实现的目标。现代发展理论是在第二次世界大战后发展中国家如何摆脱贫困和走向现代化所形成的理论构架，其内涵不断变化而多义。

在社会科学领域内，一种新理论的出现反映出概念和范畴的变化，发展理论的出现也不例外。发展是一个高度概括性的术语，涵义既抽象又具体。发展概念的抽象性含盖一切领域里的变化，而具体性指特定范畴内的变化。从19世纪以来，人们就开始对发展进行认识、探索，寻求其规律性。因此，发展一直是对整个社会科学研究具有支配性影响的概念。发展概念起源于欧洲，所表述的对象也是以欧洲文明社会的演进和变化为中心，而其内涵狭义。但历史的演进给发展概念不断带来新的涵义，其对象也发生很大变化。

随着时代的进步和研究领域的扩大，发展概念的内涵不断深化和不断丰富。由于不同历史时期对发展认识的差异，产生对发展概念的不同界说。19世纪进化论对科学与意识形态关系的认识，使发展的认识广泛地渗透于经济学、社会学、政治学、心理学和哲学，以进步为思想内容的发展概念不断地传播。法国实证主义哲学家奥古斯特·孔德（Auguste Comte）首先认为进步就是发展，是历史的基本规律，但把发展描绘为一个没有危机、没有间断和更新的人类进化过程。19世纪末出现了社会有机论对发展的认识，发展概念被赋予不同的内涵。无论宇宙、生命，还是社会及其形态，都被视为从简单到复杂的演变过程。然而，这种演变过程的复杂性是有机体和外在因素相互作用的变化结果，并通过结构的变化，从同质体向异质体的进化。它把人类进化论替代社会发展论，社会发展如同生物有机体的进化一样沿着线性的阶段演进。当时，人们对于发展概念的认识只是意义上或观念上的，认为发展根源于历史的本质和生命科学，包含着对生成、变异和进化的实质。因此，在19世纪进化与发展具有同等的涵义。

20世纪上半叶，人类社会经历了两次世界大战的浩劫，世界政治动乱、经济危机和法西斯极权主义先后迭起，进化论的乐观主义受到严重的怀疑。第二次世界大战的结束，对发展概念的认识又出现了新的动向。第三次科学技术革命促进了西方发达国家社会生产力的增长并相应地催生了更有效的经营管理和生产组织形式，极大地扩展了资本主义经济，加速了资本主义社会工业化，社会和经济结构发生了明显的变化。因此，出现了所谓“新进化论”，把工业主义与进化论结合在一起，西方社会的工业化就是人类社会发展的模式，并认为发展乃是对已发展的历史事实的模仿，现代社会发展的动力就是工业化。[①]

在第二次世界大战结束的同时，发展中国家民族解放运动高涨，广大发展中国家获得了政治独立，但仍处于贫困和落后的社会，在西方物质文明和工业主义的影响之下，发展中国家经济发展成为发展概念中的主体范畴。联合国在《1948年世界经济报告》中就正式明确地提出，有必要帮助“不发达国家经济发展的紧迫问题”，[②] 与此同时，国际社会把世界各个国家划分为“三个世界”，即第一世界，亦称“发达国家”（Developed Countries）；第二世界，亦称“欠发达国家”（Less Developed Countries）；第三世界，亦称“不发达国家”（Under Development Countries）。[③] 因此，联合国和国际社会把不发达国家的经济发展视为战后世界发展中最大的需要，“发展理论”或“发展经济”，亦称“不发达理论”（Theory of Underdevelopment），成为主要研究不发达国家（亦为发展中国家）经济发展的理论与战略。

在战后初期，发展概念及其涵义主要出现于联合国及其有关的国际组

---

① 库马：《社会的剧变——从工业社会迈向后工业社会》，蔡仲章译，1984年台北版，第217页；宋书伟、孙立平主编：《现代社会发展研究》，北京：新华出版社，1987年版，第44页。

② 联合国：《1948年世界经济报告》，纽约，1949年版，第251页。

③ 联合国和其他国际组织还把不发达国家另划分出一类“最不发达国家”（Least Developed Countries）。

织的文件中。但自1949年以后，开始出现了许多有关发展概念的文献，提出了发展概念的具体内容，并成为发展理论的传统智慧。然而，最初（或传统）发展理论主要研究经济发展，并把经济发展看作是国民福利的改善与提高，实现的方式就是经济增长。因此，把发展等同于经济发展，又把经济发展等同于经济增长。

最初发展理论把经济增长看作是发展的同义语，虽然已经确认发展过程的不同因素，但基本上把发展缩小到一种增长问题，而且用一种机械的方法来评估发展。如果经济发展主要是经济增长的话，那么其基础就是增加物质资本积累，并要求"社会现在可获得的资源的一部分转向增加资本存量为目的，以便可能扩大未来的消费量"。[①] 实际上，资本形成的思想不仅是古典经济学的核心，而且成为近代凯恩斯主义及其派生的哈罗德和多马增长理论的核心，同时也是现代发展经济学形成初级阶段的基础。

20世纪60年代初，发展概念的内涵又开始发生明显的变化。1961年，H·W·辛格在亚的斯亚贝巴的会议上说："我们对于增长与发展问题的整个思想变化了"——从物质资本转向人力资本，"基本问题不再认为是创造财富，而是创造财富的能力"，而这种能力存在于一个国家的人民之中，"这就是智力"（Brain Power）。[②] 此后，舒尔茨、贝克尔和其他学者又提出了人力资本投资的发展思想及其涵义。他们在人力资本的概念中采用了一些新的观点——教育投资、人力计划和"智力外流"，认为人力资本的关键投资就是教育。不发达国家人才短缺、教育不足，可以通过国际技术援助得到解决。因此，联合国的各种机构大部分工作就是进行各种形式的技术援助。然而，对不发达国家的国际技术援助并未达到预期的效果。不发达国家人才短缺和教育不足，"可在短期内通过使用外国专家和技术人员的措施得到解决，但以技术援助的方法转让现有技术不是根本的解决办法"，所需要的是一种不同方式的技术援助，"帮助不发达国家建立自己的人力资本和研究开发的投资形式。"[③] 而且认为"技术援助和其他人力资源的作用具有双重性，它能帮助填补发展计划中技术需求和国内技术储备之

---

① R·纳克斯：《不发达国家资本形成问题》，牛津布莱克韦尔出版社，1953年，第2页。

② 辛各：《教育与经济发展》，1961年，重印于《国际发展：增长与变化》，纽约，麦格劳—希尔出版社，1964年，第66页。

③ 辛格：《教育与经济发展》，1961年，第71页。

间的差距，但它还需要通过自己的教育制度增强和充实国家培养新技术人员的能力。"[①] 因此，重新确立发展援助的方向，人才训练的重点从拿奖学金上西方大学，转向在发展中国家建立训练机构，其目的是"帮助人民帮助自己"。[②]

发展概念的内涵就是"组织全体人民的教育与训练作为不发达国家经济增长的基本因素"，[③] 并把教育确定为经济增长的重要因素，因为它是资本形成的一种形式。从发展概念来分析，资本形成是由增加物质资本和人力资本的积累所组成，发展被看作是物质资本和人力资本积累的过程。"经济发展的最终目标就是提高全体国民福利"；[④]"经济发展问题的实质就是通过增加人均产出来提高国民收入水平，使每一个人都能消费更多"；[⑤]"经济发展的定义就是提高普通人的生活水平"，[⑥] 更精确地说，"'经济发展'可以定义为物质福利持续而长期的改善……反映出物品和劳务流量增加"。[⑦] 如果更多地从技术上看，"经济发展定义为这样一种过程——从人均收入增长率很低或负的经济转变为人均收入持续增长为长期特点的经济"。[⑧] 虽然当时也有一些研究发展问题的学者认为发展"意味着比国民产值增长更多的内容"，[⑨]并提出了经济和社会的变化，但对发展定义的上述解释在 20 世纪 50 年代和 60 年代充斥学术界。

发展概念的内涵从物质资本转向以人力资本为重点本身并没有表明发展范畴和目标的变化，但事实却使人们认识发展概念的方法发生了变化。物质资本投资是纯粹和简单的投资，而人力投资却是潜在和复杂的投资，

---

① H·W·阿恩特：《经济发展思想史》，唐宝华、吴良健译，商务印书馆，1997 年版，第 67 页。

② 同上书，第 68 页。

③ 联合国：《发展的科学与技术》，第 6 卷：《教育与训练》，纽约，联合国出版，1963 年，第2 页。

④ 联合国：《精选国家的经济发展、计划、项目与步骤》，纽约，联合国出版，1947 年，序言。

⑤ 埃尔斯沃思：《国际经济》，纽约，麦克米伦出版公司，1950 年，第 796 页。

⑥ 冈纳·迈拉尔：《经济理论与不发达地区》，伦敦，达克沃恩出版（Duchworth），1957 年，第 80 页。

⑦ B·奥肯、R·W. 理查森编著：《经济发展研究》，纽约，霍尔特、莱因哈特和温特顿出版，（Holt、Rinehart & Winston），1962 年，第 230 页。

⑧ 伊尔马·阿德尔曼：《经济增长与发展理论》，斯坦福大学出版社，1961 年，第 1 页。

⑨ J. 巴斯特：《落后地区经济发展的近代文献》，《经济学季刊》，第 58 卷，1954 年 11 月，第 602 页。

不是简单的消费或“社会开支”，对发展蕴含着潜在的巨大力量。

20世纪60年代末，发展概念的内涵从经济转向社会发展，出现了发展概念的新界说，对发展的认识进一步深化。H·W·辛格发表了一篇题为《社会发展：关键增长部门》的论文，提出了社会（营养、健康和教育）发展的重要性，并认为发展概念的涵义是增长加变化，不仅数量上而且是质量上的变化，其范畴亦指社会、文化和经济。发展概念的新界说更重要的是注重发展目标的意义，其核心是要提高人民的生活水平和改善其质量，即营养、健康和教育。因此，发展的内涵不仅是经济增长，而且包括社会的变化，实现经济与社会的平衡发展。“人民生活的改善可能直接地（社会发展）和间接地通过收入和经济资源（经济发展）来实现”，“更好的健康、更好的教育和更好的营养”本身就是“增长的关键”。[①] 虽然辛格当时没有认识到经济和社会发展目标之间的矛盾与平衡，但却为认识社会发展的重要性和实现目标提供了一定的思想基础，引深了对发展概念的科学认识。

1969年在新德里第11届国际社会发展大会上，英国苏塞克斯（Dudley Seers）大学社会发展研究所达德利·西尔斯教授提出了发展概念中三个重要关系：发展与贫困、发展与失业、发展与不平等；如果这三个关系没有解决好，即使人均收入增加两倍，发展也不能称之为“有效果的发展”（Result Development）。[②] 两年以后，巴基斯坦经济学家马巴布·尤尔·哈克（Mahbub ul Haq）在渥太华第12届国际社会发展大会上提出“发展目标必须是减少并最终消除营养不良、疾病、文盲、贫困、失业和不平等”。[③] 从此，发展概念的研究与讨论更加注重发展目标，即扩大就业、消除不平等与贫困和满足基本需要。“就业作为发展的主要目标和标准”，首先是国际劳工组织提出。该组织认为发展中国家除了存在严重的失业之外，还存在大量的隐蔽失业和就业不足，大多数穷人由于低收入不得不从事长时间的劳动。因此，解决失业问题的发展政策，不仅要提供更多的就业机会，而且要提高劳动生产力，改变收入分配，开发适宜的生产技术，扩大劳动密集型产业。原世界银行行长麦克纳马拉提出了“社会平

① 辛格：《社会发展：关键增长部门》，《国际发展评论》，1965年3月，第5页。

② 达德利·西尔斯：《发展的涵义》，《国际发展评论》，1969年2月，第23页。

③ 哈克：《70年代就业与收入分配：一种新的透视》，《发展文摘》1971年10月，第5页。

等与经济增长”的发展目标，并认为“迅速的增长给许多发展中国家带来了收入分配更大的不平等”。①

20 世纪 60 年代虽然发展中国家国民生产总值增长达到了 5%，但在国家、地区和社会集团之间却更加不平衡，以致产生了反对增长作为发展的基本目标，而要求更加注重平等分配国民收入，以此消除贫困，其目的是满足“基本需要”。“基本需要”被认为是穷人的最低生活水平，其内容包括食品、住房、穿衣、安全饮水、卫生、交通、保健和教育。就业、消除不平等和贫困、基本需要相互之间的关系是紧密相连，而消除贫困和满足基本需要的主要途径就是创造更多的生产性就业机会。

当时发展理论研究几乎完全以西方生活经验为基础，是对西方现代化进程的概括，并认为是“宏大”的理论，可以适应于一切发展中国家。虽然西方发展理论学家注意到发展中国家内在的特性，并与之进行比较，但他们仍力图把资本主义发展的理论用于不同起始条件的发展中国家，未能使发展中国家改变贫穷落后的困境。

发展中国家如何摆脱贫困？如何寻求发展的动力？日益引起国际社会的关注和发展学家的重视，也成为其研究的重要课题。重新审视发展理论的概念和范畴，探寻发展的动力源，成为对发展问题与理论进行科学研究的客观的必然要求。1979 年 8 月 27 日至 31 日，联合国教科文组织在厄瓜多尔的基多召开了一次发展会议，首次提出“内源”发展的概念。20 世纪 80 年代初，国际社会和发展理论学家开始普遍采用内源发展的新概念（New Concept of Endogenous Development），力图从发展中国家内部寻找其自身发展的因素及发展动力源。

“发展”概念在国际学术界存在许多不同的观点并经历了深刻的演化，但基本上有两种观点的结合被视为认同的概念。第一，发展就是更好的技术和生产方法的发明和运用，以制造更多更好的物品，使人们的欲望得到满足，从而使生活水平得到进一步的提高；第二，发展是一个国家整个经济、社会、文化的上升过程，是一系列现代化过程，包括生产力的提高、经济的增长、社会的平等、科学知识的普及、人们的生活方式和社会制度的进步，等等。

---

① 麦克纳马拉：《董事会上的演讲》，世界银行，1973 年 9 月 24 日。

第二节　发展的历史与现实

人类社会不仅是阶级斗争的历史，而且是不断克服人与自然的矛盾以及社会矛盾而发展的过程。发展研究是以历史提供的内在和外在条件为理论研究的逻辑起点，并把握现实的客观因素，不仅寻求现实的发展，而且探索未来的发展。从历史唯物主义来看，发展是人类社会由低级向高级不断演进的历史过程，并具有历史的发展规律性。列宁认为“考察任何一个社会现象的发展过程，总会在这个现象中发现过去的遗迹、现在的基础和将来的萌芽。”① 从历史的分析角度来看，发展的理论研究始于近代资产阶级革命以后，在前资本主义时期产生了理想社会的发展幻想。然而，发展开始作为人们有意识地进行理论探讨的题目，是资本主义大工业的产物。

16 至 17 世纪是西欧社会从封建主义向资本主义过渡时期，在出现了以莫尔和康帕内拉为代表的空想社会主义发展理论和幻想消灭剥削制度与实行财产公有的理想国家的同时，产生了重商主义的经济发展理论，开始了对发展理论的启蒙研究。17 世纪英国资产阶级革命以后，物理学、数学、生物学、化学和天文学第一次完成了科学大综合，从而奠定了近代科学的真正基础，划时代地开辟了科学的新纪元。自然科学的伟大成就，使社会科学显露出新的曙光。

18 和 19 世纪是人类历史发展中最重要的时期。18 世纪自然科学的进一步发展与文艺复兴以后民主思潮的传播，促使资本主义的社会和经济因素脱颖而出。18 世纪中叶至 19 世纪三四十年代，英国发生了工业革命，推动了生产力的迅速发展，引起了社会关系的变化，为资本主义的发展提供了必要的条件。与此同时，社会科学与社会革命也非常活跃。在英国，亚当·斯密开始对资本主义经济的研究，其学说为建立自由资本主义的统治提供了理论根据，对资产阶级的社会和经济政策产生了深远的影响。在法国出现了启蒙运动并产生了启蒙思想理论，提出了“社会契约说”和“人民主权说”，为 18 世纪末的法国大革命奠定了思想和理论基础。法国

① 《列宁全集》第二卷，北京：人民出版社，1984 年版，第 149 页。

的革命摧毁了封建制度，建立了资产阶级共和国，而且改变了国际资本主义同封建主义之间的力量对比关系，促使资本主义以更大的规模发展。

19 世纪人类社会开始进入科学时代。这不仅反映出科学的巨大发展，而且意味着科学发现与技术应用的结合已经从根本上超出了历史经验。技术的狭隘限制，反而促进产业革命从英国扩展到法国、德国、美国，从而使资本主义得到迅速发展。19 世纪后期，科学技术的迅速发展，产生了新的化工原料和合成染料，新的炼钢方法、内燃机，特别是发电机和远距离输电等科学技术的发明，引起了第二次工业革命，使产业结构发生了变化，并有力地推动了社会生产力的发展和生产方式的变化。同时，重工业发展已经取代了轻工业在世界工业中的主导地位，一些主要资本主义国家先后成为以重工业为主的工业化国家。从 19 世纪末到 20 世纪初，重工业的发展和工业规模的扩大，使资本日益集中并走向垄断，资本主义已由自由竞争时期进入垄断时期。在垄断形成过程中，资本主义国家加强资本输出，组成国际垄断同盟和建立殖民主义体系。

历史的发展打破了资本主义统治世界的体系，社会主义革命在世界一定范围内取得了胜利。社会主义代表着新的生产力和生产关系，使人类社会发展开始了一个新的里程碑，改变了世界发展的历史进程，打破了资本主义可以永恒的、统一发展的梦幻，确立了社会主义体系，推动了世界民族解放运动的历史潮流。

第二次世界大战以后，帝国主义殖民体系瓦解，第三世界兴起并作为独立的政治经济力量而发展。第三世界的兴起产生了“发展中国家”的概念，它不仅意味着积极向前发展，而且表明经济和社会发展还处于落后状态。发展中国家的发展已成为国际社会发展的现实问题。第二次世界大战之后一段时期，除一些发展中国家已成为或正在变成新兴工业国（The Newly Industrializing Countries，简称 NICs）之外，大多数发展中国家虽然摆脱了殖民统治获得了政治独立，但仍然面临着发展民族经济、进行社会变革的艰巨任务。

20 世纪是一个充满复杂纷扰的矛盾世界。资本主义与社会主义，发达国家与发展中国家之间各种矛盾交织在一起，使世界的发展格局变得异常复杂化。世界不断经历着大动荡、大分化、大改组，发展的现实更为紧迫、更为棘手、更为复杂，并面临更加严峻的挑战。现在，人们必须从政治、经济、社会、技术、生态、文化、意识形态和价值等更广泛的角度综合考察当代的发展问题，寻求新的发展理论与战略。

发展既具有现实性，又具有未来性。根据西方发展学家的观点，认为发展可以划分为五个时期：直接发展（1 年之内）；近期发展（1—5 年）；中期发展（5—20 年）；长期发展（20—50 年）；远期发展（50 年以上）。直接发展和近期发展可视为现实发展。现实的发展影响和决定着未来的发展，只要人们有所希望和决心，就可以在现实的发展中采取实际的行动来改变社会未来将要经历的发展。因此，未来发展要求人们对现实及其超前趋势的科学认识，要具有远见卓识的决策，制定符合国家发展实情的发展战略。人类应当是塑造和建设未来，而不是等待未来发展。

第三节　发展的基本属性

“发展”在很长一段时间被认为是单纯或单向的经济发展，即给社会带来进步。随着发展理论研究的深入，“发展”涵盖着众多的领域和交迭的因果关系，具有社会性和整体性的特征。古典和新古典发展理论的经验与教训说明，发展过程不仅受经济因素的影响，而且受到非经济因素的制约，政治、社会和文化因素对发展起到很强的推动和引导作用。因此，如果不借助于非经济因素的分析，就不可能解释发展中国家不发达的现象，也就不可能推动发展理论研究的深入；如果不借助于非经济因素的作用，就难以推动发展中国家的经济发展，更难探寻人类社会发展的规律。

现代发展理论研究之初已把发展的社会性归入经济发展之中，并存在三种不同的认识：社会性是经济发展的“剩余部分”；社会性具有经济发展的目的性；经济性与社会性就是发展的一切。[①] 经济发展除了自身的因素之外，社会因素也起着重要的作用。社会因素具有广义的内容，包括专业能力、组织、技术变化、一般社会和政治条件等等，而且教育在提供劳动者技能和提高社会生产率方面所起的作用也是重要的社会因素。通过对教育费用的投入和国民收入增加的比较，可以确定教育的经济效益。因此，社会因素是可以用其效益来衡量的“经济投资”。这种理论研究的功

① 黎文魁：《发展的三个方面》，《发展的新战略》，联合国教科文组织编，中国对外翻译出版公司，1985 年版，第 15 页。

绩使经济学家对于一直被人们忽视并认为是“经济之外”的因素更加重视。然而，经济与社会因素的相互作用需要进一步的探索。发展理论研究提出了“整体思想”，即强调发展的整体性，认为现实是极为复杂的整体，经济与社会因素构成一个整体。由此得出结论，经济行为就是社会行为，或者说，发展就是经济行为和社会行为的集合体。在经济学的意义上强调经济与社会的相互依存，社会因素反映出物质生产和财富分配的关系的现象，而相互依存并不是社会简单地反映经济。实际上，而在经济发展的不同水平上，都会出现相应的社会因素。

把社会因素视为经济的目标，意旨经济发展是为了提高人民的生活水平，改善社会福利。社会福利包括公共卫生、食物供应、住房、教育、社会保险、娱乐、城市规划等等，并以此提出了所谓“基本需要”的概念，即指一个社会得以运转和延续的最起码条件，或者指人生存的最基本条件。认为社会是经济发展的目的，虽然有其积极的内涵，但过于简单地把社会等同于福利。实质上，社会性包涵着政治和文化的因素。发展理论不仅要研究经济发展，更重要的是探索社会发展、政治发展和文化发展与经济发展之间的关系。

政治发展是以经济发展为基础，并指导和服务于经济发展。政治发展背后的精神动力是寻求富强之道、发展之道，政治发展的目标是要实现民富国强。政治发展的完善将为经济发展提供必要的条件和基本保证，而且起到规范和指导的作用。如果没有政治发展，没有社会保障和社会秩序，经济发展难以实现。

文化发展包涵着文化的变革，主要指观念的变革。文化概念含盖着政治意识、社会意识和道德意识以及相应的社会制度和组织形式。因此，文化观念变革并非指一般日常的浅层观念，而是指那些具有深层含义和涉及基本准则的观念。文化发展在一些发展中国家表现为缓慢的过程，一直与发展的社会性和整体性不相一致。表面上看，它有时颇为激烈地受到西方现代文化的影响，但实际上并未发生深层次的变迁。

文化发展被理解为政治和经济发展的条件，才可能凸现出其自身的真实价值，实现了这种价值，才使发展的社会性和整体性带有更深刻的含意。文化发展高于物质需要的满足，要求经济和社会的不断发展，经济和社会发展是为了“更好的生存”，而文化发展就是为了“最好的生存”和“最好的生存质量”。

发展就是要使整体社会或社会体系实现持续进步和提高，物质和精神生活不断改善。因此，发展具有多维性质和特征，包括社会结构的变化、民众态度的变化、国家体制的变化、经济迅速增长、减少不平等、消除贫困等等。虽然发展具有整体变化的多维性，但发展的内在涵义还涉及到三个因素，即生活给养（生活维持）、自我尊重和自由选择。这三个因素表现为人的最基本要求，反映在各种不同国家（社会）和不同时期的文化中，从而成为发展的核心价值。

生活给养是要有提供基本需要的能力。任何国家和个人都要获得基本需要，才可能生存。维持生活的基本需要就是保障衣食住行和健康，如果基本需要得不到满足，社会就处于“绝对不发达”状态。经济活动的基本功能就是要帮助尽可能多的人摆脱贫困和克服缺衣少食，健康不良。因此，经济发展是提供生活基本需要和改善生活质量的必要条件。然而，提高人均收入，消除绝对贫困，扩大就业机会，减少收入不平等是非常必要的，并不是发展的充足条件。

人的自我尊重是发展内涵的最重要因素，具有核心价值。实现自我尊重的价值是人类社会所追求的一种基本形式，包括真实性、平等性、尊严、尊敬、荣誉。自我尊重的性质和形式取决于不同的社会和文化背景。

自由选择作为人的发展的重要因素，不仅包含了经济发展目标，而且超越了经济发展的限度，包括基本人权、公正法律制度、较高的识字和健康水平等。诺贝尔经济学奖获得者阿马蒂亚·森把自由与发展目标和手段联系在一起，对发展产生了很大的影响。他认为，分析发展的起点应当是“从根本上承认自由既是发展的首要目标，也是发展的主要手段”[①] 阿马蒂亚指出，发展不能脱离人们的生活以及享受的实际自由，虽然经济发展有其重要的价值，但其价值取决于对人们生活和自由所造成的影响，自由与发展之间不仅存在本质的联系，而且自由还是一种重要的争取发展的有效手段，缺乏自由或压制民主会阻碍发展。阿马蒂亚强调，以自由为核心的发展理念为促进一个国家的发展提供了更深厚的基础，为发展研究提供了更广阔的视野。虽然自由与发展之间有着重要的关系，但不能把自由绝对化，阿马蒂亚强调一种抽象或绝对的自由，不免失之偏颇。

---

① 阿马蒂亚·森：《发展是关于什么的?》，参见［美］杰拉德·迈耶、约瑟夫·斯蒂格利茨主编：《发展经济学前沿：未来展望》，北京：中国财政经济出版社，2003 年版，第 362 页。

总而言之，发展是一个整体过程，具有很强的社会属性，包含着经济、政治、社会和文化四个层次。这四个层次的内容既相互渗透和影响，彼此辩证地发生作用，又彼此具有独立性。在辩证的整体发展过程中，经济发展虽然具有首要的意义，但任何其他发展对经济发展都会产生非常重要的影响。只有充分认识发展的整体性，善用战略智慧，才是强国富民之道。

第六章／发展的理论认识与演变

发展理论一直是哲学和社会科学研究的重要内容。从资产阶级古典主义和马克思主义经典作家，到现代西方社会科学界的学者们，都一直很重视发展理论的研究。现代发展理论兴盛于发展中国家相继摆脱欧洲殖民主义统治之后，如何发展自己的国家以巩固政治独立的现实问题催化了对发展理论的研究。

现代发展理论研究的主要对象是发展中国家如何消除贫困和不平等，其观点繁多，研究和分析方法不一，政策主张多样，学派林立。这种状况一方面反映出发展理论研究的问题之广泛和力求解释的问题之复杂；另一方面说明现代发展已在现代国际政治、经济和社会中具有重要影响，使越来越多的睿智科学家投身发展问题的研究。参照西方发展问题研究的流行分类方法，现代发展理论可分为“新古典主义理论”“结构主义理论”和“激进主义理论”三个主要国际学派。虽然它们在思想渊源、分析方法、理论观点和政策主张上各有侧重，但也不是截然分开的，有时不可避免地发生重叠和渗透，而这种现象在任何一种学科中都可能发生。

马克思主义和列宁主义的诞生不仅为发展理论研究做出了巨大的贡献，而且为人类社会发展指明了方向。马列主义成为发展问题研究的指南，具有强大的真理影响力。

第一节　新古典发展理论

新古典发展理论的思想渊源来自于亚当·斯密和大卫·李嘉图的古典经济学，奥地利学派的边际效用原理，阿弗里德·马歇尔所总结的微观经济原则，詹姆思·米德等人的当代综合理论的观点。新古典发展理论采用动态均衡的分析方法，主张发展中国家自由竞争、自由贸易，通过市场机制的自发调节，资源可以实现有效的配置，不平衡的发展就会逐渐趋于均衡。

新古典发展理论始于经济发展，使经济发展理论成为新古典发展理论的基础。经济发展理论认为发展中国家面临的迫切任务是实现工业化，而工业化的主要问题是要增加投资。因此，把积累资本和扩大投资看成是促进经济发展的关键。古典经济发展理论虽然注重经济发展的长期问题，但一般却忽视社会和政治的发展。

新古典经济发展理论把英国经济学家哈罗德（R·F·Harrod）和美国经济学家多马（E·Domar）为发达国家设计的增长模型，用来说明发展中国家的经济发展问题。在20世纪50年代，“哈罗德—多马”模型对于发展理论产生了很大的影响，而且把增长与资本形成视为发展的同义语。

美国普林斯顿大学教授威廉·阿瑟·刘易斯（William Athur Lewis）曾经典地叙述了当时“发展”的含义：经济发展理论的中心问题就是要了解一种社会的过程，即储蓄和投资占国民收入中的比例从以前的4%—5%或更少转变为自愿储蓄率在国民收入中占12%—15%或更多。这就是最主要的问题，因为经济发展的关键事实就是迅速的积累，包括知识、技巧和资本。①

大多数发展经济学家在20世纪50年代都没有深刻认识到“不发达”的真正原因，而只是通过观察工业化国家与欠发达国家之间的差异，力图描述不发达的水平，把资本短缺看作是不发达的主要特点。因此，新古典理论把增长等同于发展，强调发展的阶段性和国际贸易对发展的影响。

一、罗斯托的发展阶段论

美国经济学家华尔特·惠特曼·罗斯托提出了发展阶段论，在20世纪50年代末和60年代对发展理论的研究起到了重要作用。根据罗斯托的理论，任何社会从不发达向发达的发展必须顺序地经历六个阶段，才能最终实现自立自主的发展：

---

① 刘易斯：《经济增长理论》，伦敦，1955年英文版，第155页。

（1）传统社会；

（2）起飞前阶段；

（3）起飞阶段；

（4）成熟阶段；

（5）高消费阶段；

（6）追求生活质量阶段。

在传统社会阶段，科学技术发展十分缓慢，生产力低下，人均产出很少。起飞前阶段亦称过渡阶段，为发展创造了“起飞”的必要条件，传统社会中的许多特征消失，农业生产力迅速提高，建立了较多的有效基础设施，而且还发展了新的智力和一种新的阶级——企业家。

“起飞”阶段是经济和社会进一步发展的关键阶段，可能要经历数十年。按照罗斯托的解释，发展的“起飞”阶段就是突破传统停滞状态，并以发展和进步为目标的各种力量的解放，发展的最后障碍被排除。罗斯托认为“起飞”主要有三个条件：第一，要有较高的积累比例，投资和储蓄在国民收入中的比例从5%增加到10%以上；第二，建立发展“起飞”的主导部门，由此形成工业化雏形，即工业化开始，而且主导部门的现代技术扩散到其他部门；第三，要进行制度上的变革，迅速促成一种现代或新的政治、社会和制度结构，以保证“起飞”的实现。

成熟阶段意指技术上的成熟。罗斯托认为，社会已经把一系列现代技术有效地应用于其他部门。在这个阶段，工业将朝着多样化的方向发展，经济结构不断发生变化，一些产业停滞而新的产业建立，主导部门交替重复，实现全面增长。

在发展的高额消费阶段中，耐用消费品和服务将成为发展的主导部门，更多的资源用于消费的生产，人们的基本需要（衣、食、住和行）已得到满足，人民的消费转向耐用消费品和服务。

追求生活质量阶段是一切社会最终将要实现的目标。罗斯托认为，从高额消费阶段向追求生活质量阶段过渡是人类社会发展中的重大“突破”，耐用消费品发展到“逻辑的终点”之后，国民经济中的主导部门将发生变化，从生产有形产品的工业转向以提供劳务和增进“生活质量”的服务业部门，包括教育、卫生、市政建设、住宅、社会福利、鼓励投资兴办学校、医疗诊所、文化娱乐、旅游等等，而且要解决环境污染问题、公民权利问题、贫困和种族歧视问题。因此，在这一阶段的主要特点是提供大量的社会劳务，而不是主要提供有形产品。

“生活质量”在罗斯托的发展阶段论中具有特殊的含义。它不仅意味着人们的生活舒适、安逸，而是要求社会有一种稳定和谐的国内政治与文化环境，并使人们在精神上建立新的“价值准则”，建立新的“理想”和“目标”。

在罗斯托看来，发展中国家发展的主要政策首先是扩大积累率，建立主导部门，克服人才和资金外流，利用发达国家现有的先进科学技术，以便尽快地创造“起飞”所必备的经济和制度结构条件。在“起飞”阶段之后，基本政策应当是进一步发展“公私混合经济”，加强技术“创新”，实现中央的计划调节措施，政府的作用是维持比较充分的就业，强化社会福利的政策，而市场和私人经济去完成满足居民需求的任务。

在罗斯托的发展阶段论中还有一个重要的思想，就是“持续成长”的概念。罗斯托认为，一个国家经历发展“起飞”之后，就会进入“持续成长”之中，即从“起飞”到开始的各个成长阶段将依次自行更替。

二、国际贸易与发展

新古典发展理论认为不同国家之间的交往对发展会产生积极的作用，而交往的最重要形式就是对外贸易，以促进国内平衡发展。因此，新古典发展理论把国际贸易看作一种有效的“发展引擎”，并主张自由贸易。新古典经济学家指出，无论发达国家还是发展中国家的历史经验表明，经济发展的大部分产生于对外贸易。新古典发展理论认为，发展不仅具有静态的性质，而且有动态的性质。所谓“静态”，就是更有效地利用现有资源创造直接的效益；所谓“动态”，就是对外贸易所产生的间接效益。

间接效益主要表现在以下几方面：第一，通过自由贸易，参与的国家可以提高福利水平，并且发达国家与发展中国家之间工资差别也可以缩小，从而导致收入国际分配更趋平等；第二，参与自由贸易可以获得物质要素，如新的机器和原材料，加速经济发展，还可以转让发展所需要的技术和管理知识；第三，发展中国家在发展和工业化过程中通过国际贸易可以学习发达国家的经验与教训；第四，对外贸易可以促进竞争，而竞争又可以促使效率的提高并导致更快的经济和社会发展。新古典发展理论认为，发展中国家应当出口其相对丰富的资源和劳动生产率相对高的产品，进口其稀缺的资源和劳动生产率相对低的产品，以此在国际贸易中获得比较优势和利益。

新古典发展理论虽然认识到发展中国家已经存在潜在的发展条件，在假定完善的市场条件和完全竞争条件下提出发展方式和政策主张，但是在非完善市场条件向着完善市场条件的过渡时期中（这一过渡时期可能是漫长的），发展中国家应采取什么方法和政策推动经济发展，新古典发展理论并没有正面回答。这一严重的缺陷，致使新古典发展理论在发展中国家尤其在非洲国家，被认为缺乏有效的实际意义。

第二节　结构主义发展理论

结构主义发展理论没有直接的理论来源，却受到莱昂·沃尔拉斯和瓦西利·里昂惕夫[①]观点的启发和影响。结构主义发展理论正是利用了结构的分析方法，形成了独特的理论架构。

结构主义发展理论是把重点分析放在经济的构成上，而且主要在生产来源方面，其理论核心是"二元经济"或"二元论"。"二元经济"的概念是因观察到发展中国家各经济部门内部和经济部门之间发展不平衡而产生的。虽然"二元经济"概念已经有许多不同的表述，但最有影响的是经济结构分为农业部门和工业部门，传统部门和现代部门，或可分为产品面向国内的自给生产部门和产品面向国外的（或外资所有的）出口"飞地"。发展中国家各个经济部门之间的关系是僵化的，而且与市场的联系程度不同，普遍缺乏弹性。

发展中国家的大部分人口处于很少与市场联系的传统部门，只有相对少数的人口处于与市场联系的现代工业部门。在传统农业部门，供给弹性和需求价格弹性均低，价格的变动很难对各种生产要素及商品的供给和需求的变动起到调节作用。在缺乏弹性的情况下，单纯依靠市场机制的自发调节，不能起到推动资源有效配置的作用，供求关系不可能自动趋向均

---

① 莱昂·沃尔拉斯是法国经济学家，19 世纪晚期西方边际主义经济学的奠基人之一，在西方经济学发展史上占有重要地位；瓦西利·里昂惕夫是美籍俄国人，创立了"投入—产出"分析方法，具有划时代的意义，1973 年获诺贝尔经济学奖。

衡，缺口并未填平，反而更加扩大。由于在现代工业部门和传统农业部门中，追求利润和增加效用的反映速度不同，市场机制的自发调节只会扩大这两大部门的发展不均衡；并导致国民收入在这两大部门中的分配更加不合理，在现代工业部门中就业劳动力的收入往往大大高于传统农业部门劳动力的收入。因此，大多数发展中国家经济的基本状况是持续不平衡，而不是自我均衡的体系。

结构主义的“二元论”提出了经济发展的两个过渡阶段：　第一阶段从农业经济过渡到二元经济；第二阶段从二元经济过渡到现代增长。在发展过程中，一般农业经济需要很长的时间，但最终还是要过渡到现代经济增长阶段。因此，在这两个阶段中，关键是要解决如何过渡的问题。一些发展中国家都已经渡过了第一阶段，从农业经济发展到二元经济，但第二阶段还没有取得成功，而另一些发展中国家仍处于第一阶段的过渡时期。发展中国家从二元经济发展成为现代经济，有两种发展方式可供选择。其一是发展进口替代，直至过渡到现代经济，即超越劳动密集型的出口阶段；其二是经过劳动密集型，发展出口替代，进入现代经济。

在结构主义发展理论中，另一种有影响的理论是社会、经济和文化的“整体论”。“整体论”在分析发展问题时主要强调两点：第一，在一个动态的社会发展过程中，各种社会和经济因素是互相联系、互为因果；第二，一种变化推动另一种变化，新的变化推动旧的变化，从而导致发展过程的不断前进。社会、经济诸因素之间的关系不是守衡或趋于均衡，而是以循环的方式运行，但不是简单的而是具有积累效果的循环流转，即“循环积累因果原理”。这一原理认为，发展中国家穷苦大众的收入增加，就会改善他们的营养状况；营养状况的改善可以提高劳动生产率；而劳动生产率的提高，反过来又能增加收入。从最初收入的增加，到收入的进一步增加，这是一个因果循环过程，但不是简单的而是有着积累趋势的循环过程。

依据“循环积累因果原理”，发展中国家的各种社会和经济发展问题是相互联系着的、互为因果的，因此研究发展问题不能只注重研究经济发展问题，更不能只限于国民生产总值的增长，而是要全面地研究一个国家的社会、经济和文化等因素之间的相互关系。在发展中国家，影响发展的有六个方面的因素：产量与收入；生产条件；生活水平；工作与生活态度；制度；政策。在研究方法上，不能只从“量”上去考察发展问题，而是要从“质”上去把握。假如只从“量”上去分析问题，那就会导致发展研究的简单化和对发展前景估计的盲目乐观。结构主义的“整体论”认为发展是“量”与“质”的结合，发展除了经济的量变，还要进行社会改革，其内容包括权力关系的改革、土地所有制的改革、教育制度的改革、行政管理的改革，并且建立法律和秩序，要同腐败行为作斗争。

结构主义发展理论所主张的政策主要是政府有必要通过计划去干预发展，以补充市场调节作用的不足。因此，发展中国家不仅要制订宏观发展计划，而且要对不同部门的发展制定出具体的政策和措施，提倡改进农业、进口替代和集中社会各方面的力量，首先投资于社会领先的部门，以带动其他部门的发展。

结构主义发展理论的主要代表人物是诺贝尔经济学奖的获得者库兹涅茨、刘易斯和缪尔达尔，他们以各自的理论奠定了结构主义发展理论的基础。结构主义发展理论的重要贡献，在于比较真实地反映了大多数发展中国家结构性不均衡的特征，提出了在非完善市场条件下，一个国家应当采取市场调节和计划并用的方法。然而，结构主义发展理论同新古典发展理论相比，还没有形成一系列相互关系的概念，甚至还没有形成一套内在联系的指导理论。因此，还不是一种成熟的理论体系。

第三节　激进主义发展理论

激进主义发展理论渊源于古典经济学，尤其是劳动价值论，但发端于第二次世界大战之后的20世纪50年代，形成于70年代。早期的激进发展理论主要以美国激进经济学家保罗·巴兰（Paul Baran）的思想为代表，认为“提供经济增长和防止生活水平持续恶化的唯一方法就是保证稳定地增加总产出，并增加使用未充分利用的资源（尤其把农业剩余劳动力转移到工业中去）和使用经济计划来克服对私人投资的障碍。”而且还认为，“资本主义制度曾经是经济发展的强力引擎，现在已变成对人类进步如同令人生畏的障碍。”①

① （美国）保罗·巴兰：《成长政治经济学》，纽约，每月评论出版，1957年，第163页。

20世纪60年代激进发展理论在拉丁美洲得到进一步的发展，其核心理论是“不发达与依附论”。这一理论认为，资本的国际积累形成了资本主义国际经济体系，国际资本主义历史演变和这种制度的结构因素产生了不发达，而不发达是国际体系和全球发展历史过程的一部分。资本主义国际体系的演变导致了两极分化：一是世界国家之间的两极分化，发达的、工业化的、先进的“中心”北方国家和不发达的、贫穷的、依附的“边缘”南方国家；二是国家内部的两极分化，先进的、现代化的集团、地区与活动和落后的、原始的、边缘的集团、地区与活动。

“不发达与依附论”不仅用“中心—边缘”来解释世界，而且把“中心—边缘”作为资本主义国际经济体系与结构的决定性特征。在资本主义国际经济体系中，“中心”北方国家的经济是以攫取最大利润为中心的，并通过持续扩大国际资本的积累来扩大价值增值能力。在价值扩大过程中，“边缘”国家的经济“剩余”不断地输送到“中心”国家的资本积累中，这就是发达国家对不发达国家的经济剥削。国际经济剥削不仅严重地限制了不发达国家的积累能力，而且使不发达国家在资本主义国际体系中始终处于从属和依附的地位，其发展能力受到发达国家的遏制，只能处于不发达的状态。

激进主义发展理论认为，殖民主义历史所造成的不平等的国际分工，使发展中国家只能出口很少的几种初级产品，大量的制成品（尤其是资本货物）都要依赖于从发达国家进口。初级产品的出口和工业制成品的进口之间存在着严重的“剪刀差”，使发展中国家的贸易条件不断恶化。

发展中国家依靠引进国外投资建立的现代工业部门，由于是“舶来品”，必然不能与当地经济融为一体，且不能改变对发达国家工业制成品进口的依赖，反而会造成与外资有联系的部门及地区和对外资没有联系的部门及地区之间的不平衡发展。这种不平衡加重了发展中国家国内收入分配的不合理，使某些集团（诸如地主、军人统治者、商人和官吏等）享有高额收入、社会地位和政治权力，并形成上层统治阶级。与此同时，发展中国家国内上层和中层阶级受到发达国家消费方式的影响，过渡地追求未达到的消费水平，造成消费品市场的通货膨胀。

激进主义发展理论认为，发展中国家被纳入资本主义国际体系，不可能实现现代化，不可能取得自主的发展，难以对自己的发展做出基本决策。因此，发展中国家越是发展就越是不发达。在资本主义国际体系中，

“发达”与“不发达”不是各国发展的不同阶段，而是指各国在这个不平等的体系中所处的不同地位。发展中国家要摆脱“不发达”，求得发展，应当脱离或改革资本主义国际体系。

激进主义发展理论在政策上主张国际和国内改革。国际改革主要是打破不平等的国际旧秩序，建立国际新秩序，要求南北对话，加强南南合作，增强集体自力更生的能力。在国内进行体制改革，辅之公私经济活动的结合，促进计划和市场调节。最终目标是加速经济和社会发展，同时也改变其“性质”，使劳动大众能参与发展过程，并从中获得利益，生活得到改善。

激进主义发展理论采用历史和制度分析的方法，着重于对发展中国家发展进行历史的考察和制度的分析；对发展问题、发达与不发达问题、不发达根源问题的探讨，超越国家的范围，趋向世界性和整体性的分析，把国际发展关系视为研究对象。因此，激进主义发展理论的结论是，一个国家的发展，不能脱离特定的国内和国际的历史条件，历史发展过程中的各种重大历史事件和现有社会的各种因素都会对发展产生重大的作用。

第四节　马列主义发展理论

一、马克思和恩格斯的发展理论

19世纪中期，马克思和恩格斯在创立马克思主义时就已对发展问题作了深入的探讨和论述，运用唯物史观和剩余价值理论深刻地揭示了人类社会发展的一般规律和资本主义特殊的发展规律，并在此基础上提出了建立以个人自由全面发展为目标的美好理想社会。马克思主义发展理论是人类社会发展的科学指南。

马克思和恩格斯首先揭示了资本主义社会发展的过程。在资本主义体系下，发展就是资本的积累，并驱使资本剥削工人的剩余价值，并把它们物化到商品中，通过市场实现资本的增值。为了增加积累和攫取更多的剩余价值，资本家采用新技术改革生产方法，提高生产力减低劳动力的价值，这就是资本主义的发展过程，也是资本主义增加积累、提高生产力和扩大商品生产的原因。资本在积累的过程中不断趋向社会化，转化为社会职能，并为了自身的利益而不断消灭自身存在的基础。这就是发展的历史辩证法。

马克思主义最伟大的发展理论是科学地揭示了人类社会发展的客观规律，资本主义社会必然为共产主义社会所取代的历史大趋势，论述了人类社会发展的动力和未来理想社会发展的目标与原则。马克思主义发展理论认为，人类社会的发展归根结底取决于生产力的发展，生产力的发展既是社会发展的根本动力，也是社会发展的表现。生产力是人们在劳动过程中形成的与自然界进行交换的能力，或生产有用物品的能力。

马克思和恩格斯认为，生产力与生产关系、经济基础与上层建筑之间的矛盾是人类社会的基本矛盾，并推动社会的不断发展。马克思在《〈政治经济学批判〉序言》中对这一基本矛盾已做出了经典性的论述："人们在自己生活的社会生产中发生一定的、必然的、不以他们的意识为转移的关系，即同他们的物质生产力的一定发展阶段相适合的生产关系。这些生产关系的总和构成社会的经济结构，即法律的和政治的上层建筑树立其上并有一定的社会意识形式与之相适应的现实基础。物质生活的生产方式制约着整个社会生活、政治生活和精神生活的过程。不是人们的意识决定人们的存在，相反，是人们的社会存在决定人们的意识。社会的物质生产力发展到一定阶段，便同它们一直在其中运动的现存生产关系或财产关系（这只是生产关系的法律用语）发生矛盾。于是这些关系便由生产力的发展形式变成生产力的桎梏。那时社会革命的时代就到来了。随着经济基础的变更，全部庞大的上层建筑也或慢或快地发生变革。"这种基本矛盾存在于一切社会形态的发展过程中，而生产力是基本矛盾中最革命、最活跃的因素，最终决定社会的发展，推动人类社会由低级阶段向高级阶段的发展，也是促进人类社会由片面向全面发展和协调发展的根本动因。当生产力发展到一定程度，就会打破旧的生产关系的外壳，导致旧社会形态的灭亡和新社会形态的出现，社会不断循此发展。

马克思认为未来理想社会的最重要特点之一就是人的自由发展，并且把未来人类理想社会称为"自由人的联合体"。马克思指出，人类发展是"以每个人的全面而自由的发展为基本原则的社会形式"，① 发展的基本制

① 《资本论》第一卷，北京：人民出版社，1975年版，第649页。

度架构“是这样一个联合体，在那里，每个人的自由发展是一切人的自由发展的条件。”① 这种制度架构为全社会和每个人发展提供了充分的条件，因此社会发展的直接目标是满足社会需要即“社会满足人的需要”，“通过社会生产，不仅可能保证一切社会成员有富足的和一天比一天充裕的物质生活，而且还可能保证他们的体力和智力获得充分的自由的发展和运用。”② 人类社会从必然王国向自由王国发展，“代替那存在着阶级和阶级对立的资产阶级旧社会的，将是这样一个联合体，在那里，每个人的自由发展是一切人的自由发展的条件。”（《共产党宣言》）③

马克思在许多方面预见到发达资本主义发展的主要特征和趋势——资本的垄断和集中、资本输出、殖民化和世界市场的形成。发达资本主义国家利用资本的垄断和集中，先进的科学技术，进行资本输出，垄断国际市场；利用生产力的优势，或贸易比较优势，侵占发展中国家市场，掠夺发展中国家的财富。这就是发达国家的发展超前，而发展中国家的发展滞后的重要原因。

二、列宁的发展理论

列宁结合19世纪末和20世纪初世界发展的新特点，把马克思主义的一般发展理论与不同类型民族和国家的具体发展道路相结合创造性地运用于东方社会，揭示了资本主义不发达的社会或国家发展的规律和发展道路的特殊性，系统地阐述了落后国家非资本主义发展理论，辩证地诠释了世界发展与民族（国家）发展的关系。列宁科学地分析了资本主义的经济基础和尖锐的矛盾、危机，揭示了资本主义经济政治发展不平衡的规律，并提出社会主义革命可能首先在资本主义体系薄弱的一国或数国取得胜利的论断。列宁还深刻地指出，资本主义发展到帝国主义阶段，资本主义各国的发展是极不平衡的，一些落后国家可以借鉴和采用先进的科学技术，实现经济和社会的跨越式（跳跃式）发展，而且落后国家可以率先进行社会主义革命，然后利用无产阶级（或国家）政权的优势，创造社会主义发展

① 《马克思恩格斯选集》第一卷，北京：人民出版社，1972年版，第294页。
② 《马克思恩格斯选集》第三卷，北京：人民出版社，1972年版，第322页。
③ 《马克思恩格斯选集》第一卷，北京：人民出版社，1972年版，第294页。

所必需的物质文化条件。列宁认为这种发展先于资本主义发达国家向社会主义发展，是人类社会发展过程的特殊性。“这些特殊性当然符合世界发展的总的路线”，只有在坚持一般规律和总的路线的条件下，“个别发展阶段在发展形式和顺序上的改变”，即先走上社会主义道路，再创造本应在资本主义社会创造的文明。“世界历史发展的一般规律，不仅丝毫不排斥个别发展阶段在发展的形式或顺序上表现出特殊性，反而是以此为前提的。”①

列宁对人类社会发展理论的伟大贡献，在于经济和文化比较落后的国家首先取得社会主义革命的胜利。这是人类社会发展的伟大创举，又是社会主义发展需要进行艰难探索的主题，一方面促进了人类社会的发展和推动了世界社会主义发展的历史进程，另一方面也由此带来了需要探索的社会主义发展的一系列问题和前人未曾预料、难以想象的难题。因此，列宁指出：“一个落后的、被发动和不幸的战争严重破坏、又远远早于先进国家开始社会主义革命的国家必然要经历的特殊的和特别‘不愉快’的状态”。② 列宁清醒地认识到走上社会主义道路的落后国家发展的艰难性，并提出了一定要首先抓住经济发展，才能实现全面发展的大思路。

列宁认为社会主义发展需要雄厚的物质基础，否则就根本上不能实现社会主义。因此，列宁提出了三大发展思想：发展重心、发展任务和利用借鉴。第一，夺取政权后应该及时地把工作重心转向到经济发展，“从前我们是把重心放在而且也应该放在政治斗争、革命、夺取政权等方面，而现在重心改变了，转到和平的‘文化’组织工作上去了。”③ 这里的“文化”既包括物质文化又包括精神文化，而重点是物质文化，即经济发展。第二，夺取政权后最重要和最根本的任务是发展生产力和提高劳动生产率，“无产阶级取得国家政权以后，它的最主要最根本的需要就是增加产品数量，大大提高社会生产力。”“劳动生产率，归根到底是使新社会制度取得胜利的最重要最主要的东西。”④ 第三，利用资本主义促进社会主义发展。列宁认为，对于资本主义的发展有两种态度：一是禁止和堵塞；二是

① 《列宁选集》第四卷，北京：人民出版社，1995 年版，第 776 页。
② 《列宁选集》第三卷，北京：人民出版社，1995 年版，第 507 页。
③ 《列宁选集》第四卷，北京：人民出版社，1995 年版，第 773 页。
④ 《列宁选集》第四卷，北京：人民出版社，1995 年版，第 623、16 页。

把它纳入国家资本主义轨道。列宁指出："同社会主义比较，资本主义是祸害。但同中世纪制度、同小生产、同小生产者涣散性引起的官僚相比，资本主义则是幸福。""我们应该利用资本主义（特别是把它纳入国家资本主义的轨道）作为小生产和社会主义之间的中间环节，作为提高生产力的手段、途径、方法和方式。"① "如果我们不利用资产阶级世界留给我们的材料建设大厦，你们就根本建不成它，你们也就不是共产党人，而是空谈家。"② "把资本主义所积累的一切最丰富的、从历史的角度讲对我们是必然需要的全部文化、知识和技术由资本主义的工具变成社会主义的工具"，③ 把资本主义"所积累的全部经验和知识同广大劳动群众的首创精神、毅力和工作结合起来，架起从资本主义旧社会通往社会主义新社会的桥梁"。④

列宁对发展理论的另一重大贡献，提出了资本主义发展的最高阶段是帝国主义的科学论断，深刻地揭示了资本主义社会发展和灭亡的规律，丰富和创新了马克思主义的发展理论。列宁指出："资本主义进到帝国主义阶段，就使生产走到最全面的社会化，它不顾资本家的愿望和意识，可以说是把他们拖进一种完全自由竞争过渡到完全社会化的新的社会制度。"⑤

列宁的帝国主义理论是关于资本主义全球化的新阶段、新形式的理论，而当代世界发展的全球化趋势与资本主义的发展和垄断有着紧密深切的联系，资本主义之所以必将造成全球化，是资本的增值和扩张的本性决定的。实际上，列宁关于帝国主义特征的分析，反映对资本全球化历史过程逐渐显现的展开和深化的阐述。全球化首先表现为经济全球化，而经济全球化主要表现为国家分工进一步加深，生产力从一国社会化走向国际化、全球化；企业规模不断扩大、生产能力不断增强，大部分的人力和生产资料集中到最大的企业中去，使越来越多的产品成为世界性、全球性的产品。当今资本主义阶段，在全球化以及世界改革与发展大潮的推动下，世界市场空前扩大，参与国际生产、进行国际竞争已不仅仅是少数最大的垄断资本或垄断企业而是越来越多的资本，都在很大程度上国际化了，变

① 《列宁选集》第四卷，北京：人民出版社，1995 年版，第 509 页。
② 《列宁全集》第 34 卷，北京：人民出版社，1985 年版，第 252 页。
③ 《列宁选集》第四卷，北京：人民出版社，1995 年版，第 547 页。
④ 《列宁全集》第 34 卷，北京：人民出版社，1985 年版，第 129 页。
⑤ 列宁：《帝国主义是资本主义的最高阶段》，北京：人民出版社，1973 年版，第 21 页。

成了国际资本或世界资本。对于资本主义发展的基本规律和全球特征，列宁指出“在自由竞争的基础上、而且正是从自由竞争中成长起来的垄断，是从资本主义结构向更高级的社会经济结构的过渡。”① 虽然当今世界发展及全球化与列宁所处的资本主义阶段有所不同，但在那时，列宁已经认识到了垄断资本主义成为资本主义发展的阶段性质变，这也是发展阶段性的必然，人类社会发展将要经历全球化的重要过程。

① 列宁：《帝国主义是资本主义的最高阶段》，北京：人民出版社，1973 年版，第 112 页。

第七章／发展研究的理论与方法

第二次世界大战后，许多发展中国家获得政治独立，国家发展成为紧迫的问题，国际社会为此增强了对发展的研究，不同的理论和方法，不同的学派应运而生。这些理论与方法的产生，不同程度地影响了发展中国家对发展的认识和对发展模式或战略的选择与制成，而且对国际发展具有深刻的影响。

第一节　现代化理论

发展中国家现代化的理论研究出现于20世纪50年代，源于西方经济学家、政治学家和社会学家的理论，尤其在西方经济学界以经济增长理论为核心的发展经济学的影响下，推动了发展中国家以工业化为标志的社会和经济现代化发展的研究。

现代化理论以现代化透视为方法，用于分析发展中国家不发达的状况，研究发展中国家与发达国家之间的差距。现代化理论认为发展中国家的发展就是模仿西方发达国家的现代化来缩小差距，改变不发达的状况，而且简单地把发展视为模仿的过程。① 早期发展中国家民族主义和发展问题研究的学者大部分是采用现代化的发展透视。这种理论与方法的基本前提是发展中国家的社会正处于朝着现代化发展的实际过程中。在这个过程中，现代化将有效地和科学逻辑地取代传统价值和制度。在经济方面，现

① 马戈努斯·布洛姆斯姆：《变化中的发展理论》，1988年，伦敦，塞奇出版公司，第20页。

代化被视为机械化、迅速的工业化和增长；在社会方面，现代化目的是增加个人流动性，控制公共的一致性，建立平等分配资源的秩序；在政治方面，现代化意味着制度的发展，政府机构的合理化，权力集中，政治参与和能力的增强。[①] 当时，现代化被看作可以为发展中国家民族独立后首先实现稳定和自治的措施，最终趋同于西方工业化模式提供基础。

现代化理论源于西方并与美国20世纪50年代政治科学发展密切相关。许多学者认为，从传统向现代化社会转变可能产生一般发展理论。当时，许多关于发展中国家研究的文献，主要探讨发展中国家在力图实现现代化过程中所面临的六个发展问题。第一是“一致性”：在不同的文化群体中促进共同的目的意识；第二是“合法性”：达到合法实行的权力，主要是合法手段和政党；第三是“参与”：对公共需求的指导，决策过程进入建设性的和可控制的渠道；第四是“渗透”：寻求保证政府在各种领域中的作用；第五是“分配”：利用政府的职能使公众对物品和服务的需求实现平衡分配，达到福利目标；第六是“一体化”：国家或社会内在机体的相互联系，并在许多集团和利益之间建立内在的关系。

在现代化的透视中，社会与政治发展目标主要是建立平衡发展与平等分配的条件和机制，以保证安定的社会和稳定的政府；经济发展目标主要是扩大资本积累与投资，促进经济增长，尽快赶上发达国家，实现工业化。然而，发展中国家并未实现理想的现代化的目标。现代化理论把这种失败归咎于发展中国家对发展的判断能力低劣和错误的指导思想，归咎于没有能力克服植根于发展中国家社会中的文化障碍。20世纪60年代后期，现代化学派注意力转向分析发展中国家发展无效的原因，解释发展过程中的矛盾，考察国家政权在发展中的作用。

早期的现代化理论对发展问题研究的趋向只是注重国内解释，而不是国际解释，采用政治分析社会文化因素，并未对社会结构和经济因素之间的关系进行分析。因此，现代化的发展模式在发展中国家日益成为问题，不可能保持应有的经济与社会效益，更不用说朝着社会改善甚至进步的理想目标发展。

现代化理论受到以下几个主要方面的批评：

---

① 理查德·希戈特：《政治发展理论：当代争论》，伦敦，牛津大学出版社，1983年版，第86页。

第一种批评指出在现代化理论框架内进行研究只是考虑到了发展中国家小部分的现实。尽管农业在发展中国家的经济中起主要作用，但现代化理论强调工业化和城市化，在以现代化发展为重要目标时，却忽略了传统规范和制度在发展过程中的积极作用。虽然政党为取得政治独立发挥了重要作用，在政治发展中是比较重要的方面，但官僚化却时常被忽视。在社会变化中，不平等和冲突时常被掩饰。当时的现代化助长了过分地强调不适宜的发展重点，而且未能反映出发展中国家发展的实际过程。

第二种批评涉及现代化理论的重点。现代化理论虽然注重积极增长，并未带来经济活动的真正受益者。现代化是西方发达国家的发展模式，而这种模式漠视普通民众的发展，是一种僵化的架构体系。从殖民统治下独立的发展中国家不容易接受这种模式。

第三种批评主要是针对分析方法。用于考察怎样发生变革或评价持续发展过程的方法甚少，而且，现代化理论的许多方法是极为静态的，对发展外部因素的分析实际上被忽略了，而且非常重要的内部问题，诸如种族、文化、法律、泛民族主义和传统自豪感，都没有以值得赞赏的、严肃认真的态度来对待。

尽管存在一些缺陷，但现代化理论为当时认识殖民后发展中国家的发展，提供了一定的理论基础，有助于分析发展所面临的一些主要问题提供一定的方法。然而，20 世纪 60 年代后期，现代化理论及其研究方法已不能完全适应发展的研究，一种新的理论与方法不可避免地出现。

第二节　依附与不发达理论

依附与不发达理论的产生是对现代化发展理论的一种挑战，认为发展中国家的发展和进步已经受到而且将继续受到国际和国内力量的阻碍，国际力量继续对发展中国家资源进行掠夺。如果全球体系发生变化并改变第三世界（发展中国家）与工业化世界（发达国家）之间依附与不发达关系的话，那些主要资本主义国家对发展中国家的利益侵蚀和掠夺就可能受到遏制。因此，依附与不发达理论或学派不仅强调“发展过程”，而且强调不发达的“根源”，发展中国家处于贫困的状况就是发达国家获得利益而损害其发展条件的必然结果。

依附与不发达理论所采用的方法与现代化理论的方法完全不同。第一，依附与不发达理论对发展研究采取一种具有目的性的历史透视，力图追溯发展中国家之间的差异及其与资本主义发达国家不平等关系。第二，依附与不发达理论的分析方法的单位不仅是个人和国家，而且是阶级和世界体系。第三，依附与不发达理论的发展研究主要关心的是政治经济，突出经济结构和经济态势，分析的对象更明显地移向物质问题，诸如贸易关系、资本流动、生产方式和关系。第四，依附与不发达理论的发展研究以不平等和非均衡为假定，力求分析发展稀缺的资源和不发达的特点。

从依附与不发达理论的观点来看，发展中国家长期的贫困一开始就与帝国主义联系在一起。依附与不发达理论的分析断定帝国主义即资本主义发达国家，不仅使发展中国家进入全球体系之中，在结构上是以不平等的方式进行的，而且以殖民政策或手段企图使发展中国家在这种体系下对外部变化的脆弱性永存下来。

依附与不发达理论更多的注意力集中在限制发展选择的各种因素。换言之，全球关系的现存模式造成了不对称的交换，这些关系的利益是不平等的中心（世界经济的工业中心——发达国家）和边缘（第三世界非工业化国家）之间进行分配。由于发达的信息、技术知识、财富和市场优势处于支配地位，中心国家对边缘国家在交换中始终保持决定的优势。

不平等的发展是依附与不发达理论的核心，正如沃伦斯坦所说："在理论上是不可能认为所有的国家都同时发展"，不平等的发展是世界的现实。[①] 依附与不发达理论认为，由于全球关系相互联系并具有严密的结构，如果一个发达国家或发达地区发展，那么发展中国家的进步必然会受到阻碍，而且未来世界发展前景更难以确定。依附与不发达理论提出，资本主义仍是社会主义出现的重要前提，因此资本主义发达国家与边缘发展中国家之间不平等的关系是发展过程中必要的步骤，而且是痛苦的。

无论其方法怎样变化，依附与不发达理论把发展看作是世界体系和全球关系的反映，对发展过程的解释隐含着历史和物质的因素，对发展分析的对象从国内转向国际，从特性转向结构，并依据资源与控制来描述和研究发展。

---

① 伊曼纽尔·沃伦斯坦：《相互依存世界中的依附》，《非洲研究评论》第1期，1974年。

依附与不发达理论对发展问题的性质具有深刻的洞察力。其一，对发展困境的解释归咎于外部因素，强调国际结构变化，注意到发展中国家发展中的特殊政策。其二，依附与不发达理论的方法是要在社会、经济和政治范围内研究发展，有效地概括发展环境中存在的一些历史、经济和外部的限制因素。其三，依附与不发达理论已经无情地和准确地指出了发展中国家发展过程中不平等的前提。因此，依附与不发达理论增强了分析和研究发展问题的重要性程度，为促进发展中国家的发展和如何摆脱不发达状态提供了一定的理论基础。

依附与不发达理论不足之处，首先表现为对现代发展研究采用“一致性”的分析方法。对于在世界体系中剥削与被剥削、中心与边缘、国际不平等对发展影响的变化、程度、特殊性和模式，该理论未能全面地进行不同的分析。依附与不发达理论比较注重对农民或农村的研究，对于前资本主义与资本主义的混合模式研究甚多。但对发展中国家的发展起着决定性的民族主义、种族的重要性，以及对于 20 世纪 70 年代许多发展中国家发生的政治和社会动乱，都没有给予足够的重视。因此，依附与不发达理论对世界体系的分析缺乏有效的方法，即未能确定发展中国家与资本主义发达国家之间关系的变化模式。

依附与不发达理论的第二个缺陷是对未来发展的悲观评价。依附理论虽然成功地消除了现代化理论学派中的虚假乐观，但对发展中国家发展前景几乎一直持有悲观的态度。用这种观点来分析，发展中国家陷入了一个不是自己制造的泥坑，而自身却无法从中摆脱。除了革命或全球结构性变革之外，依附理论依然无法为发展中国家发展提供可能性的指导原则。虽然依附与不发达理论指出了发展的一些重要问题和趋势，但还未能明显地指出发展中国家发展困境的复杂性，也未能精确地论述发展中国家已经或正在发生变化过程中的动态因素。

第三节　替代发展理论

20 世纪 70 年代中期以后，一些经济学家、哲学家和社会学家，对以前的发展理论表示不满意，从不同的角度提出了替代发展理论。

替代发展理论认为以前的发展理论在很大程度上只是表达了发展中国家权贵阶层的利益和愿望，只注重发展的表面形式，忽视了发展的实质，即发展的目的和意义，特别是忽视了发展与普通阶层的关系。替代发展理论把注意力放在发展的实际意义上，强调为了人的自身需要而发展。替代发展理论首先指出增长的结果不能使人的基本需要得到满足，这是一种畸形的、扭曲的发展；其次认为发展除了满足人的基本需要之外，还应当包含着人的自由和自我价值的实现。另外，批评经济增长的成果仅用于权贵阶层的奢侈消费，这是资源的浪费，普通阶层没有得到实际利益。因此，替代发展理论提出了一些发展原则，主要有：发展的目标既满足人的物质需要，又满足人的精神需要；发展应立足于每个社会的内部因素，要独立自主地确立发展的目标、价值和结果；发展要坚持自力更生，充分发挥社会和人口潜力，充分地利用资源和自然环境以及文化环境；发展要注意生态平衡，合理利用生物圈内的有限资源，要考虑当地生态系统所承受的能力；发展要实现结构变革并以此为基础，为实现大众自我管理和参与决策创造条件。替代发展理论认为依据发展原则可以确定不同类型的发展模式。

第一，“自力更生”的发展模式。替代发展理论主张依靠本国的人力、物力、资源和环境，独立自主地决定本国发展政策并实现其目标，反对依赖外部的影响和势力，抵制外来的政治和经济压力。自力更生模式的核心是把实现国家发展的自主性置于首位，实现民众参与发展，参与决策，充分利用当地条件，鼓励人民的创新精神。依据此发展模式，各自国家的条件可以独特化、多样化，减少人性异化，在国际关系中坚持公平、平等、互利的原则。自力更生发展模式把发展的经济意义与政治意义视为同等的重要性。

第二，“基本需要”发展模式。这种发展理论模式是根据发展中国家的经济增长未导致贫困消除的事实而提出，最基本出发点是满足普通人的基本需要。“基本需要”发展模式把增长与分配作为发展的两个相辅相成的方面，如果只有增长，而不能实现公平合理的分配，那么基本需要就得不到满足。“基本需要”发展模式所追求的目标不仅是基本生活物质在数量方面的满足，而且在质量方面甚至在精神方面都要得到满足，包含安全、自由、尊重与认同感等等。

第三，生态平衡发展模式。生态平衡发展理论十分重视生态环境与经济及社会发展的关系，认为人类生活在两大系统中，一是生态系统，二是社会系统。这两个系统相互依赖，相互制约。经济发展必然带来社会和生态环境的变化，实质上经济发展与生态的矛盾是潜在的，这个矛盾处理不好就会造成生态灾难。生态平衡发展理论认为发展中国家的现代化绝不可步资本主义发达国家的后尘，而要充分考虑到本国的生态条件和文化环境，发展要因地制宜，有效地利用现有资源，在生态系统允许的范围内努力实现发展目标。

替代发展理论的出现及其所提出的有关发展模式，反映出发展理论研究者对早期发展理论与战略的反思和批判，也是人们对发展中国家在发展过程中要正确处理社会、政治、经济、文化和生态等各方面因素的再认识，以及对发展战略和模式的新探索，给发展研究和发展战略的制成提供了一些新的启示。

第四节　内源发展理论

20 世纪 70 年末和 80 年代初发展问题研究专家们提出了“内源”（Endogenesis）发展理论，认识到任何国家的发展都有其内聚力和多样性。内源发展理论认为，发展过程中存在的文化条件、价值体系以及居民参与发展的动机和方式，可利用于探索发展中国家的发展战略与模式。

内源发展注重以人为中心的发展，是由人自己并为自己来完成的发展过程。内源发展的首要含义是尊重文化的认同性，各国人民在发展过程中享有自己的文化权利。传统理论只是考虑经济上的发展并把发展归结为数量上的增长，而内源发展理论是要恢复人自身的中心地位，人既是发展的动力，又是发展的目标。人的发展是以人的能力和人的创造性为核心，而社会与文化因素被认为是发展的决定性因素。确认人自身的文化特征，是维护民族尊严的条件，而且对于动员一切力量进行发展具有根本性的意义。发展本国的民族文化，才能保持民族的特性，保证其发展的真实性。内源发展不仅涉及到科学技术，更涉及到社会组织、人的关系和生活方式。任何国家或社会只有按照自身的结构、自身的特点和方式进行发展，才能获得真实的发展。

内源发展理论认为发展是全面发展的过程，包括经济、社会和文化发展。经济发展是生产力的发展，社会发展是生活水平的提高和实现均等，文化发展是指知识增长，价值观的熏陶和思想进步，从而促进人格及人的创造能力的全面发展。因此，发展应具有全面性的特征。

内源发展是集科技、经济、社会、政治和文化等各种因素于一体的完整现象，各种因素不能武断地割裂，而是各种因素的综合开发和运用。内源发展从本质上讲是由内部产生的发展，是着眼于为人服务的发展，其目标首先是满足人的真正需要和愿望，从而保证人自身的充分发展。因此，发展的内在涵义不仅是物质财富的发展，而且是人自身的发展。发展在于人，发展为了人。在发展中国家，发展首先要满足人的真正的需要，使人民的基本生活得到根本的保障；其次是人的文化与教育，提高人的素质，汲取先进的科学知识，促进人的创造力，是不断获得发展动力的源泉；再次是尊重人在发展中的价值与地位，发展不应该是异化，不应破坏人的文化个性，社会依据人的所是、所为、所愿、所思和所信进行发展。

内源发展意味着一个国家的全体人民参与发展过程，增强自立自决能力，动员国内一切资源，建立内在的发展机制，创造持续发展的动力。内源发展并不排斥外源，与外源是动态和辩证的统一。外源是内源的必要补充，从外源吸取必要的资源是实现内源发展的重要条件。内源发展具有因地制宜和因时制宜的效能，对建立内在的发展机制和动力有着深刻的意义。发展中国家只有建立内在的发展机制，才能实现稳定持续的发展。

第五节　国家主义理论

20 世纪 80 年代后期，无论是现代化学派还是依附与不发达学派对发展理论研究与认识都进行了很大的内部修正。现代化学派已把外部和历史因素考虑在自己的研究之中，依附与不发达学派已注意到社会内部的力量，并从抽象的论证转向模式的应用。因此，到 20 世纪 80 年代后期，不同学派对一些相似的范例进行了研究，都力图调整自己的研究方法，注重发展中国家内部出现的发展特征与现象。国际上许多学者（包括发达与发展中国家的学者）联合起来，从发展中国家民族主义观点研究发展问题。

这些努力形成了一个新的理论学派——国家学派（Statist School），或国家主义（Statism）学派，其主要点是研究发展中国家独立以后在政治和经济发展中，国家政权和国家行为的重要性。

国家学派在对发展的研究中，把国家政权和国家行为视为经济和政治发展的基本动因，认为发展中国家领导人对20世纪80年代初其政治和经济恶化负有责任。国家学派打破现存的研究模式，把政治因素作为调查和分析的核心，并以为国家结构（国家政权与行为）是控制发展中国家发展过程的关键。

国家学派集中研究国家机器及其发展和权力的应用，与国内群体和国际合作发展的关系。国家学派认为，国家是作为发展能力、利益和政策的行为者和决策者，在一定程度上把发展过程看作一种自治，国家是作为权力拥有的实体，应当承担起发展的重要职能。

这一学派已经注意到许多发展中国家发展的特点，研究制度化的模式，考察国家领导人的思想与作风，及其对发展的影响。该学派认为，在一些发展中国家由于某种外来因素的影响，国家体制已明显在衰退，并伴随权力的削弱，国家时常难以确定自己的发展方向和目标。

国家学派对国家权力拥有者们进行了批评，认为这些权力拥有者创立了自己的统治结构，使其错误地使用行政权力获得个人利益，而损害了广大人口最基本的需求。如果发展中国家贫困化还在扩大的话，那么国家领导人要承担此种责任。20世纪80年代初的粮食危机和中期的债务危机，以及政府管理能力的危机，都是国家发展危机的结果。因此，国家学派把现代化理论的国内重点和依附与不发达理论的结构因素和外因分析结合起来，研究发展中国家的发展过程，国家权力对发展的作用。

国家学派的方法论强调发展中国家内部权力对发展作用的内在运转。国家学派阐明了外部的支持和后殖民发展中国家发展的特点，分析了国家组织及其结构和世袭关系，研究了公共机构与特殊社会集团之间的关系。的确，国家学派对发展过程提出了一些变革性的和重要性的问题，但未能对一些至关重要的问题做出科学的解释。对国家的定义和概念的解释仍难以捉摸，国家与特定政府之间的区别经常混淆，而且对国家——社会关系并未进行精确的研究，国家与阶级之间的关系模糊不清。因而，一个新的综合研究的理论与方法建立于前述几种方法的优点之上，同时力求克服其不足，已缓慢地开始出现。

第六节　发展选择框架

发展选择框架（Development Choice Framework）是对发展的一种综合研究的理论，摆脱纯政治、纯经济和纯社会的单一研究方法，广泛吸取其他理论与方法研究成果的精华，试图超越现有思想理论学派的局限性，更注重研究发展中国家发展过程中各种要素之间的关联性和复杂性。因此，这种研究和分析只是一种理论和方法的框架，亦称发展选择透视，而不是一个独立的学派。

在这种研究框架中，国家与社会关系是了解当今发展中国家发展动态的关键。发展必然受到经济、社会、政治、人口、技术、文化和历史以及各种因素的制约。发展的因素或条件限定任何特定历史阶段发展的选择，正是在这样的范围内，发展决策不仅是由国家政治领导人决定，而且还由决策外部行为者和国内社会组织结构的影响。通过对社会力量、经济活动、国家机构和普遍价值的观察，可以更好地研究和分析发展中国家独立以来已发展的不同模式及其方向和含义。

发展选择框架的研究方法，注重鉴别发展过程中的复合因素，探索不同时期不同的动态因素。采用这种方法的学者开始探寻发展中的一些关键因素，认为发展研究要更为广泛，国家机构的确是发展的重要行为者，但个人、社会群体和跨国公司也是发展的重要行为者，民族传统（或文化传统）的权力结构和贸易网络关系也是发展的重要因素。因此，发展研究在这个范围内具有新的含义。经济政策、环境、社会动力和对外关系是研究发展过程及其结构的重要内容。通过对发展行为的相互作用和各种因素变化的研究，有可能更准确地探索正在变化的发展模式和经济、社会及政治发展的关系以及未来发展战略的选择。

在发展选择框架的研究中，政治因素对发展具有重要的作用。政治因素说明许多社会和经济现实，但其本身是由历史因素、人口因素、文化因素、生态因素、意识（精神）因素和国际因素所反映。因此，政治被视为影响发展的重要参数。这种透视方法明确指出了发展的动态性，并力图探求发展的流动性过程。这种研究理论与方法可能有助于说明国家或社会发展的多样性，指明发展中国家可能需要对发展进行必要而恰当的选择。

“发展选择框架”是综合性的结构，亦称“综合发展框架”，要求政府与民间合作，政府与市场协调，目标是更加有效地消除贫困。其主要原则是：其一，国家必须要有自己的发展战略，确定目标、对发展规划要确定时序；其二，政府要与私营部门、非政府组织、援助机构和民间社会组织建立伙伴关系，共同实施发展战略；其三，长期的、整体视野和决策要进行整合，获得持续的国民支持；其四，社会结构与社会关系要科学处理，同时解决宏观发展与具体项目的关系。

第八章／绿色理念与持续发展

人类进入21世纪，世界发展面临最严重的问题是环境保护（管理）与不平等（贫困）。环境问题主要表现在温室气体排放增加，自然环境破坏与管理不善；不平等问题主要表现在发展中国家与发达国家发展不平等及其穷人与富人收入差距扩大，而且还存在绝对贫困。的确，全球生态环境问题正在促使发展与环境关系发生新的变化，正在促使人们从唯GDP增长的崇拜中苏醒，正在促使人们对发展理论产生新的认知，正在促使人们对环境保护意识和期待的创新与提升。人类社会关键问题是要把发展与环境保护相协调并与消除落后和贫困相结合，而这只有在绿色理念与持续发展的促进下才能实现。

第一节　绿色理念与绿色经济

绿色理念缘起于“绿色革命”（green revolution），主要是农业革命，以满足人口增长需要的粮食。第一次绿色革命发生在20世纪60年代初，主要特征是改良水稻和玉米，中国的杂交水稻就是杰出代表，并辅助于农药和农业机械，促使科技对农业增长的贡献率达到70%以上，产生了巨大效益，解决了一些发展中国家粮食自给问题。此时，国际社会开始用“绿色革命”来描述这种农业发展的现象。

虽然绿色革命使粮产倍增，但也带来若干问题。首先，新品种需要灌溉系统，并使用大量农药、化肥、除草剂，不仅提高了生产成本，而且也对水源及土地造成了严重的污染；其次，在干燥地区只顾灌溉忽略排水，也造成了土壤盐碱化。最大的问题则是发展中国家扩大了贫富差距，许多小自耕农变成无立锥之地的赤贫，许多家庭买不起农药与化肥，更买不起食物。因此，粮食产量的大幅增加，并没有完全解决一些发展中国家的饥荒问题，况且新品种的作物所需大量农药与化学肥料对环境造成了极大的潜在污染。第一次绿色农业革命所带来的许多问题，导致第二次绿色革命。第二次绿色革命于 1990 年由世界粮食理事会第 16 次部长会议提出，其主要目的在于运用国际力量，为发展中国家培育既高产又富含维生素和矿物质的农作物新品种。

第二次绿色革命正是处于信息经济时代和生物经济成长阶段。在信息与生物经济发展的时代，农业发展的功能，除满足人们温饱条件和为工业增值提供原材料外，还要求增进人类健康、提高营养品质和生活质量、满足人们消费多元化，并且崇尚生活情趣、个性化定制食品，促进人类回归自然与绿色享受。第二次绿色革命的目标要求农业发展不仅在于粮食增产，而且还在于农产品质量的改进，以及环境与自然资源可持续利用。因此，第二次绿色革命的目标导向是多元化，在追求粮食增长的同时，更加突出绿色环保，显现可持续发展的涵义，更加关注产品与生活质量的提升，即注重营养品质、产品人性化与个性化，出现“人本化”的特征。绿色革命的涵义正是在生态和环境科学基本理论的指导下，促进人类社会发展适应环境、协同环境，和谐共进所开展的一切行为与活动。

实际上，“绿色”理念很早在中国出现。1949 年《人民日报》有一篇关于介绍苏联“绿色化”的文章时，就使用了“绿色”这个词，其意是指“植树造林、绿化”。随着绿色革命的出现，绿色理念开始向世界传播，体现了人类进步和社会发展的共同价值趋向。绿色理念不断被引用到许多的领域，首先被用在食品、生态农业等领域，表示有机、无公害等概念，后来被用于建筑、化工、制造业、工程管理等领域，诸如绿色计划、绿色设计、绿色技术、绿色产业、绿色企业、绿色经济等等。在一些欧美国家出现了以绿色经济为核心的“经济革命”，美国犹他州的生物技术谷、德国的慕尼黑生物产业区、英国的剑桥生物产业区，成为绿色经济发展的范例。英国经济学家皮尔斯在 1989 年出版了《绿色经济蓝皮书》首次提出绿色经济。绿色概念引入经济发展得到了联合国认可，并倡导世界各个国家都要推行绿色经济的发展模式。

绿色经济是以传统产业经济为基础，为适应环境保护与人的健康需要，以经济社会与生态环境相协调为目的而发展起来的一种新的经济模式。“绿色经济”既是指具体的一个微观单位经济，又是指一个国家的国民经济，而且是全球范围的经济。传统产业经济是以破坏生态平衡、大量消耗能源与资源、损害人体健康为特征的经济，是一种损耗式经济；而绿色经济则是以维护人类生存环境、合理保护资源与能源、有益于人体健康为特征的经济，是一种平衡式经济。绿色经济一方面通过科技力量的巨大作用使人们在社会生产、流通、分配、消费过程中不损害环境与人的健康，使高科技的绿色产品极大地占有市场，成为经济生活中的主导部分。另一方面，绿色经济又要在自然资源的承载能力范围内，按照人类的生活或生存方式实现人与自然之间的和谐。绿色经济是以改善生态环境、节约自然资源为必要内容，以经济、社会、自然和环境的可持续发展为出发点和落脚点，以资源、环境、经济、社会的协调发展，以经济效益、生态效益和社会效益兼得为目标的一种经济发展模式。当前，国际经济学界研讨绿色生产、绿色消费、绿色分配、绿色技术此起彼伏，使绿色经济成为社会科学研究的重要命题。

绿色经济是一种“新经济”，是一种“人文经济”，既是以知识为基础的知识经济，又是创造绿色财富的经济。“绿色经济，是以资源节约、环境友好、生态保育为主要特征的经济形态。绿色经济，由绿色产业、绿色金融、绿色财政、绿色投资、绿色消费、绿色贸易等共同组成，是一个复杂的巨系统。”① 绿色经济作为人类文明演进的一个崭新阶段，既包含着物质文明，又包含着非物质文明，是两种文明的有机统一体。

第二节　环境保护与绿色发展

环境是人类社会生存的基础，是人类发展的首要条件，也是开发利用的对象。人类社会生存与发展不可能脱离环境，而且环境起着加速或延缓发展进程之功效，表现为促进生产力不断提高和自然资源不断开发，为人类发展活动提供必需的各种自然资源和环境条件，满足人类生存的精神享受，同时消纳和同化人类发展活动产生的物品。然而，环境不断被人类生

① 谷树忠、谢美娥、张新华著：《绿色转型发展》，杭州：浙江大学出版社，2016 年版，第 5 页。

存与发展活动排出的一些废物所污染。因此，人类社会发展与环境呈现日益加深的内在关联性，环境保护也日益显得极为重要。发展面对诸多的环境问题，表明不利于人类生存和发展的环境结构和状态正在不断发生变化，只有保护环境才有利于促进经济与社会更有效地发展。环境问题之所以引起人们的普遍不安与广泛关注，是因为环境问题不仅影响了当代人的生活质量，也威胁后代的生存与发展。

环境保护主要是由于经济发展导致的环境污染问题过于严重，首先引起发达国家的重视而产生的，利用国家法律法规约束和舆论宣传而逐步引起国际社会的重视，而且从发达国家到发展中国家开展了保护生态环境的运动和有效处理污染问题的各种措施。1962 年美国著名科普作家、海洋生物学家蕾切尔·卡逊女士撰写的《寂静的春天》一书出版，书中阐释了农药杀虫剂 DDT 对环境的污染和破坏作用，同时描述人类可能将面临一个没有鸟、蜜蜂和蝴蝶的世界，揭示人类用现代科技手段破坏自己的生存环境而发出了第一声警报。由于蕾切尔·卡逊在书中的强烈警示，美国政府开始对剧毒杀虫剂进行调查，并于 1970 年成立了国家环境保护局，各州也相继通过禁止生产和使用剧毒杀虫剂的法律，在美国乃至世界掀起了一场前所未有的大规模辩论，引发了全球对生态环境的关注，唤起了人们的环境意识，促使环境保护问题提到了各国政府与企业面前，各种环境保护组织纷纷成立，“环境保护”概念开始深入人心。《寂静的春天》一书被国际社会认为是 20 世纪环境生态学的标志性起点，开始扬起了环境保护的风帆。

1972 年 6 月由联合国发起，在瑞典首都斯德哥尔摩召开“第一届联合国人类环境大会”，100 多个国家和地区的代表出席大会。会议通过了著名的《人类环境宣言》和由 100 多位科学家参与撰写的《只有一个地球》的重要报告，并提出“为了现代人和将来世世代代保护和改善环境”的口号。本次会议是人类历史上第一次以环境问题为主题而召开的国际会议，也是国际社会第一次规定了人类对全球环境的权利与义务的共同原则，标志着人类开启了共同进行环境保护的历程。中国政府参加了这个会议，中国代表在会上指出，维护和改善人类环境，是关系到世界各国人民生活和经济发展的一个重要问题，中国政府和人民积极支持与赞助。中国环境保护事业也就从 1972 年开始起步，1979 年制定了《中华人民共和国环境保护法》。中国人开始学会在发展与环境的两者之间去寻找平衡，而绝不是以预支子孙后代生存与发展的环境，来换取当代人的“美好生活”。1992

年6月联合国在巴西里约热内卢召开“环境与发展大会”（又称“地球首脑会议”），118个国家的国家元首和政府首脑出席大会。会议通过了《里约环境与发展宣言》（又称《地球宪章》）、《21世纪行动议程》《气候变化框架公约》和《保护生物多样性公约》等一系列重要文件，确立了要为子孙后代造福，坚持人与大自然的协调发展，规定了国际社会关于环境与发展的多项重要原则，为绿色发展奠定了思想基础。

为了促进环境保护，2008年10月联合国环境规划署发起了一个旨在推动世界各国向绿色发展模式转变的倡议，为各国政府提供更多的信息，使人们意识到传统发展模式的缺陷和绿色发展模式的优点，特别是帮助发展中国家选择绿色经济发展模式，并提供向绿色经济过渡的综合评估和技术指南。联合国环境署表示，20世纪的经济模式在减少贫困人口和破坏生态环境方面存在缺陷，效能亦尽。全球未来发展不是一种索取式的，只注重短期效应的发展，而应该是注入创新，注入新动能，能够应对多种挑战，同时创造更多机会的绿色发展。联合国环境署指出，绿色发展模式能够创造巨大的经济、社会和环境效益，包括开发清洁能源和清洁技术，开发生物物质在内的农村能源，发展有机作物在内的可持续农业，建设生态系统基础设施，降低发展中国家森林砍伐及其退化所产生的影响，通过开发节能交通和节能建筑促进城市的可持续发展。绿色发展是以环境保护为目的而发展起来的一种新的发展形态，充分体现自然资源价值和生态环境价值的发展。绿色发展是经济与环境和谐发展，是一种经济再生产和资源再生产有机结合的良性发展模式，是社会、经济发展为适应自然环境保护与人类健康需要而产生并表现出来的一种发展状态，对其内涵和价值的科学认识具有重要意义。

绿色发展是为了有效促进环境保护，而环境保护是以绿色发展为基础，两者有着紧密的联系。绿色发展要求改变传统的生产和消费模式，实施清洁生产和文明消费。绿色发展促进可持续增长，不仅重视增长数量，而且要求提高质量与效益，节约能源，减少废物，以保护自然为基础，控制环境污染，改善环境质量，减少生态破坏，保持地球生态系统的完整性，以持续的方式使用可再生资源，使人类的发展保持在地球承载力之内。绿色发展是以消除贫困，改善和提高人类的生活质量为目的，要与社会进步相适应。虽然未来人对幸福的理解也许会与现代人有所不同，但作为人的某些基本需要（如清洁的空气、干净的水、健康而稳定的生态系统）必须首先得到满足。因此，绿色发展在分配地球上的有限资源时，必须要用代际主义的思想来处理当代人与后代的关系，不仅要给后代留下先进的生产技术与成熟的经济社会发展模式，还要留下一个稳定而健康的生态环境。

绿色发展是一个国家或社会三位一体发展方式的架构体系，包括“效率、和谐、持续”的效应体系，“生态农业、循环工业、低碳服务业”的结构体系，“绿色经济、绿色科技、绿色社会”的发展体系。目前，绿色发展正以强大的力量推动全球发展方式的转变，发达国家普遍转向了绿色发展，发展中国家正在从传统发展向绿色发展转变中实现结构性整体发展。绿色发展是人类社会发展的必然趋势，任何国家发展应当确定以生态化、知识化（智能化）和可持续化为目标，变革现存的资源消耗与环境污染严重的非持续性的“黑色发展”，创建国家生态化的绿色发展体系，推动科学技术生态化、生产能力生态化、经济系统生态化、生活消费生态化，促进21世纪全球形成绿色发展的体系，实现人类社会的持续发展。

第三节　持续发展的认知深化与原则

随着人们对绿色理念和绿色经济认识的深化以及理论的探索，绿色发展成为发展理论中的一种重要思想与方法，并与持续发展具有全面、紧密的关联性。绿色发展是保护和改善生态环境，形成人类社会和谐发展的体系架构，实现人类社会的持续发展。因此，持续发展是全人类需要推行的宏大战略和需要实现的宏大目标，是最紧迫、最重要、最艰巨的任务，也是人类文明得以延续的保证，而绿色发展与环境保护相结合形成持续发展之基础。

一、认知的不断深化

“可持续发展”是20世纪80年代提出的一个新概念，又称为“永续发展”。1980年3月5日，联合国大会发表《世界保护自然大纲》，首次提出了"可持续发展"概念，向全世界发出呼吁："必须研究自然的、社会的、生态的、经济的以及利用自然资源的基本关系，确保全球的持续发展。"1987年以挪威前首相布伦特兰为主席的联合国"世界环境与发展委员会"发表了一份报告《我们共同的未来》，进一步阐释了"可持续发展"概念，并指出"可持续发展"就是要在"不损害未来一代需求的前提下，满足当前一代人的需求"。可持续发展是在保护环境的条件下既满足当代人的需求，又不损害后代需求的未来发展，被确认为一种注重长远效益的发展目标与模式。伴随着人们对发展目标与模式认识的加深以及对一系列全球性环境问题达成共识，为可持续发展的思想与理论奠定了基础。

1992年6月联合国环境与发展大会通过了《21世纪议程》和《关于环境与发展的里约宣言》，旨在促进全球发展朝着可持续发展的转变，促进保护和修复生态环境与资源的行动，采取措施保护人类共同的未来，而且提出只有发展，才能保护人类的生息之地。《21世纪议程》和《里约宣言》不仅确立了可持续发展所有领域的全球行动总体规划，为确保全球未来发展安全迈出了历史性的步伐，高度凝结了当代人对可持续发展认识深化的必然结果，标志着人类发展模式要实现一次历史性飞跃。"可持续发展"认识的深化为绿色经济思想的形成提供了重要的基础，促进了绿色经济思想的初步形成。可持续发展认识的深化是人类对自身前途、未来命运与赖以生存的环境之间最深刻的警醒，也是人类对发展理论认识不断深化的重要标志。

联合国于1992年12月正式设立"可持续发展委员会"，推动实施可持续发展的具体方案，并提出可持续发展方式代替工业革命以来那种"高消耗、高投入、高污染"不可持续的发展和消费方式，确保可持续发展的成果得到有效落实。可持续发展的基本内涵被确认，意指经济、社会、资源和环境保护协调发展，既要达到经济发展的目标，又要保护好人类赖以生存的大气、淡水、海洋、土地和森林等自然资源和环境，使子孙后代能够永续发展和安居乐业。可持续发展要求在保持资源和环境永续利用的前提下实现经济、社会的整体平衡与包容性发展，而且成为全球发展的长期战略思想，旨在以平衡的方式，形成和实现经济发展、社会发展和环境保护的三大战略支柱架构。

2002年8月底至9月初，联合国在南非约翰内斯堡召开可持续发展世界首脑大会，就全球可持续发展现状、问题与解决办法进行了广泛的讨论，而且首次将消除贫困纳入可持续发展理念之中。会议通过《约翰内斯堡可持续发展承诺》和《执行计划》两个文件，重申了对可持续发展的承诺，确立了一系列新的、更具体的环境与发展目标，规定了重点更加突出的方针与方法，既有具体步骤，又有可以量化和有时间限制的各种（大小）目标。可持续发展的核心是绿色发展理念，与绿色经济相比具有更大的包容性，这是人类对发展理论认识的进一步深化与提升。持续发展不只是经济发展的持续性，而是人类社会整体发展的持续性，只有绿色发展才能达成持续发展的宏大目标。

2012 年 6 月联合国在巴西里约热内卢召开可持续发展大会，亦称“里约 +20”峰会，主要是加强和促进可持续发展机制框架的建设。1992 年联合国环境发展大会以来，虽然可持续发展理念深入人心，但全球实现可持续发展的前景并不乐观，不断面临金融和经济危机、能源危机、气候变化等多种复杂严峻且相互交织的挑战。然而，支持世界各国实现可持续发展的机构与机制不断涌现，也造成建设重复、职责不清、效率低下等问题。各种机构“量”的增加并未必然地带来“质”的提高，已不能适应全球可持续发展的新要求和新挑战，迫切需要加以改革与完善。因此，“里约 +20”峰会强调转变思路，将注意力放在如何发挥现有机构的职能和改善落实政策与措施的机制，变机制框架的“粗放型”为“集约型”，由追求“数量”转为注重“质量”。可持续发展的机制框架就是为推动可持续发展进程而构建起来的各种机构及其机制，不仅是指某一些具体的国际组织，而且主要是指联合国大会、经社理事会、可持续发展委员会、联合国环境规划署、联合国开发计划署等联合国组织系统内的众多机构体系。有效促进和完善可持续发展机制框架的目的应是有助于统筹经济发展、社会发展、环境保护和消除贫困，有助于提高发展中国家的发言权和决策权，有助于解决发展中国家资金、技术和能力建设等实际问题。况且，此峰会认为可持续发展机制框架是要充分发挥联合国的领导核心作用，加强联合国经社理事会、可持续发展委员会等相关机构在可持续发展领域的职能，增加对联合国环境规划署的资金和技术支持，并以《21 世纪议程》为基本框架，全面加强国际、区域、国家层面的治理与合作，提高执行能力。以绿色发展为核心和以消除贫困为目标的持续发展成为人类社会发展的主要议题，绿色发展不是权宜之计，而是人类未来实现可持续发展和消除贫困的必由之路。

2015 年 8 月联合国会员国的代表就题为“变革我们的世界——2030 年可持续发展议程”的文件进行充分讨论而达成一致认同，提出“确保不让任何一个人掉队”的角度实现可持续发展。同年 9 月，联合国发展峰会（各成员国元首与首脑出席联合国大会）正式通过了《2030 年可持续发展议程》，进一步强调持续发展就是经济发展、社会进步和环境保护三个方面，三位一体，缺一不可，而且适用于世界上所有国家，既包括发展中国家，也包括发达国家。这标志着人类社会第一次就持续发展理论与战略达成了共识，具有划时代的意义。

二、坚持的基本原则

持续发展是人与自然和谐发展的架构系统与形态。一方面，持续发展是指人类遵循人、自然、社会和谐发展的客观规律，利用自然和改造社会并创造物质与精神成果的整体系统。另一方面，持续发展则是人类发展在处理与自然的关系时所达到的状态程度，其目的是使人类与自然处于一种和谐共生、良性互动的状态。持续发展要求发展的速度合理、规模合理、结构合理、过程合理、资源利用合理、环境保护合理，才能形成人类发展全过程与自然和谐、与社会相容的优化结构体系。实现可持续发展是宏大的战略工程，具有长期性和艰巨性，需要人类社会的共同努力，必须遵循全球发展的基本原则。

（一）公平性

公平性是可持续发展的首要原则，失去公平性就等于失去可持续发展。统筹兼顾和协调好各方面的公平发展权和分享利益，是持续发展与传统发展的最重要区别。公平性表现为，对发展享有的“权益”具有“平等”的性质。

公平性要求人类同代人之间、代际人之间、人类与其他生物种群之间公平性的生存与发展。因此，持续发展的公平性具有三方面的含义：一是指同代人之间公平性，包括发达国家与发展中国家之间、发达地区与落后地区之间、城市与农村之间、富人与穷人之间的横向公平性；二是指代际之间公平性，包括当代人与子孙后代、一代人与一代人之间的公平性；三是指人与自然之间，包括其他生物之间的公平性。从公平性原则来看，可持续发展不仅要求缩小国家、地区之间发展的差距，促进国际区域间的均衡发展，满足当代所有人的需求，在空间维度上求得同代人的公平，而且要求不损害后代人（未来世代人）满足其需求的发展能力，在时间维度上求得代际公平。

公平性要求满足人自身需要，又不损害自然的发展观与消费观，提倡“有限福祉”的生活方式。人类社会的生存与发展，不仅是指人自身，而且包括自然界的其他生物。其他生物与人一样享有自然的生存。因此，人的追求不只是对自身物质财富的过度消耗，而是一种既满足自身需要，又不损害自然界其他生物的生存。这是一种超人类的公平和共享道德，成为人与自然之间和谐发展的规范。

（二）持续性

地球的承载力是有限的，人类的经济和社会发展必须保持在资源和环境的承载力之内，任何国家应做到合理开发和利用自然资源，协调处理好发展与保护生态环境的关系。持续性侧重点在于“发展”，即如何保持最大效益的永续发展。

持续性的基本要义是指既满足现代人的需求又不损害后代人需求的发展能力，指经济、社会、资源和环境保护协调发展，既要达到发展目标，又要保护好人类赖以生存的自然资源和环境，使子孙后代能够永续发展和安居乐业。持续性要求促进人类之间及人类与自然之间的和谐，如果人类能真诚地按和谐的原则进行发展，那么人与自然之间就能保持一种互惠共生的关系，而发展的可持续就能实现。

人类经济和社会的发展不应超越资源和环境的承载能力，发展应是一种可以长久维持的过程或状态。发展过程与状态的持续性要求在满足人类需要的同时，必须要有限制因素的存在。限制因素主要包括人口数量、环境、资源，以及生产方式和社会组织施加的必要限制，而最主要的限制因素是人类赖以生存的物质基础——自然资源与环境，以便维持发展的持续性。因此，持续性原则的核心是人类的经济和社会发展不能超越资源与环境的承载能力，从而真正将人类的当前利益与长远利益有机结合。

持续性是由经济可持续性、生态可持续性和社会可持续性三者相互联系而构成不可分割的有机整体，并分别体现出经济的繁荣、环境的管理和社会的责任。持续性要求人们放弃传统的发展方式，大量地使用先进科技才能使发展过程的能耗、物耗大幅度下降，实现少投入、多产出的发展模式，减少对资源、能源的过度依赖性，减轻环境的污染负载，促进发展更多地与环境容量有机的协调。

（三）共同性

全球化需要各个国家共同参与发展和环境保护，任何国家的发展决策和行动应该有助于实现全球整体或体系的协调，每一个国家都应该承担共同的责任和义务。促进全球发展和解决全球性环境问题，必须进行国际共同合作。对于全球共有的资源，需要在尊重各国主权和利益的基础上，制定各国都可以接受的全球性目标和政策，实现共赢。“共同性”表现为对持续发展的“责任”和“义务”。

世界每一个国家可持续发展的模式可能不同，而所要求的公平性和持续性原则是共同的。地球的整体性和相互依存性决定世界所有国家必须联合起来，共同认知人类发展的全球环境变化。可持续发展要求人们超越文化与历史的障碍来看待全球环境对人类发展的影响，所涉及的问题是关系到人类发展的共同问题，所要达到的目标是人类发展的共同目标。虽然世界每一个国家的国情不尽相同，实现可持续发展不可能实施唯一的模式，但是无论富国还是贫国都必须坚持共同性原则，需要相互调整其国内和国际发展政策，而且一致地履行公平性、持续性和协调性。每一个国家共同参与努力，将各个国家的局部利益与人类整体利益结合起来，才能实现可持续发展的共同目标、共同合作、共同互赢。这是持续发展共同性原则的基本内涵。

全球化深入发展意味着，国与国之间利益交织，彼此关切，命运与共、唇齿相依，形成深层次的相互依赖。任何国家不可能脱离世界而实现自身发展，也不可能将自身发展建立在其他国家发展利益的基础之上。在国际社会中，国家的发达与不发达、富裕与贫穷，发展利益的诉求可能存在差异，但发展权利是平等的，促进全球持续发展是共同的、相互依赖的关系。在全球持续发展的历程中，只有坚持共同性原则才能相互惠利、相得益彰，实现双方或多方的共同利益。共同合作才能发展，共同发展才能互赢，共同发展和互赢是时代的要求与选择。

（四）人本性

持续发展需要坚持人本化原则。联合国在《2030 年发展议程》中提出坚持“以人为本”，消除现存贫困、避免代际贫困、不让一个落后的国家和一个贫困人掉队。人本性原则要求持续发展服从和服务于人的需要，而且通过人与自然的和谐发展，来更好地实现人类自身的健康发展。人本性具有两个层次的内涵：一是持续发展的最终目标是为了人（美丽生活与健康人身）；二是人如何促进持续发展。人享有发展，人决定发展。人本性在人类社会持续发展中必定反映出人文精神与价值。

人的需求是由社会和文化条件所确定的，是主观因素和客观因素相互作用、共同决定的结果，与人的价值观和动机有关。持续发展立足于人的需求而发展人，提升人的素养，强调人的需求就是要满足所有人的基本需求，向所有人提供实现美好生活愿望的机会。随着时间的推移和社会的不断发展，人的需求内容和层次将不断增加和提高，因而可持续发展本身隐含着不断地从低层次向高层次跃进的过程。

十九大报告指出，“人与自然是生命共同体，人类必须尊重自然、顺应自然、保护自然。”持续发展是人类遵循人与自然和谐发展规律，推进社会、经济和文化发展所获取的物质与精神成果的总和；是指以人与自然、人与人和谐共生、持续繁荣为基本宗旨的全面发展的结构形态，而在这个过程中，人起着主动性的重要作用。人对发展有了正确的理论认识并掌握了方法，才能决定科学地进行持续发展。

人在持续发展过程中的主体地位，决定了人以主动性姿态呈现于自然界面前。人对大自然所确定的理解与认识不同，对大自然所采取的态度和行为也就不一样，所承担的责任也会有差异。持续发展的人本性不仅是发展为了人，而且涵盖人要管控好发展。这两者的结合才是持续发展的人本性原则的真谛，达至人与人之间以及人与自然之间一种安详、和谐的境界。

持续发展要求普遍提高人的环境意识。人必须改变对自然环境的传统观念，克服功利主义和现实主义的发展观，不要为己所需而随意开发和滥用自然资源。人必须树立起一种全新现代发展的文明观念，即用生态化的观念重新调整人与自然的关系，把人和发展当作自然界大环境家庭中的普通成员，从而真正建立起人与自然和谐相处的崭新理念。环境意识的提升仅依靠个别人不行、少数人也不行，只有使之成为所有人的强化意识和自觉行为才有可持续发展。持续发展要求对环境保护，人人都享有正当的权利和义务。然而，环境权利和义务是相对的，对别人是一种权利，对自己则是一种义务，人的环境权利和环境义务是平等和统一的。这种权利应当得到尊重和维护，义务需要有责任和担当。

第四节　绿色与持续发展的辩证关系

绿色与持续发展经历了人类时代变迁的过程。绿色与持续发展要求形成人类发展与自然环境和谐共处的战略格局，重点是解决国家发展与自然环境的关系问题，且旨在促进经济、社会发展与自然环境共生的一致性，推进发展的全面现代化。恩格斯曾说："任何哲学只不过是在思想上反映出来的时代内容。"[①] 绿色与持续发展是马克思主义生态观、马克思主义发展观同人类发展实际相结合建构的理论体系，是人们把握时代特征、洞察发展大势，对发展规律的科学认知。绿色发展与持续发展是人类对发展理论认知不断深化的结晶，不仅已经成为人类社会发展的重要战略思想，而且也是人类实现持续发展的宏大战略目标所要采取的重要发展方式。

实现可持续发展，就要有绿色发展的生态观念。绿色发展研究是用生态系统的观点和方法研究人类社会与自然环境之间的相互关系及其普遍规律。当代主客观一体化发展理论的生态哲学思想启始于马克思主义。马克思主义生态哲学思想十分强调人与自然的相互依存，其主题是人与自然环境的辩证统一关系。绿色发展理论是研究经济社会系统与自然生态系统的复合大系统的结构、功能及其运行规律的学科。绿色发展研究表明，相对于自然生态系统，经济社会规模发展得越大，施加给自然环境的压力就越多。因此，一个国家的整体性持续发展系统的形成必须以生态系统原理为基础。

绿色发展理论是研究利用生态化的思想观念推进国家发展与生态关系的现代化进程，实现经济发展、社会进步和环境保护的整体性理论。持续

---

① 《马克思恩格斯全集》，第四十一卷，北京：人民出版社，1982 年 1 月版，第 235 页。

发展理论不仅研究经济社会发展的可持续性，而且要研究生态系统可持续性，只有生态系统的可持续性，才可能有经济社会发展的可持续性，当然，发展的可持续性才有能力促进生态可持续性。这是发展与生态的辩证统一关系，也是绿色发展与持续发展的辩证关系。发展首先要遵循生态系统有限性、弹性和不可完全预测的原则，人类的发展要履行节约和综合利用自然资源，形成生态化的发展架构体系，使生态系统成为发展架构体系的主要源泉。

绿色发展与持续发展的理论研究担负着破解全球发展与环境关系难题的重任，促进人类社会发展向先进的方式转变，承载着人类美好的希望与梦想。人类发展的高起点、高标准、高质量、高效益成为绿色发展理论研究的基本要求，是促进持续发展的内在动力，指引着发展的方向。每一国家可根据本国实情和优先事项，采用不同的战略，选定目标、确立政策来实现发展。然而，地球及其生态系统是人类共同的家园，“地球母亲”只有一个，每一个国家应共同给予尊重和爱护。

绿色理念与持续发展是一种融合了人类现代文明，以高技术为支柱，求得人人参与和分享的平等发展，促进人与自然和谐相处。绿色理念与持续发展要求人类社会发展既要保持现时代人之间和地域之间的发展平衡，而不是以影响和牺牲他人和他地发展的合法权益为代价而获利；既要满足现时代人的发展需要，又不能危及子孙后代的未来发展需求，决不能把有限的资源消耗殆尽而把污染留给下一代去处理。因此，绿色理念与持续发展是智慧社会型发展，也是生态社会型发展和道德社会型发展。实际上，绿色发展是人类社会发展的必然产物，只有绿色发展才可能可持续发展。

第九章／发展的世界性与时空超越

发展已日益从封闭走向开放，从本地走向国际，走向世界。发展已具有全球性，发展不仅是国家之大事，而且是世界之大事。世界上有 193 个国家成为联合国成员国（罗马教廷和巴勒斯坦为观察员，未计算在内），发达国家有 37 个，发展中国家有 156 个，占其中的 80 %。全世界人口已近 76 亿，发展中国家人口达 64 亿，占全球人口近 84 %，而且发展中国家中还有 8.36 亿人口生活于极端贫困之中。虽然发达国家主导着世界的发展，但世界的发展还是主要集中于发展中国家，可以说，当今世界的发展就是发展中国家的发展，只有发展中国家发展了，世界才能真正发展。因此，现代世界发展的真实意义在于发展中国家的发展。

第一节　发展的世界性意义

当今时代的主题是“和平与发展”，没有和平就没有发展，没有发展更没有和平。发展不仅是一个国家的主题，也是全世界的主题。邓小平同志鲜明而精辟地指出“现在世界上真正大的问题，带全球性的战略问题，一个是和平问题，一个是经济问题或者说发展问题”，“应当把发展问题提到全人类的高度来认识，要从这个高度去观察问题和解决问题”。① 的确，发展是人类及世界之大事，只有从全人类及全世界的关系高度来观察和认识发展问题，才能更有效地解决各个国家和世界的各种发展问题。

现代发展日益成为世界性和全球性，即发展已成为世界发展的整体。

---

① 《邓小平文选》第 3 卷，北京：人民出版社，1993 年版，第 105 页，第 282 页。

所谓整体并不是各个国家发展和某一部分或领域发展的简单相加，不言而喻，发展，抑或每个国家的发展，都要受到各种全球性因素的巨大影响。发展就是通过从世界体系的整体上来把握和理解发展的世界性联系及其对国家和民族发展的影响，提升对国家和民族发展的理性与科学认识。

发展的世界性即发展的全球性，亦可称之为“发展的全球化”，或全球性发展和“世界发展体系”。人类社会发展的历史已证明，发展的世界性是伴随着世界经济市场的形成和扩展同步进行的，是一个较长的演进过程。对此，静止的观点是不足取的，需要的是变化的、动态的分析过程。在资本主义以前的一切社会形态里，完整的、统一的世界发展是不可能产生的。只有在生产社会化、商品化高度发展的资本主义社会，以及生产国际化和跨国公司（多国公司）的高度发展的条件下，发展的世界性才可能达到很高的程度，形成比较完善而严密的体系。因此，完整的统一的世界发展体系才可能出现，作为发展的全球化观念形态的反映——世界发展体系思想才可能确立。

世界发展体系的确立，为研究世界发展或发展的全球化及其结构的变化提供了一定的条件。然而，世界发展体系的形成和发展，并不是随着资本主义社会的建立而最终完成的行动，而是经过一个长期的发展过程。世界发展体系是各个部分（国家、各地区、各部门等）发展的总和，这种总和决不是各个部分发展的简单加总。各部分发展作为这种总和的内在要素和机能环节，既相互渗透，相互作用，又相互制约，相互促进。在各部分发展的有机网络中，各部分发展之间的结构性联系和功能性联系，是需要经过长时间的探索与研究，才能逐步认识和把握。只有在对各个部分发展之间结构性联系和功能性联系有了一定程度的认识和把握的基础上，世界发展体系才有可能建立和发展起来。人们不仅要认识到建立世界发展体系的必要性和重要性，而且要对世界发展体系进行独立的、系统的、专门的、学科性的研究。

在世界发展体系的进程中，随着国际分工的不断深化，生产社会化程度的不断提高，世界发展体系中各部分、各国家、各区域（或次区域），社会再生产各环节之间的联系日益错综复杂，同时，世界发展体系便出现了不断分化与整合的趋势。实际上，独立的不同国家、不同部门、不同区域的发展是非常之必要的，且还远远不够。然而，专业化国际分工和生产国际化的不断发展，使得各国家、各部门、各区域发展需要进行从总体上的、综合性的认识和把握的问题日渐突出。因此，人们应该承认和遵循世界发展的综合趋势，从客观上分析和研究各国家、各部门、各区域发展之间相互联系的综合性趋势，以揭示世界发展体系内部日益错综复杂的结构性联系和功能性联系，科学地决策国家、部门和地区的发展。

世界发展体系的内部联系是十分复杂的，类似于一个包含了串联耦合和并联耦合的庞大复杂的系统。所谓串联耦合，即世界发展体系中，各个单位成分（如：工业、农业、贸易、金融、文化等）的纵向联系；所谓并联耦合，即各个单位成分（如：各个国家、各区域等）的横向联系。

用系统论的观点来考察，各国家、各地区、各领域、各部门的发展处于世界发展体系的庞大系统中，有着十分复杂的内在联系，而且各国家、各地区、各领域、各部门以及社会再生产诸环节等作为世界发展体系中的相对独立的子系统，其内部同样包含着串联耦合与并联耦合的复杂联系。在这个具有众多子系统的庞大系统中，子系统犹如大系统的零件或环节，子系统又是由众多零件或环节组成的有机整体。系统中的任何一个部位发生问题，或发展中出现问题，或其间的联系网络在任何一处脱节，都会严重影响系统的正常运转。这就在客观上要求各个国家或地区在制定发展战略时，对系统内部的联系网络进行科学的探讨，对世界发展体系的感性认识和直观体察进行总结概括，揭示各种发展之间相互衔接、互动联系以及系统运转的内在规律性。

第二节　发展的全球性问题

发展的世界性既涉及全球的发展问题，又决定人类命运的重大问题，已成为大多数国家对外政策的中心议题，也成为最高国际会议、各个国家首脑协商的核心主题，是联合国与众多的国际专门机构和地区组织经常讨论研究的重要议题。围绕世界发展的全球性问题及其实质和产生的原因、解决的途径和方法，国际学术界不断展开深入的研究，人们日益认识到世界的发展和全球化以及全球问题将影响和决定着一个民族和国家的前途和命运。

在人类社会发展过程里，经济、社会、政治、文化、人口和生态等都成为涉及所有国家的发展和各种文明的现代化，即关系到整个世界的发展问题。在世界的发展中，人类面临着人口爆炸、食物匮乏、贫困恶化、军备扩张、资源浪费、环境退化、气候变化、能源短缺等许多严重的问题。这些发展问题紧密地相互交织在一起，形成全球性的综合症，人们称之为“发展的全球性问题”，或“全球危机”。国际社会一直把贫困（Poverty）、人口（Population）、污染（Pollution）和核扩散（Proliferation），简称“四P”，列为发展中最突出的问题。国际社会普遍认为，发展首先要防止战争和维持永久和平，创造消除发展中国家落后状态的条件和消灭极度不公正的社会现象，保障人口增长与生产力增长之间的平衡发展，合理地综合利用海洋资源和开发宇宙空间，有效地保护自然生态环境，促进人自身的发展，实现人类美好的未来。

20 世纪五六十年代，西方学者就开始加强对世界发展所遇到的科技革命对生态环境的影响、人口的增长变化、自然资源供应问题等现象进行了关注和研究，提出了世界人口过多、资源枯竭和生态失衡等主要问题。西方学者不仅认为这些问题是对人类发展的最大威胁，甚至把发展中国家的落后看成是当代和未来人类发展的威胁根源，全球的发展问题主要集中在发展中国家的发展。然而，西方学者忽视了不同国家发展的社会因素，生产关系和世界上现存的社会和经济差异性。

发展的全球问题是在 20 世纪中期伴随着新的科学技术革命而不断显现。全球在经济、社会、政治、文化、科技等各个方面都深深地交织在一起，相互促进和相互牵制。一般来说，全球问题是全球化的消极效应，亦称为“全球化问题”，罗马俱乐部（成立于 1968 年，总部设在意大利罗马，是国际研究与智囊机构）称之为“全球危机”。罗马俱乐部指出不受控制的人口增长、社会的沟壑和分层、社会的不公平、饥饿和营养不良、广泛的贫困和失业、醉心于增长、通货膨胀与金融危机、资源匮乏与能源危机、生态自然环境的失衡与退化等等问题相互缠结，难解难分地集成一团，称之为发展“全球问题框架”。罗马俱乐部近年研究报告认为，世界发展正在出现严重的不平衡、脆弱性、不平等、排他性和两极化的现象，现在亟需要有新的思想和行动路线。罗马俱乐部 2012 年发表的《2052 年：未来四十年的全球预测》（2052：A Global Forecast for the Next Forty Years）的研究报告中提出，在迈向未来 40 年时需要构建全球行动框架，全球问题产生的主要原因是政治、经济和社会的短期政策，“我们需要具有更加长期视野的管治体系。”实际上，全球问题已经构成世界发展中所遇到的“危机综合症”，只有把全球问题作为一个整体，通过各个国家共同努力进行相互协调的多种政策和措施才可能解决。

每个国家和民族都面临着现代发展的负面效应和全球化问题的挑战。尽管各个国家和民族处于不同的发展阶段，但现代发展的负面效应已通过市场经济的全球扩张和信息技术的迅速传播，扩散到全世界各地。发展是一个全球性的现象，具有全球性的问题，其本身就具有扩散性、传导性和累积性。发展无论是积极成果与正面效应，还是消极成果与负面效应，都会产生跨越国界的影响。在全球化的影响下，伴随现代发展所带来的负面效应的不断积聚，发展的全球性问题将以更尖锐、更突出的形式冲击人类社会，致使各个国家在发展的决策中必须考虑到全球性问题，有可能扼制和减少其他国家发展所产生的负面影响。

全球发展问题是全球化的必然。在全球化的过程中，任何国家和民族发展的好与坏，一定会影响到其他国家和民族，乃至全世界的发展。全球化是一个扩散的过程，物质和精神产品以及人员的流动突破区域和国界的束缚，影响到世界上每个角落的生活。人的流动是物资和精神流动最高程度的综合，其影响甚大。从物质流动的方面来看，如果抛开技术进步的因素，全球化首先是资本的全球化，资本主义生产方式的延伸极大地促进了社会分工和市场的拓展。19 世纪下半叶，当资本主义国家在全球范围内进行大规模资本输出时，全球化的趋势就已经出现了。在《共产党宣言》中，马克思指出：“资产阶级由于开拓了世界市场，使一切国家的生产和消费都成为世界性的了。”全球化已经成为一种不争的事实，是一种历史现象，也是世界发展现象，而全球化概念可谓是世界发展的相互依存和相互影响。

第三节 发展的全球化视野

全球化使国际交往具有世界的普遍性，不仅使人们的活动逐渐摆脱民族的和地域的局限，而且使各个国家的发展日益具有全球性，既发展的全球化，形成全球范围内全面相互依存的关系。这种状况是一种发展时空的伸延，“使在场和缺场纠缠在一起，让远距离的社会事件和社会关系与地方性的场景交织在一起”。[①] 全球化对人类社会的生存与发展产生了极其深远的影响，同时也使人们认识发展和制定发展战略的视野发生了重大转换。

全球化是建立在高新技术的基础上，促使世界交往出现了信息化、网络化、符号化和知识化的新水平，交往的速度与频率超过任何时候，世界仿佛被缩小，任何一个国家和民族都不可能是独立封闭的自我发展。全球化不仅促使发展成为世界性和全球性，而且加速了发展自身的进程。

全球化的实质是发展的全球化。现代人类发展超越了空间、国界、经济、政治、文化和意识形态的阻隔，促进了各种沟通和交往的行为，促使物质、信息、技术、人才和资金在全球范围内流动并产生效益，其中经济全球化是最为突出和迅速的扩展，且效果最为显著，影响力最大。各种跨国公司对全球化起着主导作用，其资本、技术交易、管理和文化融为一体，实现资源在全球范围内的最佳配置。全世界的跨国公司 1970 年只有 7000 家，1995 年增加到 4 万家，21 世纪初已达到 6 万多家。跨国公司是资本全球化的主要行为主体，把许多国家带入世界发展（生产）体系，使其成为世界发展中的一个环节。由于跨国公司的飞速发展，世界发展不只是各国发展的组合，且包括越来越多的跨国公司的组合，据估计全球跨国公司的生产总值已占世界 GDP 的 1/3。根据联合国研究报告，跨国公司占全球直接投资的 1/2，全球贸易的 2/3。虽然跨国公司还离不开母国的保护，但其在世界范围内的扩张使其逐渐失去母国认同感，朝着“无国界公司”方向发展，跨国公司将进一步促进发展的全球化。

全球化一方面使世界发展活动和发展过程紧密联系在一起，推动生产、资本、金融、贸易、技术、文化等领域的全球化过程；另一方面也意味着人类社会发展对时空的征服和利用。从交往角度看，人类社会的发展伴随着全球化过程，是不断摆脱时间与空间限制的过程，是扩大交往范围、加深交往深度、加快交往频率的过程。

全球化促进发展的一个显著特征就是交往主体自我意识的增强：一是要吸收世界发展中有利于构建自我主体意识的成分；二是要削弱、排斥和反对世界（西方）现代发展中不利于构建自我主体意识的成分。因此，许

---

① 安东尼·吉登斯：《现代性与自我认同》，北京三联书店，1998 年版，第 23 页。

多国家借助于全球化，在发展过程中试图建立适合于自己国家的主体意识，建立自己国家的文化意识，特别是摆脱西方国家的控制，形成适合于自己国家的发展战略。在全球化的过程中，国家发展的主体文化意识与外来文化意识的冲突与融合将达到前所未有的高度。一方面，消费主义文化意识在全球扩展，具有普遍性的自由、平等、人权、正义等观念越来越被许多国家认同，而成为发展的主体文化意识，强调以人为中心的发展；另一方面适合自己国家发展的民族主义文化意识蓬勃兴起，探寻自己国家的发展道路日益盛行。

现代发展的研究和解决发展问题都要采取全球化的观念与视野。马克思对资本主义的发展研究是从全球发展过程中加以认识和分析，为人们研究发展问题及其对策树立了典范。马克思认为，资本主义是西方社会内在发展的结果，但同时又是世界发展的历史开端。因此，资本主义发展在本质上具有发展的世界性和历史性，资本主义的发展不仅是一个具体民族和国家生产力和生产关系矛盾运动的结果，而且是国际社会基本矛盾运动的反映。马克思指出："对于某一国家内部冲突的发生来说，完全没有必要等这种矛盾在这个国家本身中发展到极端的地步。由于同工业比较发达的国家进行广泛的国际交往所引起的竞争，就是以促使工业比较不发达的国家内产生类似的矛盾"。[①] 正是在这种类似矛盾的支配下，在发达国家发展经历的启示下，发展中国家的发展能够超越资本主义发展的不同阶段。"一个民族本身的整个内部结构都取决于它的生产以及内部和外部的交往的发展程度。"[②] 在当今全球化不断加速的情况下，对各个国家和民族发展的研究和认识不能只局限于其内部的生产力和生产关系的矛盾运动，而需要突破国家范围在全球化进程中考察和探究发展问题。因此，国家发展研究的角度必须要转换为全球化的视野。

第一，把世界作为发展的整体来审视、分析、关注各个国家共同利益和前途。罗马俱乐部开创了对全球发展问题的研究，率先对传统的发展研究提出了挑战，把世界共同利益视为研究对象，系统地证明世界发展的相互依存和相互影响。这种发展研究是为了倡导和推动全球意识、世界意识和人类意识，承认存在着超越国家和民族的人类共同利益。这是一种价值

---

① 《马克思恩格斯选集》第一卷，北京：人民出版社，1972 年版，第 81 页。
② 《马克思恩格斯选集》第一卷，北京：人民出版社，1972 年版，第 25 页。

观的重大转换，把人们从追求纯粹、单一的国家发展和利益提升到自觉关注人类共同发展的利益。

第二，倡导发展的多元化，突破“西方中心论”的束缚。传统发展理论把西方国家视为世界发展的“中心”，主导了发展的全球化，并认为西方国家拥有雄厚的物质力量，以海外贸易和跨国公司的方式作为动力将其发展的范式向外扩张，而其他国家发展只是追逐西方现代发展的过程。实际上，全球化是多元与共享发展在世界范围的普遍化，而非西方资本主义发展的普遍化。随着非西方力量的不断加强和全球化的不断深入，各个国家交往主体的自主意识、参与意识越来越强，全球化必然呈现出发展多元化的局面。因此，多元化发展的结构也正是在全球化的作用下，不同国家的发展具有不同的发展特色，而不是以西方为轴心。全球化将进一步促使人类社会发展不单单是走向一体的或统一的进程，而是多元化的道路与进程。

第三，把国家发展放到全球化的总体发展过程中考察，消除发达国家与不发达国家之间不平等的关系，建立世界发展的新秩序。发展不能在抽象的社会中产生，只能在一个特定的世界体系中产生。把一个国家的发展置于全球化的过程中进行考察，认识发展的特殊性与世界发展的统一性的关系，才能更有效地促进本国的发展。然而，世界发展体系中存在发达国家与不发达国家之间不平等的关系，依附发展理论认为西方发达国家的发展造成了非西方国家的不发达，发达国家本质具有强烈的掠夺和扩张性，“不发达”既是资本主义扩张发展的一种特殊形式，又是西方发达国家为了自身的发展，通过资本主义的掠夺和扩张把非西方或不发达国家纳入了世界体系。

发展理论的世界体系分析方法试图以“体系”概念置换“民族国家”概念作为研究的基本出发点和基本单元，建立世界体系的新框架，探寻不同国家发展的特殊性与全球化过程中的统一性关系。从人类社会的发展趋势来看，一个国家的发展既要保持民族特色，又要吸收世界先进文明来冲刷传统的糟粕与落后。全球化的过程决定着在世界体系中不同国家的发展模式，不同国家的发展应当是为了适应世界体系的整体变化而做出的战略反应。因此，发展不只是各个国家的自身问题，而且是全球性的问题，每个国家只有依据全球化的过程才能参与共同创建世界平等的发展体系，共享世界发展成果，并且实现各国自身的发展。

第四节　发展的时空新维度

人们可以从不同的角度去认识发展，将发展的历史进程划分为不同的时期或阶段。从精神文化的演进分析，法国社会学家孔德把人类社会发展过程分为三个阶段，即神学阶段、哲学阶段和科学阶段。[①] 以生产力和生产关系的性质分析，马克思主义经典理论家把社会发展划分为原始社会、奴隶社会、封建社会、资本主义社会、社会主义社会和共产主义社会。以生产方式分析，美国学者丹尼尔·贝尔把社会发展历程划分为前工业社会、工业社会和后工业社会；[②] 阿尔温·托夫勒则把社会发展划分为农业社会、工业社会和信息社会。[③] 如此等等。任何社会发展都必将经历不同时空阶段的变化，任何一个国家的发展都离不开世界发展的空间，任何一个领域的发展都离不开其他领域发展的影响。任何发展可能都要吸收一切发展的经验与成果，使其发展不断创新，更富有成效。因此，一切发展都具有时空的特征，对发展也需要从时空维度去认识和思考，而且对落后社会或国家的发展可以用时空压缩思维来认识和解决发展的困境以及不同发展阶段与全球发展的关系。

发展是社会高级物质存在的表现形式，按照马克思主义时空视域，这种表现形式乃是社会或国家的发展时空。发展时空一方面表现为绝对的不可逆转，即一个民族或一个国家的发展乃至世界发展在时空纵轴上是完全不可逆的或顺向性，文明的进程只能从低级向高级的方向发展。然而，在全球化的作用下，不同国家、不同民族之间社会、经济、文化交往的扩大和频繁，这种不可逆转的性质只具有相对意义，在人类社会发展的客观因果链中随时都有可能被插入主体的目的性活动，从而改变社会或国家发展时空的单一走向，形成多向性和相对可逆性的特征。因此，发展中国家或落后国家可以通过主体意识的目的性对发展时空进行拓展，自觉地学习和

---

① 孔德：《实证哲学教程》，载《现代西方哲学论著选辑》上册，北京：商务印书馆，1993年版。

② 丹尼尔·贝尔：《后工业社会的来临》，北京：商务印书馆，1984年版。

③ 阿尔温·托夫勒：《第三次浪潮》，北京：生活·读书·新知三联书店，1981年版。

赶超发达国家，形成后发优势，为发展赢得时间与进程。

一、时空是发展的基本逻辑性结构

现代时空观的变化为发展维度的解释提供了新的科学依据。从牛顿时空观向相对时空观的转变，意味着时空从物体运动的外部条件或存在形式到时空本身，是随运动着的物体变化而变化。耗散结构理论进一步认为，时间与空间参与了存在的形式，它们是“塑造”现实存在的内在因素，而非外部条件，实现了时空观的革命性变化。对于社会或国家发展而言，时间和空间虽然有着外在的度量作用，但更具有内在的因素，对于促进发展行为、发展要求和发展过程具有构成要素的意义，时空特性成了认识发展的重要维度。

马克思主义认为，革命是历史的火车头，革命时期一天等于20年，可见时间也参与了革命变革。1917年11月7日，列宁在叛徒暴露起义时间的前提下，提前发动起义，不失时机地获得十月革命的胜利，这一天成就了革命事业，而不只是一种量度。与俄国城市武装起义不同，中国革命采取了农村武装割据，用农村包围城市的战略方针取得了胜利，不同于俄国而中国空间参与了革命的胜利。中国的改革开放，首先发展了沿海地区，让一些地区先富起来，然后带动落后地区的梯度发展方式，就具有明显的时空发展效应。因此，时空是社会或国家发展的结构性条件，是发展的一种重要维度。

任何一个国家的发展都是极力从内部或向外部延伸势力、拓展空间，挖掘现有的或潜在的资源优势以提高生产力和改善人民生活水平的过程。发展时空是指国家和民族发展活动条件、环境和现实可能性，以时间为纵轴，以空间为横轴，对发展进行研究和认识的过程。这种发展时空结构是发展世界观的深化，是发展逻辑结构的延伸。只有人们对发展（包括发达国家与不发达国家）有了足够深刻的认识，有了充足的理论准备，才有可能打破人类社会发展的逻辑结构，跨越时空阶段，节省发展所需要的时间。因此，在发展战略决策过程中要处理好“时空压缩的发展、超越阶段的发展和整合优势的发展”三者关系。从某种意义上说，现代发展就是争取时间拓展人类的生存空间。在当前全球化的条件下，时空因素对发展具有特别重要的意义，只有抓住时机，聚合优势才能促进发展，拓展生存空间是发展立于不败之地的重要选择。

依据时空观念，人们可以正确地认识过去的发展，确定现实的发展，预测未来的发展。这三个要素不可分离，从过去自身的发展演变为现实，由现实自身的矛盾运动又发展到未来。科学地认识发展的历程与经验，就可以理解过去，开创现实和未来的有机统一。在人们能动的发展实践活动中，不仅过去决定现实，现实也决定过去；不仅过去和现实决定未来，而且未来也决定和反映现实和过去。过去、现实、未来之间呈现为极其错综复杂的相互作用，相互影响的关系，这就要求在发展战略决策过程中体现时代性，把握规律性，富于创造性，融过去、现实和未来于统一体，一个国家和民族的发展将有更明确的方向和更加朝气蓬勃的动力源。

二、不发达发展的时空压缩性

发展中国家的发展与发达国家的发展历程具有明显的差异。现代发展中国家面临着传统性发展、现代性发展和后现代性发展的大汇集、大冲击和大综合，聚合为时代发展的挑战与机遇。新时代的发展时空具有明显的特征：第一，传统性、现代性和后现代性发展的三个不同阶段的物质与精神被聚汇压缩到一个时空之间，发展由传统型社会的二元结构变成了现代社会的多元性。第二，欧美西方发达国家的发展经历了传统、现代和后现代，三者基本是一个取代另一个，一个否定另一个，而许多发展中国家则需要在发展过程中将这种递进与矛盾的三者关系进行相互协调、相互包含、择优综合，使之取长补短、克服弊端、优化互补。第三，发展中国家的发展需要学习和仿效，但不是照搬照抄的模仿，而是进行制度的调整和机制的创新，形成既适合本国实情的发展架构，又不脱离世界文明前进的轨迹。第四，发展中国家需要吸纳人类社会文明的和科学的发展经验进行本国的发展，有可能超越或缩短发达国家所经历过的有关发展阶段，力争在不太长的时间实现发展的现代化。因此，发展中国家的现代发展具有明显的时空压缩性，不同阶段的发展可能被挤压在一起，构成发展中国家现代发展的重要特征。然而，发展中国家发展时空结构的紧缩或挤压，却又受到来自国内和国际两种环境下不同因素的制约。国内环境是资源短缺与自然生态的恶化形成对发展的约束，而在科技和经济方面与发达国家存在巨大的发展差距，在世界体系中处于不利的地位形成外部对发展的制约。

发展的时空压缩观不仅是对现代发展理论研究的一种认知，也对发展中国家制定发展战略具有重要的指导意义。

发达国家经历一至二百年完成一个发展阶段（或一种社会形态）向另一个发展阶段的过渡，虽然每阶段的发展相对比较彻底，但这种阶段性的辩证否定也绝对不是纯而又纯的过程。在人类社会发展过程中，传统与现代本来就不是绝对分开的。现代发展理论认为现实的发展可以界定为传统与现代发展相互摩擦、相互吸收和相互融合的过程。例如，日本在发展过程中是否定传统因素比较坚定的国家，但也是传统保持较多、传统与现代融合发展比较成功的国家。东南亚一些国家，如新加坡、泰国都是传统与现代发展结合的典范。作为借鉴世界发展之经验，时空压缩推动落后国家快速发展已成为不可否认的事实，但不能脱离本国实情而依模画样，不能为追求现时高速发展而破坏自然生态平衡，损害可持续发展，而违背发展的规律。

三、超越进化的发展

一些发展研究学者指出，现代发展可谓是超越进化，发展中国家的发展更具有超越进化的特征。超越进化概念的基本涵义有三。

第一，传统性、现代性和后现代性的统一。在发展过程中正确处理传统性、现代性和后现代性的关系，是人们认识发展规律必不可少的环节与基础，是人们自觉地驾驭发展的重要条件，也是推动国家和民族发展的重要动因。人们应当从发展的价值取向、构成因素、构建方式等角度来处理传统性、现代性和后现代性的相互依存、相互渗透、相互转化的关联性。发展中国家的发展要对传统元素、现代元素和后现代元素吸取精华，除去糟粕，实现有机结合和有机统一。这三种元素是发展中国家发展的三个重要维度，真正做到弘扬优良传统，吸纳现代文明，体现时代精神，并贯穿于其发展的始终。

第二，连续性与非连续性的统一。人类社会发展要经历不同的阶段，在这些不同阶段之间既有历史断裂和非线性发展的一面，也有连续性的一面。发展的连续性与非连续性都是客观存在的现象，但不存在绝对的连续性，也不存在绝对的非连续性，而是连续性和非连续性的统一。发展中国家应当借鉴发达国家的发展经验，对于可用的东西要持存和继续，但发展不可能重复发达国家的发展经历，是以借鉴而超越发达国家的发展。这两者的统一与结合是发展中国家所应寻求的发展。发展中国家的发展必须从实际出发，因地制宜，不断育成从传统、现代到后现代的超越进化的发展机制，以充分调动现有资源，实现稳步且代价较小的发展。

第三，普遍性和特殊性的统一。发展中国家为了发展必须对外开放，这就意味着要广泛吸收国外的先进经验，遵循人类发展的普遍规律，如果排斥发展的共性，过分强调本国发展的特殊性，就会离开世界文明发展的轨道。然而，即便是具有普遍性的经验，也不能照搬照抄，要结合本国发展的特性，从经济的、社会的、政治的和文化的实情寻找发展的切入点和结合点，形成创新的发展模式与战略。

第四，时空压缩与延伸的统一。在全球化过程中，知识经济和信息社会的迅速发展，任何国家将没有在一切领域中有绝对的优势，只是在某些领域具有优势，而某些领域处于劣势（例如，印度作为发展中国家在软件领域的发展处于世界领先的地位，日本在电子技术和汽车制造领域具有领先于世界）扬长避短，有所为有所不为。发展中国家的发展既是时空压缩又是时空延伸，既吸收国外资源，又到国外去投资，建立跨国企业，这是时空的延伸，以此抓住机遇，借鉴国外的先进技术和科学管理，不断缩小与发达国家的差距，以实现缩短发展的时空效应。

发展是人类社会的历史过程，具有客观性、规律性和可认知性；同时又体现人的自觉活动的过程，具有主体目的性。发展是人可以认识和把握的发展，运用时空观的方法科学地决策发展。时间具有持续性和顺序性，是发展的过程与方向；空间具有广泛性、方位性和多维性，发展可以吸收全球发展的经验，发展可以向全球扩展和延伸。罗马俱乐部认为，世界发展不再是各个国家的集合，或者各种政治集团和经济集团的聚合，而是由各个国家和个地区组成的，并通过各种相互依存关系形成的世界体系。任何国家的发展在保持自有特色的同时必定要在全球范围内寻找机会，才能获得更快速与超越的发展。

第三篇　战略研究与实绩

道生之，德蓄之，物形之，势成之。

——老子

是故百战百胜，非善之善者也；不战而屈人之兵，善之善者也。

——孙子

战略是一种思想，一种行动，一种计划。

战略的起点为思想，对所有将面对的未来环境思考如何适应之道，即为战略。战略的终点为行动，能把思想化为行动，战略始不至于沦为空谈。

——《战略家》前言，台湾战略理论家钮先钟

第十章 / 发展战略的简释

发展代表着进步和向上的意义，随着时代空间的转换，任何国家都在努力地探寻经济、社会、政治、军事、文化等各方面的发展，不断地迈向现代化。这种发展的变化需要战略的思维和战略的谋划，即发展战略。自从人们对发展有了理论认识的不断深化，这种发展的追求从随意性走向有意性，从盲目性走向目标性，从无序性走向有序性，从不自觉性走向自觉性。人们对发展认识的转换为发展战略的制成奠定了思想基础，而发展战略的创立也追随时代的蜕变，适应时代的潮流，力求契理契机，使发展理论日新月异，使发展战略更适应国家的实情。

发展战略是治国安邦之道，没有发展就不可能治国，没有战略就不可能安邦。一国的兴衰，发展是基石，战略是关键。一个国家，或一个组织，或一个单位，缺乏正确的战略理论指导，必然没有方向，必然没有高效益，必然没有持续。因此，发展战略的重要性显而易见。发展战略是可期盼的愿景，是可追求的希望，更是崇高的使命和力量，牵引一个国家不断前进。

第一节　战略概念与延伸

“战略”（strtegy）概念源自于军事术语，演义于古希腊“指挥官”或“将军”（strategos）一词。“战略”一词早在公元前430年为希腊军事术语，意为“将军的艺术”或“指挥才干”。18世纪和19世纪初期，“战略”概念开始在军事领域广为使用，不仅用来表示军事首领指挥部队制胜的艺术和才能，而且还用来表示一个国家或一个民族运用自身力量达到战争目标的总策划。19世纪德国杰出的军事理论家克劳塞维茨认为，“战略是为了达到战争目的而对战斗的运用”，包括适应战争要求的战略目标和战争计划，达到战略目标的行动措施、方案和部署。因此，“战略”概念的本意是基于战争实践，对战争的全面分析、判断而做出克敌制胜的谋划和指导，以达到所要的军事目的。战略涉及和影响着战争的全局，是制定战术的前提与指导，是夺取胜利的根本保证。

中国自古以来就善用战略。汉语中，“战”即战争、战斗，表示对抗与争斗，“略”即谋划、谋略，出奇制胜的良策。公元3世纪中国西晋人司马彪（生年不详，死于晋惠帝末年，大约为306年）所著《战略》一书，这可能是最早的中国人使用“战略”一词①。此后，战略观念及思想在中国各种文献中屡见不鲜，《孙子兵法》《吴起兵法》《孙膑兵法》《六韬》等充分展现了中国古代的战略思想与理论，《孙子兵法》所使用的战略思想更是誉满全球。

无论是西方，还是东方，“战略”概念缘于军事谋略，意指“为将之道”，即对战争全局的谋划和指导。随着人类社会的发展，“战略”概念被广泛应用于许多领域。第二次世界大战结束之初，“战略”概念开始超越出军事范畴，首先被引申至经济领域，对经济发展做出全局性的策划和指导，确定经济发展的方向和目标，即称谓“经济发展战略”。1958年，美国耶鲁大学出版了A. O. 赫希曼的《经济发展战略》一书，探讨了经济领域带有全局性的谋划问题。人们在研究发展战略时，进一步认识到经济发展与社会发展相互关联和不可分割，在研究和解决人口、就业、消费、城市化、智力开发、生态平衡和环境保护等发展问题时，就不可能仅仅局限于社会发展问题，而必须和经济发展问题联系起来，因此出现了经济社会发展战略。战略概念与思想现已被广泛地应用于社会、政治、文化、教育、科技、外交等许多领域的发展研究与实践。战略概念的延伸和演义及其应用扩展，泛指对有关重大且带全局性或决定全局的谋划与统筹。战略不仅是一种思想和理论，更是一种整体性的原则、方向和方法。

西方学者对现代“战略”概念有着深入的研究和释义。美国哈佛商学院教授安德鲁斯认为，战略是要通过一种模式，把战略主体的目标、方针政策和活动行为有机地结合起来，使战略主体形成自己的特殊战略属性和

---

① 钮先钟：《战略研究》，桂林：广西师范大学出版社，2003年版，第4页

竞争优势，将不确定的环境具体化，以便较容易地着手解决有关问题。美国达特茅斯学院的管理学教授魁因认为，战略是一种模式或计划，它将有关组织的重要目标、政策与活动按照一定的顺序结合成一个紧密的整体。加拿大麦吉尔大学管理学教授明茨伯格认为，战略有五种规范的解释：（1）战略是一种计划，是一种有意识的有预计的行动程序，处理局势变化的方针；（2）战略是一种计策，指在特定环境下采用的具体“手段”或“方法”；（3）战略是一种模式，表现为一系列的行为；（4）战略是一种定位，明确一个组织在自身环境中所处的位置；（5）战略是一种观念，体现组织中人们对客观世界的认识和理解。

20 世纪 80 年代以来，中国学者不断深入开展对各种领域的发展问题进行战略研究和讨论，更加拓展和丰富了战略概念的内涵。人们把各种发展领域中的问题结合起来进行研究，提出解决发展问题的办法，并制定战略的方向和目标，称之为“发展战略”，诸如，社会发展战略、政治发展战略、文化发展战略、教育发展战略、科技发展战略、国防发展战略以及包括整个国家发展的总体发展战略。对“发展战略”的研究，指导对“发展战略”的制成，称之为“发展战略学”。

军事战略的丰富遗产为发展战略研究和运用奠定了基础，诸如“目标”“任务”“优势”“劣势”“知己知彼”等术语最早是为了描述战争中的问题而出现的。实际上在很多方面，发展战略吸收了军事战略经过长期千锤百炼而得出的真知灼见的思想和理论。无论军事战略还是发展战略都要努力发挥和利用自己的优势去实现目标，成功不是取决于偶然的因素，而是依靠持续地关注和洞察内部条件与外部环境的变化，并及时地根据实情的变化做出战略调整。在世界各国发展战略的抉择与较量中，只有及时抓住机遇，只有做出正确的抉择才会带来更大的竞争优势。发展战略的抉择、制成和实施能够充分体现出发展优势，就可能克服在数量和资源方面的劣势，在全球化的过程中处于发展的领先地位。

第二节　发展战略的涵义

发展战略在理论上仍是在不断深化研究和探讨的范畴，且借鉴军事术语而形成新概念，注入新内涵，进一步提升认识。在现代社会生活中，发展战略的基本涵义是发展目标以及实现目标的方式和方法，包括实现发展目标所需要的各种制度、运行机制和各种政策；包括发展目标本身的确立和伴随客观历史条件的变化对目标进行的调整和修正；还包括战略实施、动态决策与管控等等。

发展战略是战略概念及思想在国家发展领域的延伸和推广，特别是对发展领域具有重大、带动全局性的整体谋划与统筹。发展战略作为一个专门术语的提出显然比较晚，而具有战略性的思想或具有战略性的规划却在很早以前就出现了。古代许多伟大的发展成就，例如埃及的金字塔、罗马的城市引水工程、中国的万里长城等等，都闪烁着朴素的发展战略思想的光辉。古代人在设计和实现这些宏伟的发展工程时，如果没有一定的战略思维，没有在一定的战略思想指导下形成的规划，要发展和建设这些宏伟的工程是难以实现的。

近代，在大工业生产的支持下，规模经济不断扩大，社会化的程度愈来愈高，发展战略的思想不断受到推广和运用。20 世纪以来，随着现代科学技术的进步，人类社会发展的各个领域的联系日益紧密而复杂，在国民经济和社会生活中发展战略思想的作用和地位越来越明显。发展战略已经成为国家兴衰和企业成败的关键因素。不仅如此，而且发展问题涉及的领域愈来愈广，政治、经济、社会和文化等结构因素日益加强互动影响与变化，没有长远和系统的构想就不可能获得整体发展的社会效益。自 20 世纪 30 年代开始，人类社会发展进入一个由国家组织协调的整体和全面规划的发展时代，出现了许多高度集中人力、物力和财力，为了发展需要而筹划一些持续数年之久的巨大发展项目和具有明确战略意义的重大工程。为了有效地促进发展，许多国家政府开始非常重视发展战略的研究，积极制定各种发展战略及规划。例如，20 世纪 40 年代美国有“曼哈顿工程”、60 年代有“阿波罗计划”、70 年代有“全美能源计划”等等，都是具有发展战略思想内涵的典范。

20 世纪 50 年代伊始，发展战略涵义在西方学术界普遍运用。把发展理论与战略思想的结合运用于对人类社会发展，特别是对发展中国家发展问题的研究和实践，不仅对经济、社会和科技，而且对政治和国家提出了发展战略的涵义，相继出现在许多学者的论文和著作中。日本由于发动对外侵略战争使本国社会经济衰败，为了战后的重建与发展进行了具有战略涵义的广泛研究，开展政府答辩、发表《经济白皮书》以及民间、政府所组织的专家讨论，都提出了许多发展的战略思想，发表了大量的研究论文和研究报告。因此，日本战后经济迅速增长，许多领域的发展已达到世界先进水平，得益于发展战略思想的影响。1970 年，美国普雷斯顿大学国际研究中心吉尔平教授在《技术战略与国家目标》一文中对美国、法国、瑞典和日本四个国家的发展分别进行分析，得出了“一个国家在选择技术战略上的成功或失败，将极大地影响到其在国际社会中的地位和解决其内部问题的能力”的结论，[①] 充分显示出发展战略的思想内涵。

人类社会现代发展经历了三大类型的发展战略，具有不同的战略内涵：一是以增长为核心的经济发展战略，强调经济增长优先其他的发展，以经济增长带动经济发展，实现经济结构的变化和调整，从而又保障经济增长的持续性；二是以“人为核心”的经济社会发展战略，强调“人权”即人的发展权在发展中的地位与作用，比较关注经济与社会之间的发展关系，以及科学技术对发展的作用。这种战略被视为综合发展战略。三是以“人与生态和谐”持续的整体发展战略，包括经济、社会、政治、文化、科技、环境、军事与安全的发展。国家的发展不只是单一方面的发展，是全面性的发展，全社会性的发展，融入全球化的发展，即整体发展战略。

发展战略是指在较长时期内根据对发展的各种因素、条件的估量，从关系发展全局的各个方面出发，确定和制定发展目标、重点、阶段以及实现这些要求所采取的部署和重大措施，以及对资源的分配与调整。发展战略涉及全局性、长远性和根本性的发展问题，需要设计和实施统一的、连贯的整套政策体系，提出整体的发展构想。发展战略是从国家整体和长远利益出发，就发展目标、发展阶段、发展资源（国内外资源）和国际环境的适应性等问题进行决策、谋划和统筹，并依靠内部的能力将这些谋划和统筹付诸实施的过程。发展战略是面向整体发展而引导社会（国家）能动地探索发展的最有效途径与方法，是一个可动态变化与决策的过程。

发展是不懈追求更加丰富的物质文明和精神文明，是人类社会永恒的主题，是当今世界进步的潮流，是世界各国人民的普遍愿望。发展就是崛起，是不断追求民族兴旺、国家强盛、屹立于世界民族之林，是任何民族的美好期望，是每个国家长期奋斗的宏大目标，是世界任何民族和国家的

---

① R·吉尔平：《科技战略与国家目标》，《科学学译丛》，1984 年第 4 期，第 39 页。

最终战略选择。发展作为一个民族或国家崛起的期盼，是一种巨大的力量。然而，发展需要有战略进行谋划与统筹，增强发展的有序性、持续性和目标性，也就增强了发展战略的必要性和重要性。发展战略是谋事之基，成事之道。没有发展战略，发展就没有方向、没有目标、没有手段和方法。中国人正在实现“中国梦”，就要以科学的发展战略来得到保障。

第三节　发展战略的属性与特征

发展战略涉及一个国家的全面与整体发展范围，从结构和资源的角度来考虑如何发展，将不同的领域、不同的部门和不同地区的发展行为进行有效资源调配，从而使发展应当形成什么样的模式或架构，并能如何支撑和维持发展的持续性。从国际范围来看，发展战略具有很强的竞争性，亦有人称之为竞争战略，主要涉及如何在国际环境中谋求可发展的机会，如何利用国际资源，如何利用全球化，以满足国家发展的需求，促进持续发展的能力。发展战略是从国内条件和资源为立足点，以国际环境为参照系，谋求宏大的发展架构与模式，具有独特的基本属性和主要特征。

一、基本属性

发展战略的基本属性主要是全局性和整体性。两者互为依托与影响，形成发展战略的指导准则。

（一）全局性

发展战略的基本属性是全局性。毛泽东同志指出“只要有战争，就有战争的全局。世界可以是战争的一全局，一国可以是战争的一全局，一个独立的游击区、一个大的独立的作战方面，也可以是战争的一全局。凡属带有照顾各方面和各阶段性质的，都是战争的全局。”① 因此，作为发展战略的属性，“全局”的界定包含了四个层面的涵义：第一，全局是以特定

① 《毛泽东选集》（一卷本），北京：人民出版社，1968 年版，第 159 页。

发展对象的最高层次系统为出发点；第二，全局是由局部发展组成的整体结构；第三，全局是由各阶段发展形成的系统过程；第四，独立的，具有全局影响的局部或方面可能具有全局性，而这种局部或方面向全局转化，须依发展的目标和范围而定。全局是相对局部而言，指事物的系统性和整体性及其发展全过程。发展战略是指对发展问题所进行的带有全局性或决定全局的重大谋划与统筹。因此，在研究、制定、论证、执行（实施）、评估、检验发展战略时，必须考虑全局性。

发展战略所指的全局可以是世界，也可以是国家或地区。在全球化时代，任何国家的发展已成为世界发展的一部分，一个国家的发展要考虑到世界发展的变化，已成为制定发展战略的新视角。然而，在一般情况下发展战略所指的全局主要是指社会全局和国家全局，而国家观念是全局性的核心。

（二）整体性

发展战略涉及多种领域和不同地区的发展，是一个由众多要素有机地组合起来的大系统，亦称为整体性。大系统的整体性具有各要素所没有的新的性质和行为，而大系统内任一要素的变化都会引起其他所有要素及整体性的变化。

整体性要求以系统科学认识活动为中心，是在现代科学哲学方法论的基础上提出来的，强调由现象到本质、由部分到整体的认识，强调多种发展行为的协调作用，提升和深化对各种发展问题的相互关联性的认识，实现对发展战略的整体性要求。传统发展理论采用独立发展的分析法，发展问题被误认为可以分别或单独地加以解决，不利于发展战略整体图景的形成。因此，发展战略的整体性要求力图改变对发展问题的传统“分析”认识，加强和提升发展理论与战略认识之间的联系与转换，现代发展需要以战略思维的整体观去认识和解决发展问题。

整体性表现为世界上任何一个有机整体系统，不仅内部各组成要素之间是相互联系的，而且与外部环境之间也是有机联系的。发展战略的研究与制定不仅要分析整体系统内部各组成部分的关系，而且还要分析整体与外部环境之间的关系，才能揭示与掌握发展战略的整体特性。

人们对发展战略有了整体性的认识，才可能对各种发展问题的认识形成整体观，使发展理论、战略思想产生直接影响，使发展行为、战略运用、社会效益实现整体化，从而实现发展战略的整体性功能。因此，发展战略是从整体着眼看待各个要素和要素之间，部分和部分之间的关系，是要素和局部服从整体与依存整体的关系。只有认识了整体性才可能具有整体观的思想，从发展战略的整体性认识和提升解决发展问题的能力，对发展战略进行协调和协同关系的处理，达成社会效益的最大化。

一个国家的发展战略是一个具有全局性完整的系统架构，由各个子系统构成，例如政治、经济、军事、文化、教育、科学技术、人口、环境等等。任何子系统的发展都不是孤立的，是相互联系、相互制约的，体现战略的全局性，而且共同作用的结果构成发展战略效应的整体性。任何子系统的发展战略都是以全局性为基础，都会影响整体发展战略以及其他子系统的发展战略。同时，部门发展战略和地区发展战略本身也具有全局性，并形成整体发展战略的部分。因此，全局性和整体性都是发展战略需要研究的重要属性，而全局性是发展战略制定的基本出发点，整体性是以全局性为基础，全局性也不能离开整体性，否则发展战略的全局性反映不出效应的整体性。因此，发展战略不能失去了全局性，也不能脱开了整体性，否则发展战略就不可能有存在的意义。

全局性和整体性作为发展战略最基本的属性，舍其中之一就不能称为其战略。发展战略是从全局的高度出发，系统地研究和确定发展整体性过程应当采取的方针和政策。发展战略的全局属性是以系统为控制对象，研究整体宏观发展的组织与协调，规定发展的整体行为准则，对不同的发展领域具有指导意义。

二、主要特征

发展战略的主要特征包括层次性、主导性、稳定性和社会性。

（一）层次性

发展战略需要把握全局和整体性，实质上具有系统结构，并贯穿于各个子系统的发展战略，及其独立的结构体系。因此，发展战略由不同的系统层次组成。系统结构是有层次的，对应于不同层次的系统，应有不同层次的结构。发展战略作为一种系统结构可以分为三个层次。首先是国家层次，亦称为宏观层次；其次是地区或区域层次，亦称为中观层次；再次是以企业、公司和事业性机构为单位的层次，亦称为微观层次。正是依据这种层次性，中国著名学者于光远曾明确提出宏观发展战略是指国家发展战略，中观发展战略是指地区发展战略，微观发展战略是指企业和公司的发展战略。

联合国“发展政策委员会”在2012年制定的《超越2015年联合国发展战略》的报告中提出“宏观发展战略”，主要是指全球发展或世界发展，中观发展战略主要是国际区域发展战略和国际某一领域发展战略，而把微观发展战略称之为发展的具体措施、策略，在某一领域或部门实施的发展方式。

发展战略包含不同层次的规划、计划和方法（措施）等组成的体系架构。在这样体系中，不同层次的策略、方针和政策相互协调，相互促进，是在统一部署下围绕着共同目标有序配置资源的有机整体结构。把握发展战略的层次与结构的特征，有助于更好地制定和执行发展战略。

（二）主导性

发展战略有国家发展战略、地区发展战略和部门或领域方面的发展战略之分。在国家发展战略中，虽然还存在着一些地区、部门、领域的发展战略，具有重要的地位和作用，但是它们都是国家发展战略下的子系统，既要服从国家发展战略，又是构成国家发展战略的重要内容，然而各个子系统对整体作用并不等同。一方面各部门发展战略，诸如，经济发展战略，科技发展战略、社会发展战略、教育发展战略、军事发展战略、政治发展战略、文化发展战略、人口发展战略、环境发展战略等，都将分别成为国家发展战略的子系统战略，并具有国家发展战略的意义，必定受国家发展战略的制约和影响。另一方面，任何一个子系统的发展战略在国家发展战略中都有自身的特殊地位，在不同时期发挥不同的作用，但国家发展战略仍然起到主导性的作用。

在现代社会，国家发展战略对经济竞争、社会进步、军事实力、政治变革、文化繁荣具有深刻的决定性影响，不仅改变着整个社会的面貌，而且影响着人民的命运和前途。因此，发展战略的研究和制定，对于地区、部门和领域方面的发展战略起着主导作用。人们之所以把发展战略看作是工业现代化、农业现代化、国防现代化和科技现代化的关键，并且用发展战略来规定着一个国家和一个社会的发展方向。

发展战略是人们为了认识自然和社会、揭示自然和社会发展规律、改造和善用自然、探求人与自然和变革社会途径所进行的理论认识和探索，不仅具有战略思维导向，而且具有哲学思想的内涵。因此，发展战略对于一个国家发展的确具有强大的主导作用。

（三）稳定性

发展战略是较长时期的发展谋划，所涉及的问题都是在较长时期内发生作用的重大问题。一些重点问题可能视为发展战略要确定的目标，是发展战略要在较长时期内实现的。况且，一些重大发展战略目标可能需要一代人，甚至几代人发扬坚忍不拔的砥砺奋斗精神。因此，发展战略着眼点包括当前，更是未来，正确处理立足当前与放眼未来的关系是战略构想的最紧要之点。

发展战略的长期性需要有稳定性和持续性，没有稳定也就没有持续性，更不可能有长期性。发展战略在制定之前人们就要做深入细致的调查和研究，客观地估量发展过程中可能出现的各种变化和问题，做出科学的评估与预测，使发展战略建立在科学、实际、稳妥、可靠的基础上。然而，这种稳定性是相对的，在内外环境发生变化的情况下，为使发展战略适应环境的变化，可以进行适当的调整、补充和完善。

发展战略一经制成，就具有相对的稳定性。只要发展战略中的各种主要条件和要素没有发生根本性的变化，而战略目标尚未基本实现，那么，发展战略的主要内容、方针、政策和措施就不要发生重大变化。只有当一个时期的发展战略目标基本实现而准备就绪转移战略目标时，才可能根据另一时期的目标和客观条件研究和制定新的发展战略。

（四）社会性

发展战略除遵循自身的发展规律外，其发展方向、规模、目标和速度还要受到社会因素和条件的制约。作为主导国家发展全局的发展战略，无论是在制定过程中，还是在实施与执行过程中，都要受到各种社会因素和条件的制约与影响。社会因素对形成发展战略思想，确立发展战略目标和任务，选择发展战略重点，采取发展战略措施、步骤和途径，进行发展战略决策和调整等等都要起着极为重要的作用。因此，在制成和实施发展战略时，必须重视其受到重要影响的社会性特征，充分发挥社会因素有利于发展战略的积极作用，而尽力避免或消除社会因素的不利影响。

发展战略是人们为了一定的目标而有意识地制定出来的，并且积极主动地加以实现。人在发展战略中所体现的主动性，不仅反映出战略活动的个体，而且作为社会成员对战略活动必定表现出社会性，诸如利他性、服从性、互动性、以及更加高级的自觉性等。人对发展战略的主观能动性是有意识地对发展客体施加有目的的影响，是以社会需要为基础，产生的积极作用必然形成社会性效应。发展战略是需要人集中一起，齐心合力，相互作用，相互影响，充分体现社会性的活动行为与各种关系。因此，发展战略要求人群形成一定的组织，成员之间的明确分工，充分显示出有序的社会性特征。

发展战略所要求的自觉活动的性质表明，发展战略的制成是以认真考察与研究发展的客观形势需要和实际存在发展途径为依据的，是建立在科学分析的基础之上，具有切实可行的社会性特征。发展战略在实施过程中所表现出来的活动必须有利于国家发展的利益，就不能脱离整体发展基本性质，即社会性特征。

发展成为世界最关切的问题，发展战略已成为解决发展问题的重要途径，促进了人类的进步，并对经济和社会活动的影响日益增强。发展战略所涉及的领域越来越广，影响也越来越深入。随着发展的全球化，许多新兴市场国家的实力日益增强，世界各国普遍存有一种危机感和紧迫感，能否跟上时代发展的步伐，抓住发展机遇，提升国际地位已成为激励各国发展的方向。另一方面，由于发展的领域不断扩大，发展在客观上受到一国资源（人力、物力）条件的制约，迫使人们从系统的角度来认识和研究发展。在这种情况下，国际社会及各国政府逐步形成了这样一种共识：在全球竞争激烈加剧的时代，较长时期的发展战略谋划与统筹是不可或缺的。为了有效地和最大限度地开发和利用本国资源潜力，如何制成合理的发展战略，是各国政府首先面临的重大问题。发展战略是战略概念、理论与思维在国家发展中的延伸和推广，国家政府与领导人对国家发展进行了全局性、全面性和整体性谋划与统筹，就能对国家发展运筹帷幄。

第十一章／发展战略的研究与方法

第二次世界大战结束后，全球发展日益引起人们的关注和重视，而且大批发展中国家获得民族独立，殖民主义的瓦解唤起了世界发展的新力量，为实现迅速发展的梦想，力图找到发展的新途径。虽然发展中国家为促进本国的发展积累了一定的经验，但如何选择适宜国情的发展战略仍缺乏理论上的足够认识。况且，经过战后初期十多年发展的努力，发展中国家不仅没有摆脱贫困，甚至面临日益恶化的趋势。发展中国家的发展与贫困问题不断引起国际社会和学术界的极大的关注，试图探寻适合发展中国家的发展战略。因此，发展战略的研究成为国际学术界的重要课题，兴起了国际社会对发展战略研究的热潮。实际上，在 20 世纪 70 年代以后发展战略被广泛地应用于探讨世界发展问题，曾有这样形容国际学术研究的说法：战前是冒险研究，战后是组织研究，70 年代后是战略研究。发展战略的研究不仅促进发展理论的创新，而且不断探索发展的方式和途径，推出各种类型的发展战略范式，为人类发展实现最佳效益开拓了愿景。

第一节　发展战略研究的兴起

战后，世界发展中出现了生产日益社会化、商品化、国际化，而且面临一些共同的和长期的发展问题，需要运作机制的变革。实行开放，加强合作，需要规范国际秩序；人口爆炸、能源危机、环境污染和生态失衡，成为钳制各国发展的严重问题；科学技术的飞速发展，加快了社会结构的变动，既对发展提出了挑战，也为发展提供了机遇。因此，不仅各个国家加强对发展战略的研究，而且国际机构和组织开展合作研究和探索发展战略。

发展战略研究不断扩展，主要经历了三个阶段：（1）军事发展战略。古代军事发展战略主要是研究陆军，即地面军事发展战略，近代主要是海上和空中军事发展战略，但海上军事发展占主导地位。在现代，不仅空中军事发展战略占据优势地位，而且陆军、海军、空军形成相互协调的发展战略，称之为军事"总体战略"或"整体战略"。（2）国家发展战略。第二次世界大战后，许多国家发展面临的是经济问题，首先出现了国家制定经济发展战略。因此，发展战略也就从军事扩展到国家的经济发展。（3）全球发展战略。随着全球化时代的来临，发展战略的视野又有了更新的扩展，出现了从"国际发展战略"演变为"全球发展战略"。全球发展战略一方面意指一个国家制定的发展战略包含对外发展战略；另一方面意指国际社会及国际组织，如联合国、世界银行、经贸组织等，为促进世界或区域发展而制定的发展战略。

20 世纪 50 年代伊始，发展战略的研究在西方学术界风起云涌，把发展理论与战略思想相结合探索人类社会发展，特别是针对发展中国家发展问题的研究，不仅对经济、社会和科技，而且对政治和行政体制提出了各种发展战略，相继出现在许多学者的论文和著作中。

联合国自 20 世纪 60 年代以来一直致力于发展战略的研究与探索，为发展中国家乃至全球发展战略出谋划策，也推动了国际社会对发展战略的研究。与此同时，在一些国家相继出现了各种战略研究机构。例如，美国兰德公司和斯坦福研究所、英国伦敦战略研究所、意大利"罗马俱乐部"、日本野村综合研究所和国际应用系统分析研究所等等。这些专门研究机构促进了国际社会对发展战略的研究，对不同国家制定发展战略产生了很大的影响。

在中国，20 世纪 80 年代形成了发展战略研究的热潮，首先是探讨经济发展战略，主要是解决中国改革开放初期的发展问题，此后战略研究演进为经济、社会发展战略的研究，探讨其发展的相互关系。20 世纪 90 年代初发展战略研究进一步扩展为经济、科技、社会协调发展战略，而且对地区发展战略和某一部门的发展战略，都开始进行深入的研究与探索。自那时起，中国学者就开始注意到发展战略研究的扩展及其整体性的研究，实际上发展战略的研究还包括政治发展战略、文化发展战略、军事发展战略，等等。2011 年复旦大学举办"未来十年发展的战略选择"的发展论坛，并发布了《双轮驱动：中国未来十年发展的战略选择》报告，这种中国未来发展的大战略研究可为一种新的研究趋向。

第二次世界大战结束以来，人们对发展理论的研究不断深化，对什么是发展，为什么发展或为谁而发展，已经有了比较清晰的认识，但如何发展，如何持续发展，这是发展战略研究所需要进一步探索的重大课题，而且发展战略的研究也必将成为社会科学体系中的重要学科。任何一门学科的研究，都是客观实践与现实在人们头脑中的正确反映，世界各国发展战略的实践，为发展战略的研究提供了现实的基础。发展战略的研究帮助人们进一步认识社会和自然，总结人类发展的经验与教训，探索人类发展的途径和美好未来。发展战略研究为决定未来发展方向提供了一种合乎逻辑的、系统化的和客观的方法。

在当今世界，人类比任何时候都更加关心发展战略问题，许多国家根据国际形势的变化和新技术革命所预测的趋势，积极地制定和调整战略，研究对策。发展战略不仅成为全球和国家，而且成为各行各业谋求生存和发展的重要途径，同时，发展战略的理论与思想从军事家和政治家头脑中进入企业家、管理者、科技人员的头脑中，成为社会科学研究人员的重要科研课题。21世纪的发展始终存在着机遇与挑战、合作与竞争、对抗与对话、稳定与危机。这幅错综复杂的时代画卷警示人们，一个国家要在21世纪赢得发展，一个民族要自立于世界民族之林，必须要加强对发展战略的研究，才能制定出正确的发展战略。

第二节　发展战略目标与定位研究

发展战略研究涉及许多领域的发展问题及其相互关系，首要问题是确定战略目标，决定战略方向及定位，而确定发展力量或资源的准备与运用，规定着发展的战略目标、方向与定位。根据国家、地区、部门和单位发展的需要，发展战略研究要以全局的各个方面和各个阶段之间的关系以及各种因素的关系为视角，把握世界发展的趋势，深入分析本国发展的基础和资源条件，才能正确地确定发展战略的总目标，并恰当地抉择发展战略的方向与定位。

一、战略目标

第二次世界大战结束以来世界发展，特别是发展中国家发展的历程表明，不同的目标可能产生出不同的发展战略，并决定发展战略的方向及定位。因此，目标、方向与定位成为发展战略研究的重要内容。然而，在发展理论与战略的研究中对于发展目标问题，有两种不同的观点：一种认为，人类社会发展的实践应当按照一定的计划进行，发展战略应制订出最终目标；另一种观点认为，发展战略应当面向实际问题，不应把宏观发展的最终目标的实现作为任务，而要注重实际问题的解决。

第一种观点的理论依据是所有的社会现象都是一种历史现象，因而都可以用普遍的历史发展规律来加以解释。依据辩证唯物主义和历史唯物主义观点，掌握自然和社会发展的规律，就可以预测未来，确定未来的发展目标。发展战略研究就是要寻找客观存在的规律性，发现了这种规律，也就掌握了发展的目标和方向。因此，目标确定首先要从历史的角度进行全面分析。发展战略必须研究和把握发展的方向，制定出总的目标，在这个基础上再制定具体的措施。

第二种观点的理论依据是人的认识不完全，决定着人类预测未来的不完全性。对于一个包容价值体系多元化的社会来说，制定一个最终目标以及相应的目标体系也没有意义。发展战略是一个复杂的现实社会的体现，难以在判断目标正确性的基础上可能建立一个最终目标。因此，发展战略研究应当避免去寻找客观发展的长远或最终目标，而要寻找短期性的现实目标。

世界上一些国家的发展战略曾受到后一种观点的很大影响。例如在西欧，大约在20世纪六七十年代，学者们就提出经济发展战略是十分必要的，并重点确立经济增长的目标。因此，许多专家通过大量工作，建立增长的数学模型，计算和预测经济增长的速度。然而，现在认为这种方法已经不再适用了，因为计算增长速度是以历史数据为依据的，却没有看到前面的目标和方向。这种预测方法就好像开一辆汽车，前面的玻璃模糊看不清了，于是靠反光镜看着后面的道路前进，在笔直的道路上行驶，这或许是可行的，但在曲折的道路上就很危险，而一个国家发展正好是曲折的、多因素的。在西欧一些国家，目前发展研究基本上不再提出增长的数学模型，而是制定发展战略时确立一些比较现实的和可追求的目标。

人们必须认识，发展战略的基本属性是长远性，其目标必须是长期的，以满足国家长远利益的需要。发展战略没有长期的目标，就可能被短期的各种困难和挫折所击倒。设定了长期的目标就等于有了方向，目标一旦实现又能见到更远的方向。目标必须是特定的，要求发展战略目标集聚在重大和有影响的发展领域，也可能会反映某一特定的资源优势，地域优势和人才优势。发展战略集中于特定的目标，可能以较少的资源获得最大的发展效益。

二、战略方向

作为发展战略如果缺少对战略方向的阐述显然是不完整的。发展战略方向是在充分考虑国情、国际环境带来的机遇和挑战的基础上，为实现发展目标而对发展战略提出的方向。

首先，发展战略方向要具有资源优势的特色。在全球化条件下竞争日趋激烈的今天，只有具备优势特色的发展战略才会有成功的可能。因此，确定发展的优势特色是发展战略的主要方向。发展战略应按照市场、资源、人才优势，大力促进具有优势特色的产业群体发展，同时通过地域特色形成的产业能带动该地域形成产业群，促进地方的发展。

其次，建设持续的发展型国家。发展型国家是以现代政治、经济、社会、文化等综合协调发展为方向，通过发展战略的研究探讨现代国家发展的理论、模式、方式乃至具体政策。任何一个国家都要从一般生存社会向持续的发展型社会演进。发展战略研究就是要加速向发展型国家发展，实现发展方式的变换，推进以民生为重点的社会转变，通过行政体制的改革和机制的革新，确立政府与市场、政府与社会的功能关系，建立和完善公共服务体系，保障发展的持续性。进入21世纪以来，从消费结构、产业结构、就业结构、社会结构的变化来看，许多发展中国家发展已开始由生存型社会向发展型社会转变。在这个特定的发展阶段，国家面临的生存性压力在逐步减弱，发展型的压力在不断增强。因此，未来发展战略的方向不仅要求能够发展，而且要建成持续的发展型社会架构体系。

三、战略定位

发展战略目标一定是远大的，并要为实现这个远大的目标做好充分的准备，调动各方面的潜在力量，激励社会一鼓作气而毫不松懈地达到目标。这就决定着发展战略的定位。

为实现战略目标就要确定发展战略的定位，这种定位既要为发展战略能够实现目标，又要起到引导发展行为的方向作用，能够推动各部门和各地区为实现国家战略目标而促进本部门和本地区的发展。发展战略定位既要与国情相符合，又要与全球化的变化相一致。发展战略定位需要从以下三个方面进行研究：动态支持、运行机制、社会效益。

其一，动态支持。这主要是从外部环境来研究发展战略目标的定位。发展战略是一个动态过程，必须在一个有利于发展的大环境系统中才能完成实施与执行。发展战略需要系统环境支持才能达到自身运行的结果和社会效益。因此，动态支持是实现发展战略目标的最重要因素，包括政府政策和社会服务。所谓动态支持就是依据发展战略在实施和执行过程中需要调整政府的政策和社会服务。

（1）政府与政策。在发展战略中政府及其政策的作用是无可否认的，如何发挥政府与政策对发展战略的作用是需要认真研究的。政府在促进发展的过程中扮演以恰当的角色是十分重要的，不能超越其职权干预发展。政府的行为应该是：代表和维护国家发展的利益；负责对发展的宏观指导、对发展规划和发展产业进行指导；负责贯彻落实及督促和检查对发展目标的实现；推动服务体系的建设为发展创造良好的空间和环境。

政策是由政府来制定的，是关系到发展战略方向和目标能否实现的首要问题。发展战略需要资金、人才、技术等资源，这就要求政府的政策对发展目标的支持，创造良好的国内环境。地方、领域与部门发展是国家发展的组成部分，而其发展规模与结构的形成是在既定约束条件下资源的配置过程，发展的组成部分是相互依存、互相协作、互为补充、共同发展，具有同等的发展地位。政府运用政策的方法是间接管理而不是直接管理，主要是政策引导而不是行政干预。

（2）社会服务。发展战略需要信息、咨询、培训、市场、法律、教育、环保等许多方面的社会服务。政府和社会机构组建社会服务架构，采取各种措施，为发展战略提供所必需的各种资源和信息。社会服务架构应以行政地域或区划为载体组建为发展战略服务的机构，参与和帮助发展战略实施。

根据发展战略，政府协助组建以非盈利和盈利为目的的社会服务机构，包括法律、心理、金融、投资、咨询、信息、培训等。以社区为依托，以民间为主体，建立社会综合服务网络，形成国家整体服务体系，为发展战略提供资金融通、技术创新、培训辅导、信息网络、市场开拓、合作交流等各种服务。

其二，运行机制。这是从发展战略实施的运行机制来讨论发展战略的定位。发展战略不仅需要系统环境的动态支持，而且从根本上要促进国家和社会获得持续的发展，发展战略自身必须建立起良好的运行机制。发展战略的运行机制直接影响各要素的结构、功能、相互关系及其运行方式，是引导和制约战略决策，并与资源配置相关活动的基本准则与相应的体系。研究建立一套协调、灵活、高效的运行机制促进发展战略各种要素之间的相互联系，相互作用，才能确保发展战略实施和目标的真正实现。

（1）促进市场机制的完善。发展战略的关键是要建立完善的市场机制和培植公正的竞争机制。完善的市场机制要求发展战略的行为主体必须成为自主发展、自负其责、自行约束的市场主体。市场机制的不完善就可能形成不合理的竞争环境，也就可能出现发展与责任不明晰、缺乏激励和约束机制，使发展战略运行的效率低下，难以起到发展战略的整体功能作用。因此，发展战略研究要促进建立完善的市场机制。

（2）政府与市场的关系。国际学术界与国际社会把政府与市场的关系及其作用作为发展战略研究的重要内容，认为不同国家的市场机制发育程度不同，政府与市场的关系也就不同，而且政府与市场关系的不同需要采取不同的发展模式，会形成不同发展战略。联合国对发展中国家的发展战略一直强调和鼓励政府对市场的主导作用，对重要发展领域进行政府干预，极力推荐东南亚国家和中国政府在发展中的主导作用所取得的成功经验。在现代发展战略中，政府对市场的主导作用已经从微观上升到宏观，政府要促进分散化的市场投资 ，支持高技术研究与开发，解决市场中的结构性矛盾，协调行业结构、产业结构、区域结构。发展战略研究必须分析政府与市场作用的最佳结合点，充分发挥各自的有效功能，科学地确定发展战略定位。

其三，社会效益。这是从发展战略所产生的经济利益与社会效益之间的关系对其确立的定位。任何发展都有一个利益与效益的比较问题，发展产出经济成果的大小与多少，形成经济利益；发展产生成果的社会影响，大小与好坏，形成社会效益。利益与效益是评价发展战略目标的客观尺度。这种利益与效益的评估要求发展战略对各种资源的合理配置，而经济利益是评价发展战略的最佳经济参数，但其带来的社会影响和产生的社会效益，却受到整个社会发展规律的支配，这不仅是对发展在数量与质量关系上的认识，而且实际上体现对发展战略功效的认识与提升。

发展战略是以最大化经济利益为目标，而发展战略的最大化经济利益与社会效益是密不可分的，但最大化经济利益目标必须以最大化社会效益目标为前提。因此，发展战略必须以经济利益最大化和社会效益最大化来确定其定位。如果发展战略追求经济利益最大化并不能实现社会效益的最大化，社会效益的损失反过来就会阻碍经济利益最大化的实现，或减损经济利益最大化。发展战略所产生的整体社会效益就是作为确定目标定位的重要标准。

第三节　发展战略研究的方法

马克思主义是社会科学理论研究的指南，发展战略研究是用马克思主义世界观和方法论观察、分析和研究人类社会和国家发展的必然要求。科学世界观和方法论的意义就是一切从实际出发，理论联系实际，这正是马克思主义科学世界观和方法论的综合运用和集中体现。发展战略研究就是要求人们运用科学世界观和方法论深刻认识人类社会发展的历程，而且要系统地掌握关于国家发展的丰富知识体系。实际上，发展战略研究不仅具有深刻的科学世界观和方法论的意义，而且包含着社会发展的丰富知识容量。

一、发展战略作为一种学科的综合性研究

发展战略研究是战略研究的延伸与扩展，也是将发展研究或发展理论研究与战略研究的有机结合构成了一种综合科学研究。发展理论研究经历半个多世纪的探索，从经济扩展到社会、政治、文化、科技等领域，使发展研究趋向综合性与整体性。战略研究和发展理论研究，正如经济与经济学、社会与社会学、政治与政治学的关系一样，分别不断演变为战略学（strategics）和发展学（developmentics）。发展战略研究基于战略研究和发

展理论研究的成果，随着近几十年来各个国家和国际组织对发展战略的广泛运用而兴起的一门现代综合学科，形成独特的理论体系与方法，成为社会科学的一种重要学术研究，不仅研究带有全局性或决定全局的重大谋划，而且探索谋后而动所需要的或产生的机制和适应发展规律的方式与途径。中国学术界不断加强对发展战略研究的基础上力图建立发展战略学，坚持以马克思主义和科学发展观为指导，促进发展战略研究成为增强国家实力的科学。

发展战略研究的主要任务是分析和研究发展战略制成的各种因素及其相互关系，研究发展战略制定的各种条件、方法和手段（行政的、法律的、经济的、文化的、教育的等）和解决发展目标、发展方向、发展重点、发展步骤的确定，认识和把握发展的优势和主动权，等等。发展战略研究不仅涉及发展战略的制成和实施及管理，而且其研究作为一种社会现象和科学行为为发展战略提供理论基础和方法论原则。发展战略研究应当具有自己特定的概念体系结构，应当形成一套建立在这种体系结构基础之上的理论和方法，需要不断作为深入的探索与研究。

现代发展不仅要求发展战略研究解决国家当前面临的实际问题和理论问题，而且要求发展战略研究走在发展的前面，进行超前的研究，探索发展的新领域，预测发展的未来。然而，发展战略研究应建立在对社会发展客观规律的深刻揭示上，探索未来社会发展的理性认识。理论与实践相结合，即理论联系实际，是马克思主义方法论，也是马克思主义学风问题。发展战略研究是一门具有鲜明的社会性、思想性、综合性、实践性的交叉学科，也是发展战略决策人员、战略管理人员必须具备的基本知识体系。以马克思主义为指导，根据现代社会科学和自然科学的研究成就，结合全球化和各国发展的具体实践，积极开展对本国（中国）特色的发展战略学的研究。

二、发展战略研究的知识架构

现代社会科学的发展出现了既高度分化又高度综合的整体化的趋势。发展战略研究就是如此，以发展理论，即发展学与战略学的科学整合，并借鉴其他学科的研究成果，以利于解决人类发展中的重大研究课题。发展战略研究是一种复杂多变的综合性学术探索，涉及社会科学、自然科学和技术科学中的各种专业学科和跨学科的广阔知识领域。发展战略研究不仅是人类社会发展实践，而且是人类认识社会发展知识增长的直接结果。发展战略研究将提供深刻认识社会发展的理论知识体系。

现代科学启示人们，某一专业学科十分成熟，主要看其能不能由多层次、多方面的知识领域形成全面的主体理论架构。知识系统越丰满，越完整，科学化的水平也就越高。依据现有认知，发展战略研究应包括理论和思想方法两个方面。在理论这一维上，最少要有三个基本的层次：一是政治经济学是最高层次，是发展战略研究的指导理论；二是发展认识论及发展理论，即发展学，是发展战略研究的基础理论；三是其他具体的专业知识。在这种知识结构的基础上，随着人们对社会发展的认识，以后还可能出现第四或第五层次，乃至更多的知识层次。在思想方法这一维上，首先是分析与归纳，其次是演绎与综合，最重要的是运用比较和系统分析等方法。如果以这种知识架构的视角评价对发展战略研究，可能还不够完整，有待人们对发展战略研究的进一步深化，进一步完善其知识结构体系，人们就会更好地认识社会发展和促进社会发展。

发展战略研究最重要的是加强对发展理论的研究。如果缺乏对发展理论的研究，在发展战略研究的知识体系中就会出现断层现象，就会缺乏发展理论对发展实际问题的辨析与认识，也就使发展战略研究中缺乏发展理论认识的基础。因此，发展战略研究不仅要针对发展的具体问题，而且要进入到理论的升华。在思想方法上，可能仍是归纳、演绎占据上风，但比较和系统方法日益引起人们的重视和运用。现代发展战略研究需要加强理论知识和思想方法两方面的增进，促使对发展战略研究不断形成完整的知识与理论体系。

三、战略研究方法的“大”观念

发展战略研究需要有正确的科学方法，才能帮助人们增强对发展客体的认识，把握其发展规律，才能成为有利于认识社会和促进社会进步的科学。发展战略研究属于一种社会科学研究活动，具有探素性、创造性、连续性和复杂性等一般科学研究的性质和特点。然而，发展战略研究又不同于一般科学研究，却是一种以事物的整体及其发展全过程的谋划为对象的跨学科的系统性与综合性研究。发展战略研究的特殊性方法就是要树立大发展观、大战略观、大思维观。发展战略研究就是要以大发展观、大战略观和大思维观来审视人类对发展的认识，总结理论性的经验，探讨发展战略的制成、实施、管理，实现持续的国家发展。

（一）大发展观

任何国家的发展不是某一领域或某一地区的发展，而是全社会的整体发展。每个部门、每个领域、每个地区的发展关系构成国家发展的整体系统，相互牵连，相互依存，相互促进。这种有机结构的认识就是大发展观的基点。大发展观要求在制定国家发展战略时考虑到部门、领域和地区发展的关系，反之亦然。国家发展就是整体发展，也是大发展（Grand Development）。在这种发展过程中，经济发展是基础，社会发展是本体，政治发展是主导，文化发展是引领，环境发展是条件，法律发展是保障，人的发展是核心，国力发展是方向。因此，国家发展必须要以大发展观来认识其发展的整体性和制定发展战略，才能实现最大社会效益。

大发展观还需要以全球发展的视野为基点。现代发展是一种大开放的发展，现代市场是一种大开放的市场，全球化是一种大开放的全球。随着世界经济与政治格局的不断变化，人们逐渐认识到在研究发展战略时，如果只拘守探求一个国家自身发展的事实或规律，这只是一个侧面，具有狭隘性和局限性的。这样会使人们忽视世界经济与政治格局的变化对分析本国发展战略的参考和对比作用，一定程度上会模糊人们对国家发展的理论意识，不可能充分重视发展理论在阐释发展过程中的决定性意义。如果存在着这些局限性认识，在研究和制定发展战略时就可能显得呆板，缺少独特性和独创性，甚至会出现一定程度的格式化倾向。只要具有了大发展观，把国家的发展置于全球化的视野中，在世界范围内优化资源配置，研究和制定发展战略才能站得更高，看得更远，更好地把握人类社会和国家发展的未来。

（二）大战略观

国家发展战略是运用国家资源，综合国力以实现发展战略目标的整体战略，即为大战略（Grand Strategy）。发展战略研究就要以大战略观为指导，把握国家发展的全局性和整体性，协调和指导国家发展资源的有效配置，以达到发展战略的目标。大战略观认为发展战略目标的实现需要有多维的方式，包括经济、政治、社会、文化、技术、外交和军事等方面的手段。发展战略研究在进行确立目标和手段抉择时，必须以大战略观来思考国家的整体发展与全局利益。因此，大战略观要求发展战略研究必须从国家的整体发展的效益为基点，必须符合国家的全局利益。

大战略观为发展战略研究指明了方向，以满足对国家发展可预测性和持续性的期望。缺乏大战略观的指导，发展战略研究就会使国家发展缺乏朝向目标的统一行动和持续行动，国家发展的方向或目标将受到各种困难和人为故障的干扰。

大战略观是人类长期发展实践经验的总结，而这些经验通过“全局性”和“整体性”等范畴体现出来。大战略观以实践经验的总结去指导主观意识对发展战略研究，创造未来发展战略实践的理想形态和功能，正如列宁所说“人的意识不仅反映客观世界，并且创造客观世界”。[1] 这就是大战略观的创造性和超前性，没有这种创造性和超前性，大战略观就不能指导发展战略的研究与实践活动。有了大战略观就能把握发展战略研究的最高点，探索人类社会与国家发展的远景。

（三）大思维观

大思维观是一种战略思想，是一种大思想（grand thinking），是以战略思维作为基点，指导发展战略的研究，指导发展战略的抉择。大思维观来源于对国家整体发展和利益的正确认识，如果确定了目标，但没有大思维观的指导，目标可能会脱离发展战略的方向。因此，发展战略目标的实现首先需要大思维观的指导。大思维观具有指导性、纲领性、方针性、策略性的思想。发展战略研究必须接受大思维观的正确指导，否则发展战略目标可能偏离方向，并导致失败。

科学家钱学森认为，集大成才能有智慧。大思维观就是集大成之智慧，把一个非常复杂事物的各个方面综合起来，集其“大成”，形成大思维观去认识世界和改造世界。发展战略是一个复杂的整体性和系统化的过程，围绕发展目标的实现，要把经济、政治、社会、文化等各方面的因素有效地进行结合与配置，构成一个紧密联系的、强有力的战略系统。因此，发展战略研究就要以大思维观去认识发展中各方面因素的相互关系，

① 《列宁全集》第三十八卷，北京：人民出版社，1963 年版，第 228 页。

形成整体性的战略构想。

大思维观是辩证思维与系统思维的结合，不仅要求辩证地认识客体，而且要求系统地把握客体之间的联系，才能正确认识人类社会发展的历程。辩证思维与系统思维是互为前提、相互补充、相互渗透，并在大思维观中体现出相互转化的作用。大思维观是把发展战略理解为各种相互联系、相互制约的要素构成辩证系统，根据系统的相关性、整体性、动态性等特征去把握发展战略的研究。

大发展观是为大战略观确立而认识社会发展的基础，大战略观又是认识发展过程的起点与归宿。大思维观对大发展观和大战略观起着先导的作用，只有先确立大思维观就能确立大发展观和大战略观。大发展观、大战略观和大思维观是社会发展的整体思想和系统方法的结合，形成发展战略研究方法的基础。发展战略研究是以发展理论为基础，以战略理论与战略思维为主导，运用大发展观、大战略观和大思维观的分析架构将创建独特的方法论。

发展战略研究作为一个学科体系是社会发展客观的真实反映，是人类理性认识社会发展的产物，是人类理性力量强大的具体表现。

第十二章 / 发展理论与战略的反思

发展理论主要是第二次世界大战后出现的关于发展中国家发展的理论架构和制定发展战略的思想基础。在其影响下，发展中国家采取了许多不同政策和战略，致力于促进发展，但一些国家成效甚小，发展与贫困问题远未解决，而且在发展过程中出现了许多附带性的问题。因此，发展理论与战略的反思已成为国际学术界和发展机构的重要研究课题。实际上，发展中国家的初期发展战略源自发达国家的增长与现代化经验的发展理论范式，对发展中国家的发展没有充分的理论认识，从而不断受到质疑和批判。这种过程不断导致发展的反思和理论的更新。

第一节　初期发展理论的经济偏见

"经济偏见"（economic bias）就是在认识和施行发展过程中偏重了经济，而忽视了其他方面的发展。

第二次世界大战结束后，发展理论引起了国际学术界的高度关注和重视，从不同的领域和学科进行研究。虽然在 20 世纪 50 年代初国际学术界就承认发展过程的多维性，但当时发展中国家独立后首先面临的是经济发展，对于发展认识的最初思想主要源于发展中国家需要经济变革，需要以经济为基础来巩固政权，经济发展成为最主要的任务。因此，最初发展理论主要强调经济增长，并视"增长"为"发展"，对发展认识出现经济偏见就不足为奇，发展概念与经济增长或经济发展成为同义语。除了忽视发展过程中的非经济内容之外，更没有注意到经济与非经济因素之间的相互作用，而发展中国家只能是参照发达国家的标准和范式来实现"发展"。

在这样条件下形成的发展理论，就把“发展”缩小到经济增长问题，且作为一种数量的方法，即用国内生产总值（GDP）增长率来评估发展。实际上，模仿西方“发展”或“赶上”发达国家的过程不可能实现发展中国家发展的效应，只可能是促进经济增长的单项目标。

20世纪50年代和60年代，对发展中国家的发展认识中的经济偏见主要来自以下几个因素：

（1）第二次世界大战结束初期，发达国家力图以“马歇尔计划”援助发展中国家之名，实为重建以美国和西方发达国家为中心的世界经济体系，美国以此扩充势力范围，而发展中国家只有在获得发达国家的援助下，才可能促进和实现经济增长。

（2）在非殖民化过程中，许多发展中国家先后获得民族和政治主权独立，显然作为非常贫穷国家的政治独立需要经济发展为基础，也亟需快速的经济发展追赶发达国家。当时国际社会有这样一句口号：“发达国家在走的时候，发展中国家必须要跑”，才可能追赶上发达国家。

（3）发达国家的经济学家参与发展中国家发展研究、发展计划与战略的制定，以西方发展理论和发达国家的经验为范式，帮助发展中国家促进工业化和城市化，忽视了农业、农村和社会发展，既使进行了农业发展，只是为工业化提供条件，以致后来在发展中国家出现许多严重的社会与政治问题。

最初发展理论出现经济偏见是一种历史的现象，也是一种必然，当然主要是受到西方经济增长理论的影响。对西方发达国家来说，20世纪50年代是一个“乐观”的时代，第二次世界大战结束后其经济增长创历史纪录。西方发展学家以发达国家经济增长的经历进行类推，以此憧憬发展中国家发展的美好未来，并要求发展中国家以国内生产总值的增长来衡量经济增长，作为发展的基本过程。

第二节　资本形成与储蓄的影响

在发展等同于经济增长概念的条件下，发展中国家如何促进增长？最初发展理论认为，经济增长的内涵基础，首先就是资本形成（capital formation)，其次是扩大储蓄。

西方经济学家罗格纳·纳克斯（Ragnar Nurkse）在1952年提出："在经济落后国家发展问题的核心就是资本形成"，是发展的"一个必要条件"。资本形成包括三个方面：一是指机器、设备和可投入资金等物质资本，在发展中国家是严重缺乏的；二是自然资源，在一些发展中国家自然资源的丰欠，可能会给经济增长创造有利或不利的条件，却不能对经济增长起决定性的作用；三是劳动力，在发展中国家有比较充裕的投入要素，不会成为经济增长的障碍。因此，物质资本的多寡及其形成的速度就决定发展中国家经济增长的重要因素。在战后初期，发展经济学认为，发展中国家最基本的事实就是"资本短缺"，也叫"资本饥饿"（Capital Hungry)，也是发展中国家发展的基本特点。

依据对发展中国家农业零边际劳动生产率的解释，美国发展经济学家阿瑟·刘易斯提出改变农业部门隐蔽失业的劳动力政策，以便促进现代部门的资本积累。刘易斯的理论导致把农业和农村地区看作是发展的"摇钱树"而制定政策，使农业或农村成为资本积累的场所，促进现代部门发展的资本形成，而不是把农业看作发展过程中的一部分，更没有认识到农村发展是发展中国家最主要的部分。这种思想在最初发展理论中占据了一个时期的统治地位，致使一些发展中国家发展的二元结构和城乡差别不断扩大，农业退化，出现农村更加贫困的趋势。

纳克斯又提出了"贫困的恶性循环"论，认为发展中国家存在着贫困的恶性循环，低收入意味着低储蓄率，低储蓄率引起资本形成不足，资本形成不足使生产率难以提高，低生产率又导致低收入。因此，要进行大规模、全面的投资，实施全面增长的投资计划，在各工业部门之间相互提供投资引诱，促使投资有利可图，资本形成就能实现并能摆脱恶性循环。

以发达国家的工业化作为背景，罗斯托提出社会经济发展的不同阶段，从传统社会进入发展的起飞阶段或进入大众高消费阶段，储蓄与投资率的提高必定引导持续发展的起飞。罗斯托认为，发展由落后阶段向先进阶段的过渡时期，最重要的是增加资本积累与形成，扩大投资率，特别是生产性投资率要占国民收入的10%以上，而且人力资本从农业部门转向现代工业部门，以快速形成产业资本链。

西方发展学家在相信只有经济增长才有发展的理论中，形成了"经济增长是发展的推进器"的思想。依据传统经济分析的竞争均势（Competitive Equilibrium）理论，认为经济增长一定程度地会自动把其成果或收入分配给社会各部门，即所谓滴入效应（Trickle Down Effect）。这种观点认为，经济增长产生的收入分配实际上不成问题，只要在发展过程中边际储蓄倾向随着收入的增长而增长的话，收入分配会以自动的方式发生。这种方法是以哈罗德—多马模式为基础，在既定的边际资本—产出率的条件下，国民生产总值增长只起着储蓄—收入率的功能，储蓄成为经济增长过程中的主要因素。因此，在发展中国家储蓄不足和资本短缺是经济落后和贫困的原因，把扩大储蓄和增加资本积累作为促进经济增长的推进器。最初发展理论认为，发展中国家储蓄缺乏，其后不足的资本积累是落后和贫困的主要原因。反之，储蓄低是因为大多数人收入水平低。假设家庭边际储蓄倾向随着收入增长，不平等的收入分配至少可以暂时性地作为一种促进资本积累的有效政策。

罗森斯坦·罗丹提出了“大推进论”（Theory of the Big Push），认为发展中国家要克服“有效需求不足”和“资本供给不足”的双重发展障碍，就要对国民经济的各个部门同时进行大规模投资，以给经济一次大推动，从而促进整个国民经济的均衡、高速增长和全面发展。

纳尔逊（R. R. Nelson）研究发展中国家人均资本与人均收入、人口增长与人均收入、产出增长与人均收入、人均资本增长与资本形成等问题，从而形成了低水平“均衡陷阱”（Equilibrium Trap）理论。纳尔逊认为发展中国家人口的过快增长是阻碍人均收入迅速增长的“陷阱”，必须进行大规模投资，使投资和产出超过人口增长，实现人均收入的大幅度提高和经济增长。低水平“均衡陷阱”是由低下的人均收入造成的，要冲出这个陷阱，人均收入就必须大幅度地、迅速地增加，使得新的投资所带来的国民收入增长持续地快于人口增长。

利本斯坦（H. Leeibenstein）于 1957 年提出“临界最小努力”理论（theory of criticalminimum effect），发展中国家要打破“恶性循环”跳出“陷阱”，必须先使投资率足以使国民收入的增长超过人口的增长，人均收入水平得到明显的提高，冲破低水平均衡状态。只有在一定时期受到大于临界最小规模的增长刺激，促进国民经济长期持续增长，才能使国民发展摆脱贫穷的困境。

在马歇尔计划和凯恩斯理论的刺激下，许多发展经济学家认为，发展中国家经济增长需要资本形成和扩大储蓄，而扩大了资本积累就能很好地促进经济增长。实际上，经济增长和资本形成的思想是古典经济学的核心，而且是凯恩斯主义派生的经济增长理论的核心，同时也是现代发展经济学形成最初阶段的基础。

20 世纪 50 年代发展理论在名义上称之为“增长理论”，实际上又冠之为“资本短缺理论”。这些理论使发展中国家注意到投资规模的积极作用和人口贫困压力造成的现实与潜在的威胁，对制定发展战略产生了一定的影响。然而，这些理论过分夸大了资本形成对促进经济增长的作用和重要性，又忽视了资本形成与存量的质量。因此，有的发展学家指出，突破恶性循环，谋求经济增长，小量资本投入也可以达到目的。当人均收入提高时，资本的质量、劳动力素质和技能都可得到改造。发展中国家的储蓄率不高，只是归咎于收入水平不高，没有考虑到社会、政治、文化以及其他政策方面的因素妨碍了对储蓄的刺激。

第三节　经济发展外源论

最初发展理论认为发展中国家储蓄不足，资本短缺，融资困难，而且人才匮乏，软环境差，经营与管理低下，从而导致发展中国家缺乏内部的发展动力。依据第二次世界大战结束时欧洲国家发展复兴的经验，许多发展学家提出，解决发展中国家的发展问题只有通过国际机制吸纳外部的资源，以弥补国内的动力不足，实施外源型发展战略。外源型发展主要是通过大规模地利用外资、发展外向型经济，来推动本地工业化进程和经济发展。

发展需要资源，在国内资源不足的情况下，利用国外资源以促进发展是很合理的事情。国外资源简称“外资”。“外资的作用，除了资金本身之外，同时也包括需要从外面引进的设备、商品、技术、技术人员以及管理等方面。”[①] 外资主要来自发达国家的双边援助，世界银行与其他国际组织的多边援助，以及国外私人投资。

发展经济学家迈克尔·托达罗（Michael. Todaro）教授指出，发展中

① 王念祖：《发展经济与跨国公司》，北京：中国对外贸易出版社，1983 年版，第 67 页。

国家需要外资，尤其是国外私人投资，弥补储蓄——投资缺口、对外贸易缺口、税收缺口等，有两种方式可供选择：一是促进国际贸易，扩大出口，限制进口；二是鼓励外国私人投资和寻求外国公共援助。① 一旦这些缺口得到外来资源的补充，就会引发持续发展的过程，这就更加促使发展中国家的发展必需从外部获得动力。

外源发展主要依靠三种方式：一是国外援助；二是国际贸易；三是跨国公司。以此积累资本，促进经济发展。

一、国外援助

国外援助是发达国家及其所属机构、有关国际组织、社会团体以提供资金、物资、设备、技术与管理等方式，帮助发展中国家发展的具体活动。"援助"可能是不需归还的赠与，也可能是贷款，其偿还条件要低于一般国际交易中的贷款或投资。外援贷款的利息较低，归还期限较长，并且有优惠期，在此期间可减少偿还，或者全部免还。

对早期的国外援助，在国际发展学家中有着不同的看法。一些发展中国家的发展学家认为，发展中国家曾遭受帝国主义（发达国家）的剥削，所谓"援助"不足以抵偿其掠夺，只是归还被剥削的一部分，况且其援助附带苛刻的条件。发展援助对发展中国家的发展产生了一定的积极影响，但实际上，发达国家对外发展援助首先是出于政治考量和军事需要，其次是维护经济利益和保障能源需求，同时通过对外援助推动出口，刺激本国经济。美国曾利用对外援助要求受援国家购买其农场主和谷物公司的出口农产品，并在价格上给予支持。国际组织的多边援助主要是受发达国家所控制，在 20 世纪 70 年代发达国家控制了 80% 以上，如果对外援助不符合发达国家的利益就可以被取消。

发展中国家的资金短缺是长期的问题，经过短期的外援难以复兴，而且外援的数量在受援国家的整个发展中所占的比例很小，其效用只是边际性的。国际援助对于资金非常短缺的发展中国家来说，在某种程度上只是解决了燃眉之急，发达国家很少考虑发展中国家的利益，这是国际社会不可否认的事实。国际援助明显地被发达国家用来作为政治杠杆和促进出口

① Michael Todaro："Economic Development in the Third World"，1985，p. 403.

的手段，对发展中国家的发展产生了长远的不利影响。

二、国际贸易

古典国际贸易理论的基础是比较成本说，认为最合理的政策是自由贸易。正是基于这一理论，最初发展理论把贸易看作“增长的引擎”和“发展的推进器”，而没有考虑到发展中国家在资源、技术和基础设施与发达国家相比处于不利的地位。古典比较成本说是静态的，假定技术水平不变和生产要素固定，并未把生产要素的开发考虑在内。

发展中国家的国际贸易主要是出口初级产品和进口制成品，但初级产品的出口又受发达国家对国际市场的控制以及需求的变化，发展中国家对初级产品的生产在短期内无法做出充分的反应，其价格波动很大，必定影响到发展中国家的出口收入的波动，由此引起国内总收入和输出的不稳定，对发展中国家的发展是很不利的。

20 世纪后期，许多发展中国家力图加快国家发展，而外汇短缺问题成为抑制发展的一种严重障碍。因此，发展理论提出很有必要思考发展中国家未来国际贸易的战略，国际贸易可促使发展中国家从现有资源中创造出更多的和崭新的生产要素的供给，似乎还有很多尚未为传统国际贸易所触动和进一步开发的余地，但不能期望国际贸易在一切条件下都成为唯一的“发展推进器”①。发展理论进一步提出，需要改变国际贸易格局，出口农矿初级产品和进口制成品是不会对发展起到积极作用的。从发展的角度看，比较成本说应该是动态变化，即在一个国家发展的过程中，比较成本的基础是会发生变化的，最合适的国际贸易格局也要随之改变。自主地开发物力和人力资源，或利用外资进行开发，都会促使生产要素（资本、技术、管理、原料供应等）的质量提升和数量增加，并使其应用生产的程度得到加强。这些变化必定改变比较成本的格局。

基于发展中国家不同的社会因素和文化因素，国际贸易的传统格局显然没有将发展的动力充分地扩展到发展中国家的各个部门，而且不论是在总需求方面，还是在工业部门之间相互需求方面，都过于偏重进口，对于国内资源的开发也没有起到刺激作用。因此，发展中国家只有从其内部发

---

① 杨叔进：《经济发展的理论与策略》，南京：江苏人民出版，1983 年版，第 332—333 页。

展因素进行改革，对于先进科学技术才有更大的接受能力，才能改变对外贸易的构成，促使国际贸易起到更大的积极作用。

三、跨国公司

20世纪60年代，许多发展学者认为跨国公司的直接投资对于发展中国家补充资金，引进技术、扩大就业和改善结构是有正面效应的。跨国公司在世界发展中有着特殊的地位与作用，诸如国际收支、金融、就业、能源、环境保护、生产力、社会、文化等发展问题，不可能不与其发生关系，各个国家的发展与跨国公司有着千丝万缕的联系是不可否认的事实。一个国家的国际收支都要经过跨国公司，一个国家的资金很多由跨国公司所控制；一个国家的能源供应、电子工业勃兴，汽车行业兴盛，从资金到技术，从市场到管理，无不联系着跨国公司的存在与作用。

战后初期，跨国公司对外直接投资是解决发展中国家资金短缺的重要途径。然而，西方殖民主义的炮舰政策，为跨国公司在发展中国家进行资源的掠夺提供了保护，而跨国公司利用母国的武力威胁到发展中国家的主权，使民族独立不久的发展中国家在政治上难以接受，也出现了反对跨国公司直接投资的现象。因此，跨国公司为了在发展中国家取得投资的特权向其官员行贿，严重影响了发展中国家吸引外资的投资目标和方向。

跨国公司在发展中国家直接投资力图利用其实力提出相当苛刻的条件，直接影响主权国家的政治与社会发展政策。尤其当发展中国家为解决资金严重的困境时，向金融跨国公司进行贷款，贷方就坚持许多条件来改变投资的发展方向。这类事情在脆弱的发展中国家最容易发生。因此，发展中国家出于对政权问题的考虑，时常对跨国公司实行一些比较严格的限制行动，甚至对设立的子公司收归国有。美国哥伦比亚大学王念祖教授指出："在同跨国公司打交道时，比较难以预防的不是跨国公司明目张胆的行为，而是它通过各种比较隐蔽的手段，甚至采用一些阴谋，去影响一个国家的政体与主权。这往往是通过当地的机构和人员起作用的。"①

通过跨国公司在发展中国家不仅掠夺资源，利用廉价劳动力获得高额

① 王念祖：《发展经济与跨国公司》，北京：中国对外贸易出版社，1983年版，第84—85页。

利润，而且逃避发达国家严厉的环保法令的限制，将污染转嫁到发展中国家。因此，外源发展带来了高污染、高消耗、低附加值的产业转移到发展中国家，许多发展中国家环境受到严重的污染，使持续发展受到很大的影响。

实际上，外源论、国际贸易和跨国公司的作用受到发展理论以拉美国家为主而产生的激进主义学派的批评，认为发达国家利用不平等的国际分工，使发展中国家的贸易条件不断恶化，加深了不发达国家对发达国家的依赖。

第四节　工业化与城市化的偏颇

初期发展理论认为，落后的发展中国家发展要进行现代化，须创立现代化部门引发增长过程和乘数效应。从国内看，投资和储蓄之间存在缺口，称为储蓄缺口；从对外贸易看，出口比进口少，称为贸易缺口。在均衡条件下，这两个缺口相等。缺口只有靠外资的流入来填补，也就是利用外资购买入超的物资，并用于投资。然而，出口初级产品、进口制成品的贸易格局会随着贸易条件恶化使发展中国家的贸易收支状况更加恶化，贸易无法改变发展中国家的发展结构。因此，发展工业促进替代进口和推进城市化成为发展中国家的重要发展战略。

工业化与城市化受到结构主义和现代化理论学派的很大影响，主要代表人物早先有美籍俄国学者瓦西利·里昂惕夫，后来是诺贝尔经济学奖的获得者库兹涅茨、刘易斯和缪尔达尔。发展理论学家虽对工业化有各种不同的解释，但认定工业化是现代化最基本的标志，是社会进步的一种重要表现形式，成为发展中国家发展的重要目标。初期发展理论解释工业部门的联动效应要大于农业部门，要拉动更多产业的发展就需要发展工业。鉴于国际贸易结构中主要是传统性初级产品出口的落后情况，许多发展中国家不断做出积极努力促进发展工业，一个共同的特征是推行进口替代，以此作为一种主动的和长期性的工业化战略。在20世纪中期受“唯工业化”思想的影响，发展中国家的发展决策者把投资大幅度地向工业倾斜。

初期发展理论强调在城市或都市地区推行资本密集工业作为发展战略

的主要部分，以此带动其他发展，但这只是考虑了工业化有利于发展过程产生的乘数效应（Multiplier Effect），而未考虑到发展过程中的顺向和逆向联动（The Foreward and Backward Linkages）。这种工业化战略试图把溢出效应（Spill-over Effect）给予农村发展，最终实现整个国家和社会发展的现代化，并没有把农村看作是工业化过程中不可分割的部分。在20世纪80年代这种理论受到严厉的批评。

初期发展理论是把工业化作为城市化的基础，以工业化带动城市化，而城市化又可成为工业化的促进力量，城市化进程不仅扩大市场容量，还可拉动工业化。虽然工业化与城市化有着相互促进作用，但发展中国家却把城市化作为国家和社会发展的主宰地位。从发达国家的经验来看，城市的出现不是工业化的必然结果，而工业化使资本、人口等向城市集中，工业化使城市取得主宰地位。发达国家的城市化的一个重要特点是有着商业城市和工业城市的区别，“前者产生于市场以及与市场和物资分配相联系的辅助性服务部门的周围，而后者则产生于工厂周围，并使更为复杂的企业外部劳动分工所产生的修理、保养、装配、供应和研究等服务部门发达起来。”①

发展中国家城市化基本上是在工业化拉动下而出现的，亟待城市为工业扩大可以产生社会发展的规模效益，为企业和公司产生集聚效应。但发展中国家的城市化过程不同于当初发达国家城市化的情况，从而在发展战略中形成了严重的“城市偏向”和“农村歧视”的政策，导致农村人口大量盲目流入城市，出现了城市人口过渡膨胀的严重社会和经济问题，使本来存在的城市失业矛盾更加突出，而且受二元结构的广泛存在所影响。发展中国家的城市化和工业化忽视农业，侵蚀了农村资源，致使工业化缺乏效应，发展缺乏激励，形成短缺经济，难以消除城乡差距二元结构的社会基础。

---

① 查尔斯·金德尔伯格、布鲁斯·赫里克：《经济发展》上海：上海译文出版社，1986年版，第294页。

第五节　发展引起的问题与批判

最初发展理论与战略对落后国家的发展产生着深远的影响，对发展起到了历史的作用。1960—1973 年发展中国家的 GDP 增长率为 6%，发达国家为 5%，1973—1980 年发展中国家 GDP 增长率为 4.7%，而发达国家为 2.5%，但也引发很多的问题。人类需要更好的发展理论与战略来促进社会的发展，进一步提高人们的生活水平和改善生活质量。20 世纪 70 年代末和 80 年代初，许多发展学家对最初发展理论与战略所引发的问题开始提出反思和批判。

一、发展出现了严重的不平等

依据最初发展理论所推行的发展战略在 20 世纪 70 年代，大多数发展中国家经济发展缓慢，财政负债累累，人民生活濒于饥饿的边缘。只有少数发展中国家的经济发展较快，如巴西、墨西哥、泰国、南非等，而一些发展中国家工业大幅度增长的结果却是社会两极分化，少数上层精英发财致富，穷人大量增加。因此，发展学家认识到采用西方发达国家的工业化发展战略模式弊多利少，是以牺牲广大农民的利益为代价。

最初发展理论与战略致使发展中国家内部产生了收入不平等，造成了富人与穷人的两极分化，不同地区之间出现明显的发展差异，而且发展中国家与发达国家的差距不断扩大。根据世界银行 1990 年的《世界发展报告》，至 1985 年发展中国家仍有 10 多亿最穷人，即将近 1/3 的人，每人每天生活不到 1 美元的绝对贫困状态。在非洲和一些亚洲小国家贫富差距非常明显，而拉丁美洲的贫富差距在世界上居首位，是世界上最不平等的地区。例如，巴西 1960 年代 GDP 增长率为 8%，1970 年代增长率为 10%，普通百姓实际收入每年下降，5% 的人的收入占国民收入的比例从 27% 增加到 36%，80% 的人的收入占国民收入的比例从 45% 减少到 37%，而且最穷的40%人口占国民收入中的比例从22%下降到9%。[①] 此外，墨西哥和阿根廷也是类似的情况。因此，一些发展学家认为，在传统发展的影响下，许多发展中国家中面临一种严峻的现实：传统发展产生了“不平等的增长”或“不平等的积累”，“收入、财富和消费不平等损害了发展的统一体”，并可能是影响“政治不稳定的主要原因”。[②]

在20世纪70年代，虽然发展中的新工业化国家（如阿根廷、巴西、墨西哥、韩国、马来西亚、新加坡）以及石油出口国家经历了高增长率，为发展中国家增强在世界发展中的整体地位奠定了基础，但在此后年代其贫困并没有改变，其发展图景依然很暗淡。发展中国家发展的基本目标是要创建持续改善最贫困人的生活水平，提高所有人的生活质量，促进人均收入和消费的增长、削减贫困、扩大健康服务、提升教育等等，需要制定综合的发展战略。况且，在一些发展中的新工业化国家（如墨西哥、巴西和印度）经济活动和收入分配仍极不平衡。最初发展理论与战略产生的只是滴上效应（Trickle-up Effect），社会财富只是流向了富人，而可能流向穷人的财富却流向了富人，没有产生滴下（滴漏）效应（Trickle-down Effect），不是随着经济增长促进了社会公平发展，使贫困人口也得到生活的改善。因此，在比较成功的发展中国家，初期发展理论与战略也受到国际发展学专家细心认真的审视和批判，认为发展中国家发展过程出现了过度发达城市与落后地区之间的两极分化，而且也导致发达国家与发展中国家之间不平等差距的不断扩大。自19世纪中叶工业革命以后，世界发达国家的发展要远快于发展中国家。据统计，发达国家与发展中国家之间人均GDP收入的比例差距从1870年至1985年增加了6倍。发展中国家要赶上发达国家，只有发展得更快更好，但发展过程是艰难的，只有制定和调整好发展战略才能实现。早期的发展理论家（如西蒙·库茨涅茨）认为，在发展的初级阶段不平等一般会增加，但发展的经验表明，这种“不平等论”是可相对解决，增长、平等、消除贫困是可以在发展进程中并行不悖地进行和实现。在一些东亚国家和地区的发展就可能是例证，发展战略只要建立在以人为中心，帮助穷人发展，改善教育促进人力发展，而且可能

---

① Andre Gunder Frank, Crisis in the third world, New York, 1981, p. 10.

② R. K. Diwan & Livingston, Alternative Development Strategies and Appropriate Technology: Science Policy for an Equitable World Order, NY, Pergamon Press, 1979, p. 72.

出现较高的储蓄，不会出现较高水平的不平等。

二、发展的社会问题

最初发展理论倡导资本形成和促进资本积累，并以扩大海外资本转让和国内储蓄来增加投资作为主要发展方式，忽视了发展过程中其他因素的重要作用，而且只强调单一的经济发展，忽视了经济与社会的发展关系，出现了“没有发展的增长”，其主要表现为健康与教育条件恶化。发展中国家70%—80%的人口营养缺乏和没有医疗保障，如非洲、南亚和拉美大部分国家人口的预期寿命只是在39岁至54岁。拉丁美洲20世纪60年代至20世纪70年代中期人口死亡率为10‰，一些拉美国家婴儿死亡率达到100‰；一些南亚国家人口死亡率甚至达到20‰。小学入学率只有50%—70%，有的国家只有10%—20%。依据联合国的统计，发展中国家经过第二次世界大战后的30多年发展仍有11亿人不能满足基本需要和营养不良，10亿人住房简陋，13亿人口得不到可饮用的水，8.14亿成年人是文盲，1.23亿学龄儿童不能上学。

三、发展的自然环境压力

发展对环境生态的影响首先是人口的压力，其次是工业化和城市化所带来的副作用。世界人口的发展从1950年的25亿增至1975年的40亿，其中发展中国家占29亿，发达国家为11亿。人口的社会问题和发展问题对环境发展产生了严重的不利影响，不仅饮用水的匮乏，而且粮食问题日益严重，只有人工开山造地，开湖造田，毁林开荒，致使沙漠化和盐碱化。

发展中国家工业化发展在1970年代每年以开垦土地和出口木材而砍伐森林的面积达到1000万公顷，开发工业项目对河流湖泊和农业生产带来了严重的影响。发展中国家城市化迅速扩张：一是速度快；二是规模大。1979年100万人口的城市数量已超过发达国家。工业化伴随城市化带来了能源短缺、自然环境退化、基础结构拥塞、运输困难、空气污染。

早期发展理论只强调单一的经济发展，没有注重经济与社会的发展关系，更没有对自然环境实施保护。世界银行在2003年发展报告中指出，社会变化和环境保护必须要与经济发展制定整体性战略，不然，经济发展本身将在较长时期内受到困扰，环境和社会问题随着时间的累积必将在未来50年内爆发出严重的发展后果。

发展经济学家迈克尔·托达罗在《经济发展》一书中论述：20世纪50年代和60年代发展经济学的主要缺点之一就是未能认识和考虑到西方经济增长的历史经验对于发展中国家确定发展战略的有限价值。“经济增长阶段”的理论和涉及迅速工业化模式的理论没有注意到现代发展中国家在初始发展阶段，经济、社会和政治与西方发达国家有着非常不同的和不利的条件。经济增长的过程对发展中国家发展的价值是有限的，发展中国家与发达国家在经济增长过程之间的初始条件有着明显的差异。[①] 因此，国际学术界批评最初发展理论与战略把发展中国家“引入歧途”，需要研究和产生新的发展理论与战略。

一些发展学家（如B. 奥肯和R. W. 理查森）在20世纪末进一步提出，要清醒地认识早期发展理论的缺陷，亟待改革发展中国家的发展，调整以增长为中心的发展战略。发展改革与战略调整的主要原因在于：（1）西方发展理论把“以增长作为中心的概念”，注重投资大规模资本密集型制造业的方式，任意地移植于发展中国家，并未依其实际的社会和经济条件进行必要的调整；（2）“增长中心”只是注重城市发展计划中的配置，而不是作为国家发展战略中的组成部分；（3）战略决策人对“增长中心”缺乏认知，要么放弃，要么急剧改变，时常产生对增长速度过分乐观的期望未能实现而造成沮丧；（4）发展战略的转移，从城市工业化战略向农村发展。的确，在发展战略中有一种城市发展的偏见，分配投资从城市转向农村地区可能提供更大的利益给穷人。城市与农村发展之间需要互补性，以增长为中心与现代整体发展之间需要一定的兼容性。这就要求更好地认识发展过程，对发展战略进行修正与调整。

---

① Michael P. Todaro, Economic Development, NY, Longman, lnc., 1985, pp. 99—107.

第十三章／战略调整：探寻整体性发展

最初发展理论认为物质资本的投资必定促进经济增长及发展，但许多例证说明这种高投资率并不足以推动有效经济发展，还涉及很多其他因素。发展的历程表明需要认识发展的复杂性及其真实的内涵，简单地认识发展——例如，物质资本和人力资本投资或不受限制的市场功能——不可能取得很好的成效。

许多发展学家对最初发展理论与战略提出反思和批判后，认为西方增长模式是以大规模资本密集型制造业为基础，未进行必要调整和改造就移植于发展中国家，并且以城市工业化为中心，实际上损害了发展结构。这些问题需要从理论上认识发展政策和发展战略，发展学家提出了城市与农村发展之间需要互补性，增长与发展需要兼容。国际组织罗马俱乐部提出了“增长的极限”，呼吁发展要关注人口、农业生产、工业化、环境污染和非再生自然资源的消耗等五个方面的问题。世界银行提出，发展的整体性需要注重政府与市场各自功能的整合性。这些促进了对发展理论的修正与发展战略的调整。

第一节　审视发展理论与新认识

发展理论与战略研究已走过了半个多世纪的曲折历程，在不同的时期强调不同的目标重点与方法系统，有时强调市场的失败，有时强调市场的成功；有时强调政府是积极的干预者，时而看作是被动的驱使者；不时又强调开放贸易、储蓄与投资、扩大教育、稳定金融，如此等等。关于持续发展的理论与战略也实行了30多年的历程，人们关注的重点也不断发生变化，除了环境保护与资源合理利用之外，强有力的金融体系已成为重要的条件，从加强对金融的监督转向建立有效的金融运行的法律架构。

20 世纪 80 年代，发展理论与战略研究就开始出现明显的变化，认为发展不能只注重经济增长或经济发展，发展不仅具有多维性，而且发展过程中各种因素之间的相互关系与作用同样不可忽视。经济与非经济因素不能分离，是发展过程中的整体。非经济因素主要包括社会、文化和政治因素，而社会因素中的教育和健康是提高生产力和促进发展的重要条件。为了消除贫困和失业，要有强烈的民族政治意识，政治权力对于选择和制定发展战略起着决定性的作用。发展不是简单模仿发达国家或国外的理论范式，而要依据发展中国家各自特定的社会环境和历史文化过程选择和制定适宜的发展战略。

进入 21 世纪，发展理论与战略朝着更加实用性和适应性演进，剥开发展的表层，探寻发展内核的真谛，依据不同时期和地域的特殊条件研究新的发展理论，探索新的发展政策和构建新的发展战略。国际学术界和一些国际机构提出，21 世纪发展理论与战略不仅要深入探寻政府与市场各自对发展的功效，而且更重要的是探寻政府与市场各自作用中的相互补充，促进发展形成整体效应。这就需要对发展理论的再认识，对发展政策和战略的调整与创新。

一、发展的内源性

20 世纪 80 年代，发展学家提出发展的内源性，即发展主要来源于发展中国家的内部动力，而不是外部强加给予的。内源发展意味着充分利用当地资源（即人力和物力），注重人的发展（即发展为了人和民众参与），基层发展（即满足基本需要），一体化的城乡发展，正确处理城市与工业化发展的关系，增强自决能力，动员国内一切资源，建立内在的发展机制，创造持续发展的潜能与力量。

内源性概念涵盖两种意义：首先是建立内在的发展机制，创造持续的动力；其次是吸收国外先进的科学技术和管理知识与技能，并使之内在化。实际上，任何国家的发展源，即发展动力，包括内源和外源，这两者是辩证统一关系。发展的内源性并不排斥外源，外源力量是对内源的必要补充，但内源性是最重要的，具有发展的主动意识。发展的内源性与外源性协调统一是发展中国家选择适宜发展战略中的重要辩证方法。

二、人是发展中最真实的内涵

发展不仅是物资财富的发展，而且是人自身的发展。发展在于人，发展为了人，人既体现发展的目标，又表现为发展的动力。在发展中国家，发展首先要满足人的真实需要，使人民的基本生活达到根本的保障；其次是人的教育，提高人的素质，汲取先进的科学技术知识，促进人的创造力，不断获得和创新发展动力的源泉；再次是要尊重人在发展中的价值与地位，发展不应该是人的价值异化，不应该破坏人的文化特性。因此，发展体现着人的所是、所为、所愿、所思和所信。

在20世纪90年代“以人为中心”的发展理论与战略迄今未变，而如何实现“以人为中心”的发展方式不断发生变化。“以人为中心”的发展就是要减少或消除贫困，这是不可否认的发展原则，但消除贫困必须放在更广泛的范围内，包括经济、社会、政治、法律、环境、文化、民事等等。联合国认为，人的发展中最重要的是健康与教育。健康发展主要是改善营养，劝阻吸烟、吸毒和酗酒，倡导文明的生活习俗，而不一定需要直接庞大地投入医疗卫生开支。教育发展不仅要投资学校和课本的开支，而且要注重通往学校的交通工具和道路的建设。健康与教育发展的成效是相互关联的，人的教育提升，而人的健康必然加强。健康与教育在发展战略中直接关系到人口福利的改善，并影响着其他方面发展的成效。实际上，人的发展是一切发展的核心，人的发展更重要的是教育与思想发展，人的教育与思想发展决定着一切发展。

三、基层与一体化发展

发展中国家现有1/3的人口不能满足最基本需要，贫困与不平等严重，摆脱困境的出路就是从下层或基层开始发展，改变“先增长后分配的战略”，优先考虑为基层人口消费的生产，扩大当地人口就业，充分利用当地资源。选择所生产的产品和选择适宜的技术是基层发展的关键条件，广大人口直接参加生产才是消除不平等和满足基本需要的保证。

发展中国家的广大人口集中于农村地区，农业经济是国民经济的基础，农村发展成为发展战略中的重要部分。最初发展理论与战略强调城市化和工业化，农业和农村发展只是从属的地位，从而造成农村失业增加，农村人口盲目流入城市，农业生产增长不能满足人口增长，城乡差别扩大。一体化的城乡发展强调农业和农村发展的重要性及其对工业与城市发展的作用，农村与工业和城市发展是一个整体的发展过程。一体化的城乡发展主要目标包括：经济，满足基本需要；技术，应用和推广适宜技术；生态，利用可获得的资源确定适宜的发展方式；社会，当地人口参与，扩大就业；政治，适宜的政治意识与制度能保证并促进发展；文化，实现当地文化价值和道德规范的作用，使其成为发展过程中的潜在能力。

发展理论的新认识主要是强调各种发展因素之间的互补性及其功效与影响，使人力、物力、各部门和各领域等之间发展因素构成协同作用的发展关系。人力和物力的发展因素不言而喻，而部门和领域发展因素是强调横截面或横向的结构因素关系，并形成一定的体系架构，主要是协调、管理和为企业（公司）及社区发展的主动性与积极性提供有效的保障。这些结构因素关系的功效还要取决于政府有效的管治、透明的决策、严明的司法公正和监管体系。发展因素的新认识为发展理论增添了新的内涵，为实现持续发展战略的整体功效奠定了思想基础。

第二节　发展战略的创新与原则

发展国家发展战略经历了不同的阶段，体现出发展的多维关系。第一，增长阶段，从 20 世纪 50 年代至 70 年代中期；第二，发展的停滞阶段，从 20 世纪 70 年代中期至 80 年代后期；第三，改革与调整阶段，从 20 世纪 80 年代后期至 90 年代末；第四，创新发展，从 21 世纪开始至今。在增长阶段，许多发展中国家特别是非洲国家在民族独立后，殖民主义遗留下的结构体系仍然是刺激“发展”的动力。因此，许多发展中国家在有限的条件下，只能是促进“增长”，很难以实现“发展”。20 世纪五六十年代是传统的发展理论，战略目标是“经济增长”；70 年代是修正的发展理论，战略目标确立“以人为中心”；80 年代是批评的发展理论，提出了“内源发展”的新概念，调整“外源”，力拓“内源”是发展战略的重要选择。20 世纪 90 年代，发展战略坚持“以人为中心”的目标，但许多发展学家深入研究内源与外源关系的发展理论，强调发展中国家内源发展为主，以外源发展为辅的发展战略，既要利用外资或跨国公司，提升外资的质量，调整外源发展结构，又要激发本国投资的活力，扩大内源发展的容量，实行内外源之间的行动、协同发展。21 世纪初，一些发展国家开始进入探寻发展的新轨道。

发展中国家发展战略的最基本的目标，就是动员广大的底层劳动人民参与发展过程，提高其生产与开发能力和增加其收入。发展战略要求改变需求结构、消费结构和生产结构，促进社会持续发展能力的提升。世界银行的切尼教授在《论结构变化和发展政策》一书中指出：发展包含结构中一系列相互依存的变化，“涉及需求、生产和就业的构成，以及对外贸易构成和资本流向”。发展中国家的发展战略选择不仅要促进生产结构的变化，而且还要促进收入分配结构的变化，才可能消除贫困。在发展中国家的早期发展战略中，发展结构的特点是区位配置不平衡（以城市为中心），生产因素利用不平衡（资本密集型），产品市场不平衡（生产不急需产品和非基本需要产品）。发展中国家制定适宜的发展战略要改变不平衡的结构，处理好消费结构，投资结构、生产结构和分配结构之间的内在关系。这种结构的内在逻辑关系表现为：一是消费需求结构影响生产结构；二是生产结构影响生产要素的需求结构和投资结构；三是这两者结构的变化导致收入水平的提高和生活的改善。

发展中国家发展战略的基本性质应具有内源性和适宜性，其一，发展中小型企业，扩大当地生产，采用适宜技术，发展劳动密集型产业，充分利用当地原材料；其二，发展投资面向农村，面向基层，且投资于民；其三，发展公共事业，提供必要的健康卫生服务，发展教育和开发智力，加速人力资源的积累过程。发展理论与战略研究的不断深化与新认识，提出了发展战略的创新原则，对于指导发展中国家发展战略的制定和调整具有十分重要的意义。

一、现代化与传统发展的统一性

发展目标与发展方法或方式的一致性，是促进现代化与传统发展统一性的保证。发展战略实现现代化与传统发展的统一性，不仅是发展中的实际问题，而且也是重要的理论问题。发展中国家发展战略目标是为了人（消除贫困与过上美好生活），提高人在发展过程中的地位和作用，然而，其二元结构的两种体制（传统体制与现代体制）不仅导致发展的不平衡，收入不平衡，传统部门的人收入低微，基本生活无法保障，并限制了内源发展的动力。因此，现代部门与传统部门要协调发展，在发展战略中处理好两种体制的关系，不然资本密集型发展就会损害劳动密集型发展，难以创造更多的就业就会，普通民众的生活难以改善。消除贫困的关键是增加广大穷人的收入，在传统部门创造更多的就业机会。在城市积极发展私人企业和非正规部门的经济，在农村使更多的人获得土地使用权，发展小农场，发展粮食生产。

二、强化无形资本的功效

发展中国家提高生产力必须使广大人口满足基本需要，改善医疗卫生，增强人的体质与智力，建立适宜的教育与训练制度、选择适宜的教学内容，培养实用的科学技术人才。这些都是社会生产性投资，而不是单纯的社会消费。人力投资不仅使人的能力适应现代部门发展需要，是扩大生产的重要方法，也是增加人的收入和消除贫困的重要途径。

发展中国家存在的“二元结构”拥有大量剩余劳动力（无技能的），其“边际劳动生产率”实际为零，而另外又缺乏科技和管理人员，成为发展战略目标实现的主要障碍。为了改变这种状况，发展理论与战略研究加强了对“人力资本”的开发，国际社会加强了对发展中国家“人力资本”的援助。资本形成的概念也发生了很大的变化，内涵扩展，不仅指“有形资本”（物资资本），还包括“无形资本”（人力资本）。人的能力和训练成为“无形资本”投资和研究重点，而且把改善人的健康与营养看作是非正式训练的重要方式。因此，“无形资本”的功效成为发展战略的重要因素。

三、发展的相互依存

发展是一种整体结构变化的过程，不同结构之间相互联系，相互制约，结构性的协调成为发展的关键。相互依存发展的内涵 分为三个不同层次：一是国家之内的城乡相互依存关系，城市发展离不开农村发展，国家现代化不仅是工业现代化，而且需要农业现代化；二是国际区域间相互依存发展，发展中国家间的合作与协调，可以充分利用区域内的各种资源，增强集体自力更生的能力；三是全球相互依存发展，国际合作的领域不断扩大，发展中国家需要从发达国家引进外资，科学技术和管理知识，增强自身发展的能力，而对于发达国家获取投资场所，原材料来源和扩大商品出口具有重要意义。

任何国家的发展是全球发展的组成部分，既不能脱离与发展中国家的关系，也不能脱离与发达国家的关系，其间有着密切的依存性。任何一个国家可以吸收其他国家的经验与教训，弥补自己发展经验的不足。国家只有参与国际合作与竞争，才能提高直接的发展能力。

四、结构合理化与整体发展

发展最基本的标准是人均国内生产总值（GDP）的增长，并与其他社会福利指标结合在一起，被看作是发展的起始点。如何发展不只是追求表面数量的扩张，而是要创造内生的动力，增强内涵的真实性。发展战略就是要达到或实现发展的真实性，表现为发展结构的合理性。

发展理论已认识到发展过程中经济因素和非经济因素的相互作用，在制定发展战略时，就要考虑到各种因素相互关系与作用的一揽子政策，抑或系统政策。综合方法是制定系统发展政策的保证，是促进发展战略实现整体效应的基础。国家发展的过程是结构不断合理化，适应性平衡，平等参与，社会系统的整合，适应和反应能力等过程之间的持续互动关系，并构成整体发展。

五、发展的政治意识与制度建设

政治意识与制度建设对于发展战略具有必要性和重要性。政治决定着发展战略的方向，制度为发展战略提供保障。制度建设主要包括改善管理体制，建立必要的监管机构，协调各部门的发展关系的机制。政治意识主要指提高民族发展的责任感，增强执行发展战略的自觉性。只要一个国家各个层级的人员有了整体的政治意识，就可能为实现发展战略目标而确立坚定的政治思想保证。

发展理论与战略的研究是为了创建一个国家的发展体系，如果这种体系达到了管治制度化和大众参与的制度化，就能使发展达到结构平衡状态和持续性。从演化观点来看，国家发展的过程在于增进国民创新能力，使发展结构和发展行为趋于制度化，以应对或解决出现的新问题，吸收和适应不断的变革，自觉地或有目的地积极努力完成新的发展战略目标。

六、发展战略的时空效应

发展中国家在抉择和推行不同发展战略时，必须要考虑到其所处的发展阶段和国际区域环境以及全球环境的变化，才能产生发展战略的整体性效应。发展理论与战略研究表明，一些发展中国家实行出口补贴和进口替代战略来推动工业化的发展，其成效甚微，即使有的发展中国家在发展初始阶段实行进口替代，但在发展过程中并不能长期或始终实行进口替代战略。诸如，实行进口替代战略，巴西在20世纪60年代对经济发展起到了积极作用，但以后并没有明显的效益；日本在20世纪50年代和60年代起到了作用，东亚一些国家在20世纪70年代和80年代起到了积极作用，中国在20世纪80年代和90年代促进了经济的繁荣。

每个国家所处的环境不同，发展的水平高低不一，而发展面临的机遇可能差别迥然，发展需要解决的问题与需要实现的发展战略目标也就各异。因此，不同的发展战略只实用于不同的时间（时期）与地域，发展取决于一系列的因素，随着时间和地域的不同，以及全球环境的变化，发展因素的组合结构将发生变化，并产生不同的发展效应。发展战略要实现整体性效应是一种复杂而综合的过程，不可能寻找到一把特殊的或万能的钥匙，在任何时候和任何地方都可以打开发展之门。

第三节　创新发展战略的机制功效

发展应当是整体的持续发展，且体现持续发展的整体效应。持续发展具有整体性和综合性的发展方向，适宜的机制将发挥关键作用。21世纪以来，发展理论与战略研究深入探索影响着发展的持续性效应，不仅对未来发展战略有了进一步的认识，而且探寻创新发展机制的整体性功效。

其一，持续发展战略目标具有多维性，并形成目标体系。发展不只是增加人均收入和改善国民的生活水平，而且还包括改善人的健康、增强教育、参与公共事务、享受清洁的环境、促进人与人之间的平等，如此等等。

其二，各种发展政策都是相互关联与相互作用的。一种主要政策的执行也需要其他政策的辅助，如果辅助的政策不到位，可能导致主要政策的失败。因此，要构建整合的政策和机制环境，才能激励主动性发展，促进参与的积极性。

其三，政府在发展战略中的作用具有多元化。政府行为不是简单地告诉做什么的问题，而是在发展战略中政府的作用依据国家容量和能力，国家发展水平和国际条件发挥出多元化的功能。

其四，发展战略执行过程对发展效益产生非常重要的影响。只有战略执行的自愿性、参与性和透明性，才能产生更好的发展效益并构建持续发展的战略体系，同时创建良好的体制环境。

一、发展的整体性功效

现代发展理论与战略是超越经济，是国家和社会的整体发展（Holistic Development），并具有功能整体性或整体性功效的特征，促进持续发展。国际学界对整体发展的研究没有用英文 macrocosm 一词，没有用 entire，更没有用 whole，而是用 holistic（如世界银行 1999—2000 年发展报告），强调的是整体的功能性。

发展战略的最基本目标原则是建立和保持一个国家（社会）整体的持续发展。整体发展具有多维目标（Multiple Goals），而且实现目标的政策和过程是复杂的并相互交织。现代发展理论与战略要求建立创新型社会发展的模式，不仅强调整体发展，而且推行绿色发展，体现发展的整体持续性；不仅要发挥政府与市场各自对发展的功效，而更是需要政府与市场各自作用的相互补充与协调。

发展战略必须适宜于本国的整体发展，首先要选定好发展目标，其次要形成发展政策的整合性，再次要建立持续发展的制度流程和机制架构，并协调发展行为的过程。发展战略不仅是为了有效地实现发展目标，而且是为了不断建立和改善发展机制（mechanism），才能形成比较完善的体制（institution）环境。要想更好地推行国家整体性的发展，那么就必须要有一个整体性的战略，从全局性与全面性的统筹和规划。

有效的整体性发展战略要求在政府、企业（公司）和民间社会（社区）各层级之间建立合作与协调关系，而不只是简单地要求谁去做什么。良好的组织管理和机制架构形成坚实的基础是制成和实施发展战略的必要前提条件，并将规范个体与机构的行为和所有相关参与者之间的互动与协调。一个国家的政府通过这些规范加强对发展战略的实施与管控，促进对社会的管治，而且在制成和实施发展战略的过程中增加政策的透明度和大众参与，更好地实现发展目标，为国家整体发展创建良好的体制环境。

任何国家发展战略的整体性功效都将在全球化和本地化的过程中进行实现。发展全球化是要求各国政府实现本国发展战略目标时通过超国家的机制架构与国际社会——其他国家政府、国际组织、非政府组织、跨国公司等——寻求合作伙伴关系。发展本地化是国家政府与地方政府及企业公司共同承担发展的责任，分享发展的成果，而市场功能的扩大和运用将促进本地化。全球化与本地化反映出超越单一国家政府的管理权，但国家政府仍是制定发展战略与政策的主要决策者，并强化与地方政府及企业公司的分享责任，共同利用和协调全球化为本地化服务，实现发展战略目标。全球化与本地化对发展战略会产生正效应和负效应，是制成和实施发展战略不可忽视的重要因素。

发展理论与战略研究表明，在同样的条件下，一些发展中国家的增长速度比发达国家可能要快，因为发展中国家可以引进发达国家的新技术和生产过程，发达国家已有的资本、知识和技能可以流向发展中国家。然而，发展中国家不是简单地遵循这种发展模式，一方面需要促进发展的各种战略和多维方法，另一方面需要实现发展战略目标的整体性功效。

二、政府与市场的机制功效

20 世纪 80 年代以来，发展理论与战略研究非常重视和关注发展的集中性（centrality）问题。研究表明，尽管政府超越其功能可能导致发展的扭曲和效益低下，并且政府计划作为解决发展问题的功效在一定程度上可能有所贬值，但政府对发展战略起到的功能性作用仍被看着是最重要的。世界银行在《1991年世界发展报告》中指出："市场不可能在真空中运行，需要有政府提供的法律和法规制度。市场有时证明功能不足，也完全不能胜任其他制度，问题不是政府占主要地位还是市场占主要地位，而是政府与市场各自要发挥独特的作用"，形成结构水平上的机制功效。

机制被看作是规定，分为正式和非正式。正式的规定包括宪法、法律、规则、契约；非正式的包括价值和社会规范等。机制既促进又限制个人和组织的行为，机制改革要求新的规定或修改原有的规定，旨在改变个人和组织行为适应发展战略的方向。例如，市场要求政府规范至少能确保尊重合约和财产权的制度，法律制度能很快地解决有关事务的纠纷。市场还要求有关规定能消除在处理案件中不必要的拖延，避免政府偏颇的决策而损害投资者的信心。因此，司法改革与创新是发展机制中的优先领域。

在20世纪50年代和60年代，发展理论与战略研究虽然认为市场并不是完美的，而面对公营部门效率低下的状况，对发展政策的研究仍然集中在市场整合的解决方案，即消除政府强加的扭曲与保护主义、取消补贴和公有制。因此，发展研究提出，减少政策的扭曲和寻求发展的真实内涵作为发展战略的基本因素，更需要保持宏观发展的稳定和部门的改革。然而，发展理论与战略研究对这些问题并没有特别关注和深入探讨。依据发展研究提出的方案，一些发展中国家实行自由化、私有化和稳定化的政策，但未能实现预期的发展效果，而且一些非洲国家实行稳健的宏观发展政策，经济增长仅为0.5%。发展的经验显示，市场的功能是有限的。在俄罗斯联邦，取消无效的中央计划和国家所有制，并建立市场机制、私人所有制，确立以利润为方向，以便促进经济的增量，但引发了不平等的增长。实际上，根据有的经济学家估计，在21世纪初俄罗斯发展萎缩了1/3，收入不平等严重扩大，生活水平和健康指数衰退。

显然，其他一些发展中国家比较大的程度干预市场却获得了迅速的发展。东亚一些国家在发展初期未能遵循市场完全自由化的原则，而社会却在几十年发生了很大的变化。在世界经济增长为零或负数时，东亚一些国家的人均GDP是其半个世纪前的几倍，而且比那些推行替代发展战略的国家也要高出很多。东亚国家政府推行促进特殊部门的工业化政策，干预对外贸易以促进出口，控管金融市场，限制私人自由选择投资方向，鼓励储蓄，降低利率，增加银行和公司的利润率。东亚国家强调扩大教育和科学技术的政策，以缩小与发达国家的知识差距。联合国和世界银行一致认为，中国创建了符合自己特色的发展战略，也显示出独特于东亚风格的发展模式，虽然以市场为方向的机制取代了中央计划，但政府主导发展的功能仍起到了很重要的作用，使世界上数亿的贫穷人获得巨大的利益，充分显示出了发展的整体功效。

运行良好的行政管理和有效的司法是政府有效行为的前提。当政府直接提供产品或服务时，可能时常成为一个垄断的“供应商”，政府机构可能利用垄断地位向社会提供不满意的服务。因此，政府需要构建为社会提供促进发展能力和发展服务的管控体系。世界银行 1997 年发展报告《世界变化的现状》中指出，发展中国家要改进战略决策和行政管控，减少政客和官僚对社会的掠夺和腐败，而且认为具有稳定的政府，具有较强的司法体系和行政管控能力，其发展比较迅速，发展投资较高，而缺乏这种机制的国家则反之。

世界不同国家推行发展战略的成败与曲折足以说明发展的难度，而如何吸取教训和推广经验也是不易的事情。政府的角色及其功效取决于很多因素，包括行政管治能力、国家发展的阶段水平以及面临的国外环境等等。虽然从发展历史的研究中难以勾勒出清晰可以应用的发展战略范式，但现代发展研究已阐释了一些国家成功的发展战略经验，对不同国家的发展具有重大参考价值。

发展的历史表明，发展需要有市场机制，而政府对发展的“所有权”也是必不可少的。政府需要建立政策与法律框架体系，有效的政策与法律才能确保市场机制有效运行，促进发展战略顺利实施与管控，保护国民在发展中的权益。防腐反腐或减少腐败是政府与司法行为，可以促进国家发展中的稳定性，吸引更多的投资与合作，不致使贪腐损害政府权威和市场信誉。有序竞争是市场运行的基础，可以增强效率和鼓励创新，但如果没有政府必要的介入就可能出现垄断，扼制竞争的有序性和有效性。因此，政府对发展提供的政策和法律直接关系到发展战略目标的实现及其成效。发展战略的制成、实施和效益主要取决于国家的管治结构（Governance Structures）体系，宏观发展与结构因素的整合，市场有序竞争，社会的有效支持，法制体系的保障作用，金融系统的完善与监督，发展的科学评估与核算。这种管治结构是政府的政策和法律与市场机制的有机结合所产生的互动效应。

第十四章 ╱ 联合国的国际发展战略

联合国担负着维护人类和平与安全，推动世界经济和社会发展，捍卫人权与平等的历史重任，而发展更是作为联合国自创建以来的重大使命和不断推进的伟大事业。联合国制定、提出和通过了许多有关发展问题的文件，以宣言、纲领、公约、条约、协定和协议等形式为其成员国提供了有关发展战略的行为规范和原则。

人类社会的不断进步，对发展的理论认识也就不断深化，发展的内涵越来越充实，而对人类发展又产生着重大影响。联合国为履行自己对人类发展的使命，吸纳国际学术界对发展研究的成果在不同时期为世界发展，特别是为发展中国家的发展制定各种国际战略，同时对发展理论与战略不断进行研究、反思和调整，对推动人类社会进步和发展起到了积极作用。

第一节　联合国“发展十年”战略的影响

20 世纪五六十年代以经济增长为核心的发展理论占据主导地位，认为经济增长是发展走向工业社会过程中的基础，只有促进经济增长，发展中国家才能实现追赶发达国家的目标。联合国成立初期，其文献主要反映发展意味经济增长，把经济增长作为发展中国家发展的主要标志，动员国际社会进行发展援助。随着人类对发展的认识不断深化，联合国对发展的概念进行反思和涵义进行更新，每十年推出新的国际发展战略，试图促进全球发展，帮助发展中国家摆脱贫困。

1961 年联合国大会首次通过了关于“发展”问题的决议 ，即第一个“联合国发展十年”（1961—1970 年），目标是帮助发展中国家获得更多的国际援助，保证足够的资本进行发展投资，以实现国民经济总产值增长率达到5%。在第一个发展十年，发展中国家基础薄弱，通过国际社会的援助其经济获得了比较明显的增长，联合国为发展中国家确定的增长目标基本上得到了实现，使国际社会对发展中国家的发展产生了一些乐观的情绪。联合国在制定第二个发展十年（1971—1980 年）的国际发展战略时，确定发展中国家的国民生产总值年平均增长率至少要达到6%。为实现此目标，发展中国家农业产值每年增长要为4%，制造业产值要增长8%，进出口增长率要达到7%，同时要求发达国家对发展中国家的官方援助至少达到其国民生产总值的0.7%，进一步增强对发展中国家的援助投资。实际上，联合国第二个发展十年的战略仍旧是沿着第一个发展十年的思路，把经济增长看作是发展，把国民生产总值的增长看作发展的一个重要标志。但在第二个发展十年的过程中，联合国与发展中国家提出建立国际新秩序的主张，发展战略内容增添了建立国际新秩序的目标。

1980 年 12 月，联合国大会通过了第三个“发展十年”（1981—1990年）的国际发展战略，提出加速发展中国家的发展，确立国内生产总值平均年增长率为7%，农业生产年增长率为4%，制造业产值年增长率为9%，货物和劳务的出口增长率不得低于7.5%，而进口年增长率要达到8%，到1990年国内储蓄在国内生产总值中应占24%。为实现这些目标，发达国家对发展中国家的官方发展援助必须达到或超过其国民生产总产值的0.7%。同时，联合国确立发展中国家的社会发展目标，到2000年实现充分就业和普及小学教育，预期寿命达到至少60岁，婴儿死亡率减少到不超过活产的5‰。

联合国第三个“发展十年”国际战略比较关注发展中国家社会发展问题，包括人口、住宅、社区、土地改革和环境保护等，试图帮助发展中国家建立一个更有效的发展结构，以保证均衡的经济和社会发展，充分有效地利用现有财力、物力和人力资源。然而，联合国“第三个十年”国际发展战略中规定的关键指标没有实现，大多数发展中国家的增长率远远低于所定的7%指标，而且许多发展中国家是负增长。因此，一些国际学术界人士将20世纪80年代称为发展中国家“失去的十年”。同时，发达国家经历了严重的衰退，发展中国家出现了严重的债务危机，国际经济关系非常紧张，多边经济合作在许多方面受到削弱。时任联合国秘书长德奎利亚尔在向联合国发展规划委员会的报告中指出：“我同来自发展中世界许多地方的领袖见过面，我注意到一种沮丧的情绪，一种无能为力的神情。”“还在不太久以前，他们对于改善他们人民生活的那种信心看来已经丧失。”因此，联合国确定调整和改变发展战略目标的相对优先次序。

在联合国实施三个“发展十年”的国际战略之后，发展中国家的贫困不仅没有明显地消除，而且有更多的人处在饥饿、疾病、文盲和非人的生活条件中。一些自由派国际发展专家认为，联合国发展战略失败的原因在于没有足够数量的外援，致使发展中国家没有足够的投资。许多发展理论学家却指出，发展中国家之间增长率有很大的差异，而且收入不平等、疾病、营养不良、食物不足、文盲、贫困和失业达到了人类历史上从未有过的程度。因此，联合国要求发展中国家的发展战略是一种单纯追求“经济增长率”的发展理念，即发展就是促进国民经济总量的增长，误认为“只要经济增长率提高了，发达国家与发展中国家的贫富差距问题就解决了；贫富差距问题解决了，发展问题也就解决了”，发展中国家的发展就会驶入“起飞”的跑道上。

许多发展中国家政府指出，发展战略目标的实现受到不公正国际经济秩序的严重影响。在经济体制上，多数发展中国家虽然政治独立，但仍处于殖民经济，只能依附于发达国家的地位，而且其矿产资源掌握在外国公司或跨国公司手中，其原料和其他初级产品由于海运和竞争能力得不到合理的出口收入。况且，发展中国家既无资金，又无技术，短时很难发展民族工业，已有的工业产品也缺乏竞争力。现存的国际货币制度实际上是西方的货币制度，占世界人口80%以上的发展中国家，在国际货币基金组织和国际复兴开发银行中所占的投票分量仅占其总数的1/3左右，难以在发展决策中起到作用。在发展中国家中的跨国公司一般掌握着其国民经济的要害部门，甚至形成“国中之国”，严重影响了发展中国家政治的独立性和经济发展的自主权。

一些发展学家认为，联合国对发展中国家的发展战略的失败，真正的原因是发展中国家从结构上就和发达国家的资本积累及对财富掠夺紧密地联系在一起，而外援成为强化这种结构性联系的束缚工具。随着发展中国家的要求和许多发展学家的呼声，争取建立公正的国际经济秩序的浪潮日益增高，推动着联合国调整对发展中国家发展战略的思路和目标的选择。

第二节　发展权与持续发展

一、国际新秩序与公正发展

在世界发展中西方发达国家始终处于主导地位，垄断资源和操纵发展，发展中国家一直处于不平等和不公正的国际秩序中，难以摆脱发展的困境。联合国成立时只有51个成员国，众多亚洲和非洲发展中国家当时未获独立，也不是其成员国。联合国试图将主权平等原则扩大到全球，促进了发展中国家的独立，并加入联合国，使发展中国家主权得到保障，发展自己国家的权力得到尊重。20世纪70年代，发展中国家聚合自身的力量与发达国家开展对话（亦称，南北会谈），呼吁改革国际发展秩序。中国早在20世纪50年代初率先提出了建立国际新秩序的主张，在1974年联合国大会第六次特别会议上，中国政府进一步阐述了建立国际新秩序的主张。此后，中国提出建立公正和合理的国际新秩序才能保障发展中国家发展的重要性，并呼吁增强联合国的地位，更大地发挥联合国的作用。中国的主张和立场得到广大发展中国家的支持和联合国大会的认同。联合国支持发展中国家的呼声，认为人类发展要坚持公正平等地发展，就要建立国际发展新秩序，保障发展中国家的发展权，促进发展与消除贫困。

1974年联合国通过了《关于建立新国际经济秩序的宣言》和《行动纲领》两个文件。《宣言》提出了所应遵守的20条基本原则，包括在主权平等、公正互利、相互依存、共同合作的基础上促进人类发展，并使发达国家与发展中国家间日益扩大的鸿沟有可能消除。《行动纲领》确立了建立国际新秩序的10项基本目标，内容包括对原料与初级产品、国际货币制度与发展资金、工业化、技术转让、自然资源永久主权等各方面的建议、要求和措施。同年，在联合国第29届大会上，中国同第三世界国家继续团结努力，使联大讨论并通过了以77国集团名义提出的《各国经济权利与义务宪章》，规定发展中国家对其自然资源充分行使永久的主权，对其管辖范围以内的外国投资加以管理，对外国财产实行国有化，有组成初级商品生产国组织的权利。次年，联合国又通过了《发展和国际经济合作》的决议。上述四个文件为建立国际发展新秩序奠定了基础，体现了联合国在推动人类发展方面取得的成果。

自 20 世纪 70 年代以来，建立国际新秩序的内容不断完善，主要包括：(1) 各国对其自然资源的经济活动享有并行使永久主权；(2) 改善在国际贸易关系中的地位和条件；(3) 增加向发展中国家资金转移、改革国际货币金融制度；(4) 改善转让条件，争取发达国家更多地向发展中国家转让技术；(5) 保护海洋资源和争取海运权；(6) 加强发展中国家间的合作，即南南合作；(7) 世界发展结构的改革。中国及发展中国家积极创建国际新秩序的努力，使联合国的发展思想和人类社会发展升华到一个新的高度。联合国不再把经济增长作为发展的唯一标志，也不再把国际援助作为解决问题的唯一渠道，开始修正以增长为中心的发展思想，从而把“公正”而非“增长”作为优先考虑的因素。联合国以国际新秩序开创了国际发展与合作原则，为全球公正、平等和持续发展创造了条件。

二、人权与发展权

在联合国“第三个发展十年”期间的 1986 年，联合国通过了《发展权利宣言》，正式确认“发展权是一项不可剥夺的人权，发展机会均等是国家和组成国家的个人的一项特有权利，个人是发展的中心主体和主要受益者。”这是人类首次将发展权归属于人权的范畴，更加充实了人权的内涵，也是对发展认识的提升。发展权利包含两个主要方面：第一，国家与个人拥有“充分实现民族自决权”，包括对其拥有的一切自然资源与财富有行使充分的、不可剥夺的主权；实现发展权利需要充分尊重有关各国按联合国宪章建立友好关系和合作的国际法原则，并“在行使其权利和履行义务时应着眼于促进基于主权平等、相互依赖、各国互利与合作的新国际经济秩序”；第二，发展权意味着每个人都有参与发展的权利，包括保证工作权利和组织工会及工人协会的权利，促进充分就业，为所有人创造公正、有利的工作和条件，改善卫生安全，保证公平的劳动报酬，消除饥饿、营养不良和贫困，实现最高健康水平，扫除文盲，保证享受免费初级义务教育以及为所有人提供充足的住房和社区服务等。因此，发展不仅意味着增长，而且意味着公正与平等，更意味着人权。这种正式把发展权归于人权概念的范畴成为人类发展史中的伟大进步。也正是如此，人类社会的发展从过去仅仅关心国家、民族的发展延伸到了对个人发展的关心，使过去强调协调国际社会或国际法对国家地位的尊重扩展到对个人权利的促进与保护。以人为核心，使人人过上更美好的生活，使人人能发挥其创造、表达和参与的能力，才是“真正的发展”。这表明，国际社会长期以来以“增长为中心”的发展转向以“人为中心”发展的演进。

联合国确定的三个“发展十年”的国际战略虽然对发展中国家的发展产生了一定的积极作用，但发展中国家的贫困与饥饿更加恶化，失业与就业不足，文盲、愚昧与疾病，收入分配不公等问题使发展置于蹒跚徘徊，发达国家与发展中国家之间的差距和不平等不仅没有缩小而有扩大之势。况且，人类社会日益面临着另一个严重失衡，即人类文明的进化和生态环境的不断恶化，人类环境恶化和发展中国家的贫困互相交织日益严峻。发展中国家的发展危机促使国际社会和发展研究学者们更加关注对发展理论的反思和发展战略的评估，越来越深刻地认识到环境与发展是两个互不可分割的整体性问题。

最初发展理论与战略产生的虚幻期望遭到了国际社会的许多批判，不同学派的专家都认同一种新的有利于发展理论与战略的研究——持续发展。在新的发展理论的指导下，20 世纪 7O 年代初，罗马俱乐部发表了《增长的极限》的研究报告，指出地球资源是有限的，人类不能无限追求经济增长，认为世界经济与人口及社会的不平衡发展，必然导致资源和环境将遇到难以承受的极限，引发经济和社会的崩溃。与此同时，联合国开始关注环境与发展问题，在制定国际发展战略时强调环境因素对发展过程的影响，并形成了“可持续发展”的概念。1987 年联合国正式确定“持续发展”的概念，指出当今世界发展存在着很大的不公平性，发展就要坚持公平性原则，发展是要满足全人类的需求，而不是只满足一部分人的需求，发展既要满足当前需要又不能损害子孙后代的未来需要与潜能。

三、确立持续发展战略

1990 年 12 月，联合国制定了第四个“发展十年”的国际战略，即“可持续发展战略”。这个战略实际上是在对发展领域的不断反思、论争和探索的过程中提出了新的发展方向和目标。鉴于前三个发展战略所确定的经济增长和发展援助都未达到目标，第四个国际发展战略确立了资源要优化、环境要保护和发展要持续的思想，对于发展理论与战略赋予了更深刻的内涵，所确定的目标和优先项目更切合持续发展的意义。

可持续发展不是单纯地关于或侧重资源与环境的理论与战略，而是一套全球性的、综合的、长期的关于人类现在与未来的发展思想与发展战略。可持续发展理论与战略既是联合国第四个发展十年的主题，也是人类对发展认识的深化及其理论与战略总结的升华，反映出了深邃的思想内涵。第一，可持续发展强调以人为中心的发展。人，既是当代人，又指后代人；既指发展中国家的人，又包括发达国家的人。人的发展是满足基本需求、追求自尊和实现选择的自由。第二，可持续发展要求实现发展的权利。在联合国的发展战略中多次提出了发展权的概念，发展是一项基本人权，是指人的经济和社会的全面发展。正是基于这种理念，联合国不断提出各种实现人的发展权的承诺。第三，可持续发展要求实现公正与平等原则。这种原则不仅要贯彻于当代人之间，还要包括当代人与下一代人之间，发展中国家与发达国家之间。

联合国“发展十年”的国际战略的推行与实施具有重大的理论意义和实践意义，反映了人类对发展理论与战略的探索过程。首先把经济增长与经济发展的概念加以区分，增长意味着更多的产出，而发展不仅要求有更多的产出，而且包含产出结构的变化与社会经济结构的革新。随着对发展理论认识的深化，人们认识到增长指标是推动发展不可或缺的手段和衡量的标准，但不是发展的全部与整体，不能取代发展的全面性和系统性目标。为了促使发展的持续性，联合国进一步赋予发展更新的人文价值内涵，确认发展不仅仅涉及经济范畴的问题，还包括社会学、生物学、人文科学范畴的问题，发展是一个完整的和综合的概念。因此，联合国提出在制定发展战略中要增加社会保障、卫生、健康、文化等方面的指标。

联合国作为人类社会发展和国际合作的关键性机制，提供一种全球发展的新视野，协助各个国家制定发展战略，为确立发展目标和行动纲领提供国际规范、思路和方法。联合国制定的发展战略为各个国家的发展活动建立了一种合作的环境与框架，探索人类社会发展的方向。在20世纪90年代时任联合国秘书长加利在阐释发展的内涵时说：“和平作为发展的基础”“经济作为进步的火车头”“环境作为可持续发展的条件”。①

① 《联合国纪事》1994年6月，第11卷，第12期，中文版，第59页。

第三节　“千年宣言”与加强全球化管治

联合国为了推动人类社会进步探究发展思想和理论，并制定了四个“发展十年”的国际战略和目标，为实现美好理想投入了巨大的人力、物力和财务，但并未完全取得预期的成效，关键在于联合国需要更好地起到全球发展的协调与管治作用。因此，在未来发展中，联合国对国际协调做出了新的承诺，改革联合国的发展机制，使其在推进人类社会发展起到进一步加强国际间合作与协调的功效。

一、“千年”发展目标

在人类社会进入21世纪时，面临更加堪忧的发展问题，一是发展与贫困，二是发展与环境。联合国进一步积极推动着对发展理论的探究，继续坚持“以人为中心”的发展思想，并努力确立全面性的发展目标和完善的发展战略，针对全球化带来的问题确立优先发展次序。2000年联合国大会通过了《联合国千年宣言》，被认为是第五个联合国发展战略，确立了三大发展方向：发展与消除贫困，和平与安全，民主与人权；并提出了时限至2015年八项主要发展目标：消除贫穷和饥饿、普及初等教育、降低儿童和产孕妇死亡率、促进两性平等和增强妇女权力、与艾滋病毒及艾滋病、疟疾和其他疾病作斗争、确保环境的可持续性、以及全球合作促进发展。《千年宣言》所确定的发展战略方向和目标成为各国发展战略中的重要目标和制定有关政策与规划时的重要参考依据。

《千年宣言》所提出的全球愿景是要统一实现经济、社会和环境的发展目标，并确保和平安全与尊重民主价值，保护和促进贫困和弱势群体发展为核心重点。千年发展目标是联合国新世纪推动其成员国对于促进全球可持续发展的庄严承诺。“如果联合国要想在发展方面继续取得卓越成就，那么主要挑战就是动员和协调整个联合国系统来实现这一潜力。”联合国在《千年宣言》中指出，当今人类社会面临的主要挑战是“确保全球化成为一股有利于全世界所有人民的积极力量”，“尽管全球化带来了巨大机遇，但它所产生的惠益目前分配非常不均，各方付出的代价也不公平”。因此，联合国只有以人类发展共有的多样性为基础，通过广泛和持续的努力创造共同的未来，才能使全球化充分做到兼容并蓄，公平合理。联合国前秘书长潘基文说：“千年发展目标襄括了全世界对发展的期望，不仅是发展的目标，还包括被普遍接受的人类价值和权力”。“《千年宣言》是国际合作的里程碑，不断激励着各种刺激发展的努力”。

为了确保《千年宣言》发展目标的实现，联合国大会及其机构对目标始终表现出紧迫感和责任感。联合国每年发表一次《千年发展目标报告》评估与总结，审视千年发展目标的进程中所取得的进步和各个国家之间的差异。尽管联合国推进千年发展目标已经取得了很大的进程和成效，但许多发展中国家实现目标仍面临许多的困难。从现实情况来看，较为成功的发展经验表明，发展进程中最重要的一步是要根据具体国情制定国家可持续发展战略，在各个发展领域和政策方面力求国际协调与合作。

二、加强发展全球化的管治

2008—2009年全球经济危机显露出世界发展机制的失效和严重缺陷，美国的金融风暴迅速蔓延，几乎影响到整个世界的发展，凸显世界发展的相互依存关系和复杂性。紧随其后的多种危机接踵而至，世界粮食危机、能源危机，气候变化危机的影响使干旱愈加频繁和严重，充分表现人类对全球管治机制存在严重缺失。世界需要更好地发展，但“要‘再走老路’就意味着重蹈全球发展的不可持续道路”，[①] 世界各个国家要实现未来持续发展和普遍繁荣就要开拓新的发展思路与战略。因此，联合国认为新的发展思路必须注重可持续发展，既要实现物质财富的发展，又要保护自然环境，确保社会公平和公正，而不是狭隘地注重市场的激励和私人财富的聚集。联合国提出全球发展所面临的挑战与问题需要用全球的办法来解决，而公正、可持续的全球发展具有多向目标，需要各个国家政府开拓新思路和加强协调合作，在国家发展过程与全球发展过程之间寻找新的平衡。任何一个国家的发展离不开全球发展，有效地实施国际发展战略需要有利的全球环境。迄今全球化带来的不均衡发展模式，在经济上和环境上都不可

---

① UN，“World Economic and Social Survey 2010，Retooling Global Development”，p. v.

持续，在政治上也不可行。联合国为实施国际发展战略提出了强化发展全球化的管治。

（一）坚持绿色贸易与责任原则

世界贸易发展与环境保护及气候变化之间的关系及影响，是人们近期才意识到的一个挑战。开放性的世界贸易可能导致温室气体排放量的增加（例如，货物运输产生的温室气体排放），而气候的变化对发展中国家的发展和贸易能力产生很大的影响，表现为自然灾害更加严重，农业基础设施受到破坏性的冲击。发达国家制定应对气候变化的政策可能导致世界贸易价格和关税的变化，影响发展中国家的生产和生活。

目前世界各个国家实施国内气候变化政策的能力不在公平的起跑线上，对国际竞争力产生了很大的影响。缺乏资源和负担不起低碳技术的发展中国家，与有能力实现减轻气候变化目标的发达国家相比处于不利的竞争地位，一些发达国家可以根据含碳量多少对未采取低碳措施的国家实施进口商品高关税。因此，气候变化与世界贸易关系可能被用于作为保护主义的借口，并防止扭曲公平贸易关系和公平竞争环境。

联合国国际发展战略强调世界贸易政策与气候政策的一致性，必须解决多边贸易规则与多边环境协议之间的矛盾，同时要注重气候目标为优先的原则，消除向发展中国家转让低碳技术的障碍。联合国要求重新审视《有关贸易方面知识产权协议》，使之有助于向发展中国家转让负担得起的技术，使发展中国家能够采用低碳和节能的发展方式；同时，必须建立补偿方案，弥补发展中国家采用绿色技术的边际成本，利用绿色贸易和技术促进发展。联合国加强世界贸易与气候变化之间的协调，使之应该符合多边气候协定为基础的共同而有区别的责任原则。

现行世界贸易规则越来越限制发展中国家利用贸易促进发展的空间，发展中国家在市场准入方面不断面临许多障碍，而发达国家的农产品补贴仍然很高，限制了发展中国家的农业生产和贸易机会。联合国致力于建立面向发展的多边贸易规则，制定一套公正的共同遵循与照顾不同国家参与贸易竞争能力差异的原则，为发展中国家提供增加生产和贸易能力所需要的和更多的国际空间。

首先，为实施绿色贸易，联合国的关键行动是重新审视对利用补贴促进出口实行限制的各种现行规定，应给予发展中国家更多空间享用补贴，同时要充分体现共同而有区别的责任原则。这种行动将作为国际发展战略的重要内容。

其次，实施扩展贸易援助计划。贸易援助计划下的资源分配需充分符合国际和国家发展战略，在贸易谈判框架内作为一项重要的举措，目的是补偿生产、贸易和政府收入损失，支持发展中国家发展，提升其贸易能力和具有国际竞争力的架构。

（二）建立全球金融监管体系

国际金融体制存在的缺失是引发全球发展危机的一个关键因素。自 20 世纪 90 年代至 2008 年，世界多数国家放松金融监管，解除资本管制，虽然加速了金融全球化，促进了金融改革朝向衍生产品领域发展，但促使金融产品与有形的生产性资产的距离拉大，并使短期资本流动的速度扩大，使金融市场与保险、商品和地产市场不断紧密地交织在一起，在国际范围内很容易进行交易。这种“金融化”进程的扩大超出了监控能力，造成了资产多样化的幻觉，助长了金融冒险行为、资产泡沫、资本流量波动和商品市场投机。金融体制的核心功能没有起到在储蓄和投资之间的平衡作用和提供可靠长期投资的资金保障，使发展中国家在宏观发展政策的管理方面遇到许多难以想象的困难。

全球发展正在以更加相互依存为基础，应对各种挑战比过去复杂和艰难得多，需要加强对国际金融体制的深化改革。改革国际货币基金组织和世界银行的管治结构，以充分体现世界发展主体实力的变化，加强其合法性和有效性，是国际金融体制改革的重要内容。联合国提出必须重新平衡基金组织和世界银行的投票权，并从根本上调整其职能，保证有必要的资金来源，有效保障全球金融稳定，协调宏观政策，提供充足的长期发展融资。此外，鉴于巴塞尔银行监管委员会和金融稳定委员会的职能和手段很有限，且缺乏充分的代表性，联合国确认需要设立一个新的多边机构，负责制订有关规则，更好和更全面地对全球金融实施监管。这种新的多边金融主管机构必须确保全球金融监管框架与多边贸易规则之间的一致性。

（三）实现公正与可行的全球化

世界发展管治的现行规则及体制基本上是 60 多年前与联合国的诞生，国际货币基金组织和世界银行的建立而同时形成的。自那时以来世界已经发生了天翻地覆的变化，世界贸易、投资、金融、移民、交通和通信等领域的技术变革促使各国发展相互融合与相互依存，而世界发展管治的体系却应变缓慢，改革甚微。显然，21世纪的发展在很大程度上将由世界发展的环境所决定，即全球化将贯穿于整个世界发展的基本运行过程中。如果全球化依然按照现行的国际体制运行将不可能公正和持续，缺乏适当的管治可能会发生突然和灾难性的后果。联合国提出加强对全球化进行更有效的管治，而只有通过主权国家和国际机构之间进行政策性调整与合作才可能实现。

发展与全球化是紧密相联的整体，实际上发展正在全球化。发展的全球化在形式上和事实上存在各种不公平的现象，而且限制了促进各国（特别是发展中国家）发展所必需的政策空间和主体地位。因此，联合国认为需要不断改革世界发展的现行体制，消除各种发展领域中所订立的多边规则的不公平性和国际发展目标与国家发展目标的不一致性，实现世界发展的持续性。

联合国认为，国际社会必须面对迄今全球化带来的不均衡发展体系的重要事实，且严重影响着全球可持续发展。这种不平衡发展对发展中国家的影响要更大，实现世界发展的公正与平等也非常之难。发展的全球化表明各个国家的发展进一步融入世界发展，随之面临着各种风险，但问题不是要从全球化的过程中退缩，而是要“巧用全球化”（Smart Globalization），采取可行的方式管治全球化的进程，消除对发展的障碍和减少不利影响。世界发展与国家发展决策过程之间需要更加协调一致，增强国际协调机制的共同原则和透明度，是实现公正和可行全球化的基础。

第四节　迈向2030年及未来国际发展战略

联合国《千年宣言》确立时限至2015年的发展目标，虽然发展目标框架为制定国家发展战略和国际发展政策的优先次序提供了重点，但实施其发展目标框架的经验显示一些具体目标没有恰当地制定，消除贫困还处于比较狭小的范围，把发展过程视为简单化，仍是以人的基本需要为发展目标框架的基础，没有充分体现整体发展的思想和方法，而且对全球化的重视致使忽略了不同国家的发展实情和阶段条件的差异。为了延续和强化千年发展的方向与目标，联合国大会于 2011 年设立了“联合国系统工作组”（UN System Task Team），确定了 2015 年联合国发展议程，提出了世界发展的愿景，建立一个以人权、平等和可持续发展为核心价值观的全球发展架构，实现包容性的社会与经济发展、环境可持续发展、和平与安全的全球社会。2012 年 6 月联合国“发展政策委员会”（Committee for Development Policy）又制定了《跨越 2015 年联合国发展战略》（The UN Development Strategy Beyond 2015），对千年发展框架扩大了三大目标内涵：（1）重点改善人类生活，包括持续性、平等和安全；（2）确定发展为广泛而多部门的变革过程；（3）突出实现目标的内在结构变化。同时提出了履行的要求：《跨越 2015 年联合国发展战略》仍将坚持《千年宣言》的原则，吸纳“千年发展目标”框架实行的经验，促进全球化成为积极力量，将是实现未来联合国发展战略的关键。

联合国在促进《千年宣言》发展目标实现的过程中，推动国际社会进一步加深了对发展的理论认识，且对发展有了一个共同的理解，“发展是多种经济、社会、文化、生态、政治以及法律因素在复杂的相互作用下的结果”。[①] 发展的各种因素中包含着一种重要的跨国性，把世界各地的人维系在一起，但发展也具有特定的含义，在各个国家和人群之间存在巨大的差异。因此，发展没有一份普遍适用的蓝图和普遍行之有效的办法，现在或将来在某些国家或某些方面未必同样有效，随着世界的不断变化，人类需要永不停息地探索发展理论与战略。

联合国第七十一届大会通过了《2030 年可持续发展议程》，于 2016 年 1 月 1 日正式启动，呼吁世界各国立即行动起来，为今后 15 年实现十七项可持续发展目标而努力。联合国前秘书长潘基文指出：“这十七项可持续发展目标是人类的共同愿景，也是世界各国领导人与各国人民之间达成的社会契约。它们既是一份造福人类和地球的行动清单，也是谋求取得成功的一幅蓝图。”《2030 年议程》是 21 世纪人类发展的章程，范围广泛且雄心勃勃，涉及可持续发展的三个层面：社会、经济和环境，以及与和平、正义和高效机构相关的重要领域。《2030 年议程》要求促进全球化成为各国发展的一种积极力量，形成对全球利益与责任更平衡的分配，重塑全球

---

① UN：“Realizing the future we want for all：Report to the Secretary-General”，2012，p. 2

发展伙伴关系的活力。世界各国不能各自为政、不相为谋，应以超越国界，筹划长远大计，采取协调与合作的一致行动，共同努力推动全球发展，实现为世界所有国家带来利益的“双赢”与“共赢”合作。全球伙伴关系将促进南北合作、南南合作和民间社会组织等在内的三角合作体系，加强政策对话，促进更有效的援助。联合国将重新思考传统的发展援助，从目前强调“援助有效性”转变为更有针对性的“发展有效性”，作为全球伙伴关系的推动因素，赋予发展援助以新的定义。

联合国发展战略将在未来几十年关注四大核心，即权利、公平、环境与安全方面进行整合，寻求实现包容、以人为本、可持续的全球发展，并继续重点消除贫困问题，作为21世纪发展目标框架的基础。联合国发展目标框架的实现将在四个核心方面形成积极的协同互动作用，其主要形式要坚持三大基本原则：人权、平等和可持续性；遵循高度相互依存的四个方面的关系：包容的经济发展、包容的社会发展、环境可持续性、和平与安全。可持续发展一定要建立在经济、社会和环境的三大支柱之上，而且联合国指出“没有和平，就没有可持续发展；没有可持续发展，就没有和平”。①

联合国在新的国际发展战略中强调社会政策要与经济政策同时有效地推行，确保发展的公正和持续，将规范性指导纳入国家战略，形成经济与社会发展具有内在凝聚的整体发展功效。未来发展的挑战需要有新的发展思想与理论，发展既具有整体性，又是多样化，每一个国家的发展需要确定自己的发展战略，决不能推行“一刀切”的抉择去实现发展目标，但应当遵循联合国发展战略的重要原则，促进发展理论认识的提升，创建发展的多元化，保护环境可持续性，维护发展的和平与安全，实现公正平等的社会。联合国和世界各个国家共同努力一定能够实现持续发展的目标，人类社会将在2030年后变得更加美好。

---

① 联合国文件：联合国 A/71/76 – E/2016/55，第8页。

第十五章 / 科技信息时代的战略抉择

人类已进入科技信息、知识产业迅猛发展为主要标志的知识性社会，经济活动转向信息经济，消费模式转向信息消费。信息和知识对人类发展起着日益显著的作用，具有自然资源和资金的同等地位而成为国家发展的重要资源，成为全球竞争中的关键因素。世界发展已成为以科技与信息为基础的高速发展的大数据时代，需要人们以大思维来认识发展。世界科技与信息的变化和全球化的加速，促进了人们对发展理论与战略的深入研究和深邃的认知。

21 世纪的发展不仅要关注"规模发展"，而且要关注规模发展背后的科技与信息发展，以及产业结构的变革。现代发展必然是一个推进科技、信息和产业变革的过程，不仅对发达国家而且对发展中国家都产生着巨大而深刻的影响。况且，发展中国家发展所面临的是一种历史性的赶超发展，必须依赖于科技与信息的不断革新，实现产业结构的转型与升级。只有科技与信息的发展，才是实现发展中国家落后发展后来居上的历史契机。21 世纪发展中国家面临发展问题的严峻挑战，必须认清世界科技与信息发展的变化，亟需借鉴世界科学技术革命的成果发展生产力，促进民族发展振兴，作为国家发展的主体战略。

第一节　生产力的新变革

现代科技与信息革命为增强社会生产力奠定了坚实的基础，不仅使科学发现到技术应用之间的周期大为缩短，而且对人类社会发展所产生的影响比起过去更具有普遍性、广泛性和深远意义。现代科技与信息革命不断推动社会生产力的发展，引发了生产力的质变，提高了劳动生产率，为人类社会的发展和变化提供了有力的新驱动。因此，科技与信息和生产力的变革已成为现代社会和国家发展的基本动因。

科技创新不断向高深发展，成为人类发展的动力源泉。超导技术的研究与开发，应用于能源、交通和计算机领域，使产业发生了更加深刻的变革。生物工程为揭开生命之谜的基础研究所取得的突破，即基因的破译，使人类掌握改变细胞内遗传基因指令的能力。海洋矿产资源的开发，太空研究与新材料的开发和生产，人工智能的计算机不断更新换代，核聚变以及各种再生能源不断进入实用阶段。展望未来，将是科学密集、知识密集的社会，科技信息与生产力紧密结合，促使生产力因素将进一步出现新的变革，人们认识发展和创新发展的能力不断提高。

信息，作为现代国家发展的重要基因，在超级连接的世界无处不在，蕴涵着巨大的经济价值和社会价值，已成为重要的发展要素。海量的信息，庞大的数据，以成为社会、经济发展的核心资源，就像农业时代的土地和工业时代的能源。人们只要树立了“信息也是生产力”的强烈意识，就能挖掘和利用信息的真实价值，将信息转化为生产力，转化为发展的动力。知识经济迅速崛起正在不断以信息化、多样化的强大生产力和先进的生产关系推动社会迅猛发展，使社会变革速度加快，导致社会分层和结构、生产方式和社会管理、物质文明和精神文明、以及人们的社会价值和社会意识等方面都在发生巨大的变化。

在现代科技与信息革命的推动下，社会生产力内涵发生了深刻的变化，主要有以下三个特征：

第一，劳动者的智力不断提高。劳动者掌握的技能和知识依靠直接经验积累的因素相对下降，而依靠学习和受教育来掌握科学技术、文化知识的作用，即掌握和运用人类科技与信息的知识作用，却在明显地上升。现代劳动力的质量发生了巨大的变化，也就是现代化的社会生产力对劳动力的质量提出了更高的要求。

第二，劳动手段或生产资料发生了革命性的变化。在现代化的社会生产过程中，由中央控制体系统一控制和指挥，即用电脑、计算机、仪器仪表及其网络来控制和监视的自动化机器体系，不仅提高了社会生产管理能力，扩大了生产规模，增加了产品数量，而更重要的是提高了产品质量，增强产品的竞争力。

第三，劳动对象的作用增大。现代社会生产不仅可以扩大利用大自然所禀赋的资源，而且可能运用科技信息创造和合成原来地球上未存有的新物种、新材料、新能源等等。这些新成就将为发展新产业、制造新产品提供必要的基础。因此，劳动对象的科技信息革命，扩大和深化了现代生产领域，增大了人类生存的空间。

在生产力要素内涵发生变化的同时，生产力外延也在扩大。在现代科技信息革命的推动下，原来包含在生产力要素中的一些因素逐渐地分离出来，在生产力变革中起到更加强大的作用。例如，能源、交通、网络和数据等因素，在现代社会生产过程中容易显示出特殊的重要作用。

科技与信息的地位和作用在现代化生产中愈来愈重要。现代社会生产力水平的高低，取决于科技与信息在生产中运用的密集程度。据测算，在发达国家，科学与信息技术对国民经济发展（总产值增长速度）的贡献值，在 20 世纪初仅占 5%—20%，20 世纪中叶，上升到 50%，而到 20 世纪末已高达 80%，21 世纪中期将可能达到 100%；而发展中国家在 20 世纪末科学与信息技术对国民经济发展的贡献值仅占 10%—30% 左右，21 世纪中期估计将为 50%—60%。这就说明，发展中国家的发展主要还是靠人力资源和资金投入来提高生产，科学与信息技术的研究与开发不足。因此，发展中国家在制定发展战略时应有计划有组织地促进科学与信息技术的研究与开发，吸收发达国家先进的科学与信息技术成果，不断提高生产力的水平。

第二节　国际分工新变化

科技与信息革命的发展标志着生产力的新飞跃，对世界的发展产生重大而深远的影响。未来的人类经济与社会发展是以科学技术为基础的发展，科技与信息将构成 21 世纪发展的基本动因，而且科学与信息技术促进经济与社会发展为全球范围的竞争和世界格局的变化提供了物质基础。未来世界发展的变化对发展中国家产生重大影响，主要表现在以下几个方面。

一、国际分工日益扩展与细化，促进全球链的趋势

科学与信息技术革命推动了国际分工的进一步扩大和深化，首先表现为产品生产的国际分工，亦称为“水平型”国际分工。世界经济生产种类繁多，产品结构复杂、工艺流程要求十分严密。因此，任何一个国家，即使西方发达工业化国家，也不可能以高效率和低成本发展自己所有的生产部门和生产过程以及国内市场全部所需的产品。不同国家只能利用本国的优势发展有利的生产部门和制造有利的产品，甚至只开发同一生产过程中的某些工序，或者生产同一产品的不同零件。这种产品生产的国际分工不断向发展中国家扩展，发展中国家的某些生产已成为发达国家产品生产过程中（或者产品全球化生产过程中）的组成部分。

其次是国际产业分工，亦称“垂直型”国际分工。在科学与信息技术革命的推动下，在许多国家已形成了各种科学技术产业群，如微电子产业、新材料产业，生物工程产业，信息和通信技术产业等，并在全球发展中占有重要地位。未来国家产业分工具有三种明显的趋向：（1）国家产业分工的基础以产品的技术优势为首要地位，而不再主要取决于产品的比较成本优势和供求关系；（2）国际分工具有日益多样化的形式，既有发达国家之间的分工和发达国家与发展中国家之间的分工，也有发展中国家之间的分工；（3）发达国家的有关产业不断向发展中国家转移，发展中国家为了发展也需要从发达国家引进新的技术产业，发达国家与发展中国家之间的国际分工将日益增强。

国际分工的扩展和深化形成了全球价值链，加强了国家发展之间的依存与竞争。然而，发展中国家由于科学与信息技术落后，只是以低成本的竞争优势参与国际分工，在全球价值链中处于低端位置。发展中国家虽然日益参与国际分工，但还只能是发达国家的加工厂，处于一定的依附地位。在科技与信息技术革命的推动下，各种形式的技术转移（技术贸易、对外投资和跨国公司内部转移等）成为国际分工日益扩展和深化的重要动因和方式，而且又是促进全球价值链变化的重要动力。

二、资本与金融国际化推动国际分工，促进全球化

经济全球化不仅包括生产国际化的继续扩大，而且资本国际化和金融国际化已成为经济全球化的重要内容，其国际化的速度已超过生产国际化，成为推动生产国际化和全球化的重要动力。

资本国际化主要表现是国际资本输出剧增，与20世纪60年代相比已增加了10多倍，国际直接投资增长速度超过国内投资，其作用日益加强。国际直接投资年流量从1985年的533亿美元，猛增到1990年的2172亿美元。21世纪国际直接投资增长更加明显，2012年国际直接投资为1.35万亿美元，2013年为1.45万亿美元，2014年增至达到1.6万亿美元，2015年高达1.8万亿美元。资本国际化促进了国际贸易、技术转让，同时也影响到国际收支，而且促进了跨国公司加速世界范围内的兼并和实行“全球化”战略。

科学与信息技术的发展，为金融全球化提供了重要的技术手段——通讯卫星和计算机网络加速了数据的传递，世界各主要金融中心之间的联接形成了全球化的大金融市场，在一天24小时内持续不断地控制业务活动，为货币、信贷和资本的全球流动提供了方便渠道。由于一些发达国家不断放宽对货币和资本市场的管制，并对金融体制进行改革，使资本和货币全球流动数量增大，速度加快。全球资金周转额每年高达75亿—100亿美元，等于世界贸易周转额的20—25倍。

科学与信息技术革命不仅为世界经济发展的国际化创造了有利条件，而且使生产、资本和金融国际化更紧密地结合在一起，互为影响，也促进国际化的发展。然而，经济发展的国际化也隐含着潜伏的危险。在逐渐形成国际化的生产关系的同时，更加剧了世界经济发展的不稳定性，一旦潜伏的危机爆发，就可能波及全球，扩大危机造成的后果。

三、世界发展更加不平衡，竞争日益激烈

国际分工的扩大和深化使生产与资本的国际化程度更加提高，各国发展的相互依赖性更加密切，生产技术、科学管理和专业知识的转让进一步扩大，国际经济合作不断增强。然而，世界发展的不平衡性加强，国际竞

争愈益激烈。世界发展不平衡是一个绝对的规律，但其内涵随着科学与信息技术革命的发展而发生变化。

世界发展不平衡必然使各国的竞争更加激烈、更加复杂。由于科学与信息技术在发展中的比重加大，所以在国际竞争中，科学与信息技术的竞争将占有非常重要的地位。21世纪围绕科学与信息技术产业的发展及其市场将展开激烈的竞争，不仅传统经济竞争依然存在，且科技竞争、教育竞争、人才竞争等更趋明显。国际竞争是科技、信息、质量与实力的竞争。

由于发展中国家与发达国家在科学与信息技术和管理上的差距，发展中国家在国际竞争中处于劣势地位。况且，国际保护主义也在增强，越来越多地表现为非关税壁垒的形式，对于发展中国家的发展产生很不利的影响。

第三节　科技信息发展新趋势

20世纪中期以来，科学与信息技术革命——电子计算机与通讯技术的结合，成为影响人类社会发展的一种决定性的力量。信息资源的开放和利用日益走向社会化和产业化，不仅迅速改变着人类社会的各种活动和社会运行机制，而且还贯穿于各种社会职业活动之中。因此，人类社会发展的信息投入与产出迅速增长，社会交往与合作不断加强，科技与经济和社会融合性也加速发展。科学与信息技术成为人们认识世界和改造世界的强大武器，是人类社会发展成功的重要因素。人类社会发展经历了农业社会和工业社会，现在已进入到信息社会，社会形态的变化无不深深地铭刻着科学与信息技术的时代烙印。

自进入21世纪以来，全球已经日益成为超级连接，人们生活在网络世界，并享受网络与信息的快速服务，相互之间能够立即进行交流，世界发展更加相互依存。信息时代的数字化缩短了竞争者的时间，加快了竞争者的速度，从中国深圳到卢森堡申根两城市的竞争者出现可能只在一夜之间。在信息化社会，取得成功要求发展战略和政策决策者认识科学与信息技术发展的变化与特征，才能建立“获胜资格”（“right-to-win”）的能力。

一、信息与通信技术的集成出现强大趋势

21 世纪以来，信息技术（IT）的革命一是促进通信技术（CT）变换为信息通信技术（ICT），简称“信通技术”；二是信息技术促进了云计算及服务的开放和资源的连接。信息技术（即利用硬软件对数据的储存、检索和加工）和通信技术（即电子系统用于个人和团体之间的交流）已日益显得难以区分。信息技术与通信技术的迅速集成体现在三个层面的技术创新，包括云技术、管道技术和设备技术。信息通信技术的集成正在促进产业调整，新的产业正在出现，为人类社会发展产生着巨大的驱动作用，也为政府、企业、私人部门发展提供更强的手段与经验。

信息与通信技术产业已经发生了巨大的变化，更强有力地推进新机制的产生，并通过复合装置（如移动宽带）使其集成化，数据的储存与传递（如社会网络）的新方法已得到了迅速发展，不断改变着产业结构和加速信息与通讯技术，以及媒体产业间的整合。的确，信息通信技术已经无处不在。经济结构和经济活动方式已迅速地被信息通信技术为基础的行为所改变，促进了生产率的急速提升。在社会活动中，居民自身之间和政府之间接触的方式也因信息通信技术发生了巨大的改变，政府与居民之间接触的关系已经出现新变化，不仅形成了传递公共服务的新方式，而且重新确定管治机制和社会交往（参与）的新模式。

信息与通信技术的集成促进了移动网络发展，越来越多的人通过移动网络能够进行相互通信，同时也促进了移动电话和智能手机的创新，更方便发送和下载，用网络购买产品，向销售者和金融机构进行电子支付。因此，世界许多国家已经投资国家宽带（网络）项目，以促进信息与通信技术的融合。信息技术革命促进了未来互联网（光纤网络和无线网络），通信和媒（介）体的增值服务将进一步整合为产业结构的调整与升级，正在不断移向云计算，通过各种综合的功能为国家、企业和个人提供更多的有效服务。

二、云成为信息与通信技术集成的催化剂

“云”（Cloud）这个比喻可能有一定的误导性。实际上，云计算并不

是空中一种飘忽不定的现象，而是用实实在在的硬件、网络、存储、接口和服务等各种元素扎实地建立于地面而存在于社会之中。云计算的一个主要特征是经常涉及向被第三方控制的服务器传输数据。传统信息技术以数据为中心，而传统通信技术以基于连接的网络为中心。信息技术与通信技术的集成产生“信通技术”，被认为是云计算及服务的基石，强调用户与系统之间的交互作用和协同合作。

信息通信技术及其产业未来将集中于云计算技术，为云服务提供宽带，而且通信业将逐步从信息技术系统、增值服务和互联网数据中心移向云，向社会提供更有效的服务。为了成功地整合服务，信息通信技术产业将对标准、传输介面和安全特性探索共识，而更重要的是创建产业标准化。统一的标准化将明显地促使云计算技术成本的降低，使相互连接更实时便捷。云服务提供的电子政务、电子教育和电子医疗，将能够更好服务于政府、产业、企业和个人发展的需要。向云服务的转变将促使数据流量更大幅度地增长。

虽然信息通信技术的集成面临许多挑战，但信息与通信技术的发展将通过加速云计算及服务的发展提升这两个产业。云计算正在成为强有力的催化剂促进信息技术和通讯技术的重组和集成，而且将是一个开创性经营模式和创新技术。信息技术和通信技术与互联网进行整合，如果没有实现云计算的统一标准，整合将被受到限制。当前互联网与信息通信技术的整合正在改变信息和通信产业，并将促进新一代的技术开发。

三、超级链接的世界

互联网不断扩张，网速不断加快，从窄频带到宽带，从千比特到千兆比特，从对话人到对话事，人类社会的网络世界正在发生前所未有的变化。未来，世界不再只是连接的世界，而是超级连接，即享受超速连接、实时连接、动感连接、移动连接、无线漫游、无缝连接，无论人们走到世界哪里，随时通过任何网络装置都可以连接。

超级连接世界的概念包括物联网、机器对机器（M2M）、环境智能、嵌入式计算和网状网络等因素。美国思科公司认为世界超级连接取决于四大关键因素：（1）日益渗透的高速宽带；（2）数据屏曲面和分辨率的扩大；（3）有效网络装置的扩散；（4）计算装置能力与速度的增强。因此，未来世界超级连接的网络装置将迅速增加。据英特尔公司估计，网络装置的数量在2011年超过全球人口，2015年连接装置达到150亿，而美国爱立信公司估计，2020年网络连接装置又将达到500亿，必将改变互联网络的概念。

世界超级链接中移动宽带服务日益成为主要的方式，移动宽带网络可以提供更好的连接和降低成本。美国思科公司估计，2015年无线装置的网络流量超过有线网络装置的互联网流量，世界移动宽带2016年占宽带的80%。在新兴市场国家，移动宽带增长非常迅速，从2011年占其宽带连接的61%增加到2016年的84%。新兴市场国家移动宽带连接已超过发达国家。

四、数据的急速增长

网络和联结装置可能是很重要的，而在信息社会，数据可能显得更为重要，数据本身可能成为网络化的未来新“货币”。数据的增长主要表现在储存和传输的迅速扩张，2008年至2011年建立的数据开始成为历史上最多的。据国际数据咨询公司研究表明，2010年全世界传输的数据量第一次已超过十万亿字节，数字宇宙大小每两年翻一番。据估计，每18个月数据内容翻一番，而某些专业应用，例如通信电话数据记录，每18个月数据可能翻4倍。美国最大的17个产业部门中有15个产业部门，每家公司的数据存储量都超过美国国家图书馆（该馆存储数据量达235万亿字节）。

在当今世界，超级连接伴随着数据大爆炸，大数据无处不在，而大部分处于数据库之外的非结构状态，或无社会组织的状态。未来企业数据的80%将是非结构化的，将分解为传统的和非传统的资源。大数据需要先进的信息管理与加工，速度是关键的要求，而内容更是至关重要。人们不仅要最快地获取到数据，而且要最快地理解信息的真实内涵，用其做什么，以改进决策，加快执行，提高效益。

在超级连接的世界，任何信息和通信不是在真空里发生的。每一条短信、每一次购买、每一次电子阅读、网站点击、实验测试、高速公路收费、快速反应代码扫描、移动电话位置、信用卡交易和存货动态变化都可以在全世界获取和储存到数据库里。这些数据通过以前未被发现的关系和模式进行着新的分析和连接。以前，数据收集和储存是分散进行的，现在使用整体和综合分析的方法可以从信息数据中窥测到组织（社会、人们）的思想、运作（活动、行为）和反映（政策、对策）等，采用最适宜的方法充分利用资源。

大数据的增长、移动技术、无线网络与自选服务的出现，以云计算为基础服务的广泛应用、社会网络的扩展和异地合作的发展有着密不可分的关系。与此同时，数据的可视化将日益加强。大数据时代已经来临，在商业、服务及其他领域中，决策更加倚重于数据的分析，而不再基于经验和直觉。因此，在社会治理创新的时代背景下，重视大数据的价值是竞争获胜的基础：用之则事半功倍，弃之则事倍功半。

五、云经济生态系统

处理能力、储存能力和通信传输速度的改进共同促进了云计算和云服务的出现，正在形成了云经济生态系统，将在多方面影响着全球发展，并具有巨大的利益前景。云经济生态系统涉及公共云、私有云、社区云、混合云，成为复杂关系的体系，包括技术与商业、管治与创新、生产与消费之间的协同效应与互动，更需要加强系统管理和信息技术安全的保障。云经济生态系统的概念是研究和探索云计算和云服务的发展及其对信息社会产生的影响，凸显云计算和云服务在国家和企业发展中的重要意义。云经济生态系统不只是技术本身发展的潜力，其演变将决定着一个国家（特别是发展中国家）未来发展的方向。国家政府、企业和其他组织在考虑如何利用云经济生态系统，需要评估其潜在的优势与风险，制定出有效的发展战略。

关于云经济的市场规模，存在各种各样的估测。据测，2015 年，公共云提供的服务收费所得收入达到了 430 亿美元至 940 亿美元之间。此外，云服务还可通过在用户无需付费即可使用而以广告获得收入。据估计，目前公共云广告收入比收费收入要高得多。对私有云服务价值的估测为 50 亿美元到约 500 亿美元，虽然数字的差距反映了不同的估算方法，但大多数预测都一致认为，今后十年中，云经济生态系统将会得到迅速发展。

云经济生态系统将影响全球市场的规模经济效益，实现有效成本和最大化收益。云经济生态系统所创造的机会取决于信息通信技术发展的数质量。由于发达国家与发展中国家之间存在信息通信技术的差异有可能形成云经济的新数字鸿沟。云服务及云流量的全球市场正在不断扩大，但在发展中国家却还很小，云经济主要是由美国为主的公司所控制。2012 年，全球云流量北美占 37%，西欧占 23%，亚太占 32%，其他占 8%（中东欧为 3%、拉美为 3%、中东和非洲为 2%）。云经济将改变世界服务贸易结构，2010 年美国公共云计算服务出口（跨境交易）大约为 150 亿美元，占美国服务出口的 3.4%。未来 10 年，云服务的跨境交易将会成倍增加，亚太地区的云流量将超过北美。

第四节 发展战略的新抉择

科学与信息技术革命推动全球发展的不断变化，不仅影响着发展中国家发展战略的抉择，而且促进发展中国家发展战略实现的变革与创新。同时，发展中国家在世界发展中的利益和地位的变化与差异，对发展战略的抉择产生制约性的作用。因此，发展中国家关键在于如何利用世界科学与信息技术革命的机会，抉择和制成适宜的发展战略，迎接未来发展的全球化与挑战。

一、通信技术对发展的效用与环境

信息通信技术和云计算机及服务的发展对人类发展已经日益显得极为重要。在经济方面，信息通信技术在增值和就业中占有的比重不断扩大，而且与许多其他部门紧密相互作用，促进了国家生产力的创新和提升，促进开发新的技能。因此，这对于以知识为基础的信息社会提供了新的驱动力和发展方向，也为就业提供了更多的机会。

移动宽带服务的增长不仅对经济活动的个人，而且对公司、企业，甚至对国家的竞争力都具有很大的影响。对印度、南非、尼日尼亚、美国的研究表明，移动宽带普及率增长 10% 可能促进 GDP 增长 1%—1.8%。据研究，在印度 3G 网络投资 200 亿美元使印度获得经济利益 700 多亿美元，创造 1400 万个就业岗位。根据世界银行的估计，移动电话增长 10%，人均 GDP 增长 0.8%，而在发展中国家网络普及率增长 10%，人均 GDP 增长

1.4%。

移动宽带的使用主要是移动智能手机电话。智能手机客户群的增长2011年已超过个人电脑，而且是个人电脑增长速度的3倍。智能手机将在网络使用中起到重要作用。在美国有1/4的移动电话用户使用智能手机上网，而不使用个人电脑。

在社会方面，信息通信技术增强了人的能力，更积极和更稳定地参与社会与政治的活动，获得更好和更快的社会服务，改善生活质量，改善教育和健康等重要服务。国家成功地利用信息通信技术和实现理想的经济和社会效益将取决于其整体环境，包括促进创新和企业家精神、市场条件、法规框架、发展战略。

信息通信技术的接触和使用问题仍是非常重要的，尤其对发展中国家需要缩小数字鸿沟，甚至在发达国家，需要为不同的人群提供高速宽带网络和数据服务。国家不仅要提供信息通信技术的基础设施，而且要提供数据资源，以及软件和技能开发。然而，只有信息通信技术被活动者（包括个人、企业和政府）广泛使用，才能产生作用和影响。这是一个广泛的社会效益，对提升整体社会的生产力和竞争力，为促进社会和经济发展产生积极作用。

任何国家对信息通信技术有了很好的准备和创建了有利的环境，才可能使信息通信技术对社会、经济发展所有因素产生有效的互动与共生。同时，国家可以推动各部门、各地区和公司（企业）利益相关者创建和改善信息通信技术的框架条件，促进更好更大的利益生成，人们可能从更好的框架条件中获取更多的利益。因此，一种良性循环开始，一个部门的良好发展会影响和驱动其他方面的改善和发展。

二、内外源发展战略的新潜力

20世纪80年代后，国际学术界开始对内源发展概念的研究，提出了内源（或称“内生”）发展战略的理论。这对于发展中国家制定经济和社会发展战略具有重要的指导意义。《对南方的挑战》一书中提出了“发展是一个自力更生的增长过程”。从含义来讲，“自力更生”实质就是内源发展，利用获得的资源促进增长，建立内在的发展机制，创造持续发展的动力。内源发展的真实含意不仅是要建立起内在的发展机制和动力，而且也涵盖着吸收和引进国外的科学与信息技术知识、先进的管理技能，并使之内在化。因此，国家发展战略要建立在内源的基础上，同时吸收人类先进的科学与信息技术才能更好地发展自己。

外源是国家在发展过程中可利用国外的因素和条件，其实质就是对外开放发展。发达国家具有先进的科学技术，先进的生产组织形式，强大的生产力，是发展中国家学习和引进的重要内容。许多发展中国家的发展缺乏完善的机制和不足的驱动力，从外源吸收先进的东西，参与国际或全球竞争，才能真正找出本国的差距，努力提高科学与信息技术水平，促进生产力的不断增长。通过内源与外源的结合，才能使生产要素在最广泛的范围内合理流动，实现优化组合，充分发挥作用。

发展中国家经济与社会发展落后的原因关键是生产力水平低下，未能提高满足人民需要的物品和服务。发展中国家赶上发达国家的发展水平，就必须大力发展生产力，必须要有良好的国际和国内环境。建立国际新秩序是发展中国家发展生产力的基本条件，国内的调整与改革是促进生产力发展的基本保证。单个发展中国家发展自己的生产力可能在某种程度上会受到条件的限制，但通过南南合作可以加强生产力的发展，提高在世界发展中的地位，促进南北关系的变化。

三、发展战略的新抉择

国家发展首先决定于生产力的发展，生产力要素的合理组织，才可能推动更有效的发展。因此，发展中国家有必要建立以科学与信息技术为基础，以增强生产力为核心，内生与外源相融合的发展战略，并正确认识和处理好生产力发展与经济社会发展的内在关系和影响生产力发展的主要元素。

（一）科学与信息技术的研究与开发

国家发展的成功和在全球化竞争中占据优势关键是生产力的发展，其中首先是科学与信息技术。发展中国家依据本国的特点引进和吸收当代世界科学与信息技术革命的成果，研究和开发适宜本国的科学与信息技术，并转化为直接生产力，才有可能改变不合理的经济结构，建立新兴产业，促进向工业化经济转变，并转向信息与知识社会。国家的发展只有利用科学知识和现代科学与信息技术手段，有能力把有限的资源用于发展目标，从而保证人民需求的不断增长。

（二）发展教育和训练，提高人的素质

在生产力发展的过程中，人即劳动者所掌握和利用知识及技能的数量与质量愈益具有决定性的意义，教育与文化水平又是决定获取知识和技能的关键因素。根据联合国教科文组织的研究表明，在同等条件下，不同文化水平的人，提高劳动生产率的程度是不同的；小学水平的劳动力可提高劳动生产率43%，中学水平可提高108%，而大学水平可提高300%。因此，发展教育和提高人的素质是促进生产力发展的基础。

（三）科学管理和劳动组织

科学与信息技术进步是提高经营管理和劳动组织合理化的基础。一定的生产力发展水平，要求相适应的经营管理方式和科学的劳动组织形式。目前，发展中国家的管理方式还比较落后，需要改善和提高，依靠科学与信息技术的进步和组织生产，逐渐形成适合本国的管理体制，使财力、物力和人力得以合理地组织，发挥出最大的潜能。

发展战略抉择就是通过国家政策的干预和投入，加强协调合作和智能管理，提供可靠和有效的规章制度的体制架构，促进科学与信通技术的积极效用，促进发展主体生成和增长的有利条件，开放和吸收新知识的创新环境，最终充分提升国家发展的战略能力。

因此，战略抉择要注意以下几点：

第一，全球视野。任何国家的发展离不开全球发展，而且发展正在全球化。全球视野是战略抉择的基准点，科学与通信技术的发展有很多方式，有的是独创，有的是引进。日本曾经用60亿美元引进了欧美的先进技术，从而一举将自己推向技术的巅峰。美国的思科公司是一家做得非常成功的高技术公司，但思科的技术与其说来自于其自身研发能力，不如说来自于管理层卓越的市场把握以及技术运用。其做法便是，瞅准市场最需求的技术方向，从全球购买最先进的技术，通过市场与技术的互动，通过全球高新技术的组合，实现快速成长。思科的经验无疑值得许多发展中国家和中国公司学习。

第二，战略思维。国家的发展是要提升全球竞争的战略能力，要以全

球大视野去进行战略思考，抓住科学与信通技术发展的机遇，确定发展的战略方向。有道是：抢占先机者胜。谁能认识先机，谁能把握先机，谁就拥有更多的胜算。

第三，引进开发。引进先进的科学技术，结合本国实情进行创新与开发，是战略抉择的重要方式。发展中国家企业的研发费用占企业销售额的比重通常不超过1%，而世界500强公司通常在5%—10%，某些领域（如医药）可能还要更高。韩国的三星原来并不是最先进的企业，但长期重视科技引进与研发，成为后来居上，在很多领域赶上或超过世界的领先水平。韩国科技发展既有雄心，又有志气，值得很好借鉴。

第四，治理结构。当一个国家或企业发展到一定程度，不能再靠已有的人力资源，而要靠天下的人才。何以能聚天下人才，关键在于社会环境的良好治理结构以吸纳天下之人才。

第一次科技革命从英国发端，英国遂成为当时全世界最强大的国家；第二次和第三次科技革命从美国发端，美国遂成为20世纪最为强大的国家。亚洲一些国家的成功，则在于承继了发达国家的产业传递，使自身迅速地提高了综合实力。发展中国家难能完全遵循发达国家或有关亚洲国家的老路，但除了吸收借鉴传承之外，还必须结合国情开发创新，唯此才能加速进入先进工业化国家的行列。

第十六章 / 全球化与开放发展战略

第二次世界大战结束以来世界各个国家都经历了深刻及广泛的发展，获得了前所未有的发展速度，在发展结构和发展管理，以及对外发展关系等诸多方面取得了举世瞩目的变化。这种发展的趋势不仅突出地表现在西方发达国家，同时也以不同形式和在不同程度上存在于一些发展中国家，或新兴市场（转型）国家。然而，另一些国家（特别是一些非洲国家）虽有发展，但速度缓慢，结构变化甚微。这些状况无不反映出对发展战略的抉择及其产生的绩效。

发展理论与战略研究的目的不仅要探寻国家发展的方式或道路，而且还要揭示世界发展的繁重历程，借鉴发展的经验与方式，以促使一个国家在发展战略上不至于重犯他国在发展过程中所走过的弯路和教训。如果一个国家在发展过程中重蹈他国所犯的错误，那不是发展战略的智慧。任何一个国家只有在发展中不断总结本国与他国的经验与教训，弘扬和借鉴经验，避免教训重蹈覆辙，这才是一个国家发展的文明与进步。

21 世纪是全球化的时代，也是大开放的时代，任何国家都在力图抓住机遇，调整发展战略以进一步加速发展和促进社会结构的变化。从长远观点来看，世界上任何国家不可能置身于全球发展之外，只有自觉地认识和适应全球化趋势才能主动把握发展的规律，才能做出正确的战略抉择，才能保持并不断加强其在世界发展中的地位。从这个意义上来说，哪一个国家能驾驭全球化，对发展战略做出正确的抉择，哪一个国家就能在全球化的大角逐中赢得胜利。

第一节　对外开放发展的演进

自20世纪60年代伊始，许多发展中国家不同程度地推行对外开放发展战略，积极参与国际经济大循环，使其对外发展的关系迅速扩大，发展中国家与世界发展不可分割的联系已经建立。在全球化的推动下，世界发展格局正在经历一场深刻的变革，世界各国、各地区之间相互渗透、相互依存、相互融合日益加深，逐步走向国际化、一体化和全球化，任何国家都难以脱离世界发展体系而独立发展。同时，许多发展中国家加快了其市场的扩展，不断走向世界市场，进一步扩大和深化对外开放战略，依靠国内外两个市场、内外资源，不失时机地抓住机遇，加快了本国发展与世界发展体系接轨与聚合的步伐。

任何国家的开放发展或对外发展关系都要经历不同的阶段。当前，发达国家在全球化过程中对外发展处于高端位置，主导着全球开放发展的方向，获得了对外开放的更多利益。发展中国家处于全球对外开放发展的低端或低中端位置，继续坚持对外开放发展，借鉴发达国家的开放发展的经验，制定科学的开放战略，力争掌握在全球开放发展中的主动权。

发展中国家在开放发展战略的初期利用本国低廉的劳动力和矿产资源的优势，主要依附于外国市场，以出口导向带动国内发展。这一时期的开放发展可称之为第一阶段或初级阶段，并分为两个层次。第一层次主要是商品出口贸易，成为经济增长的引擎。在这一层次，发展中国家采取的是国际贸易发展战略。第二层次是开发来料加工，或建立加工出口区，同时以加工的方式引进外国资金和技术，主要推行国际合作发展战略。许多发展中国家和新兴市场国家在对外开放战略初级阶段的第二层次中取得了比较好的效益，不仅促进了国家的经济发展，而且提高了国家的技术能力和培育了专业技术人才。

开放发展的第二阶段的主要标志是对外投资不断扩大，由跨国（或跨境）经营迈向全球化经营，建立全球化的发展战略。在这一阶段同样可分为两个层次。第一层次是建立跨国公司实施对外投资，以跨境经营为主，其经营方式只是适应其投资的当地国家。在这一层次，无论国家还是企业所推行的是跨国战略，目标是跨境（Across Boarders）或跨国（Across Countries）经营，获得的只是多国本土化（Multi-domestic）市场，或外国本土化市场，满足和提高当地市场的需要。第二层次是跨国经营方式发生了重要的变化，建立和实现全球经营，而经营方式必须实行许多国家甚至全球经营的规范化或标准化。因此，这是一种适应全球化的经营方式，开放发展战略由跨国战略转变为全球战略。

开放发展的全球战略中既有国家的全球战略又有企业（跨国公司）的全球战略。国家全球战略要充分体现国家的比较优势和竞争优势，利用世界资源—市场分配（配置）决策，实现整体社会效益，并为企业对外发展提供政策保障。企业全球战略是对商品生产与世界市场分配的关系进行决策，利用全球化的杠杆实现经济利益。发展中国家在对外开放发展的初期主要推行出口导向（Export-lead）战略，但随着开放发展程度的提升，需要调整开放战略的方向和内容，从出口导向进入跨国投资与经营，逐步迈向全球的开放发展战略。

开放发展战略是探索发展应对全球化的挑战，各个国家巧用全球化谋求开放发展的利益。全球化在开放发展战略中可称之为发展与市场的国际化，正在改变着各个国家的发展模式。国家的发展不只是依靠国内市场，而且要通过全球市场，寻求发展资源和扩大出口与投资，以带动国内发展。在全球化时代，开放发展战略从本国纯商品出口向全球价值链转变，从简单的国际贸易关系向国家间发展（或生产）联动与链接的转变，正在提升开放发展战略的层次水平和深度。

第二节　全球价值链与开放战略

在科学技术革命促进通讯与运输成本下降和制度创新的带动下，各种产品分散在不同国家和地区生产，各类资源在全球范围内大规模地重组，各国发展之间的相互联系和影响达到了前所未有的程度，各国参与全球化活动的观念认知不断强化。随着全球化的进一步深入，世界发展也进入了

“全球价值链”① 的时代。

全球化使得世界各个国家的发展相互之间加强了依存，国际发展活动难以分清“他们”与“我们”，共同参与全球价值链中的增值。一个国家的开放发展程度和开放发展水平决定着其依存的状况，及其在全球中的地位。如果一个国家对外开放处于全球价值链的高端位置，其对全球发展的依存就处于比较主动地位，使其获得较大的增值和效益，反之亦然。任何国家都希望在全球价值链中居于有利地位，尽可能获得更多的增值。随着中国和新型市场国家发展水平的不断提高，全球价值链中更多的高端环节正在转移向发展中国家。发展中国家发展的多元化和相互合作，将发展更多高附加值（增值）的产品及配件和服务。这些产品及配件和服务可以用于本地的发展，也可以参与全球价值链出口到国外，或在国外进行发展，以此获得更多的利益。

通过参与全球价值链，发展中国家可以使产业不断在服务与零部件的生产、贸易中扩大专业化程度。这比生产整个产品时获得的专业化程度要深，可以为国家增长更多的财富、促进经济和社会发展多元化。如果一个国家想要有效地融入全球价值链并使产业附加值不断升级，那么国家政府必须制定更加开放的发展战略，提供一个适当的政策环境。

在开放战略的初期，发展中国家主要是进行来料加工和建立出口加工区，参与全球价值链的分工，更快地实现资本和技术的积累，开放人才和扩大就业。在这个时期，发展中国家主要是帮助发达国家进行产品加工，必然存在着一些技术知识的外溢，在这种全球价值链的分工中发展中国家可以获得生产能力的提高。在全球价值链的分工中，发展中国家可以集中参与价值链中的某一个“环节”，在此“环节”上提升技术和改善社会环境，就可以增强国际竞争力，而无需发展整个产业或整个产品价值链的竞争力。这是发展中国家实施开放发展战略以参与全球发展的重要途径。

在这个开放战略时期，在全球价值链的分工中，发展中国家处于低端或中端的位置，从全球价值链中分得的收益甚低，一般为总利润的1%—

---

① 价值是通过一系列活动创造构成的，而这些活动不相同却又相互关联，构成了一个价值创造的动态过程。在全球化的作用下，价值的创造活动在不同国家进行，即称之为“全球价值链”。20世纪80年代西方就开始研究“全球价值链”的概念，中国学术界已日益关注和研究该概念的作用与意义。

2%。例如，美国苹果手机在中国组装，中国只能获得 2%—2.5% 的收益，绝大部分被发达国家所占有，其主要原因是发达国家掌握着开发与设计、管理与营销等高利润环节。发展中国家在实行开放发展战略时要有自主创新意识，充分利用本国比较优势和竞争优势。许多发展中国家目前仍然是一个产品组装或部分零配件的制造国，还处于全球价值链的低端或低中端位置，需要增强其制造和加工地位的同时，推动开发与设计，提升管理与营销的国际水平和竞争能力，才能在全球价值链的再分配中获得应有的收益和实现真正意义的开放发展。

进入 21 世纪以来，以跨国公司为主导的要素和产业价值链纵向分工方式的形成和高度细分化，产业间、产业内和产品内分工并存，推动了新一轮产业在国家间的转移。产业链纵向的高度分工化，即发达国家跨国公司占据研发、品牌和销售渠道等高端环节，而加工、组装、制造等相对劳动密集度高的产业环节则转到低成本的发展中国家。但是在未来低成本优势难以为继的大背景下，发展中国家对外开放战略必须赢得成本领先之外的竞争力（优势），必须向技能和生产力要效益，向价值链的上游攀升。成本上升的压力可能成为一种有效的倒逼机制，下大力气向那些技术水平较高、规模效益递增明显、产业盈利能力较强的产业结构转换。

发展中国家在对外开放战略的初期比较优势可能主要表现在地域劳动力成本的差距，劳动成本是吸引国外投资非常重要的因素，也是国际竞争的优势。然而，随着科学技术革命的变化和全球化的条件下，劳动力成本不再是构成国外投资成本方程式中的唯一因素，比较优势还包括运输、隐藏成本和全球价值链等诸多复杂因素。因此，一些发展中国家（包括中国）的劳动成本优势正在减弱，在全球价值链中向中高端的发展日益显得更加重要。

发展中国家不断增长的人力与物质资本的积累，为向全球价值链的中高端发展奠定了一定的基础。发展中国家在世界市场竞争的整体实力已经提升，正在改变世界发展的结构模式，有利于发展中国家进入全球价值链的中高端位置，为其发展提供了持久的动力。为了更好地参与全球价值链的竞争，对外开放发展战略一方面要增加在高端制造业和知识服务业领域的海外投资，另一方面也要鼓励市场主体（企业）去海外建立制造基地，同时建立起全球市场网络和销售网络。因此，对外开放战略就能更好地配置全球资源，发挥本国的比较优势和竞争优势。

第三节　提高对外开放层次与实现多元化

全球化促进了世界成为一个全方位开放的发展体系，任何国家的发展也要不断实行全方位的大开放和大发展。全球化不仅要求开放空间的扩大和开放内容的拓宽，而且要使两者有机结合起来，最终形成开放发展结构的合理优化。许多发展中国家的发展战略实践证明，大开放带来大发展，小开放发展只能迈小步，闭关自守发展就是停滞，甚至只有死路一条。在世界范围内，未来对外开放发展战略将进入新的发展阶段，进一步扩大全球开放、社会开放、产业开放、企业开放，增大开放度，提高开放层次，实现开放发展的多元化。

一、联动与联合开放，增强互补性

进入 21 世纪以来，许多国家对外开放发展进入了一个新的阶段，对外开放发展战略的内涵和外延都在向深度扩展。世界各个国家之间是一个存在着明显地理差异和具有区域发展特点的关系，不同国家具有不同的对外开放条件与特征。许多发展中国家提出了新的开放措施，并按外向型发展的要求继续进行结构调整和优化，完善运行机制，形成一系列富有生机的开放发展区域圈或发展区域带：一是面向其周边国家；二是面向发展中国家；三是面向发达国家。一些发展中国家依据各自特点施其优势，逐步建成基础设施完善、经济功能完备、整体发展水平较高的外向型市场，实现了联动与联合开放发展的效能。

在全球化时代，发展战略不仅要求联动开放，还要求联合开放，以实现发展的整体效应。东南亚国家实行对外开放发展战略的实践证明，一个领域，一个地区的开放效益辐射和战略效应不断向其他较落后的领域或地区拓展。中国一些贫穷落后的地区面临着严峻的压力和竞争，虽然发展条件较差，但蕴含着对外开放的很大潜力，抓住重点地域、行业和企业，加速和扩大对外开放发展的联动性，使贫穷落后地区逐渐形成许多不同的具有推动力和拉动力的增长点。

联合开放体现整体发展，体现全面的大开放。全球化正是促进了全面的大开放，无论发达国家还是发展中国家，无论富裕地区还是贫穷落后地区，都面临进一步大开放的问题，而联合开放就是实现大开放的重要途径。联合开放对于国家或地区都要克服“本位主义”“小市场”“小而全”的狭隘封闭的发展思想，消除落后僵化的意识，强化实事求是的本地发展的特点，树立大市场、大发展、大开放的观念。发展中国家和贫困落后的地区可以实行超常规、跳跃式的开放发展方式，扩大开放领域，积极探索适宜本地发展的多种形式和不同层次的对外开放关系。

开放发展战略需要推行纵横互补性和互促性的结合，才能充分体现整体开发的效应。富裕地区和先进产业的开放发展所产生的辐射力而引致的联动开放效应，将进一步促进和提高贫困地区和落后产业的开放发展，并加强各地区和各产业之间的联合开放。因此，任何国家的发展可以利用对外开放的拉力，促进贫穷和落后的发展，扩大国内外市场的开发，实现国内外市场的互补互促。

二、扩大产业对外开放，创新结构优化

产业对外开放就是要优化产业结构，是实现国家持续、高质、高效发展的基本保证。产业结构反映出不同的产业部门在国民经济中相互之间质的联系和量的比例关系。在发展中国家，交通、能源、通讯、重要原材料和水利等基础工业和基础设施还很落后，不适应国家发展对外开放的要求，已成为制约发展的瓶颈。况且，许多发展中国家第三产业非常落后，是传统体制的表现，严重扼制经济和社会的发展。改变产业结构不合理的状况，重要途径是加大产业对外开放度，利用全球化引导投资方向，加强和扩大瓶颈产业的国外投资与合作，促进产业结构的优化。

任何国家加快第三产业的发展和扩大第三产业的开放，是拓宽国际市场，增强国际竞争，促进本国市场发展与世界市场接轨的先决条件。在现代世界发展中，国际资本相当大的比重集中于第三产业。发展战略的对外开放，不仅要吸收国外工业资本和技术资本，而且要吸收国外的商业资本和金融资本，不然就会割断各产业之间的客观联系，甚至导致开放型发展结构的失衡。

对外开放的功能还体现于促进产业结构的层次优化。产业结构的层次

优化是指知识和智力（科学技术）密集型产业及各种创新服务业在各产业中的比重不断增加。开放发展战略就要利用全球化抓住时机引进国际先进科学技术，选准主导产业，开发新型产业，更新传统产业；积极采用高新技术，研发本国的新品牌，开发深加工和精加工，优化进出口贸易结构，促使进出口市场的均衡，争取全球化竞争中的主动与优势。

扩大产业开放，引导外资投资方向，利用全球化的竞争优势，既可促进国内产业结构调整，加快产品升级换代和创新品牌，最终达到扩大出口的目的，又能适应世界市场向高精产品发展的趋势，同时加速国内市场与世界市场的接轨。

三、扩大市场主体对外开放，实现经营全球化

在市场经济条件下，企业是自主经营、自负盈亏的商品生产者和经营者，从而成为市场经济的主体，并依据生产规律和通过市场机制有效地从事生产经营。在对外开放的发展战略中，企业成为开放的重要主体，进入世界市场，扩大发展的空间。开放发展战略要有利于促进市场主体的开放度和调整投资结构，不仅要创新制造和精益加工，而且要创新研发，提升产业全球价值链的地位，积极参与全球化的大发展。

发展中国家开放发展战略应该促进企业扩大对外开放与全球合作可在两个层次上获得发展：一是利用国内资源优势，开发劳动密集型产业，提高产品质量，打入国际市场；二是开发资本密集型和技术密集型的产业，改进管理，提升产品等级，增加产品的附加值。因此，这两个开放发展的层次必定增强企业在世界市场上的竞争优势。

对外开放发展战略的重要内容是要实现发展经营全球化，可以通过两种方式：其一是吸收和利用国外的直接投资，在国内建立“合资企业”；其二是对国外直接投资，建立企业或价值链环节的生产基地。企业实行全球化经营可以利用世界市场和资源，利用他国成功的经营经验和技术成果，增强本国的全球竞争能力。政府对外向型企业，可采取放宽贸易政策，减少关税等措施，以利于企业进入世界市场。

任何国家在参与世界市场和开拓出口的发展中，不仅有利于企业实现规模经济效益，增强全球竞争能力，而且促进企业提升在全球价值链中的地位，从而使本国企业的整体素质不断得到提高。因此，开放发展战略需

要把增强企业全球竞争意识，提高全球化经营能力作为一项重要内容。

四、扩大外部开放空间，实现市场多元化

对外开放发展战略是面向全世界，面向全球化，实现市场多元化。市场多元化就是外部开放空间的不断扩展，不仅要扩大对发达国家的开放，而且要推进对发展中国家的开放，实现外部开放空间格局的合理与平衡。目前，发展中国家开放空间正在不断扩大，发展中国家贸易在世界贸易中的比重从 1995 年的大约 30% 增加到 2012 年的大约 40%，而且一些发展中国家出口到其他发展中国家制成品的比重，及其贸易中的附加值一般都要高于整体发展中国家对发达国家的出口。这就证实发展中国家的贸易具有很大潜力作用。因此，对外开放发展战略在保持原有开放市场的同时，努力开拓新的国际市场，把南南合作落实到行动中去，实现国际市场多元化的战略目标。

对外开放战略应当确定增强国家在全球化过程中的战略部署与定位，提高国家发展在世界体系中的地位与作用。为了加强南南合作，对外开放发展战略要实现三个战略方向的对外开放发展的部署。第一，加强本国与周边国家的发展合作，形成促进本国发展的“内层圈”。一般来说，周边国家毗邻接壤，或隔海相望，在历史及传统文化上有共同点，开放发展关系有着得天独厚的条件，可以更充分发挥地区合作的优势。第二，扩展与北美和欧洲发达国家的发展关系，形成对外开放的“中层圈”。这些国家拥有世界最先进的科学技术和经营管理经验，是发展中国家需要引进和借鉴的重要内容。第三，扩大与整体发展中国家的发展关系，加强南南合作，形成对外开放的“外层圈”。许多发展中国家拥有丰富的自然资源和广阔的市场，是发展中国家相互之间扩大出口和直接投资的广大市场。

任何国家的开放都应该是大开放，是面向全世界。世界各国之间都存在着各种各样的发展互补性，只要有利于对外开放和促进发展，无论对方国家大与小、贫与富，都可以积极探索多种形式和不同层次的对外开放与合作发展的关系。

第四节　开放战略的新抉择

在全球化的推动下，任何国家的发展与世界发展的联系都在不断地扩大和深化，发展战略要加强对外开放程度，提高层次，就必须进一步实现与全球发展体系的接轨。这是实现发展的全球化和对外开放的重要目标。与全球发展接轨的重要机制是市场，是一个国家的市场统一于世界市场，融入全球发展体系，参与不断深化的现代国际分工，最终实现本国发展的国际化和全球化。

一、市场机制的全球对接

发展战略的对外开放就是利用世界市场和国际分工加强本国的发展。在全球发展体系中，不仅世界大多数国家实行市场机制，而且全球发展日趋市场化。市场是以商品为基础的，资源的合理有效配置是直接关系到商品发展的重要问题，要合理有效地配置资源就必须充分利用国内市场和世界市场。

战后西方国家凭借实力依据其市场运行机制与世界市场体系的相对一致性，在世界资源配置中占据主导地位。在战后30多年内，发展中国家发展由于长期遭受殖民统治，在民族独立后政权不稳，社会动荡，而且由于冷战时期国际政治环境，在全球发展体系中遭受发达国家的排挤。自20世纪80年代伊始，发展中国家之间加强合作（南南合作）加速了进入全球发展体系，积极推进发展全球化，首先在市场机制上实现全球对接。开放发展战略的一项重要目标就是建立和完善市场发展机制，具有世界市场的一般共性，使发展资源的配置从国内市场进入世界市场。依据市场机制的目标模式，不断扩大市场规模，开放市场发展功能，扩大优惠的开放政策，不断为发展中企业进入以市场为基础的全球发展体系奠定了基础。21世纪，发展中国家正在进一步加大对外开放发展的力度，大胆地学习和借鉴发达国家市场机制的先进科学管理经验，在创建本国市场发展机制过程中加速与世界市场体系的全球对接。

二、运行机制的全球对接

科学技术革命使发展全球化进一步向深度和广度演进，各国发展不仅在商品交换和资本流动领域实现了全球化，而且在生产和生产要素流动乃至发展政策上实现全球化。随着全球化程度的提高，国际间的流动形态从单元形态——“商品流”发展为二元流——“资本和商品流”，又发展到多元形态——“商品、资本、技术、劳务、信息流”。未来流动的形态愈益复杂，流动的层次愈益提高，形成世界市场发展与流动的网络系统。

全球的各种流动都是按照市场的规律，通过市场运行机制不断扩大。因此，发展中国家与全球发展体系接轨，必须要实现市场运行机制的全球对接，才能进入国际间的各种流动形态领域。开放发展战略要实现市场运行机制的全球对接，应加强两方面的转变力度。

第一，强化行政职能的转变，实现政府与市场各施其能。实行开放发展战略必须明确政府对宏观发展的指导或主导调控职能和市场循规调节的功能，扩大国内市场主体（企业或公司）参与全球发展的权益，弱化国家政府对微观的管理，强化以法律、政策和经济手段调控的宏观管理，充分调动和发挥市场机制的作用。政府必须建立规范有效的对外开放宏观管理体系，建立完善的关税、汇率、税率和信贷制度，实行关税减让，约束非关税措施，逐步实现开放发展符合全球发展体系的规范。

第二，价格机制的变革，适应世界市场价值链。世界市场的实质是能够正确地反映国际要素流动的真实价格。西方发达国家国内市场与世界市场融为一体，两种价格机制相互对接，内外价格趋于一致，而更主要取决于世界市场价格的调节。发展中国家只有进行价格体制的彻底改革，才能实行价格机制与世界市场对接。目前，许多发展中国家的商品价格与世界市场不挂钩，甚至两种价格相差甚远。在生产全球化过程中形成了全球价值链，产品附加值被不断地在全球范围内创新，甚至被人们称之为“全球价值链时代”。如果发展中国家商品价格脱离世界市场，就难以改善在全球价值链的地位。

发展中国家如果物价和汇价出现双重扭曲现象严重，会造成不平等的竞争条件。国内市场机制实行全球对接后，其主体可以依据世界市场的价格信号，组织生产经营，才能有利地进入世界市场，在全球竞争中争取优势。

三、资源配置的全球对接

当代世界发展已进入市场机制全球化阶段。资源配置全球化是市场机制全球化的基础，是世界发展一体化的基本动力。资源配置全球化主要是市场要素在世界范围内流动和使用，可以从一个国家和区域流向另一国家和区域。任何国家发展所需要资源并不是应有尽有，加快资源配置的全球对接，实现资源配置全球化，可以促进世界各国之间的资源互补，参与深层次的国际分工，是社会再生产过程更有效实现。此外，资源配置全球化是国内商品生产者应用其特有的要素与全球要素的结合，实行生产经营全球化的合作。

实现资源配置的全球对接，要做好两个层面的事情：一是资源输入。引进生产要素，改善投资环境，发展股份企业，建立与世界市场互通的金融、技术、信息和产权市场，吸引各种不同的全球生产要素进入本国市场。二是资源输出。把具有优势的生产要素推向世界市场，鼓励和支持企业到境外投资，兴办各类企业。具有技术优势的大中型企业，积极与跨国公司或集团合作，参加世界市场合作和分工。因此，推动本国企业向跨国投资发展，向全球化经营发展，促进企业在全球化的生产体系中占据应有的位置。

四、开放发展的全球化

自21世纪以来，发展全球化进一步加速，主要是由于各个国家大量减免贸易关税和科技革命促使通信与交通成本降低，而且生产全球化更具有供应链和价值链的特征，已经降低了商品价格和增强了消费者对（进口）商品和服务的选择性，促进了国家发展之间前所未有的相互联动和相互依存关系。发展中国家作为一个整体已经成为驱动全球发展的重要动力，已经吸引了大量外国直接投资并加入全球价值链。许多发展中国家已经从开放发展的全球一体化中获得了很大的利益，虽然这些利益在国家之间和国家内部分配很不平等，但开放发展作为创新就业、增加人均收入和实现多样化起到了重要作用。

开放发展战略需要探索应对未来全球发展的挑战，确认未来发展的趋势及其推动因素。开放发展战略是各个国家巧用全球化谋求开放发展的效益，激发人们从战略的高度来思考开放发展的未来。在全球化的过程中，发展将成为全球性的多元化体系，发达国家与发展中国家的发展差距将可不断缩小，国家与国际组织（机构）、跨国公司共同分担着全球的发展责任。因此，多元化体系更有利于全球化的发展。

中国、巴西、南非、印度和俄罗斯“金砖五国”不仅成为全球发展的新型力量，而且作为新型市场经济体对发展中国家的开放发展进一步起到重要的引导作用。未来20年，亚洲和拉美发展中国家仍将以低成本竞争优势吸引外国投资，而且拉美许多国家将进入中等收入国家行列。[①] 非洲在2012年因采掘业流入的直接外资增加了5%，达到500亿美元，创历史记录，未来仍将以矿产开发的优势对外国资本更具有吸引力。

全球发展对能源、粮食、水等战略资源形成巨大的压力，也为开放发展战略提供了重要机遇。未来20—30年，传统能源供不应求，必将促进新能源的开发，而生物能源将成为开放发展战略的重要领域。世界银行估计，粮食需求到2030年将增加50%。水的短缺在许多国家达到了危急的程度，而且城市化的扩张，加速了水荒，更是影响到农业用水。这些危机实际上促进开放发展，为新技术的引进和应用提供了机遇，拓展了全球开放发展合作的领域。

在全球化的过程中，发展中国家开放发展战略还不可能离开发达国家，还需要从其获得高端产品的进口和科学技术的引进，加强更多领域和更高层次的发展合作。总体上看，美国站在当今国际分工的顶尖，发挥在新技术、新产品领域的创新优势，主要从事高附加值产品的生产，世界软件技术仍被美国和其他发达国家所控制。日本和西欧等发达国家则发挥其在应用技术开发领域中的优势，主要从事一般高附加值产品的生产，如日本电子机械工业占据世界重要地位。虽然发达国家仍主导着全球发展，但发展中国家和非国家行为体（国际机构与组织）正在更大程度上挑起了全球发展的重任。全球体系的多级化更有利于发展中国家实施开放发展战略，加强全球化的多元合作，不断向全球价值链的中高端转移。

---

① 美国国家情报委员会编：《全球趋势2025：转型的世界》，北京：时事出版社，2009年版，第2页。

全球化发展已经使未来低成本优势日益减弱，发展中国家开放发展战略必须创新成本优势之外的竞争力，促进发展中国家的产业结构的升级，不断改变在全球产业链和价值链中的地位。目前，发展中国家科学技术水平较低，主要从事附加值较低的一般工业产品生产，在全球产业链和价值链中主要处于低端，较少处于中端，而对研发、设计、供应、管理、营销、品牌等重要的和高端环节滞后，甚至缺失。因此，许多发展中国家的发展引发能源、资源、环境等问题严重，对外贸易条件难以改善，国民收入增长缓慢，服务业比重偏低，等等。开放发展战略关键是促进发展中国家产业转型升级，以突破产业链环节和提升价值链为重点，实现创新增加价值和低碳拓展价值的新型开放发展模式。

全球开放发展战略需要培育跨国公司，跨国公司是对外开放发展战略的主要载体，也是参与世界市场与全球竞争的重要组织形式。一个国家的全球竞争力，及其在全球的地位，取决于其是否拥有世界级的跨国公司和世界级的产品。因此，发展中国家对外开放发展战略的首要任务之一就是遵循全球化趋势，引导和扶持具有竞争力的企业组建全球跨国公司，在国内和世界市场开展竞争，实现占据全球产业链和价值链的高端，才能获得分享全球化开放发展所带来的更大利益。

第十七章 / 发展战略的创新范式

发展战略是要促进一个国家从“增长型”国家或社会向“发展型”国家或社会的演进，呈现出一个国家发展强大的过程和人民生活改善的美好趋向。

发展中国家的发展治理与持续性面临的挑战不仅要制定最优先的发展政策，而且要以更广阔的视角考虑经济、社会和政治之间的相互作用及动态变化，寻找切入点，创建从量变到质变的良性生态循环的持续发展机制。

“发展型”国家的发展战略创新范式旨在探讨发展治理（管控）与持续性间的相互关系，为决策者提供广泛而多样的可行性机制选择，并阐明选择的机制必须适合于一个国家独特的发展国情。

第一节 “发展型”国家的战略理念

西方“发展型”国家理论萌生于20世纪80年代，形成于20世纪末。“发展型”国家理论作为国家主义理论形式始于1982年查默斯·约翰逊撰写的《通产省与日本奇迹》[①] 一书，首次提出了“发展型”国家（developmental state）的概念。此后，这一概念及其相关的分析方法被一批学者在研究中所采用。随着研究的推进和丰富，逐渐形成了包含一些特定概念、分析方法和基本观点的理论体系。

① Chalmers Johnson：Miti and the Japanese Miracle：the Growth of Industrial Policy，1925－1975，Stanford University Press，1982.

国际发展理论研究学术界把“发展型”作为对东亚国家发展奇迹的一种解释，主要内容包括经济发展的优先性、产业政策的策略性、官僚（管治）的有效性、公私合作的紧密性和政治合法性为基础的特征，以及经验总结的理论范式。然而，西方“发展型”社会的理论及学说是对社会发展科学研究的一种理论范式，把“发展型”社会界定为“发展的社会支持，增强社会福利”为目标。实际上，“发展型”社会不只是一个狭义的社会学理论范式，而应该是一个广泛的现实社会，即国家保持平衡、协调、稳定、持续发展的战略模式，或国家发展战略。

“发展型”国家的基本理论是指政府行为以追求经济增长和生产为中心的发展目标，同时，制定产业政策，与企业管理形成发展政策框架，主导地方或基层发展。因此，“发展型”国家是通过政府对发展的积极干预和制定产业政策来调配资源，培育市场环境，推动现代化进程和增强国家对发展的管治能力。国家发展能力的建设是创建“发展型”国家发展战略中的重要内容。在过去几十年来，不少国家自诩其发展战略是为创建“发展型”国家，而且被解释为东亚国家发展战略的主流模式，也成为很多拉美国家（包括巴西和墨西哥）所追求的发展战略。

一些国家为创建“发展型”国家取得了举世瞩目的成功，韩国被认为是一个经典实例。韩国的发展是由奉行国家主义且有强大国家能力来领导和实施积极的产业政策，推动经济和社会快速发展。虽然韩国发展是在威权统治之下，但是其“公平”为发展提供了管治基础。韩国政府推行土地改革，确保了农村地区的平等；经济增长以劳动密集型出口为导向，从而创造了就业；教育部门的大量公共投资为所有人提供了机会。同时，韩国的包容性发展启动了深刻的社会变革，促进了富裕人口（中产阶级）的大量增长，激发政治不断改革，保障“发展型”国家的持续性和良性循环。

“发展型”国家通常首先关注经济发展和官僚（管治）体制关系的改革，而忽略政治制度改革。韩国的民主转型为“发展型”国家提供了政治制度改革的例证，但是，“发展型”国家也可能出现一些不同的轨迹。新加坡被列为东亚“发展型”成功的代表，却与韩国不同。国际学术界一般认为，虽然新加坡获得了经济发展的雄厚实力，但并没有表现出向民主转型的特征。

在当今全球化时代，国际经济和政治环境同先前的东亚兴起时已经大为不同，在发展中国家中，仍然不乏雄心勃勃地创建“发展型”国家的发展战略。非洲的埃塞俄比亚、卢旺达和乌干达，中亚的阿塞拜疆，以及东南亚的越南都具有这种发展战略的抱负。

进入21世纪以来，从消费结构、产业结构、就业结构、城市化率、社会结构、经济实力和发展管治能力的变化来看，中国已开始由“生存型”国家向“发展型”国家过渡。中国发展历程中生存的压力在逐步减弱，“发展型”国家压力正在不断增强。“发展型”国家的战略应当是以经济领域为重点的发展转向全面发展，在实现经济发展方式的转变同时，推进以民生为重点的社会建设、解决高速发展带来的问题、创建发展管治能力，强化和制约又相互协调的权力结构和运行机制。[①] 中国正在向“发展型”国家积极地转变，对发展中国家的发展具有标志性作用。

“发展型”国家的发展战略范式要求对发展思维模式的改变：动态思维与立体思维。

“发展”本身是动态的概念，“发展型”国家的理论框架不同于传统发展理论研究的静态思维，而是要有动态思维，对于发展问题的时机与阶段进行不断调整“政府与市场关系的作用”，强调中长期的战略安排和战略视野，穿透十年、二十年，甚至五十年或更长时期的发展，分析不同时期的挑战，构建应对的战略决策。因此，首先谋划发展要产生最大化效益，要避免发展成果总是小于发展后补救的成本，努力消除发展后产生的隐患和切断隐患发育的链条，不要等问题成堆后才解决，否则就失去了“发展型”国家的真实内涵。其次，“发展型”国家具有鲜明的持续发展的特征。发展就有风险，发展始终处于风险之中，面对发展可能带来的资源、环境、生态困境等等风险，必须考虑到发展的预期性，力求预防和避免风险，减少风险成本的增加，才能保障发展的持续性。

“发展型”国家是整体性发展的过程，在制定发展战略过程中需要立体的思维。“发展型”国家的发展理论吸取不同时代丰富的理论思想营养，善于积极地反思。反思经济发展带来的社会问题，强调人和社会健康发展的维度；反思经济发展带来的生态问题，强调人和环境和谐发展的平衡；反思发展的单一性与片面性，强调发展的综合性与整体性，任何国家都要创建保持发展的稳定与持续的机制。“发展型”国家的发展理论正是吸取了反思中的思想营养，在其战略框架体系中探讨创建国家对发展管治的能

① 中国海南改革发展研究院：《中国人类发展报告》，2008 年。

力，发展功能的累积与强化，重视民众参与发展的公平社会，强调“天人合一”协调的发展理念。因此，“发展型”国家的发展理论思维不是单一的维度，而是立体的、多维的和整体性的。

东亚国家的“发展型”国家模式并非现实的映像，而是一种对现实经验的抽象和归纳，没有任何国家和地区会完全符合发展型国家模式。① 但任何一个国家完全可能借鉴他国的经验与教训以及理论研究的成果，依据其国情制定持续发展战略，创建“发展型”的国家。

第二节 创建“发展型”国家的战略能力

任何一个国家都可能成为一个“发展型”的国家，不断提升国家的实力和改善生活质量。“发展型”国家的发展战略涉及政府与市场、国家与社会、经济与政治等各种关系，通过构建国家管治能力在发展中的作用来超越国家主义，推进发展战略的全球化；通过构建经济政策与社会政策之间的关系来超越发展主义，把改善公众福利置于更优先地位；通过构建政府与市场关系来超越传统的自由主义或指令计划，实现科学“管治”的转变，推动着国家发展成为持续的“发展型”国家。

政府与市场的互动作用是创建国家对发展管治能力的重要环节。国际学术界对政府与市场的作用提出了不同的理论，诸如“自由市场”“管制市场”“指令计划”“指导计划”。为了能够实现发展目标，国家对市场进行干预，通过实施产业政策，对私人部门给予指导、约束、协调，使资源配置符合国家发展的长远需要与利益。虽然国际发展研究学术界一般认为，在发展的初级阶段强调政府干预的重要性，但美国东亚发展研究专家查默斯·约翰逊认为，市场是支撑东亚发展成功的机制基础，政府干预是在市场条件下进行的。因此，不能简单地把“发展型”国家理论和新古典主义的分歧理解为政府干预和自由市场的对垒。

英国伦敦经济学院教授韦德（Robert Wade）提出了“管治市场”（Governed Market）理论，认为与新古典主义自由市场或传统自由市场相对

① 赵自勇：《发展型国家理论研究的进展和反思》，2010 年 7 月 28 日，中国亚太研究网。

立的不是国家或政府，而是政府与市场组合的一种不同的形式，即受到政府“管制”的市场。与新古典主义在不同程度上承认政府的作用一样，发展型国家理论也没有否认市场的重要性，其重要的区别在于如何处理政府和市场在发展过程中的结合方式。①

虽然韦德所描述的国家与市场结合与约翰逊的理论没有实质性差别，但作为一个替代新古典主义的发展理论范式，“管制市场”理论更明确地提出了政府与市场对发展起到了组合的作用，而且政府的功能在一定程度上强于市场的作用。新古典主义强调有效资源配置，“管制市场”理论则突出了资本积累的重要性，认为东亚的发展成就源于高水平的投资，特别是把大量的资金投入到一些经济和社会发展中的关键部门。因此，只有在政府强劲的干预情况下才可能做到这一点。况且，东亚国家的政府还推行市场开放政策，促进许多工业走向国外市场，参与国际竞争，创造有利条件实现国家发展的全球化。

发展研究的经验显示，政府的功能是非常重要的，但市场作用也是很好的方式可用于促进和组织发展，无论发达国家或发展中国家都是如此。国家的政府主要作用应该在于保护产权和提供公共物品，更具体地说，政府应该创造和维持：（1）高效而有序的市场；（2）有效而没有腐败的公共部门，并能够监督公共服务的提供与使用；（3）参与式发展与民主，以及分散安排。政府的保障性条件越多，发展就越好越繁荣。

发展战略的创新范式最重要的切入点就是通过国家对发展管治能力建设来改变和调整政府与市场之间的功能，使之成为高效发展型国家。国家发展管治能力的建设和发展良性循环，首先是投资于国家能力建设，其次是将新建设的国家能力用于促进发展。这种相互作用可以通过以下三个相互补充的途径来实现。

第一，强调国家行为的改善与经济社会发展之间的直接联系，建立政府与市场的有效互动关系，产生发展预期驱动效应。

政府推行更好的政策、更有效的基础设施、更有效地处理事务的运行机制、提供透明的参与式服务，所有这些都有助于培育更好的投资环境，从而促进经济社会发展。在公共部门的发展得到实际改善和提升的同时，

---

① 罗伯特·韦德：《驾驭市场：经济理论和东亚工业化中政府的作用》，北京：企业管理出版社，1994 年版，第 19—24 页。

私人投资者就会成为发展的潜力。预期驱动本身有时可能带来新的增长点和发展活动。基础设施和管治机制的建设与改善需要时间，几乎没有“速胜”的可能性，然而，发展政策可以因条件的变化不断地进行调整，以适应市场的全球化。

第二，政治领导人可以坚持一个更广泛的“公平”承诺，即让人们广泛分享发展收益，成为包容性发展，使国家能力建设与“公平”可信性相互促进。

只要公民相信这一承诺，国家发展的包容性和稳定性都可以得到加强，这将更明显地推动投资环境的改善。只要国家能力建设引领发展良性的循环与持续性，就能够带来政治机制的变革，但这就是一条长期的间接路线。实际上，社会发展（通过参与式发展、公共服务提供、私人财富积聚以及中产阶级的兴起）会产生新的压力与矛盾（包括个人之间、企业之间、个人与企业和国家之间），要求对发展提出更高的管治，实施更广泛的政治改革。因此，政治发展是处于一种长期的稳定性的变化过程。

第三，力求强化法治作为国家能力建设的切入点，创建国家对发展依法管治的机制。

法治机制变革或强化法治直接影响着对发展的公信力与合法性。在一些发展中国家，发展带来了贫富差距，使民众对发展失去了信心；权贵精英利用权力为利己而发展，损害了社会与大众利益，发展的合法性受到质疑。法治机制的变革包含了对发展的法治增强，而且使发展的管理转向更加民主，增强发展的管治机制，加强负责发展的领导人（国家和地方领导人）的责任，减少武断与随意，增强发展的累积效应和传承行为，促进发展预期实现。

法治变革促进领导人以公共利益为中心的责任感，有可能从根本上改善国家能力建设的激励，更有可能投资于国家能力建设，并以此提高国家发展的绩效。国家能力建设的方式之所以得到改进，是因为更强的依法问责制和规则约束，不仅是政治发展的主要预期目标，而且是公共管治体制良好运行的一个重要的前提条件。

然而，随着发展的持续，可能会出现使发展受挫的机制性约束，或者是基础设施和重要公共服务提供乏力，或者是公共官员面对发展的扩大和逐渐增强的权力可能导致腐败增加，或者是公民对发展的日益关注而对发展有了更高的要求，或是需要有更高水平的法治和机制来支持更为复杂的整体性发展。此外，随着发展的持续，社会发生深刻的变化，出现新的压力和机遇，为政治机制的“变革”创造条件。

创新的“发展型”国家能力建立需要逐步确立经济、科学、社会与政治之间交叉点的位置，形成有效的合力。从经济角度来看，发展型国家的能力需要培育有利开放技术生产力的全球竞争环境；从科学角度来看，发展型国家必须协调国内外的创造合作；从政治角度来看，发展型国家必须确保科研与技术产出的一体化，经由民政协商过程产生有效的公共规导机制；从社会角度来看，发展型国家必须保证社会公平的核心价值，发展是为了公平的实现而构筑必要的基础，保障发展平衡与和谐的功效。

“发展型”国家的核心在于国家发展能力的建设，保证发展加速的条件下不会出现发展管治的混乱和社会倒退，尤其是由自然资源驱动的一时景气不会对脆弱的公共部门造成破坏，发展的巨额损失使得国家精英们感到问责制的巨大威力。创建国家对发展管治能力在发展中国家中还存在一些问题，但至少其潜在的作用将驱动对发展管治，或者充分发挥机制作用。因此，“发展型”国家需要一个切实有效的长期发展战略。

第三节 “参与式”发展的公平社会

“参与”（Participation）就是让人民有能力去影响、帮助和介入（进入）发展活动的决策和行动中去，而对于政府和公共机构来说，参与就是民众的意见得到倾听和考虑，并能够以公开和透明的方式达成决议，以加强对发展的管理与监督，有效配置资源与公平分享利益。“参与”是指基层民众被赋权的过程，而“参与发展”则被广泛地理解为影响民众生活水平的发展过程，民众作为发展主体积极和全面介入的一种发展范式。“参与”作为发展的一种方式，是民众通过直接由政府或公共机构与市场机制互动的过程中对发展不仅提出意见，而更重要的是投入或进入发展的过程之中。上述这种过程被称之为“参与式”发展。

参与式发展的架构是在参与式理念与方法论的框架指导下提出的发展范式，包括两个重要的关系，即“参与式”和“发展战略”。现在处于全球化和信息时代，可称“参与”时代。“参与式”发展被认为是改善人们贫困结构的重要因素，人的贫困就是因为被排斥发展之外，自己无力改善生活水平。“参与式”发展就是维持和改善人们自身生活水平的过程。

“参与式”发展即“人的参与发展”，在20世纪60年代开始萌芽，1980年联合国粮农组织向发展中国家提出的农村基本发展战略就是“参与发展”，首先实施于加纳和塞拉里昂，其后推广至非洲其他国家、亚洲和拉美，逐步完善并形成“参与式发展”的一系列的理论与方法。自从20世纪60年代末以来，国际发展研究学术界一直支持发展中国家民众参与发展。20世纪80年代后期开始，参与式发展理论进一步得到广泛研究和联合国的推崇。拉美一些国家（诸如，巴西、哥伦比亚、秘鲁、委内瑞拉和玻利维亚）推行“参与式”发展，公民参与权在很多情况下提高了对发展管治的质量。玻利维亚1994年的《民众参与法》使公共资源的再分配更有利于穷人。在巴西，通过“参与式”发展预算等创新项目（如阿雷格里港建设），传统的腐败得到了控制。

“参与式”发展战略范式的提出是对发展中国家传统发展反思的具体的体现。据统计，第二次世界大战后到20世纪90年代，国际组织和多边机构对发展中国家的发展技术合作金额达到3000亿美元，然而发展中国家与发达国家的之间的差距却显得扩大。世界不少发展研究专家对此提出“为什么”的质疑，反思对发展中国家的发展援助和发展方式，提出了人民大众“参与发展”活动必要性和重要性，推行“自下而上”的决策、计划、实施、执行和评估的发展全过程。“参与式发展”需要促进人们自主地组织起来，分担不同的责任，朝着一致的发展目标努力；发展活动的制定者、计划者及执行者之间形成了一种有效的、平等的“合伙人关系”等。这些都促进和丰富了“发展战略”的理论。

参与式发展战略是对传统发展模式的反思。传统的发展模式是西方式的“现代化道路”，即工业革命后，西方逐步创造出了现代经济、政治、社会等各种有组织的和高度发达的技术体系。发展是经济、社会、政治、文化等整体变化的过程，对发展过程的认识和取得成功没有统一的方式和答案。诚然，人作为发展的主体和客体，在发展过程中均有同等的地位和重要作用。因此，“发展中的角色都应不断地了解变化中的世界，而且应该运用不同的知识来理解世界；对世界的认识不只是一种认识论，参与式是系统理解世界的基本要素。”[①] 20 世纪 70 年代发展理论提出了“以人为中心的发展”，即“以人为本”的发展思想。“参与式”发展正是基于这一思想，强调发展不仅要以“人为中心”或以“人为本”，而且要求人成为发展的重要角色，人必须参与发展，才可能促进人与社会的发展。

“参与式”发展重要标志是公民社会的发展。“参与式”发展和公民社会的发展有很强的相互补充关系。在一些发展中国家，很多公民曾存在不信任国家（政府）权威，缺乏对社会的信心和责任感，在极端的情况下甚至会公然进行抵抗。因此，“参与式”发展可以强化公民社会与国家权威关系的改变，创建一系列公民社会制度以强化国家机构的社会功能，进而改善投资者的信心，并促进经济和社会发展。

“参与式”发展是以社区发展、自助组织、非政府组织和自力更生等方式促进民众参与发展。参与加强个人和社区的动员能力，并进行自助。通过这种方式，减少对国家的依赖，普通民众重新发现自己合作和共同努力的潜力。发展研究表明，人的参与发展可以减少成本，分配资源的最大利用，实现人的能力和创造力的最大价值，“ 参与的机制在于公平、平等、社会正义和自由，因此提供对决策、管治和评估需要的社会资本，并且接触国家和市场拥有的资源”，[②] 而且参与发展还可以帮助减少决策层的家长式作风和民众对国家的依赖性。

参与发展不仅是对发展的反思，而且是新型市场经济国家社会政治发展的逻辑和市场经济改革的要求。完善高效公平的市场机制是需要民众参与发展。民众参与发展的目标不仅是对政府发展决策提出自己想要说的意见，而且通过市场机制获得可供发展的资源和分享利益，求得社会的公平。参与发展可以加强民主对发展活动（包括发展项目与工程）的监督，防止腐败和违背公众利益。参与发展将进一步加强市场机制的功能，防止权力配置资源导致的机会不平等、权利不平等的问题，以避免形成不公平竞争的市场环境。

在全球化过程中，“参与式发展”概念从理论探索开始，已经拓展到全球发展领域。因此，“参与式发展”的内涵远不是简单民众参与，而更重要的是对传统发展方式的深层次的反思与探索。

---

① 叶敬忠等著：《参与式发展规划》，北京：社会科学文献出版社，2005 年版，第 10 页。

② Heinz Bobgartz：Development Studies，Nepal Foundation for Advanced Studies，1996，p. 21.

第四节 “生态型”持续发展的体系

发展，人们希望能够持续，而持续发展必须要与环境共存。1987年挪威首相布伦特兰夫人在担任主席的联合国世界环境与发展委员会的报告《我们共同的未来》中，把可持续发展定义为“既满足当代人的需要，又不对后代人满足其需要的能力构成危害的发展”，这一定义得到世人的广泛接受，并在1992年联合国环境与发展大会上达成世界各国领袖们的共识。持续发展与环境的关系是人类生态系统的基本表现，是人类社会发展与环境保护的结合体，可称之为“生态型”持续发展。

自从20世纪60年代后期美国经济学家肯尼斯·鲍尔丁提出了“生态经济学”（ecological economics）的概念，人们开始认识人类发展必须改变过去的“单程经济”发展，代之以能够多次利用的“循环经济”发展。美国著名经济学家莱斯特·布朗教授则认为，“持续发展是一种具有经济含义的生态概念……一个持续社会的经济和社会体制的结构，应是自然资源和生命系统能够持续维持的结构。”布朗教授一直主张“生态型”发展，1971年出版了《拯救地球：如何形成环境上可持续的全球经济》，2001年出版了《生态经济：有利于地球的经济构想》，2003年又出版了力作《B模式：拯救地球延续文明》，对传统的和现行的发展模式不断进行深刻而客观实际的反思。布朗教授指出，现行的以经济为绝对中心，以破坏环境和牺牲生态为代价的发展称为传统发展模式，即为“A模式”；把以人为本，保护环境和注重生态循环，并将经济视为生态的子系统称之为生态发展新模式，即为“B模式”，从而拯救不堪重负的地球。

当今时代，环境退化、气候变化、贫困与不平等对世界发展和人类文明造成的影响使军事战争的威胁显得黯然失色，人类发展需要有新的模式与战略。人们日益认识到，发展活动自古以来就需要由作为环境的生态系统来承载和支撑，在发展的历史过程中，人们时常对发展运行机制陷入错觉，由此产生发展活动与其所依附的生态系统不相适应。这说明人类社会发展存在着生态环境的承载力的问题，反映了生态系统对人类发展的限定性和制约性。任何国家或社会的发展如果超越了生态系统的承载力，那么生态系统的损害或崩溃将伴随着发展的停滞或败落。

人类发展如果继续传统模式不仅可能将地球拖进困境或导致地球毁灭，而且可能将人类文明推向崩溃，并所造成无法挽回的恶果。因此，首要任务是以环境中心论取代经济中心论，以严谨科学的方式保持稳定人口增长与对待气候的变化，使现行的发展模式不至于陷入万劫不复的境地，在其崩溃之前构建起可持续发展的生态体系模式。“生态型”发展体系的模式强调以人为本，寻求发展原理与生态原理同构一个国家的发展架构，需要发展学家与生态学家携手，把发展真正视为地球生态的整体系统。

中国“生态型”持续发展思想的重要特点是“天人合一”的整体观哲学思想。“生态型”持续发展是整体观把“天、地、人”统一起来进行分析，提出“人法地，地法天，天法道，道法自然”的认识，成为“生态型”发展的具体表现，而且强调发展与自然环境的关系。“生态型”整体观关注发展与整个宇宙的和谐，是人对发展活动和相关的事务以及社会现象的全面认知，是对人的能动性和社会性的全面把握。

21 世纪的全新理念是人类社会发展必须与自然环境乃至整个宇宙协调与和谐，构建“生态型”持续发展的整体性机制体系。在这种发展思想指导下，按照生态原理、市场原理、政府功能理论、系统与控制论方法，运用现代科学技术，实现环境与发展的良性循环，形成经济、社会、政治、文化、环境协调的现代“生态型”发展体系。从世界范围看，“生态型”发展是世界发展的潮流与全球化趋势，是人与自然（即宇宙）和谐发展的迫切要求，已成为世界任何国家发展的理性选择。

“生态型”发展战略就是既能满足现时人类发展的需要，又不能影响到危及子孙后代的发展，而要实现“生态型”发展就必须是发展一定要遵循生态学的基本原理。人类发展面临的无比重大的挑战，需要尊重生态原理的发展，设计与地球、宇宙保持和谐关系的发展，构建“生态型”发展的大体系，而不是使发展与生态系统相对立的发展。

构建发展的“生态系统”才能实现可持续发展，构建发展的生态体系是非常艰巨而又非常伟大的任务，首先需要观念的转变。正如经济学家莱斯特·布朗所说，这种观念的转变非常困难，甚至可以和日心说挑战地心说相提并论。因此，没有观念的转变，构建“生态型”发展是不可能的。其次创建政府与市场发挥不同功效且相互作用的机制，要“让市场来说明生态学真理”，或者说是利用市场杠杆，使许多发展问题能够借助市场机制得到解决。同时，政府也要发挥发展政策（如税收和财政补贴等）的积极作用，以对危害发展生态系统行为进行监督、法治与管控。

“生态型”可持续发展已成为引领发展的趋势，实际上，“生态型”持续发展是一种长远的发展战略。一个国家只有遵循“生态型”持续发展战略，才能建立可持续性的综合国力。综合国力统一于“生态型”持续发展的宏观框架内，是一个国家的经济能力、科技能力、社会能力、政府能力、公共服务能力等各方面的整体体现。从可持续发展意义上促进一个国家综合战略实力的提升，不仅需要该国所拥有政治、经济、社会、文化、军事、外交与安全等方面的能力，而且需要支撑该国发展的生态机制体系。这种生态机制体系是以可持续发展战略理念、条件、机制和准则为依据，促进社会、经济、政治、文化、自然环境协同发展的需要。可持续发展综合国力的价值准则是国家在保持其生态系统可持续性的基础上，推动包括社会效益和生态效益在内的广义综合国力的不断提升，实现国家可持续发展的过程。显然，“生态型”持续发展战略的内涵决定了提升可持续发展综合国力的过程。

持续发展不仅表现为发展的生态机制，而且是国家实力的综合体现。持续发展不能仅仅理解为发展与环境的关系和操作层面的技术问题，那就大大地削减了持续发展内涵的哲学思考和济世之略。关系和手段都存有因时因地因人而异的局限性，关系，从来不是凝固型一成不变的；手段，需要在管治体系中进行选择与调整。然而，站在人类社会发展高峰上进行发展设计的精英们，所思考的“发展”与“战略”，是一种超越了一时一地的限制，超越了技术层面视角的大观念，“生态型”持续发展所传达出的哲学思想与济世情怀，具有永恒的意义和普世价值，不受时代的变迁所限而经典。

第四篇　战略系统与制成

知人者智，自知者明。胜人者有力，自胜者强。

——老子

合利而动，不合利而止。

——《孙子兵法》

战略如同政治学一样，是无限可能的艺术，但很少有人能够认清其无限可能性。

——威廉姆森·默里

第十八章 ╱ 发展战略的系统构成

人无远虑，必有近忧。发展战略就是对国家、区域、城市和企事业单位发展的战略谋划。战略家乔治·罗斯（Joel Ross）曾说，没有战略就像“一艘没有舵的船一样只会在原地转圈，又像个流浪汉一样无家可归。”。据说，曾经有两位公司领导人在进行一次野营以商讨发展战略问题。当这两人共同走入密林深处时，突然遇到一只灰熊。灰熊直立起身子向他们吼叫。其中一人立即从背包中取出一双运动鞋。另一位忙说：“喂，你不要指望跑得比熊快。”那个人回答说，“我可能跑不过熊，但我肯定能跑得过你。”这只是一个非常浅显的比喻，却说明有了战略的重要意义。战略的研制是对发展的重要保障，而战略的制成比战略本身更显重要。

发展战略是一个发展主体（包括国家、地域、城市、企业或公司等）对中长期发展进行谋划而形成的系统构成，具有独特的逻辑结构。发展战略的抉择需要从发展环境及特定的历史条件、战略运行（即实施与执行）、社会效益等方面出发，以大发展观和大思维观进行战略思考，提出所要达到的战略目标以及实现目标需要确立的战略方向与定位。

发展战略是一种系统的逻辑构成，是为今天的现实发展与未来的意想（想要达到的）发展提供内在连贯性的蓝图和桥梁。战略系统表现为对发展目标、发展环境、发展方法（途径）和发展资源进行专业性的深思熟虑，在可行性的范围内创造更有利的未来发展效益。然而，最为重要的是考虑如何利用资源产生对发展的关系，在一个时期的特定环境下实现意想的最佳效果。战略系统构成就是确定发展目标，制定发展途径与方法，配置发展资源，进行国内整合，参与国际合作与国际竞争，实现发展的整体效应。在理论上，发展战略具有目标、方法和资源的范式，并需通过检验其适用性、可行性和接受性，表现为强烈的战略思维，具有自身的系统与内在逻辑结构。

第一节　战略系统与逻辑概念

现代系统科学的发展为人们对系统与逻辑分析提供了更强有力的辩证认识，已经将系统概念与逻辑概念紧密地联系在一起，分析发展战略的系统构成与逻辑结构。系统是由若干要素并通过若干稳定联系而形成的一个具有质的特性和功能的组织体，表现出内在的逻辑性，即结构的特征。因此，要素、逻辑、结构、系统是现代科学研究和应用中产生出相互补充、相互衬托的概念组合。要素的相关性、逻辑的内在性、结构的动态性、系统的整体性，以及对其调节和控制的认知已形成科学的系统论原则和逻辑分析方法。

系统论原则与逻辑方法现在已得到广泛的应用，已经成为科学思维不可缺少的一个范畴。系统是由一定数量并相互联系的要素所组成一种复杂的结构整体。任何事物对象都可以说是一个复杂的整体，大到宇宙天体和人类社会，小到细胞分子和原子，都是基于一定的逻辑结构，都是相对地自成系统，如生产系统、运输系统、通讯系统、管理系统、军事系统、外交系统等等。任何客观事物和过程既自成系统，又相互成为大系统，组成统一的客观世界，形成社会或国家发展的整体。然而，逻辑结构形成的系统性与整体性不等于各要素简单相加的总和，如一个部门发展的功能和属性相加不等于一个国家发展的功能和属性。因此，任何事物的整体性是通过相互联系的逻辑而展现出结构的特征，而且是一个相互关联变化的有机系统。

战略系统是一个具有整体性与互存性的概念，并形成内在的逻辑结构。在科学研究中，一定的系统与逻辑内容代表了某一科学领域对某一事物的认识水平。这种认识水平，即系统与逻辑的具体含义，总是在人类历史发展的长河中不断更新和不断升华。战略系统与逻辑是一对互相伴生与作用的概念，而战略系统中的要素不是孤立存在，是以一定方式联系在一起，甚至出现变化多端和错综复杂的联系。然而，战略要素必有相对稳定又相互作用的联系方式存在，以此规定出战略系统具有整体的和内在的关联特性，即称之为逻辑。因此，任何战略都有其特定的系统与逻辑结构，战略的形态和性质不但取决于其组成的系统，也取决于其相互联系的逻辑结构。

系统与逻辑的本身涵盖对战略进行分析的涵义，是从此两方面认识战略的重要方法，可以对战略进行深入分析和了解。系统分析则是把对战略各个部分、阶段、属性等局部性认识在思维中结合起来，探求各种单纯要素之间的复杂联系，再现战略的多样性与统一，把握战略整体的品质与特性。逻辑分析是在思维活动过程中把战略的各个部分、阶段、属性，区别本质的和非本质的、偶然的和必然的各种要素，即确定构成战略的要素关系。实际上，系统分析与逻辑分析是不可能分割的，是人类思维过程中的两个方面与环节。系统分析可以在逻辑分析过程中逐步实现纲举目张，就此意义而言，没有逻辑分析就没有系统分析。况且，逻辑分析又可在系统分析的基础中进行更精细准确的分析，可能探寻新的结构特性，在这种意义上说，没有系统分析也就无精准的逻辑分析。综观人们的思维过程可以发现，系统分析和逻辑分析两者永远是密切交织在一起的，系统分析与逻辑分析贯穿于人的整个思维过程，并且在人的社会实践过程中得到充分的运用。

发展战略就是一个系统整体，是“由相互作用和相互依赖的若干组成部分结合的具有特定功能的有机整体”①。发展战略与一般实体系统不同之处，在于其以全局性和长远性谋划的系统整体。因此，发展战略的研制（即“研究与制定”）需要运用现代系统论原则的思想，分析发展战略系统中的要素与逻辑结构。

发展战略的要素与逻辑结构运用现代系统论原则进行分析就是一种具体的科学工作程序，是一个有目的有步骤地探索和思考过程；借用现代科学的手段和方法，对发展战略的目标、功能、环境、资源、效益等进行充分的调查研究，收集分析和处理有关的数据和材料，据此建立可行的方案和规划（计划），甚至创建必要的模式，进行仿真试验；并把调研、试验、分析、预期等各种方法得到的结果进行全面比较和系统评价，最后整理成完整、正确可行的综合报告或材料，以作为决策者选择最优系统方案的主要依据。发展战略要素与逻辑结构的系统分析就是在充分的定性认识，即

① 钱学森等著：《论系统工程》，长沙：湖南科学技术出版社，1982 年版，第 10 页。

质的分析前提下给出要素及其联系方式以进行必要的定量分析，并在此基础上进行综合给出系统的整体性结果，再螺旋上升到新质的逻辑结构水平，形成定性与定量相结合的认识过程，不断推进发展战略的完善，实现国家及社会的持续发展。

第二节 战略构成的要素与逻辑结构

发展战略的要素是影响和决定战略对象发展的全局性谋划的基本组成部分，并构成全局性的架构体系。这种全局性谋划的要素亦称之为战略要素。早在军事战略领域，把战略要素分为精神要素，即军队士气与素养等；物资要素，即军队的数量、编制、各兵种比例等；地理要素，即制高点、地形、河流、道路和森林等；后勤要素，即军需保障与供给等。关于发展战略的要素从不同的角度一般可分为三类：（1）战略的环境要素：经济、政治、社会、科技、文化、资源等；（2）战略的内容要素：战略思想、战略目标、战略计划与措施、战略步骤等；（3）战略的抉择要素：领导要素、组织要素、智力要素、情报要素、方法要素等。虽然发展战略系统构成的要素需要进一步的深入研究，但实际上，影响发展战略系统构成最重要的要素包括战略的总体思想、总体目标、内外环境、方法与实施(包括措施与步骤)、资源配置。这些要素显然是决定全局性与长远性的谋划，以及影响到实施和成效，体现出发展战略的基本要求与特征。发展战略系统构成的要素与逻辑结构可以从不同的角度进行分析：（1）发展战略必然包含各种要素相互作用的内在逻辑，并形成立体网络的框架结构，以及战略系统在动态变化中形成要素链条的时空逻辑结构；（2）发展战略由于对象性质和规模大小的不同所形成的层次性的逻辑结构。

一、战略要素的时空结构

发展战略系统从战略对象方面说，是由各种要素相互联系而形成的立体网络逻辑结构，诸如，经济系统是由第一、第二、第三次产业诸要素构成的逻辑结构，城市系统是有其经济活动、社会活动、基础设施等方面诸要素构成的城市逻辑结构，企业系统是由劳动、资本、技术及管理等方面诸要素构成的生产与经营逻辑结构。发展战略系统在各要素相互促进而形成互为因果的发展链条，表现为从过去到现在并走向未来的动态发展的时空逻辑结构。简言之，发展战略系统具有系统与要素、系统与环境、从过去到现在并迈向未来构成的时空逻辑结构。

实际上，发展战略与时空有一种共生的逻辑关系。发展战略效应的一个关键因素就是时空演进的逻辑结构，认知发展战略的持续性，即过去、现实和未来（意向）的效应聚合。发展战略必须是以过去为基础，现实为主干，作为未来的桥梁。发展战略在制成过程中必须考虑到过去，认识战略系统中的要素在以前的相互作用与历史。发展战略如有违背过去经验和其社会文化历史的特点，是不可能取得成功的。战略决策者或战略家要依据目前的战略环境从较长的过去时段来清晰地透视和推断可能的未来，力图构建更加有效益的现实发展战略。战略的具体行动在什么时候实施也是至关重要的。如果时空历史的选择是正确的，那么比较小的行动可能有很大的战略效应。如果时空选择是错误的，结果一定要采取很大的努力和使用更大的成本（以有形和无形资源衡量），或产生令人失望的结果。战略要以历史和未来的视野确定发展的连续性和互动变化。历史的时空逻辑要求对未来提出问题的分析，对未来选择的有效结果进行透视。未来时空逻辑要求认识变化的可能性与机率，确定战略行动与时空的选择。现代系统论已表明战略系统具有逻辑结构的状态特性和时空特性，即“整体大于各个独立部分的总和”，系统整体性揭示了发展战略系统在逻辑结构上所表现的各种时空效应。

（一）累积效应

依据时空逻辑，发展战略具有累积的性质。发展战略的效应是累积式的，一旦形成累积效应，就成为对连续性和变化起作无限的功效。发展战略可从不同的透视中分析累积效应。首先，发展战略的实施是为战略的累积效应创下了连续性的基础。这种实施就是累积效应的过程，发展战略不管成功与否都会产生效应，不是正面效应，就是负面效应。其次，发展战略实施后所产生的效应，将累积成为战略环境中变化与互动结构的组成部分，其后果必将对任何未来新的发展战略产生进一步的影响。其三，发展战略是从一种层次的角度进行累积。发展战略的成功是各层级战略和各层级计划及其相互作用的聚合，而累积效应经常超越各部分的总和。然而，一个层级战略的努力价值可能会受到另一层级战略的负面影响。不同层级的战略相互作用和累积效应都会影响到高层级战略和低层战略的实施成功。

（二）增大效应

由于协同作用，发展战略系统与逻辑结构大于其各个部分组成的总和，整体效益大大增强，甚至成倍或成百倍地增长。规模发展效益得益于发展战略系统的整体效益的增大效应。

然而，发展战略系统内某一部分或局部优化，并不一定表现为整体优化，有时某个局部的优化不一定是完全的自身优化，可能以损害整体和其他部分的效应。因此，战略整体优化要求其组成部分产生更大的功能行为，即局部优化时的效应增大。诸如，同样的资本在不同的环境下投资，同样的公司在不同的规模市场经营，都会产生大不一样的效应。实际上，增大效应要求局部优化功能体现出整体效应。只有局部优化形成了整体效应，局部优化才能产生增大效应。

（三）辐射效应

发展战略系统的空间结构对战略环境产生一定的辐射作用，亦称为辐射效应。这种辐射功能的大小，取决于发展战略系统的功能优劣。无论国家、城市、地区和企业的辐射功能一般不在于其规模大小，而在于其发展战略的决策和实施是否成功。

发展战略系统在优化的状态下，选择相关的发展项目与计划以激发战略系统内其他要素或组成部分的发展，也就形成发展的辐射效应，或称为连锁效应，即出现“牵一发而动全身”的效应。战略系统的辐射或连锁效应是发展战略逻辑结构功能的一种重要表现。如果战略抉择失误，以一种发展项目冲击另一种发展项目，就会使发展战略系统出现失衡的紊乱状态。

（四）周期效应

发展战略系统的时空逻辑结构一般表现为动态发展的阶段性和周期性的过程，在时空上呈现出功能性的有序状态，一步一步地、一个阶段和一个阶段地接近战略目标。

发展战略系统由于着眼未来，在时空结构上表现出战略远景目标的周期效应。战略目标不只是追求近期或立竿见影的效果，必须是以长远利益和整体利益为目标。人类追求的持续发展就是周期效应的战略目标，发展战略就是要保持一代人与一代人的效应，不顾后代人利益的战略目标必将给人类社会带来无穷的后患和灾难，甚至是毁灭。

认识和把握发展战略系统的时空逻辑结构，就在于人们不仅直观到了局限在狭小范围内变化效应，而且感知到了宏观的整体效应，从现实的时空角度已观察到的未来发展的深远影响。

二、战略系统的层次结构

发展战略系统构成决定战略层次逻辑结构。发展战略系统具有不同的等级层次，亦分为宏观战略、中观战略和微观战略，而战略要素也分为不同层次结构。依据发展战略的性质，战略要素系统一般可分为三个层次结构。

（一）战略宏观要素

全球、国际、国家的发展战略称为宏观发展战略体现战略宏观要素。依据发展理论和运用系统论及运筹方法，战略宏观要素决定全球规模、国际规模和国家规模的经济、社会和科学技术等发展的方向、目标、计划和项目。

（二）战略中观要素

区域、城市和产业部门的发展战略称之为中观发展战略体现战略中观要素。依据国家宏观发展战略的基本要求，结合地区或部门的特点，制定出具有特色的发展目标计划，设计可行的项目。中观发展战略是国家发展战略的补充和扩展。

（三）战略微观要素

公司（企业）、机关或乡镇的发展战略可称之为微观发展战略，其范围和规模较小，内容较简单。但微观发展战略是构成国家发展的基础和社会活动的细胞，对人的发展具有极其重要的和直接的影响。以公司（企业）发展战略来说，现代化大生产要求公司对市场预测、研究开发、产品试制、生产加工和经营销售，形成统一的整体。公司（企业）发展战略正确与否不仅决定着公司本身的生存，而且影响着整个宏观发展，俗称微观不活，宏观也不会有生气。

在发展战略的制成过程中，宏观要素、中观要素和微观要素是相互依存、相互影响和相互作用，形成系统的层次结构。宏观要素是对中观和微观要素的变化起到主导的功能，而中观和微观要素对宏观要素起到基础影响的作用。

发展战略系统所具有的整体性原则要求综合思考，以层级逻辑结构进行透析。从不同的或特殊的角度研制发展战略时，必须思考整个战略环境，分析战略各个层级的外部与内部因素和战略的横向与纵向整合的一体化，还须认知各层级的每个方面、目标、方法和资源都有对其环境的影响，才能达到为发展目标服务的有效战略。因此，对发展战略必须具有全面的认知，战略环境正在发生什么，在战略选择中上层级、下层级和同一层级所产生的潜在影响或效应。发展战略的整体性地思考，既要认知“大图景”，发展运行的机制，又要认知组织能力和资源，以及战略行动对整体环境的影响。发展战略决不是表现为支离破碎或相互隔离，而是非常复杂的整体性层级结构。此外，发展战略系统的整体性逻辑关系要求追求的发展目标、实现目标的方法和可用资源之间的平衡，在其层级结构中寻求效益。在制成战略的过程中，目标、方法和资源在数量与质量，内部和外部都是一致的。在质量上，发展战略要求使用适当的国家权力与资源实现理想的目标，审视质量，达到的目标是否产生了战略效应，而战略效应是否能证实选择的目标、使用的方法、要求的资源和引发的社会与政治成本。国家发展战略确定国家层级使用国家发展方法和资源适应国家发展战略目标。国家发展战略受到国家利益的约束，受制于质量问题，但国家权力不能逻辑地要求发展战略去做所不能完成的事情，尤其缺乏资源——这是一种数量关系。以同样的方式，一个部门或地区发展战略要有适当的战略层级的目标，开发部门或地区的方法和使用分配到的资源，以足够的数量在发展战略中起到作用。在一些情况下，发展战略的方法可能包括权力和能力的集合，资源就可能获得。在所有的情况下，发展战略必须通过对质量与数量关系的思考实现可接受的和合适的平衡。

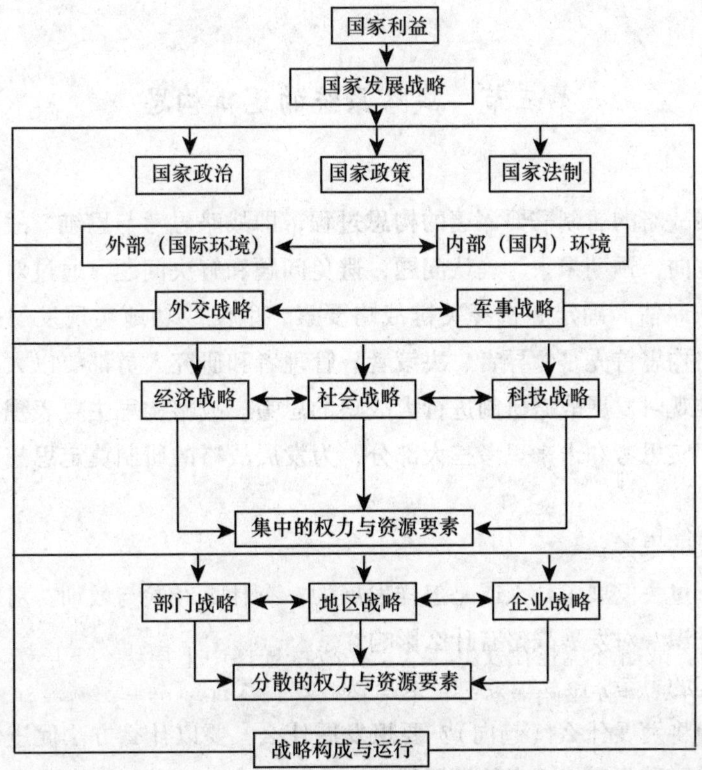

发展战略层级和发展计划是不同的，但相互关联，因为战略与计划都有分层等级性和综合性。然而，计划方法实现计划目标，不能升级为一种战略层级，即使计划目标对发展战略的累积性产生积极作用，或计划偶然产生直接的战略影响起到积极作用。

战略目标和方法在发展战略系统内具有一种逻辑的相互关系，而且在战略层级结构内也有逻辑的关系，这种逻辑关系表明必须要有适当型式的资源和充足的资源数量。因此，目标、方法和资源要有协同平衡性，战略才能达到适应性、实用性和接受性，目标的实现才能以可接受的成本达到理想的战略效应。

发展战略具有内在的逻辑可以认知和运用。这种逻辑服务于独特的目标，运用战略方法，有效配置资源。好的战略是以战略环境的正确认知和分析为基础的，虽然承认未来不可能精准预测，但要相信是可预期的，可以形成有利的条件创建明智的战略效应。

第三节　战略系统的逻辑构思

发展战略的研制需要深邃的构思过程，即战略思考与思维。战略构思是明确方向，预期未来，确认问题，避免问题和解决问题，通过对战略环境的特殊评估，确定和选择关键战略要素，以便成功地实现发展战略目标。战略构思首先是领导者、决策者、管理者和研究人员都要以大发展观和大思维观对发展战略研制进行大战略的思考。战略构思主要表现为历史思考、现实思考和未来思考三大部分，为发展战略的研制奠定思想和理论基础。

历史的思考：

分析过去发展了什么或是怎样发展的？有什么经验与教训？对发展有什么新认识及对发展战略有什么影响？

现实的思考：

认为将发展什么（趋向）？要想发展什么？要以什么方法促进创新发展？要采取哪些直接现实的发展行动？

未来的思考：

如何进行发展战略抉择？制成什么样的发展战略？怎样实施发展战略？发展战略要取得什么样的绩效？

发展战略构思需要经历系统的过程。

一、战略情报搜集

战略情报搜集亦称战略情报研究与分析，是制定发展战略的基础。情报搜集包括经济、技术、社会、市场、政治、法律、伦理等七大基本领域，主要是揭示过去已发生的变化；指明现在正在发生的变化；探寻未来将要发生的变化。

当今，伦理方面的变化日益引起国际社会关注的重点，也成为情报搜集的重要内容。伦理涉及发展过程中的“绿色”问题，即环境保护，而且还包含社会的正义，对肤色、文化、宗教、种族、性别或年龄的公平对待。

二、战略能力评估

战略能力评估实际上是发展战略的定位，主要明确发展的强势与弱势，指明相对于竞争者所具有的优势，确定发展战略对国家和民众带来的利益。战略能力的审视包括三个方面：（1）士气与意志、习俗与风气、声誉与诚信；（2）科学与技术、管理与监督、智力与人才；（3）资源与物资、运输与通讯、机械与设施。从中期和长期着眼，对发展问题和机会产生的影响，依据这三个方面和九项内容，各自的变化进行战略思考。

三、战略认知和战略预期

战略认知就是对战略情报搜集和战略能力的评估结合，从中窥视出发展的问题、挑战与机会。

战略预期是面对问题、挑战和机会的思考，要进行什么样的发展与改变，而且通过发展又将发生什么，深邃地预视对竞争与市场、对国家与社会将产生什么影响。战略预期需要思考下列问题：采取的发展行动能够充分利用机会吗？能保持发展的地位（国际或国内市场）吗？在未来 10 年将获得充足的人力资源吗？资源与资金来源的未来变化怎样？竞争是否更加激烈，是否保持长远的竞争优势？技术发展是否能保持未来 5 至 10 年的竞争优势？对市场需求是否能做出及时的反应，并能满足需求？目前发展的分析是否反映了社会文化方向？这些问题有了深邃的战略认识，才可能获得较好的战略预期。

四、创建战略愿景

战略愿景是想要达到最终的最佳状态，包括三个方面：创建未来乐观的视野；确定有希望的战略方向；设立具有激励性和里程碑意义的目标。通过系统的思考，建立实际的、合理的和可行的而鼓舞人心的发展战略愿景与目标。没有一个伟大的梦想和意愿，什么伟大的事情都不能实现。但只有伟大的梦想是不够的，必须要有实现的工具——关键资源、关键技能和对其进行部署的关键行为者，对理念和变化进行创造性思考并提供更多的选择。

五、进行战略决策

战略决策是评估每一种选择的竞争力、可控性、兼容性、可行性、影响和风险；将其中一些战略选择与相关人员进行讨论；判断客观事实，进行最终决策，制成发展战略。战略决策是对战略要素进行分析与整合，形成协同效应、建立持续的竞争优势和战略优势，确立激励的方向和目标。

发展战略如果是一种全球性的战略需要进行九个方面的思考：（1）建立经济（或发展）规模；（2）建立全球形象；（3）开拓全球创新；（4）降低成本（广义的成本概念）；（5）避免关税；（6）接近客户（对象）；（7）选择；（8）定制；（9）合作。全球战略是不同于一个国家市场战略，是利用全方位的世界视角进行创造性思维，并且为战略目标促进创新的可能。作为全球战略，在一个国家的竞争开发被认为与其他国家有着系统的关联性。

全球战略要着眼于产生全球增长和全球效益；全球决策着眼于选择目标国家，在标准化和客户化之间选择；最后以各种方式的结合为基础形成全球战略。全球战略表现为高信誉、高质量和高创新。

全球战略的构思最重要的是建立持续竞争优势，且需要经过三种战略思考：一是在哪里竞争？（竞争地方，竞争领域）二是怎样竞争？如何竞争？（竞争方式，竞争手段）三是凭什么竞争？有什么能力进行竞争？（竞争优势，竞争能力）

发展战略乃是谋求全局的整体性发展，必然具有内在的逻辑结构和动态可调节的有机系统。因此，发展战略作为一个完整的运筹系统，是整个国家（社会）大系统在相当长一段时期内活动的蓝图。

第十九章／发展战略环境分析

在全球化不断扩展和深化的当今，任何国家发展不可能封闭式和单独地进行，必定要受到内部和外部环境的制约，内外环境的状况决定着发展战略的成败。内外环境要素的变化一般是通过市场——无形的巨手，影响着发展。因此，发展战略的制成必须要考虑国家所处于的环境，在世界范围内所处的位置，国内和世界市场的发展趋势，进行科学的战略抉择，才有可能引导在大环境中谋发展，在全球竞争中获得以小胜大，以弱胜强。

环境要素与条件的变化对发展战略的性质和战略目标的定位有着巨大的影响。因此，识别和评价环境要素的变化（机会与威胁）可以使发展战略能够明确任务，设计实现长期目标所需要的规划和途径，实现年度目标所需要的方针和方法。当今全球环境正日趋复杂化，这表明现在众多国家的实力迅速增长并积极参与世界发展的竞争。很多国家都在积极地学习、调整、改革、创新，以便成功地参与全球化的发展。在欧洲和东亚，出现了比以往更多的具有竞争力的新技术，经济实力不断增强，美国已不再是全球发展竞争的唯一最强者，发展中国家正在成为世界发展的重要力量。

战略环境可能涉及到战略的不同层级，并具有必然的内外辩证关系，即二元性。国际环境和国内环境表明了这种辩证二元性，产生连续的互动，引发多束效应（multi ordered effects）。理性和非理性的选择，机会和可能性，竞争对手、合作者、技术、地理、自然等都是战略环境的整体组成部分。

战略环境分析是指对发展所处的内外部环境进行分析，以发现促进发展的核心动力，明确发展的方向、途径和手段。战略环境分析是制成发展战略中的首要环节，也是制定战略的开端。战略环境分析的目的不仅是揭示现状，而且是展望未来，这是制定战略的基础。发展战略是根据环境而制成，是为了使发展目标、环境变化和发展能力实现动态的平衡。

第一节　战略环境的性质与影响

发展战略的战略环境是由战略主体（国家或地区、部门或公司）内在的和外部的、现实的和未来的各种要素构成复杂大系统。因此，战略环境主要是分析决定全局性和长远性谋划的战略要素，而且分析环境要素相互关系的影响。战略环境要素分析可以大致地分为六类：（1）经济水平与阶段；（2）社会、文化、人口；（3）政治与法律制度；（4）自然资源状况；（5）科学技术特点；（6）竞争能力。

战略环境分析又称环境审视（environmental scanning），是发展战略的基础，并贯穿于发展战略研制的整个全过程，对于确定发展方向与目标有着重要的作用。发展战略作为开放性系统不仅受到环境变化的制约，而且环境在一定条件下会产生决定性的影响；同时，发展战略的调整也会对环境产生辐射力和吸引力的效应。环境要素构成发展战略系统的基本条件和约束条件，又影响着战略系统的功能行为，并可能直接作为战略资源而输入到发展战略的系统中。战略环境要素分析的重点是变化的趋势与事件的影响，诸如日益变化的国际形势和国际竞争、人口的转移与迁徙、日益老龄化的社会、信息化社会的变化等等。环境要素分析揭示发展战略所面对的主要优势与劣势、机会与威胁，从而确定适当可利用的战略机会，避免威胁或减轻一些威胁的影响。因此，战略环境要素分析认定发展的内部与外部环境要素，才有利于选择适宜的和科学的发展战略。

环境要素影响分析的目的在于确认发展战略的“有限”性，怎样使发展获得效益的机会和应当避免的威胁。正如“有限”一词所表明，环境分析并不是要列举无穷多的影响要素，相反，只是要确认那些关键的、值得做出反应的变化因素。通过确认可以利用的机会或减轻潜在威胁的要素，发展战略就能对这些要素做出主动性或防御性的反应。发展战略制成所决定的问题包括如何开拓新领域或新产业，淘汰或放弃何种产业，如何进行资源配置，是否扩大发展或进行多元发展，如何扩大国内市场和进入国际市场，如何加强国际发展，如何防止世界危机的冲击和影响，如此等等。

任何国家不可能拥有无限的发展资源，发展战略制成必须确定在可选择的资源环境中，哪一种战略能够充分合理地利用资源，促使资源对发展获得最大效益。发展战略制成将使资源环境在相当长的时期内适应特定的社会需求、产业、市场和技术的发展，才能确定发展的长期竞争优势。战略决策者要以最远大的眼光审视和预期发展战略的成效及后果，也要合理确定实施发展战略所必须拥有的资源环境。

发展战略必须适应环境的变化。战略研究、制成、实施与管理过程就是要连续不断地注视外部和内部发生的事件与趋势，以便必要时做出调整，而且对发生影响的外界变化的速度与规模更要引起关注。为了发展，必须要能够做到敏捷地认识环境的变化，而战略就在于使发展能持续有效地适应环境的各种变化。

同以往的年代相比，现代世界环境中的一个更为突出的特征是“变化”（change）成为唯一不变的事物。发展的成功需要能够有效地适应变化，不断地调整战略系统与发展机制，以避免或减少遭受“变化”的冲击，在激烈变幻的世界环境中立于不败之地，能持续发展与繁荣。

信息技术和全球化趋势是改变现代经济与社会的外部条件。虽然在政治版图上，国家间的边界还同以往一样清晰，但在显示金融与工业活动的竞争版图上，国家间的边界已在很大程度上消失。[①] 信息的快速流动已冲破国界，使世界各地的人们亲眼看到了其他人是在如何生活和工作。越来越多的人到国外旅行，日本仅 1 亿多人，每年就有 1800 多万人出国旅游，中国每年就有 5000 万人次出国旅游。据联合国世界旅游组织报告，2013 年全球旅游人数 10.87 亿人次，预计 2020 年将达到 14 亿人次，2030 年将攀升至 18 亿人次。人们更多地喜欢迁徙（或移民），德国人向英国移民，墨西哥人向美国移民，中国人向加拿大和美国移民，等等。据联合国的报告，全球移民人数从 1990 年的 1.54 亿迅速增加到 2000 年的 1.75 亿，2013 年全球移民人数达到 2.32 亿。从全球竞争的视野来看，在很多产业中，美国公司已开始沦为二等竞争者，美国已不再能够轻易地战胜外国竞争对手。全球化已经开始促使人类进入到一个没有国界的世界，其成员是全球公民、全球竞争者、全球用户、全球供应商和全球销售。为了适应环

---

① Kenichil Ohmae，“Managing in a Borderless World”，Harvard Business Review，67，No. 3 May-June 1989：p. 153.

境的变化，发展战略必须要明确朝着什么方向发展，发展的产业或领域是否正确，发展目标是否需要调整或修改。

世界上不同的国家拥有不同的环境要素，表现为不同的竞争优势与劣势，一些国家如巴西，拥有丰富的自然资源，而墨西哥则可提供廉价劳动力；另一些国家如日本，对教育高度重视与投入，促进科技开发，又有另外一些国家如美国，则富有创新和企业家精神与能力。不同的国家为发展战略提供不同的资源与环境要素，而且全球化过程使不同国家利用其优势在全球发展中形成“发展链”（Development Chain）。越来越多的国家正在将其“发展链”的不同环节在世界各地进行重新配置，以充分利用各国所具有的特殊优势，为其自身发展服务。发展战略就是要充分发挥其优势，避免其劣势，在全球化过程中发挥其竞争优势，并形成其有效的“发展链”。

有利环境要素是产生优势的基础，但有利要素与发展优势不能完全等同。发展优势有过去历史的优势，有现实的优势，有潜在的优势，也有未来经过努力才能出现的优势。某些有利要素，由于种种原因的影响，当前尚难于发挥作用，那么这些有利要素就只能是一种潜在的优势，而不是现实的优势，不能构成为发展的资源。如光、热、土地或矿产资源拥有量是很大的，但如果在一定时期内没有能力对其进行开发利用，那么这些丰富的自然资源只能看作是发展的一种潜力，是有利的条件，可能成为未来的优势，还不能视为现实的优势，不能把其作为发展战略抉择的依据。

第二节　战略环境中的“势”

战略管理学家乔治·素尔克（George Salk）曾说，如果你没有竞争对手走得快，你便处于弱势；如果你比竞争对手慢一拍，那就是你已经被淘汰出局。

发展与竞争的奥秘就在于以己之强，攻他之弱。发展战略的环境分析的目的就是识己之长，补己之短，才能促己之发展，战胜竞争对手。

一、内部环境的优势与劣势

内部环境分析涉及发展战略的功能和作用、社会对发展的需求、目前本国发展水平和条件等分析。任何国家发展战略的成功主要取决于国内四种决定性要素：（1）在特定的技术领域具有的优势；（2）本国的大量需求；（3）本国相关的支持产业；（4）国内的强烈竞争。[①] 本国的竞争应该是有序的市场竞争，就会有效地刺激各产业和部门的发展，发展战略应积极采取能够使其发展有效地利用本国相对优势的战略。

发展战略环境要素分析首先是内部环境分析，所具备的优势和潜在的劣势。内部优势（internal strengths）和内部劣势（internal weaknesses）是发展战略可控制的要素，是可以很好地被利用的，当然也可能被利用得很糟或很坏。识别和评价战略优势与劣势的过程是制成发展战略中的一项基本活动，发展应努力采用那些能够利用内部优势和弥补内部劣势的战略。优势和劣势是针对战略竞争相对而言的，是发展的重要战略信息。优势和劣势又是现时发展存在的状态或情况的科学分析与判断，例如，优势可以包括资源的占有，或科学技术的领先占有，或文化的特征和社会结构及组成。

发展战略讲究的是竞争的优势与劣势，寻找他弱我强的地方下手，或是在他强我弱的地方防范及补救。优势是相对而言，相比较而存在的。优势总是相对与劣势来说的，而且总是在比较中才能辨别。脚踏实地深入研究发展的实际情况，正确认识发展的优势与劣势，是发展战略抉择的基本出发点。确定发展战略的优势与劣势，通常需要内部比较分析。

内部分析即国家和区域内比较分析。对影响内部发展的各种内在要素，各种资源、各种条件，进行全面的分析、比较，以明确哪种要素、哪种资源、哪种条件对内部发展的作用最大，就是优势所在。对各种资源、各种条件进行比较分析时，要具体辨析其对内部发展的有利方面或不利方面，甚至是不是限制性的要素。在各种有利要素中再进行筛选，优中取优，看筛选出来的优势条件是否特别有利，对发展的影响程度如何。在对

---

① Michael Porter, Competitive Advantage of Nations, Planning Review, January-February, New York: Free Press, 1989.

资源、条件比较分析时，要注意可变性和转变的条件。例如，在以水运为主的时代，河流水域是一大优势，是发展农业、渔业、水上交通的有利要素。然而，转入以汽车等陆运为主的时代，稠密的河流反而成了陆运的障碍，成为一种不利要素。

一个国家拥有各种各样的优势，但最重要的有以下四种：

其一，区位优势。区位优势是一个国家与其他国家或国际相互关系共同作用的结果，也是与其他国家相比较所具有的优势。若一个国家具备了对其发展的有利条件，如靠近国际贸易中心，濒临海洋且有优良港口，易达性强，对外联系方便等，该国家便具有发展的区位优势。但区位优势是一个综合性概念，单项优势可能难以形成区位优势。区位优势是由多种因素决定的，包括贸易条件、政府政策、市场特征、自然资源、劳动成本、工业聚集、生产水平、地理位置、交通以及原材料的可供性等。同时区位优势也是一个发展的概念，随着有关条件的变化而变化。

其二，资源优势。一个国家内的水、土地、光热资源、矿产资源、劳动力资源的丰富程度及其组合状况，对发展方向、目标和开发重点以及国家的地位都有着决定性的影响。自然资源富集的国家，在国际竞争上无疑具有天然的优势。资源优势还需要合理开发与利用，不至于损害生态环境，才可能保持长久的发展优势。

其三，技术优势。世界市场上的竞争不是依赖于成本或价格，而是取决于所拥有的先进技术。这种技术或许是本国的传统，或者是从国外进口，或许来自本地的研究开发。技术优势通常体现在生产设备与工艺、劳动力技术素养、新技术的掌握程度等方面。拥有独特的技术，便可以生产出外国难于生产的商品。如果自然资源比较匮乏，但有先进的技术优势，也可以生产出低成本、高品质的商品。因此，技术优势必然带来品质优势，从而形成商品优势。

其四，产业优势。产业优势通常是由其产品质量优势、品牌优势和规模优势构成的。市场的商品或产品都有高、中、低等不同的品质等级，若是商品的质量与性能特别好，且被消费者认同，各种公开测试以证实该商品优良，这种商品就可以拥有品牌优势。知名度高的品牌，在市场上的竞争必然比较顺畅，市场规模就可以扩大。而相应地，知名品牌商品的规模生产又会是该商品具有成本优势，进一步推动商品市场规模扩大，市场占有率提高，这样就可能形成产业优势。

任何国家的发展优势可能表现出很多种类，凡是某种资源、技术、商品、品牌对发展有利，而且相比其他国家又较强，都可以列为优势。反之，则属于劣势。

二、外部环境的机会与威胁

外部环境要素分析中有两个关键术语：外部机会（external opportunities）和外部威胁（external threats）。外部环境要素分析就是国际环境要素分析，或全球环境分析，包括国外发展的水平，国外发展的经验与教训，国外发展战略的影响等分析。发展战略制成的一条基本宗旨就是利用外部机会，避免外部威胁或减少外部威胁的影响。这种研究、收集和吸收外部信息的过程被称之为“国际环境审视”，涉及到经济、社会、文化、人口、政治、法律、环境、技术和竞争等方面的事件与趋势，直接或间接影响发展战略的制成和实施的效应。因此，监视、识别和评价外部的机会与威胁是发展战略成功所必需的。发展战略的制成要将外部环境的机会和威胁基本上设计在可控制的范围内。计算机革命、生物技术、人口迁移、价值观和工作态度的变化、太空开发、可再生资源以及国际竞争等等，都是发展战略面对的机会与威胁。这些变化都可能产生新一类的发展机会，形成新的发展领域，进而产生人类社会对新类产品和服务的需求。

外部环境要素分析的重要方法就是国际比较。国际比较是各国之间的比较，清晰地辨析出强势、弱势和劣势出来。在比较时应将本国可能成为优势的有利要素或认为优势的条件，同周边国家和发达国家进行比较。只有当本国有利要素、优越条件比其他国家更有利，优势更加明显，或在比较中处于前列时，才能算作优势。在国际比较时可能出现这样的情况：拥有经济发展的许多有利条件，但这些条件进行国际比较时，没有一条是最突出的，哪一项也不能单独作为发展的优势。然而，这些突出的各种要素与条件聚会在一起，可以相辅相成，共同为某一领域或部门的发展创造优良的环境，构成明显的整体优势。各种要素与条件聚合所产生的优势被称之为“聚合优势”。

当今国际环境正日趋复杂化，这表明现在众多国家的实力迅速增长并积极参与世界发展竞争。从全球发展的视野来看，在很多发展领域中，美国决不缺少技术，而缺乏将新技术商业化的创造力。日本获得强大工业力量的主要原因在于，利用基本技术创新产品方面领先于世界，但严重缺乏资源。因此，诸如美国和日本存在的问题被视为其他国家发展的机会。当今，越来越多的国家都在积极地学习、调整、改革、创新，以便成功地参与世界发展竞争。

第三节　未来战略环境的预测

发展战略是面对未来的决策，是要预测或预估未来的趋向，更重要的是预测未来的优势与劣势。未来环境的变化是发展战略的时间要素，是影响发展战略成效与趋势的重要因素。发展战略是面向未来，把未来环境要素纳入到发展战略的决策与制成之中，意味着必须以未来环境的变化和预测作为发展战略制成和研究的前提。未来环境要素预测包括内部与外部环境要素结构变化与趋势，对发展战略实施可能带来的影响及后果。未来环境要素预测最重要的是善于科学地评判出一系列可能出现的不同环境的未来景象，判断其对发展战略可能产生的作用与影响，甚至可能产生的风险与危机，不同发展战略的方案与措施将会可能出现的景象，如此等等。因此，未来环境要素的分析需要考虑未来可能出现的一切情况，发展战略可能遇到的一切问题与风险，只有对未来环境因素进行科学的预测，才尽可能使国家在未来发展中立于不败之地，或者在没有先例的状况下一旦出现问题后，也有预先周密思考的应变方案而采取紧急行动。未来战略环境预测是提升战略能力的重要基础。

发展战略的环境要素从某种意义来说是客观的，是不以人的意识为转移的，在通常情况下较难发生根本性的人为（主观）变化。然而，发展战略的主体（国家或公司等）要想发展必须努力创造条件，使战略环境不断向着有利于发展提高效益的方向变化。环境要素的变化会影响发展战略的性质，决定着战略的方向和战略目标的定位。因此，识别和评价未来战略环境要素的变化（优势与劣势、机会与威胁）可以使发展战略能够明确任务，设计实现长期目标所需要的规划和途径，实现目标系统所需要的方法与资源。

任何事物都处在不断发展变化之中，优势和劣势也是可以转化的。过去的优势，不等于现在仍具有优势。潜在的优势，可以变成为现实的优势。资源的优势，可以转化为产业的优势和商品的优势。有些国家可能即不具备资源优势，也不具备技术优势，但有便利的交通条件，是发展创新所在，开发良好的仓储环境，建设良好的服务设施，就可能成为发展的集散地，获得了发展的优势，从而实现发展战略的目标。然而，优势或劣势的转化，必须具备一定条件。潜在的优势要转化为现实的优势，资源的优势要转化为发展的优势，都要具备一定的前提条件，那就是技术上可能，经济上有利，生态上允许，整体上适宜。在战略抉择中，既要能识别发展的优势与劣势，认知优势和劣势相互转化的条件，才能扬己之长，补己之短，在制成发展战略中要寻找克服各种不利因素或限制发展因素的突破口，制定好的发展战略，采取各种有效措施，促使各种潜在优势变为现实优势，将有利条件变为资源。

第四节　战略环境分析方法

发展战略无论是在研制还是在实施过程中，都要连续不断地审视外部和内部环境发生的变化，更要重视其变化的速度和规模，并及时做出调整。只有对环境变化能够做到敏锐的认识，发展战略就能有效地适应各种变化。

环境含意是周围地区的条件和情况，其内容十分广泛，包括经济环境、生活环境、文化环境、政治环境、军事环境、科技环境、法律环境、外交环境等等。这些环境要素都是任何发展所面临的战略环境，以不同的侧面或重点呈现并影响着发展的方式。发展战略所面临的环境研究，可以遵循三种方法：总体环境分析、产业（或部门）环境分析和公司（或社区）环境分析。

一、总体环境分析

“总体环境”就是通常所说的各种“大环境”，包括国内大环境和国际大环境，举凡经济、社会、文化、科技、军事、政治、法律、风俗、外交等等。环境是每一个国家、城市、地区，甚至每个企业、每个人不仅要面对，而且所面对的总体环境是同等的，更为重要的是对于总体环境可能难于影响或改变，只能对其审视、认知、适应和利用。然而，作为国家力量（政府能力），在一定条件下可以改善环境的变化，创造环境的有利条件。

总体环境的分析可以从高到低、从大到小分层次进行。

第一，审时度势，了解世界发展变化的总趋势。洞察天下大势，驾驭时代风云。要“发展”，首先必须懂得世界发展变化的趋势及各个国家的对策与战略。当前世界发展呈现三大趋势，即全球化，其内涵就是发展的全球化，任何一个国家或社会的发展不可能孤独一处，而是融合于全球发展的过程之中；世界发展中的一体化与本地化并存，强化区域合作，同时发达国家的技术与资本向发展中国家转移，促进了国际合作；世界发展的重心由西向东转移，发展中国家的发展日益成为世界发展的主流与动力，对世界发展格局的变化日益产生巨大影响。信息化加速了世界发展总趋势的变化，在当今时代，几乎没有一个国家和地区可以与世界隔绝，能挡住世界发展和全球化的总趋势。因此，在制定发展战略时也必须认真研究和认识世界发展格局变化中各环境要素关系，以及全球发展的总趋势。

第二，解析本国发展态势及其在世界发展中的地位，领悟发展全球化的真谛，自觉遵循全球化的规律。发展战略是对外开放性的，面向世界。对于一个国家的发展来说，不仅与世界发展相联系，而且要善于利用国际环境，参与全球化，是国家发展战略取得成功的必要条件。审视21世纪的全球环境与全球化，已经显示出发展战略的开放性并不是狭义国际分工式的委托加工制造（OEM），也不是国际贸易或是运用海外廉价劳工的产业分工，事实上，全球化战略是立足于宏观视野，放眼天下，突破地理或是政治疆界，将全球视为一个大市场（Total Market）。[①] 全球化是时代的特征，是发展的演进，是人类的进步。任何国家都有其独特的发展优势，这是进入全球化成功的基石。认知自己的独特优势与借鉴他人的成功模式，创建自己的技术优势，是实现发展战略成功的必由之路。

第三，分析国际区域发展的环境状况，认知区域及周边的发展关系。研究区域环境，目的在于比较区域的绝对优势和相对优势，分析区域分工中所能起的作用、能力及可以扮演的角色。了解区域及周围发展要素的禀

① 邱义成：《策略圣经》，台湾商业周刊出版股份有限公司，1997年9月版，第293页。

赋状况，分析区域周边的发展结构、发展水平、市场状况，可以更清楚地认识自身发展的优势和劣势，显示区域发展地位和功能。

第四，确定国家与地区或企业的发展功能与关系。国家与地区（城市）和企业（公司）发展更紧密、更直接地联系在一起，各自有其发展功能，在国家发展战略的大系统中拥有自己的地位。然而，国家发展战略无疑是地区和企业发展战略的指导和基本依据。由于地区和企业发展要受到国家和高一层次发展战略的影响和约束，所以在地区和企业发展战略研究与制定时，应该重视国家发展战略目标、战略部署、资源配置，要考虑到增长速度、发展水平、人文风俗、自然环境等问题，其发展目标应尽可能与国家的要求相协调。

二、产业环境分析

美国哈佛商学院的教授迈克尔·波特指出，有竞争力的战略必然出自对决定产业具有吸引力，而且对竞争规则的深刻理解。产业环境分析一般是以国家已有的或预定的主导产业和重点产业来分析其外部的环境，分析其发展的机会、挑战与“威胁”。外部环境的因素有利于某种产业的发展，或者环境因素本身就创造了一些获利或创设其他利益的可能，而国家或地区又具备该产业发展的条件，都可称之为“机会”。反之，如果外部环境中某项因素对产业的发展不利，或者会使该产业的获利与发展停滞，这项因素对国家或地区发展而言，就是障碍或“威胁”。

对于产业外部环境的分析，要掌握有关影响产业因素的变动趋势，而不在于各因素现状本身。因此，产业外部环境的变动，才会产生发展的机会或威胁。如果环境没有变动，那就是维持产业现况，未来产业的发展格局也不会发生什么大的改变。

产业环境分析的项目很多，主要包括：

（1）产业结构分析，探析影响产业发展的各种动力，以及影响这些动力的决定性因素；

（2）生产状况分析，如生产类型、原材料来源、生产技术、成本的附加值、规模经济效益等；

（3）产品状态分析，如产品类型、替代品等；

（4）产品市场分析，如产业的成熟度、销售对象、销售范围、进出口状况等；

（5）产品生产环境，相关联的产业发展及相关技术研究、开发状况等。

三、企业环境分析

企业（公司）环境不能只在极小地域范围予以分析和研究，而且应该具有全球视野，国际和国家视野。企业环境与产业环境似乎相当接近，但却又有明显的差异，其中最主要的差别在于，产业环境基本上是从同一行业的角度进行分析，而企业（公司）环境更多的是单一企业或公司的角度去分析或考察。某一单独的企业（公司）对产业或许有可能发挥影响力，尤其是具有垄断性的企业，但个别的企业（公司）毕竟只是产业中的一小部分，产业通常是由很多不同的企业（公司）组成的。

发展战略环境分析要做到系统而缜密并非易事。环境分析最难处在于资料搜集，必须要有充裕的资料来源，而且各种资料或情报的相关性和重要性以及准确性要都十分重要。错误的情报或猜测性的资料，很容易造成判断的错误。

任何战略环境的变化都可能对战略决策者、管理者和执行者产生各种不同的境况，可能是被动的、竞争的，或合作的。战略环境的变化可能出现多束水平，可能是非线性的，可能威胁现有均势（平衡）或改变战略环境现状。因此，战略环境变化可能引发这样的问题：什么事可做，什么事不可做，其结果是否更好还是更坏，需要新的分析与评判。战略环境的变化可能影响所追求目标的未来预期，决定着发展战略目标的实现是否要进行有关调整，要避免环境变化带来的风险。

第二十章／发展战略目标、资源与方法体系

任何国家处于不同的发展阶段，发展战略目标和使用的战略方法是不一样的。随着国家或社会发展阶段的不断提升，发展战略的目标起点愈益提高，目标要求就会增多，而战略方法更加完善，日益多样化，战略资源会得到更有效的配置，发挥更大的效用。在发展的全球化过程中，发达国家确定发展战略目标的标准更高，涵盖范围更广，不仅主要是经济和社会发展目标，还涉及安全、市场竞争、技术贸易、知识产权、争端解决，以及有关劳工和环境保护，等等。在一些发展中国家由于发展阶段不同，更注重 GDP 的增长速度和投资规模，甚至降低海外投资壁垒和税收等基本权益，以吸纳海外资金与技术，而较少涉及劳工权利、环境保护、知识产权等目标原则。实际上，对于任何一个民族国家，发展战略目标源于在国内外战略环境条件范围内促进和保护国家发展利益的思考。在过去，发展战略主要强调国内战略环境对于发展的需要，而现在，全球化趋势更需要把国内与国际战略环境紧密连接在一起。

发展战略不仅是对发展的认识，而且是把追求发展战略的目标与科学的方法结合在一起，同时要求有效配置资源以实现战略目标。因此，战略目标、战略方法和战略资源在理论上被认为是发展战略的三位一体，具有积极的互动性，对发展战略起着主要的作用。然而，在发展战略制成中，战略目标确定的准确性是最重要的前提，同时，只有实现正确的目标才能产生有效的战略效应，如果确立了错误的目标，服务于目标的资源就不可能产生战略效应。同样，目标正确，方法不正确，就会浪费资源。从发展战略理论来分析，战略目标关系到要做正确的事情，战略方法（包含思想方法）关系到要使事情做正确，战略资源关系到节约成本和扩大效益。发展战略是指导一个国家或社会的整体发展，优化国家资源利用，科学保护

好环境，以更有利于发展与竞争。

第一节　战略目标的性质

发展战略首先要明确战略目标（Strategic Objective），亦称发展目标（Development Objective）。从特定的历史条件和环境出发，依据战略思想确定战略目标，是发展战略制成的一个重要程序。战略目标是发展战略的关键因素，可以定义为发展战略所要完成的基本任务和所要达到或得到的结果，对于发展战略是至关重要的。目标要确定发展战略的方向，有助于绩效的评估，促进发展各部门间的合作与协同，明确发展的重点，并为有效的计划、组织与实施提供方向。战略目标具有全局性、挑战性、长期性、一贯性、合理性和明确性，以及相对稳定性和可分阶段性，是发展战略的方向和终点，是激发人们共同奋斗的旗帜，具有强大的动力功能，也为规范和指导人们的发展活动（行为）提供基础与方向。

战略目标是制成发展战略的“宣言”，明确“为什么要发展”或“发展是为什么”，这一关键性问题。在发展战略中对战略目标阐述清楚，才能更有效地确立战略方向。战略目标的陈述亦称为纲领陈述（Creed Statement），包括方向陈述、宗旨陈述、信念陈述、原则陈述、远景陈述和定义陈述。因此，战略目标揭示为什么要制定发展战略的缘由。确立战略目标不仅是制定发展战略要做的第一步，而且是战略决策者、战略实施者和战略管理者所要完成的真正使命感。

战略目标的明确有助于保证发展战略在整个实施过程中的一致性，确立科学的战略方法，为配置战略资源提供基础和标准，为发展战略建立协调的意识、风气与和谐环境，激发人们参与发展战略的激情，而且更有利于将战略目标转变为适宜的工作（行为）组织结构，包括向战略实施单位分配任务，使发展的战略目标成为具体化，便于管理与控制。

战略目标涵盖现实、短期和远景的目标，表明“要做什么”和“要完成什么”的含义。现实的利益和远景目标都是为有效地激励民众所需要的。战略家、管理者和民众共同参与制定和修改战略任务和远景目标，可以充分体现对未来的憧憬，反映出利益的共同性，使人们的精神境界从单纯的日常工作和活动中得到升华，在新的发展中坦然面对机会与挑战。

战略是以确定目标为前提，没有目标不可能有战略。发展战略目标充分体现出发展战略的决策者对未来发展的构想。战略目标是发展战略抉择的核心内容，是发展战略系统的中心要素。战略目标是战略思想的集中反映，表达发展战略期限内的发展方向和希望达到的最佳程度，并具有相对的稳定性，不能朝令夕改，否则无所适从。战略目标按期限可分短期、中期和长期。短期目标又称近期目标，一般5年左右；中期目标一般以10年为期；长期目标，亦称远期目标，通常在20年以上。发展目标与发展方向具有一致性，发展方向通常是定性描述，而发展目标除定性描述外，还有量的规定。

战略目标确定将阐释发展战略的利益。利益作为理想的最终状态和条件来进行审视，并表明有意的行为与目标政策，对发展战略具有重要的意义。因此，利益体现了战略目标行为和目标政策，需要在发展战略制成中进行特殊的审视。战略目标所体现的利益特殊性必须清晰地表明国家（政府）政策的意图，强调合适的战略要素，促进恰当的战略行为，建立责任、权力和义务。

第二节 目标层次与结构

发展战略目标确定是依据战略指导思想和内外环境分析，而成为战略方案和战略重点确定的根据。发展战略的成功是要达到预期的目标。为了适应环境的变化，发展战略必须要明确朝着什么方向发展，发展方向是否正确，是否需要调整或修改。在明确战略指导思想的前提下，在考虑现实的可能性的基础上，对战略目标进行分解，给出具有全局性的方向意义、激发社会力量的战略目标体系。

战略目标是一个有不同层次和不同领域的目标组成的体系。例如，总体战略目标体系一般应包括总目标、经济发展目标、科技发展目标和社会发展目标，或其他。战略目标要求：一是目标体系的合理设计和指标的选择；二是目标之间的协同。因为不同层次和不同领域之间的目标往往相互冲突，为了实现目标之间的最佳结合，发挥目标体系的总体功能，必须按照一定的价值准则加以协调。在战略制成中，战略目标体系一般包括三个不同等级或层次的目标，即总体目标、具体目标和年度目标，构成一个完整的目标体系。

一、总体目标

发展战略的总体目标或总目标（Goal），即长期性目标，是根据经济现状，社会问题和社会需要和国际的变化确定发展战略的总方向。总体目标的陈述是对发展战略的态度和未来展望的宣言，而不是具体细节的描述。总体目标是发展战略的高度概括，一般使用一个或二个指标参数，加上适当的描述来表达。有时，发展战略只提出方向和奋斗目标，不提出具体的经济指标和其他的指标，如中国政府提出在2020年全面实现小康水平，这个战略目标比较概括、简练，具有号召力和动员力，而稍微抽象。因此，这种战略目标可进一步分为具体一些的目标。

战略总目标的意旨在于明确发展方向，概括追求的“理想模式”或“理想状态”的整体面貌，动员和组织各方面的力量为实现理想的目标而努力。总目标应能体现社会的进步、经济的发展、人们生活水平的提高，既是理想化，又是高度的综合、概括，因而难免比较抽象。这就要求在制定总体目标的同时，要确定一系列具体目标。具体目标包含一系列的指标体系，既要以总体目标为依据，又是总体目标的具体反映。

二、具体目标

发展战略的具体目标（Objective），是依据总目标的原则而设立的若干目标，亦称为阶段性目标。发展战略的具体目标包括经济目标、社会目标和建设目标三大类，每类可用许多不同的指标量来进行表述，形成一个战略目标系统的量化。

具体目标设置，一般包含有如下内容：

（一）经济目标

1. 经济总量指标，如社会总产值、国民收入、国民生产总值等。

2. 经济效益指标，如人均国民生产总值、人均国民收入及主要物资消耗定额等。

3. 经济结构指标，如各产业的就业比例，产业之间的产值比例，社会总产值的内部构成等。

（二）社会目标

1. 人口总量指标，主要指人口发展规模。

2. 人口构成指标，如城乡人口比例，人口就业结构、文化结构等。

3. 生活水平指标包括居民物质生活水平指标，居民精神文化生活水平指标。

居民物质生活水平指标，人均居住面积、人均食物消费量、人均寿命、每万人平均医生数量、婴儿成活率等。居民精神文化生活水平指标，如普及教育程度，每万人拥有大学生数量，每万人拥有各类文化、体育、娱乐设施等。

（三）建设目标

1. 空间结构指标，如城镇首位度、城镇集中指数、经济发展均衡度、各类建设用地结构等。

2. 空间规模指标，如各类建设用地面积、建设用地占发展面积的比例等。

3. 建设环境质量指标，如建筑密度、容积率、人口毛密度、人均绿地面积等。

在战略目标体系中，每个指标可能从某一特定的方面反映出发展未来的整体和发展水平，也是与整体发展及建设规划关系最紧密的基本指标，而在规划中可以根据需要从中派生出许多其他指标出来。

三、年度目标

在目标体系中“年度目标”（Annual Objectives）具有非常的重要性。年度目标表现为具体目标，是发展战略实现总体目标和具体目标的过程中必须达到的里程碑。总体目标和具体目标则对发展战略制成最为重要，而年度目标对发展战略实施最为重要，两者互为一致。总体目标和具体（中期）目标需要有一系列的年度目标去完成，年度目标具有量化与质化，有可操作性。年度目标应当可考核、有重点、现实性、灵活性等特征，而且是资源配置的基础。

发展战略目标体系是一个有序的而相互联系的组合，各个目标之间需要协调，需要按照全局性和价值准则加以调整，使具体目标和年度目标从属于和服务于总目标，组成一个多层次与协同的目标体系。如果把战略目标体系比喻成一个网的话，那么，战略总目标则是牵动全网的主线。在战略总目标的牵动之下，战略目标体系便形成一个引导全局发展的网络架构，促进战略总目标的纲与目，并对应于战略阶段的划分也能出现层次性结构：由远及近纲目增多，由粗变细逐渐明确，直接融合于现实性的具体发展。战略具体目标和年度目标要有定量的指标体系加以说明，要有充分的可行性和可操作性。战略总目标要有一定的概括性，除了必要的可行性论证外，还要求一定能振奋人心，鼓舞斗志，引导社会全体成员前进，为形成最大社会系统服务的力量。

战略总目标是总体要求，是最大要求；具体目标是大要求，是具体要求；年度目标是年度计划的要求，是具体目标的一部分，也是总目标的一部分。战略具体目标的“大什么”必须要完成并在战略环境中产生特殊的效应。战略总目标是要赢得一个国家的整体效益或利益，那么一个具体目标失败是遗憾的，但不一定妨碍战略总目标的实现。国家可以寻求另外的具体目标，或运用权力进行弥补。另一方面，年度目标是不能使每一个项目失败的，既是只有某一个项目的失败，年度目标就已经被否定了。

第三节　战略资源与方法之功效

发展战略的一个重要因素，是资源配置的问题。成功的战略必须将主要的资源用于最有决定性的机会，并需要有效的科学方法。在发展战略制成中，必须首先要反映出最终的战略效益（Benefit），而效益与效率（Efficiency）是相辅相成，没有效率就不可能产生效益。战略目标决定效益，战略资源和方法决定效率。缺乏效率就会增加战略成功的成本或代价，无效耗费资源，而且表明缺乏效益，就是战略目标未达要求，战略的最终成功只能依据目标完成的程度来衡量。因此，效率服从于效益。如果战略资源和方法受到限制，对目标的实现就会带来风险，那么就要考虑发展战略是否存在问题。

一、战略资源是基础

在发展战略制成中，战略资源决定着战略目标，决定着如何支持战略方法的形式和水平。战略资源表现为一个国家或社会的生存和发展所拥有的全部实力，即物质资源和精神资源及其对国际合作与影响的合力。战略资源可分为有形的和无形的资源。有形的资源包括科学技术、人力、设备、资金和设施，等等。有形资源主要表现出以最佳方式足够支持发展战略的最大效益，如果存在缺陷可能是对资源配置缺乏有效的实际能力。因此，资源配置要求战略决策者和管理者要更加明智，政府指导与调节要更加合理，市场竞争要更为有序。

无形资源主要指诸如文化、国民（或国家）意志、国际亲善（关系）、勇气、智慧、甚至热情，时常难以准确地量化和衡量，对于发展战略表现出许多不确定性。国民意志无疑是一种重要的资源，尤其对于长期发展战略，战略家（决策者和管理者）的主要责任是要激发、促进和维持国民意志，而不只是依赖其意志。因此，无形资源的不确定性，要求仔细考察来确定其是否真实地有利于战略方法。战略家的责任就是保证资源必须运用战略方法完成所预期的战略目标，而且要意识到有形资源和无形资源可能用于创新。

发展战略目标的完成和实现要求有效地对资源进行配置，或是对资源配置要进行深刻的思考，而提出科学的方法。资源日益要求详细地定义方法，以计划的水准进行有效地配置。发展战略可能把国家实力列为其战略方法用于配置战略资源，还要与正在受到发展的实力保持一致，而且允许开发国家实力的时间。发展战略的下层级责任就是开发一种资源和方法，用于创建从一般到特殊变化的实力。资源配置是要求将采用什么方法去完成战略目标。因此，开发、建设或创建一种较大的实力或力量就成为一种方法，况且实力本身，或建立实力的资金也是资源。在发展战略制成时，使用描述方法的本身应当避免，而应当把方法表达为运用资源。例如，在一个非常简单的表述中，合作是一种战略方法，而目标的完成可能处于国际合作的资源之中，合作既表现为战略方法，又是可运用的战略资源。如果战略逻辑不能清楚地表述，就可能导致混乱，产生低层级间和战略执行过程中的摩擦。发展战略以实现整体效益为目标，以完成发展战略目标为手段，以国家或社会整体实力为方式。因此，国家或社会的整体实力可以作为一种适当的资源来支持完成重要性目标的方式与方法。

按照经验法则，资源通常是可以量化的，诸如，科学技术能力、人力资源、金融资本、基础实施、交通与通讯、社会管治、价值理性、企业家精神，等等。发展战略应清楚地论述为什么要用这些资源来支持战略目标，资源怎样使用与战略方法有着密切关系，资源的特殊用途在发展战略制成过程中要予以确定。资源选择如同战略目标一样，具有多层次的影响，可以采用各种不同的方法。目标、方法和资源是发展战略中不可分割的组成部分，但战略方法显得更为重要，可以通过方法把事情做得更好，或以较少的资源去做同样的事情，而且可能获得总的效益。

二、战略方法是保障

战略方法充分体现了战略思维与思想，表明如何利用资源及“怎样”完成或实现战略目标，通过提出谁来做什么，在哪里做，什么时候做和为什么做来阐明怎样实现目标，是国家实力或资源要素在战略行动中的表现。因此，战略方法将目标与资源联系在一起，战略目标要保持其有效性，是通过战略方法和资源的配置才能实现。

在战略制成过程中，战略方法需要进行深刻的思考，必须反映出如何实现发展战略目标，必须注重整体性和综合性效应，达到最终理想的战略状态。战略方法源于对战略环境的动态性的缜密分析，反映出环境的性质和足够地认知发展战略在实行中的变化，以及对政府政策指导的深刻理解，而不失去政策或国家利益的重点。

战略方法的慎思分析揭示出，如果目标实际上能够实现，这就关系到可获得的资源，或是否必要寻求更多的资源，同时要求避免目标与资源的分离。这也许就是战略艺术与科学的最高统一形式。发展战略的整体架构中，方法的选择是非常重要的，可促进有效资源配置与目标“怎样”完成，并意味着战略可接受的程度和投入的水平。战略方法提供和规定下属（或下级）战略和计划的方向和分界，必须清晰和详细到足以提供目的性指导，但不能限制下属战略和计划的创造性和积极性。在逻辑上，战略方法对于下级战略或计划具有特殊的意义，战略环境的复杂性要求对战略方法以缜密的思考和整体思维进行确定。

虽然战略方法时常是发展战略制成的重点，但发展战略始终是由目标、方法和资源构成，而重点是目标、方法、资源在战略环境中怎样实现协同的交互作用，产生预期的效果或效应。发展战略具有正确目标的内在整体性，通过适宜的方法和必要资源支持目标的实现。错误的方法支持目标不可能有效地利用资源和推进国家发展的利益。

发展战略的成功源于方法的科学性和资源可获得性，引导对复杂环境和整体发展的充分思考，而且方法和资源的多样性才能确保目标的预期完成。实际上，战略目标的完成或实现很少只有一种资源和一种方法来完成。发展战略的层级性质表明，高层级战略方法经常表达或包含下层级战略方法，作为怎样实现战略目标的一部分。当高层级战略目标可能直接转换为下级战略的目标时，高层级战略方法可能产生下层级战略实现目标的方法。在发展战略的层级系统中，高层级战略通过目标、方法和资源配置来指导低层级战略。

战略逻辑认为，战略方法涵盖了战略思维与思想，回答目标“怎样”实现的大问题，而且要为下层级战略清晰地明确谁做什么、什么时候做、什么地方做、为什么做和如何做，用英文表述：who、what、when、where、why、how。这样一种方式让下级战略执行者能够清楚地认识和执行战略，引导完成战略目标，要求做什么才能来支持上层级或国家发展战略。

战略评估和战略要素的鉴别有利于战略方法的思考和资源的开发，而这种过程可以增强对国家发展利益的认知，识别什么是最重要的关系。因此，发展战略的效应是由各种要素及其相互关系来确定。战略决策者和管理者要积极寻求和思考实现战略目标的不同和多维方法，获得多样性的资源开发。实际上，发展战略制成就是有目的地探索不同的和多维的方法与资源。

第四节　目标、资源与方法之关系

根据不同的战略目标可以配置不同的战略资源和确定不同的战略方

法，所以要充分认识对目标确立、方法确定和资源配置三者之间的重要关系。战略目标、方法和资源关系应当充分体现出大科学时代的要求，经济——社会——科技立体化发展的特性，既要考虑科学技术、社会文化和政治经济及其交叉领域发展的结构体系，还应当考虑各领域产业化的发展趋势及其对国家发展产生的深刻影响。

一、目标的确立对资源与方法的重要影响

（1）目标要适中，既要有难度，又要有现实性和竞争性。战略目标偏低，缺乏竞争性，不符合国家发展要求，起不到调动各方面积极性的作用，人们的积极性、创造性受到压抑，而且会导致资源的浪费。目标拔高，脱离实际，难以选择合适的方法，无实现的条件与可能，人们会失去信心，不会为之奋斗。目标的实现不是唾手可得，而是必须经过努力，体现资源可获得性和方法的实用性，付出一定代价才可以达到，才有可能激发人们的奋进。

（2）定性与定量相结合。战略目标有定性描述，通常表现为国家发展的整体要求和总体方向，还应有量的概念，有量的规定。战略目标量的规定，是国家发展各领域或各部门分析、预测、平衡、调整和确定战略方法的主要依据。战略目标如果没有定量的确定（指标），以及定性与定量的统一，就显得空乏和不确定性，战略方法无所适从，战略意义较难体现，战略资源难以对发展各领域或各部门进行协调与平衡配置。

（3）各时期各部门目标相互衔接。国家发展战略涉及面很广，不仅包括经济领域，而且包括经济以外的其他领域，如科技、文化、教育、人口、就业、城乡建设、生态环境保护等许多领域。各时期各领域目标必须相互衔接，不仅是需求与供给相适应，需要与可能相结合，而且可以保持方法的延续性和资源的累积效应。

（4）突出重点，有的放矢。发展战略目标是国家、城市、企业为实现战略要求所设想的标准，即体现着战略所追求的方向，也预示着战略活动所要达到的结果，这就需要资源配置有所侧重，方法优先重点。发展战略的追求可能是多元化的，不断提高和具有拓展性的，但战略目标不可能也不应该包罗万象，而要突出重点，才能抓纲挈领。没有目标重点就没有资源配置，方法起不到功效，实际上也就没有战略。

战略目标的确定是发展战略的核心部分，资源是基础，方法是保障。制定发展战略就其实质来说，首先是围绕着发展方向，战略目标来展开的。方向是否准确，目标是否合理，是决定战略价值的关键。战略目标是否符合实际以及符合实际的目标能否实现，既取决于可获得的战略资源及其配置是否合理，又取决于战略方法与战略实施是否正确，即发展战略目标如何具体落实。因此，发展战略制成就是对目标、资源和方法进行战略决策的过程。

二、目标、资源和方法之间的真实内涵

战略是描绘出发展的蓝图，构建发展的理想空间结构。然而，空间结构是历史发展的结果，在很长时间内形成，也需要很长时间才能改变。换言之，只有在长期的、具有连续性的发展战略目标和战略方法与政策的调控下，空间结构才能发生有目标的改变。因此，从发展的合理要求来看，发展战略应当提出长期的、可操作性的总体目标，以此通过战略方法和资源配置来逐步改善地域空间结构。

目标是长期的，面向未来，但提出的基础是历史和目前的状况，必然存在许多不确定性，因而战略方法和资源配置需要视情进行调整。这种不确定性就决定了发展战略目标或多或少地是一种“理想模式”。理想模式就好像一幅图画，从中衬托出背景与历史，又反映出现实情况、前景的清晰轮廓与真实含义，是人们积极的向往与追求。

未来发展有许多不确定性因素，发展又是个开放系统，受内外因素制约很大，虽然发展战略的总体目标可能比较抽象一些，但总体目标仍能起到指出方向的作用，可以反映出发展体系的基本趋势，对战略方法和资源配置不断提出新要求。从这种意义上来说，理想模式就是一种所向往的经济和社会发展的最佳状态，是一种想象的合理性的结构。理想模式部分来源于对历史和现状的评价，部分来源于人们的理想。因此，理想模式与其说符合社会现实的发展，更不如说是一种理想化的合理体系的设想方案。在该方案中，指标、问题分析和行动计划交织在一起，充分体现了目标、方法和资源的关系作用。

“理想模式”也可称之为理想状态，是当代人们掌握的知识、技术、行为方式对未来发展战略目标的描述，通过科学的战略方法和有效的战略

资源配置得以实现。为了发展战略目标的完成，资源配置不足可能是一个灾难，而完成战略目标的方法不对，将会耗费更大的成本。在战略层面，资源始终是有效的，因为市场竞争是有多样化的需求，但发展战略制成是目标、方法与资源内在逻辑的结合与统一，就是要确保战略方法完成目标，也要确保资源配置支持方法完成目标。一个比较好的战略方法可能要求比较少的或适当的资源，发展战略如果不适当地要求资源，而这个发展战略就是不可行的。

第二十一章／发展战略与政策、计划之关系

发展战略的基础源于要完成什么和为什么要完成，而不是以政策真空和计划真空而制成的。发展战略应当依据动态的内外环境在一些可能的国家目标之中确定一个理想或首选的国家发展战略目标，就要有可行的计划去促进国家发展目标的实现，而且是以有说服力的政策提供指导，甚至有时强制地使用国家权力进行主导，以达到国家发展目标创建的战略效应。因此，发展战略与政策、计划在实现国家目标的过程中具有十分重要的意义。

发展战略要分析和充分认识国家发展目标所面临的国内外战略环境，以便开发和制定关系到实现国家发展目标所需要的政策、计划和各种程序。发展战略必须解析战略环境的性质、政策意图和国家总体利益，同时提出必要的或有决定影响的计划，发展方案（小的目标）才能产生应有的战略效应。

第一节　政策的属性与功能

发展政策的核心是对国家发展进行明确而精准的指导。政策主要是由国家政府和上级机关依据发展战略的环境变化与需要提出指导性的原则，这也是各层级领导者对不同发展主题进行指导的权力和责任。因此，不仅国家领导人依据战略的变化制定国家（中央）政策，而且任何组织的领导者都可以制定和阐明对发展战略的政策，只要不与国家政策或高层的政策意图发生矛盾。

国家或中央政策是一种“大”政策，具有明显的政治属性，属于政府

与人民的意志体现，由国家领导人所决定。政策是政治决策过程的结果，而战略和计划在政策的指导下，将政策作为一种政治性的指导，寻求非政治性的和遵循规律性的知识模式，不是参与政治决策过程。这种“政策”是中央政府的政治指导，在战略和计划过程中都必须执行。例如，国家发展战略或下层级的发展战略必须遵循中央（如中国共产党中央）的政策，而地方各级政府也可以确立本地的政策，却不能违背中央政府的政策，在其发展战略的制成和实施过程中也必须充分体现中央政府政策和地方政府政策的指导，充分体现中央政策与地方政策的一致性。因此，发展战略在逻辑上必须是支持中央或国家政府的政策意图，要消除与中央政策相冲突的现象。发展战略制成与实施过程中是在执行和贯彻中央政策，要将中央政策内在化，使本部门或本地区的发展效应与中央（国家）政策相互一致，这种主从关系对于执行部门和机构必须要坚定不移地遵守，要求从小角度以大视野来确定发展问题和战略目标。

政策因发展需求的变化而调整，最新的政策可能优于已有的政策，对发展战略和计划具有更新的重要指导意义。这是政策的性质和意图所决定的。因此，中央政府的最新政策反映出一种新的战略意图，要求对现有发展战略进行修正，甚至对发展战略的某些方面（或部分）提供更特殊的指导，并应用于某一时期的某一问题，而不影响现有的整体发展战略。发展战略不仅需要获得明细的政策指导，服务于国家利益，而且发展战略要充分体现对政策贯彻和执行的支持。例如，中国共产党第十一届三中全会确立了“改革开放”，这是一种政策性文件，海内外学者认为这构成了中国自20世纪80年代以来中国大发展的方向，在理论上具有战略的相关属性。这种政策性文件成功地指导了中国发展成功的大战略，而且此后历届政府采纳了其内容制定了无数的政策和各种类型发展战略。

政策可能要优先于战略，因政策是政治指导，而其内容和相关决定对发展战略具有适应性和关联性。政策可能如同发展战略所具备的属性一样，要充分阐明特殊的政策目标、方法和资源配置，但有时又不完全是这样，可能只是表现政策目标，或总的指导原则。例如，中国政府对改革与开放政策是十分明确的，如何改革开放，政策可以无需对各种发展目标做出更详细阐明与确定，但据此可以制成不同层级和类别的发展战略。

政策从特性来说，可分为具体政策和宏观政策。具体政策可说是针对某一问题所采取的对策，要求便于执行。具体政策包括指导方针，规定着实现发展目标的具体性要求，主要是针对日常发生的情况为决策提供方法性指南。宏观政策相对于具体政策来说，其范畴广大。宏观政策主要考虑到长远与整体，涉及国家发展战略利益、国家安全和人民的福祉。宏观政策不仅包括国家宏观，还包括领域宏观，相互既有区别，又有整体的关联性。因此，宏观政策不只是经济政策，还包括社会政策、文化政策和科技政策，等等。如果以经济政策取代了其他政策，就会损害社会等其他领域的政策。如果社会等其他领域发展越脆弱，经济发展越不可持续，而且社会政策的公平性产生社会的稳定，社会越是公平与稳定，政府就能更加体现高度的政治与社会效应的执政能力。

毛泽东主席早就提出“政策是党的生命”，实质上，政策是为党的路线服务。中国共产党就是在不同历史时期内制定了不同的正确政策，而不断地实现中国发展战略目标。中国的发展正是在中国共产党制定了正确政策的指导下取得了伟大的成就，充分体现了政策的重要性。其一，中国发展的实践是在中国共产党的领导下，并同一定的政策相联系着。中国发展的任何行动都离不开中国共产党的有关政策，都是在为实行某种政策而践行发展。其二，中国共产党的政策是国家利益和群众利益的统一体现。政策能否正确反映利益，关系着党能否领导人民群众，为实现国家在每一个历史时期的战略目标而努力奋斗。其三，政策是将党的思想和路线贯彻于中国的发展战略之中，指导国家发展战略的统一意志与行动。在中国共产党中央政策的指导下，中国政府成为中国发展的坚强领导，而且凝聚中国人民的意志和力量，以政策的思想和原则教育和引导人民，保持在政治思想上的统一。只有将党和政府的政策变成国家发展的战略意识，而将战略意识变成人民的自觉行动，发展战略目标就必定实现。

第二节　战略的专业性与计划的操作性

发展战略的制成与实施虽然贯彻政策的政治原则，但基本上是一种专业知识的过程。发展战略需要清晰地体现中央政策确定的目标方向，并依据战略环境的不稳定、不确定、复杂性和模糊性，以有效的方法和资源配置而服务于国家政治和政策。这就是将发展战略理论的逻辑与特殊专业知识相结合的过程。政策的形成可能同样适用于发展战略理论与思想的许多过程，但目标、范围和时间水平是有差异的。发展战略是对政策与政治目标的认知，虽然基本上不是完全的政治过程，但充分体现了政策在发展战略中的贯彻与落实过程。国家政策目标是通过发展战略而转化为战略目标，服务于国家政治、国家利益，充分体现出政策指导已进入到发展战略的制成与实施之中，并形成有利于国家发展的战略环境。

发展战略不仅是要确定其目标、方法和配置资源，而且要创建有利于国家发展的战略环境（包括政治、经济与社会环境等），这两方面不能顾此失彼，否则就不可能实现国家的持续发展。发展战略的专业属性在本质上应当体现其特点、方法和范围的整体性，但必须依据国家政策，通过对战略环境的特定分析，才能决定和选择关键战略要素，以便成功地促进国家发展利益。通过对这些要素的综合分析和评估，发展战略要提出合理的目标、方法和配置资源，以创建需要实现或通向理想未来的战略环境。因此，发展战略服务于国家政策，本质上具有政治的含义，而且要确保持续性和适应性，实现国家战略利益与效应。

发展战略需要评估环境，确定成功所要达到的效应，然后再明确适当的目标、方法和资源。因此，战略计划（或称发展计划）就被明确了目标范围，能够确定要解决的问题，在运用方法和资源的情况下就能实现发展战略的目标。分析了发展战略目标、方法和资源可能产生的问题，那么，解决问题就是计划所要做事情。

依据战略计划的目标，需要进行方案与措施的考量设计，在利益最大化与成本最小化的不同方案与措施中进行择优，以此而制定可行的计划。战略计划就是将要做的事情按时间的先后排列好，按时完成任务。没有发展战略就不可能有计划，发展战略可能有各种不同的执行计划。

虽然计划与发展战略具有直接的关系，也时常与政策发生相关的联系，而且还要服务于政策。在处理发展危机和独特问题时，在政策层面，应急政策目标实质就是解决问题的计划目标。计划要提出解决问题的办法，只要通过融入现有的政策才可能更有效地完成战略目标，而且计划就会成为合适的直接行动。出现紧急发展问题可能要求迅速行动，但并不包括在现有的发展战略之中或不受到现有发展战略的支持。的确，如果战略已预测到潜在的突变事件，为可能采取危机行动计划提供帮助，而且在行动之前对国内外环境需要重新评估，对现实的重要发展事件进行解析。现有的战略也会反映出要求对新的变化进行评估，依据实时的评估可能对计划要进行验证或修改，以促进战略目标的实现。如果事件是非常重要，可能还需要重新评估现有的政策、战略和计划，判断是否因事件的变化而引起政策和计划无效，或要求对政策、战略和计划都要进行修正。计划制定需要了解战略思想与政策，以便能够贯彻好政策和战略。在处置发展危机行动计划或执行直接政策的计划时，也需要了解总体政策和战略目标为计划决策所确定的含义。

发展战略制成是面向未来，在确定目标、方法和资源的同时要认识问题和避免问题，而战略计划就是在其过程中解决问题。计划是一种解决问题的可操作性过程，要清晰地指向战略目标、方法和资源。计划试图通过分析环境中的相关变量建立确定性，决定其之间的因果关系，通过计划对战略目标、方法和资源的转化与结合，或计划的后续行动与应急处理的结合来确定各自作用。针对发展战略目标的要求，计划可分为较长期、中期、短期。长期计划必定要符合计划的逻辑，只要计划有一个比较清晰的远景，才能够预估可面临的问题。如果这是正确的，计划就能有效地的界定，能够确定面临的问题，远景有可能实现。实际上，在国家层级，长期计划一定是长期的利益，或要解决的重大问题。因此，长期计划就需要与战略目标、方法和资源配置紧密结合在一起。

第三节　战略与政策、计划的关联性

发展战略与政策、计划从概念上来讲是有差异的，“战略一般是根据全局性质的具体情况，在一个较长时期内所采取的发展道路或发展方向，”“在一定时期内保持相对的稳定性”；政策是为完成一定时期战略任务而根据形势变化采取的具体手段和提出的方向，在一定时期原则允许的范围内将随着环境的变化而变化，具有较大的灵活性；而“计划是把所要做的事的具体内容、步骤和方法规定下来，并把一定时限内的目标付诸实现。”①但战略与政策、计划相互具有内在的关联性，而国家政策是具有明确的政

① 于光远：《战略学与地区战略》，沈阳：辽宁人民出版社，1984 年版，第 13 页。

治指导意义，计划则是为了更好地执行和完成发展战略所确定的具体目标与任务。因此，只有说明战略与政策、计划之间的相互关系，并将计划置于战略与政策的适当位置，才能更有效地体现计划之功能。战略与政策、计划要求精确地各自分别完成其功能是不言而喻的，当然这三者的真正效果不是取决于各自单项分别行动的成功，而依赖于这三者整体性协调与顺畅，才能使最后的目标成功变得更加明显，才有更充分的把握，最终体现发展战略的整体效应。

发展战略与政策、计划虽然具有内在的关联性，但各自的含义及其关系在战略环境发生变化，或处置不同战略环境的过程中时常被误解和误用。战略与政策、计划都有目标、方法和资源的范式，都具有不同程度的战略思想内涵。然而，战略与政策、计划各自又有差异和不同的功能。战略与政策、计划在解决共同关注的领域时，在理论上并不要求政策有一个从属的战略，或所有计划都要由上级战略的指导。战略与政策、计划都有自身的界定和规范，都可能出现在政府的各层级决策过程和关注的领域。战略与政策、计划之间的关系取决于关注领域的性质和结构层级，关注领域的复杂程度和时间参数，领导者和管理者的深谋远虑的决策。

发展战略与政策、计划服务于国家发展利益的整体效应，而政策和计划可能体现战略的某些特性，但不需要有系统战略思维和反映战略制成所要求的基本功能要素。在西方国家（如美国），战略被认为有三种基本功能或作用：领导、实行和理论（思想）。这些功能被广泛应用于国家的各种机构和部门与地区之中，每一种功能都要求有不同的技能与要素的组合。“领导功能”提供必要的愿景、激励、组织技能，以及促使战略参与人员和其他人以聚合一致的方式开展行动。“实行功能”要完全地理解各层级战略及其关系，并可以开拓特殊的战略，能将政策指导转化和整合于战略之中，实现政策的成功。“理论功能”通过研究和思考开发理论和思想，教育人们以战略思维与方法观察和处理问题，而且训练专业人才，更有利于发展战略的实施与管理。在这种范式中，掌握战略的艺术就是要精通和运用这三种功能，才可能接近战略的功能，而其中最重要的是要懂得战略理论和三种功能的真实内涵。战略需要体现以上三种基本功能，实际上，这反映出对战略能力的要求。战略能力应该是对战略层级结构的思考、理论与方法的应用、环境的透视与分析、政策与计划的执行，以及战略制成与管理的整合。

发展战略与政策对国家发展都提出目标，但目标的层级结构不同，且都具有方向性的意义。然而，政策是通过政治过程产生的，战略是以理论与实践为基础的专业性战略思维过程而形成的，计划需要政策的指导与支持。由于政策的政治性，政策是在层级结构上一般要高于战略，上级政策必定高于下级战略，而上级战略却高于下级政策，政策服务于大战略或最高层级战略。政策与战略在同一层级上提出同样的利益（问题）或目标，而计划是一种从属的层级。依据其关系，战略与政策、计划都分别有着目标、方法和资源的范式，但各自服务于国家的不同意向，即意图、目的。计划遵循发展战略实施与管理过程，而可能直接支持战略或者政策。政策的制定在理论上是源于同一战略思维过程，但作为一种政治过程，不一定要坚持形式（方式）和理论内容的完全一致性。政策的制定过程一般都在各个行政机构中进行，但在各个行政机构之间，甚至在一个行政机构内部都是有很大的差异。战略必须坚持理论、制成、实施过程和形式（方式）的统一。因此，战略理论的研究和实践可能揭示和启示政策要如何制定，但不是指令政策的制定。

发展战略和政策为国家提供前瞻性的方向和获取最大发展利益效应，避免最小的负面效应，可以通过国家权力促进复杂环境不断或迅速改变以适应发展战略目标的需要。发展战略专业人员要透彻地评估环境，才能确定战略和政策对目标、方法和资源的配置。

发展战略与计划主要是目标与方法的关系。战略是指为达到目标而确定的整体筹谋，计划是指为达到战略目标所采取的具体行动的方式和方法。一般来讲，先有战略，后有计划，计划必须从属于战略。战略规定和指导计划的制定，计划必须体现既定的战略原则和方向。因此，发展战略是计划的前提，计划构成战略的操作方法，可见先有战略，后有计划，使其成为可以部署、可以检查的具体行动方案。从这个意义上来讲，计划又是发展战略的继续、深入和细化。从实施的范围来看，战略是全面的，系统的和整体的，而计划可以是全面的，也可以是局部的。从实施的时间来看，战略是长期的，持续性的，而计划一般是短期的，阶段性的。从实施的内容来看，战略是原则性的，具有预期性，而计划是具体的和可操作性的。从实施方法来看，战略是以定性为主，具有指导性，而计划是以定量为主，具有较强的量化性。战略涵盖计划，互为依托。战略有了计划就会显现出更充实，具有可操作性；计划在战略的指导下，就具有方向性和目标性，显现出整体效应。

发展战略要求决策者和管理者在不同层级发挥作用，即在国家的层级和其他组织机构的层级中发挥作用。决策者和管理者需要懂得发展战略的性质，政策形成的意义和计划的作用。战略计划人员在执行政策和实施战略的组织中对参与人员要进行有效的沟通与交流。因此，成功的政策，有效的战略和适用的计划是要依赖实施战略的人员的理解和民众的支持，而不只是政策制定者和战略决策者的职责。发展战略的更大责任是政府的职能部门及其各级执行机构与人员，而且同样不可否认作为发展战略体系，为了更好地实现战略与政策、计划的内在关系与整体效应，还需要立法机构、新闻、学术、智库和特殊的机构团体，认真了解战略思想，需要对战略层级进行反应性的思考，为发展战略的制成和实施做出贡献。实际上，在一个发展型社会或国家，每一位公民都是发展战略的参与者，应当对发展战略与政策、计划都要有自己的认同与鉴别，以主动性的方式支持和参与发展战略。

战略管理者、政策制定者和计划人员都要求懂得运用好战略理论和战略思维，但只有战略决策者和战略制定者对国家发展必须要有专业性的战略思维，而战略管理者要为确定政策提供适当的咨询。战略思维过程不同于计划思维过程，要求有不同的思想方法。只有深入认识战略内在逻辑、战略理论规范与思维，才能有助于战略制成人员和政策制定者更好地评估内外环境，确定有效的战略与政策。

第二十二章／发展战略评估与理论范式

发展战略评估就是消除风险发生的可能性，预防失败于形成的初始。中国古人司马光曾说："销恶于未萌，弥祸于未形"。发展战略评估是建立在发展理论与战略理论的基础之上，利用知识、经验和科学方法及手段，对发展战略目标能否成功实现而提前做出的推断和评判。战略评估实质是一种预判分析方法，以发展战略的现实为基础，以未来状况与环境变化为对象，而未来有着许多不确定的因素，只能在捉摸不定的因素中科学地把握主要的趋向。然而，试图对未来因素进行毫无遗漏地精确评估可能难以做到，如果把战略评估的科学性和合理性统一起来，就可能把握相关因素的不确定性，使评估达到最佳效果。

战略评估是发展战略制成过程中的重要部分，而且也是发展战略实施中的一个重要过程，是对现实与未来信息特征的评价、判断、预计、衡量和描述。发展战略的现实与未来过程是由必然变化和偶然变化的组合而构成，既有确定因素，又有不确定因素，对未来准确评测的能力就成为重要的战略评估能力。在古代把这种能力称为"先知"，关于战略评估的理论与方法是提高对这种预估"先知"能力的指导。在现代社会，发展战略是为了确定和影响未来社会或国家的发展，关键是要进行战略决策，而关于未来发展的评估和预测是进行战略决策的必要前提，即战略评估是战略决策的基础。

第一节　战略评估的作用与意义

发展战略具有自身的内在逻辑，以此可以进行评估来确定其成功的可行性与风险度。发展战略的评估亦称之为风险评估。在发展战略的风险评估过程中，目标、方法的确定和资源的配置形成评估战略的内在逻辑系统，而资源配置是一个很好的逻辑始点。发展战略应当通过逻辑审视与评判确认是否可获得充足的资源，能够以适当的方法和方式实现已明确的战略目标，以及目标的实现或完成将产生的战略效应。因此，战略评估就是要测评其可适宜性，即发展战略是否可达到完全理想的效果；其可实行性，即可采用的战略方法是否能完成战略行动或战略计划；其可接受性，即战略资源和方法能否保证实现战略目标的效益，并能被社会所接受。在发展战略评估的过程中，要审视有形资源和无形资源的现实状况，如果评估表明了不适宜性、不可实用性和不可接受性，那就是无效的战略。因此，在发展战略评估过程中，只有一直坚持着适宜性、可行性和接受性，就可能是实现成功的战略。

发展战略评估就是分析成败的因素，成功的效应和失败的影响，实际上就是在已知什么和未知什么之间，在现实要求什么和愿景要求什么之间，以及目标、方法和资源之间寻找平衡。在发展战略的制成与实施过程中，各层级间的摩擦与协调，及其他任意性行为的出现也可能成为风险的一些因素。发展战略评估不只是战略本身成功与失败概率的分析与措施，而且反映出战略环境的复杂体系，深含战略成败所产生的效应。因此，发展战略的成败必须要有预判和估量，分析发展战略可具有的潜在优势与劣势。诚然在现实中，由于很少有完全足够的资源和智慧（方法）来保证发展战略的绝对成功，所以在动态的环境中发展战略的成功始终存在一些风险。

评估是检验发展战略的整体逻辑系统，即在一定环境条件下的目标、方法和资源对实行的发展战略会产生什么样的效应，确定效益是否均衡，而且确定环境因战略的效应是否有利于国家发展，同时在全球竞争中，还要考查其他国家或行为者对已产生的或将要出现的战略效应的反映，检测实现预期和未实现预期之间的平衡，未实现预期的不利后果是什么，对不利后果影响的恢复的成本怎样，机会与挑战对发展战略起到怎样的作用。

评估必须分析目标和方法将会怎样和各种要素可能的变化对战略成功与效果的影响，分析发展战略需要的灵活性，怎样进行调整，及其成本怎样。发展战略要取得成功就要明确所依赖的战略环境因素是哪些？如果其发生突变，后果将是什么？战略的灵活性是否足以应对这些变化？显然，发展战略的成功和战略要素的变化是以上述评估为基础的，通过战略评估（目标、方法和资源之间的关系与平衡）的过程，寻求最小化的风险和最大化的战略效益。风险评估是战略制成过程中不可或缺的部分，而且指导对发展战略实施的修正与验收具有重要作用。

在风险评估过程中，还要对发展战略在实施和执行中进行不断监控和回顾检查。在战略的生命期限内，对发展战略进行不断评估应当成为规范化和循序的过程，对战略目标、方法和资源进行评估，观察在战略环境中存在的风险，现实条件的变化和进行调整的可能性。风险评估决定着战略方法的必要修正和战略资源的调配，决定着对环境的连续适应性，决定着战略目标的实现和发展战略的成功。战略环境的动态性和持续变化是战略环境所固有的特点，对发展战略成功的可能性产生新的机会，且为其成功提供了新的条件，但也会产生新的战略风险。此外，在战略环境中可能出现难以预测的变化，现有发展战略需要一些修正，但不会影响战略的整体性效果。国家发展政策也可能随着时间而变化，需要制定新的发展战略，或对现有发展战略的修正与调整是非常必要的。在正常情况下，发展战略的正确性反映出其方法的确定和资源的配置等具有内在的灵活性和适应性，如果持续变化超越了发展战略成功的环境要求，变化了的条件超越了发展战略实施的控制，可能反映出比较差的战略思想和战略意向，或是发展战略制成过程中出现了瑕疵。然而，发展战略制成和实施都要有不断进行评估的过程，以确保战略方法和资源支持战略目标的实现。

发展战略的理论与实践提供深刻理解战略目标、方法与资源的确定及其相互间的关系，任何发展战略的制成是深刻反复思考与研究的产物，是建立在一个适当的战略评估基础之上，通过评估对战略要素进行全面和系统的理解。发展战略的风险评估必须清晰而仔细地传达对目标、方法和资源的认知，释义为什么要求各层级和人员理解发展战略及其执行，理解国家的发展政策和发展战略所要求的持续性，国际社会的变化对发展战略的影响。发展战略的内在逻辑就是通过适宜性、可行性和可接受性的标准进行检验，还要遵循适合国情的原则、面向世界的原则、经济主导的原则、总体协调的原则、阶段转换的原则。[①] 如果发展战略不能满足这些标准和原则就可能面临很大的风险，甚至是缺乏效益的战略。

发展战略制成中一项最重要的事情就是严肃地思考所涉及到的风险，了解风险的程度及其性质，尽可能地降低战略风险，创造有利的平衡以防

① 刘则渊：《发展战略学》，杭州：浙江教育出版社，1988 年版，第 222—224 页。

止战略失败。发展战略受制于战略环境的变化及其性质，不稳定的环境是产生风险的根源。然而，风险可以进行评估，从发展战略制成到实施的全过程中通过不断地审视就可能减少风险。例如，发展战略制成要提出一些假设或设想，如果其中一种假设是错误的，会产生什么后果？这些因素有什么变化，会增强还是减损发展战略？什么样的适应性和灵活性才能成为发展战略的内在组成部分？怎样对战略进行调整与修正，而会产生怎样的成本？实际上，无论怎样提出各种问题，风险可能始终存在。然而，只有对风险进行评估，才可能适应变化着的环境，创建成功的战略优势。

第二节　战略评估的程序与方法

战略评估是要确认和阐释具有特殊性的发展战略利益，确定利益的强度及其结果，评测各种信息和设想，以判断这些利益中什么是最重要的，从所有的战略要素选定关键的战略要素作为实现战略目标和战略利益的基础。这种评估是遵循发展战略的适宜性、可行性、可接受性为基础。在发展战略制成和实施过程中，不断的审视和任何必要的调整取决于在战略风险评估中获得的认知。

一、战略评估程序

战略评估逐步形成了科学地进行的程序和步骤，使人们在战略评估过程中有章可循，按照战略评估系统的基本结构和基本特点进行科学的评估。

（一）明确评估对象

战略评估首先必须明确评估对象，确定评估边界条件，即根据战略目标、战略方法和战略资源以及战略环境，确定发展战略评估的主题、任务和要求，据此确定评估对象的范围最佳化判断准则或价值准则。

明确战略评估的对象就是为了评判实现发展战略成功的可能性，决定当前行动的方针和实施方案。因此，根据当前行动的内容、性质和规定，对其所要实现的战略目标进行评判和分析。从确定评估的对象关系到评估方法的选择和评估步骤的安排，是发展战略评估过程中的一项重要先行步骤。

（二）搜集内外信息

信息是与国家发展利益有关的战略环境各方面的事实与数据，包括有形和无形属性的知识、设想、关系和交互作用。发展战略需要建立资料库即战略信息系统搜集和提供战略分析评估所需要的内外信息。外信息主要指国际信息，即全球环境因素；内信息是国内信息和环境，以及发展战略系统内部的信息。战略分析与评估的准确度将取决于内外信息的完整性和准确性。战略信息的搜集越全面越好，并对信息运用概率论和信息论的手段予以适当的整理、筛选、补充和完整化。

全面分析发展战略有关的信息是战略评估工作的关键步骤。发展战略信息分析包括历史、现状和未来，以及对战略目标的定性、方法的选择、可利用资源的描述和定量的各种数据。信息评估要依据可行性、适宜性、接受性、资源性和竞争性从客观和主观方面进行透析。虽然强调战略制成的逻辑性，但在其他方面和整个环境要从纵向和横向进行整体思考。经过信息评估，将确定和评价战略要素对国家发展利益的影响或潜在影响，包括是否促进、妨碍、保护或威胁到发展利益。从信息评价中选择关键的战略要素，作为发展战略制成的基础。

（三）选择评估方法

依据评估的目的要求和占有的信息，可以选择适当的战略评估方法。评估方法有各自的适用范围，必须根据发展战略的目标和评估对象的特征选取相应的评估方法。发展战略的构思和创建反映评估对象结构特征的方法，是战略评估的关键环节。发展战略评估方法的选择就是以便于相互印证与比较，提高评估精准度，达到最佳评估结果，一般应同时选用几种评估方法。

（四）战略评估结果比较

依据选定的评估方法进入战略评估，对战略评估的结果进行精确分析和评判，对不同战略方法或不同方案的评估结果进行比较，并且根据评估结果反馈到发展战略制成或实施各阶段进行修改和调整。如果对评估结果能够进行验证的话，就可以分析评判的误差。通常由于未来尚无确定的信息可寻，这种误差分析只能在有限的范围内或根据各种经验予以评估。最后将战略评估的结果提供给战略决策者，并输入到发展战略信息库的系统中，以进一步对发展战略进行研究和为新的发展战略制成提供依据。

根据评估时期的长短，可分为短期评估、中期评估和长期评估，但这些时段只是相对的，表现为各种相对的时间尺度，比如可以把 1 ~ 2 年作为短期，3 ~ 5 或 7 年作为中期，10 ~ 20 年作为长期。根据评估内容，可分为定性评估和定量评估。根据评估范围，可分为总体评估和单项评估或局部评估。实际上，还可以按照发展战略的不同领域，把战略评估分为各种领域的评估，诸如经济评估、科技评估和文化评估等。

对于发展战略系统来说，关于未来的可行性评估是一种十分复杂的工作。因此，采用多种评估的方法进行不同角度的评测，然后比较所评判的结果，通过对预估结果的适当评价，选择主导性的评测判断，较之依据单独一种评测所做出的判断通常比较全面和可靠一些。

二、战略评估方法

由于发展战略的宏观性和整体性的要求，战略评估必定受到诸如政治、社会、文化、价值观念等不确定因素的影响，在评估方法上带有综合评测的特点。因此，战略评估主要采取定性与定量相结合的方法，把睿智的判断与科学的评估相结合，对所探讨的未来环境变化和不确定事件的数量、时间与概率做出适当与科学的评判。

（一）定性评估方法

定性评估方法提供对发展战略过程的定性描述，是关于发展战略制成与实施，以及未来与成功的一系列定性信息特征的分析。

在战略评估中，首先应当对发展战略对象和周围环境的未来变化趋势做出大致的估计，这就离不开定性评估的方法。定性评估方法是主要依靠人的经验、智慧和直觉判断能力对评估对象未来状况进行直观判断的方法，诸如头脑风暴法、特尔斐法、主观概率法、关联树法、先行指标法等。这类方法主要用于评估一些不能定量和难以定量的因素变化趋势。在战略评估中，由于发展战略中面临的某些政治因素变化要定量处理或分析比较困难，可以选用以专家评估为主的特尔斐法。专家评估法，虽然靠专家的主观直觉判断，但训练有素、学识丰富的专家往往能提出有创造性的见解，特别是一组专家靠集体智慧进行评估，一般能从不同意见中呈现出一种主导性的趋势，主观意向一定程度上反映出客观的状态，使评估带有相当的准确性。定性评估实际上也为定量评估提供必要的前提和基础。

（二）预期调查

预期调查是定性评估的一种重要方法，是向有关部门和有关决策者调查发展战略未来行动计划和指标。对有关部门和决策者提供的设想和数据，进行汇总、分析和评判，做出综合的预期报告。这种预期调查必须进行充分的准备，并且有一套统一的库存信息和说明，在统一的组织领导下进行分析和评判。

（三）先行指标综合分析

发展战略的制成与实施过程可能出现各种现象和因素的影响，在时间上通常有先有后。当各种有关现象变化的时间顺序具有显著的规律性时，则可以采用先行指标综合分析。例如在经济领域，“企业接受订货量先于货物的装运量，建筑合同件数先于建筑施工项数，原料价格的变动先于制成品价格变动”。[①] 按照所受影响的先后时间顺序，可以把有关的现象指标分为先行、重合和滞后三种类型。根据先行指标的变化预估发展战略在实施过程趋势的转向点。先行指标的综合分析是根据过去的经验进行类比，即依据一系列先行现象的出现，按照其规律性预判随之而来的重合和滞后因素的类比。

（四）定量评估方法

在战略评估中，定性评估方法对发展战略的复杂系统很难得出充分而准确的评估结果，还需要使用定量评估方法。定量评估是按照评估数值的表现形式可分为点值评估和区间评估。点值评估是评估的数值表现为单个数值，区间评估是评估的数值处在一个区间之内，表现为上项和下项两个数值所包含的区间。定量评估还可以按照评估的变量是一个或多个分为单变量评估和多变量评估。定量评估方法是借助数学与统计手段对评估对象的未来状态进行数量与统计表述的方法。

---

① 刘涤源、谭崇台主编：《当代西方经济学说》，武汉：武汉大学出版社，1983 年版，第 191 页。

（五）综合评估方法

在战略评估中，把定性分析与定量分析结合起来进行综合评估，以便在评估结果中对对象因素、数量因素、时间因素和概率因素都给以准确的表述。因此，如何按照综合评估的四个因素选择合适的评估方法，是战略评估的成功关键。发展战略的综合评估，一般可以分为三个阶段：第一步，对战略评估系统进行初步的总体评估，其中主要进行第一个因素（对象因素）的定性评估，而对其他三个因素做粗略的评估；第二步，将战略评估系统的定性因素用相关树分类的方法分解为若干小单元的评估系统，并相应建立各个评估模型，各自本身的因素对其他三个因素进行评估；第三步，将各子系统的评估结果，用交叉与效矩阵分析法重新组合起来，做综合的总体评估。

战略评估关键是要更好地反映对目标、方法和资源之间关系的相互作用，审视各种要素之间的相互依存关系及其作用，对实现发展战略的成功具有更大的把握。

第三节 战略评估的认知与理论范式

发展战略具有复杂的性质和功能，伴随着人类社会发展而演进，而战略评估是认知其复杂性和功能的有效途径，可努力创建发展战略的科学理论范式。发展战略的最高层级是国家战略，国家要追寻发展的最大利益，国家政策能够清晰地反映出战略环境下的发展利益，通过运用权力工具使其战略能力发挥极致。发展战略的评估就是要把握战略环境的变化，充分利用各种资源，实现国家发展的最大利益。发展战略作为一种理论范式，通过战略评估是创建最佳发展战略的一种途径，运用目标、方法、手段和资源配置来支持国家政策和实现国家发展利益。因此，战略评估的理论与方法结构不仅加深了对其内在逻辑的认知，创新发展战略的理论范式，并且可用于各层级发展战略的战略思考与研制。

发展战略是依据环境变化而进行的决策，反映对战略环境的未来主体和客体的评估，通过运用战略评估可以确定发展的趋势、问题、机会、威胁和其他因素，甚至还可以通过国家权力要做什么或不做什么来进行影响、改变和形成所需要的战略环境。因此，通过战略评估促进发展战略寻求影响和形成未来战略环境，而不只是简单地对环境的反映。在国家层级，发展战略可以认为是运用国家政治、经济、社会和科学技术力量的艺术与科学方法，创建战略影响，遵循政策指导，保护和推进在战略环境下实现国家发展利益。战略评估寻求目标、方法和资源的协同和均衡，增强政策成功的概率和有利的效果，减少政策失误的可能性。

战略评估促使发展战略所要达到的预期的条件，形成发展战略的理论范式。

一、发展战略服从于政策与政治

发展政策主导所有层级的发展战略，支持发展战略制成过程中确定适宜的目标。发展战略的制成要充分体现政策的主旨，而政策必须适应环境的变化和运用权力的限度。因此，发展战略既包涵着政策对战略目标的指导性与规定性，又充分体现政策指导的艺术。

政治目标决定着整个发展战略。政治目标在政策中体现，政策是政府追求政治目标的表达。政策的最好形式就是清晰地指导使用权力工具，实现国家发展战略目标。实际上，政策通过表明政治目标来统领发展战略，指导资源配置，确定战略方法或行动方案，以及其他类似的考虑。依据战略环境，对政治目标和指导的分析产生战略目标。战略目标提供发展意图、重点和行动的调整。战略目标的实现产生战略效应，体现国家政治目标的实现。因此，政策要保证发展战略追求目标的正确性，而发展战略是显现政策的一种政治艺术。

发展战略是为了要完成什么和为什么要完成，不是以政治或政策真空而制成的。发展战略必须遵循国家的政治目标，依据动态的战略环境确定合适的发展战略目标。发展战略为了在动态的环境下实现可能的最佳效应，需要政策提供指导性（甚至强制性）的方向和有说服力地使用权力工具，以实现战略目标，从而创造最佳的战略效应。战略家或决策者必须领悟战略环境的性质，政策和发展的主要利益，在适当目标可能决定之前评估和认知发展战略将产生什么效应。

二、战略效应与风险的评估

发展战略一旦制成首先具有积极性和主动性，但通过战略评估可能预测到在发展战略实施过程中会出现被动性、竞争性与合作性，也必然对社会和市场产生效应，可能还要遇到战略环境的新风险。这些变化将产生多束效应，可能是非线性的，甚至可能威胁到战略环境的现状与未来。发展战略为了谋求发展的最好效应，必须评估可能出现的风险，竞争对手可能出现的反应和采取的行动，以及可能出现的新竞争对手。

发展战略寻求促进和保护国家发展利益，并作为呈现未来发展的图景。为此，通过战略评估使发展战略必须考虑到现实与未来的变化而进行设想和预期。无论变化还是设想都是受到现有因素和未来可能性的约束，战略评估对于现实设想和未来可能性应该是十分清晰的。

发展战略是积极的和预期的（anticipate），而不可能是精准的预见（predict）。发展战略可能通过追求适当目标来预期未来，但发展战略难以预见到绝对肯定的未来，即成功的精确成果或失败的精确后果。战略评估必须确定，发展战略目标的实现是否要调整战略行动的风险，还必须要考虑其他竞争者可能的反应性行为。因此，战略评估必须使发展战略达到预期的战略效应。

风险对发展战略是客观和固有的。发展战略要适应于战略环境的不确定性，而有效实施的成功取决于目标、方法和资源与战略环境产生积极的相互作用。失败就是没有实现战略目标，反映出各种因素的变化可能阻碍了战略目标的实现。然而，风险评估不只是成功与失败可能性的测评，也是对发展战略成功或失败产生的效应及可能后果的评估。

三、发展战略与环境性质的密切关系

发展战略必须依据战略环境和战略形势的内在性质，在追求的目标、实现目标的方法和可用资源之间寻找适当的平衡。战略评估就是对战略环境性质的深邃思考，而且随着战略环境的变化需要不断地进行新的认知，促进发展战略符合特定的战略环境。

战略环境具有物质和非物质的属性，始终都有内部和外部因素的二元结构，以此确立辩证地引导战略评估。国际环境是外部因素，由物质的地理环境、国际体系、其他外部行为者（包含其文化、信仰）和行为等构成。国内环境表现为内部因素，包括内部物质的现状与行为者，诸如个人、机制、体制和组织等。的确，战略环境的多维因素和多变性，使战略评估所受到的影响更加复杂。战略评估就是要认知战略环境的性质，可能描述为一种互动、无序、复

杂的系统，要求认清战略环境的不稳定性，认知环境的不稳定性可能需要修正发展战略。因此，战略评估促进发展战略与战略环境的性质保持一致。

四、发展战略的整体远景与时间共生关系

发展战略制成源于对战略环境的整体思考和认知。战略评估不仅要全面审视战略环境的内外因素，还要从长远的利益来确定战略目标、战略方法和战略资源，预估产生的战略效应。战略评估反映出对战略环境现时正在发生什么和未来潜在的多维影响，有一个整体而深入的认知。

发展战略与时间存在一种共生关系和累积功能（效应）。战略评估要考虑到发展战略是否融入历史的进程，已发生的现实和未来的可能性是否相互一致。发展战略的历史进程与效应必然产生累积功能，战略效应的累积一旦产生，就成为连续性和变化的一部分。战略评估要注意到战略环境有时候的小变化可能会产生很大的和意想不到的影响，无论早干预还是晚干预都要以低成本获取更大的效应。发展战略对环境变化的效应是要求及时地进行思考和行动，才可能起到应有的累积功能。

五、发展战略的稳定性与灵活性

发展战略的逻辑特征表现为内在的稳定性与灵活性。战略评估在于从经验中吸取教训，促进发展战略保持相对的稳定性和具有足够的灵活性，能及时应对突发事件和竞争对手的行动。战略评估其稳定性要求确定战略目标的近期、中期与长期相互保持一致性，战略实施阶段具有连续性，战略方法具有持久性，战略资源具有针对性。

然而，战略评估还要促进发展战略内在的灵活性，以此确保战略方法和战略资源具有一定调整空间，以适应突变的事件和竞争对手的对抗行为（竞争行为），增强战略目标的成功性。发展战略呈现线性和非线性的现象，并不具有绝对的因果关系，与战略环境成为一种互动过程。实际上，发展战略就是一种过程，不断适应世界正在变化的条件与环境，寻找机会，具有不稳定和模糊的特性。战略评估就是确保发展战略与战略环境的互动过程，强调在战略环境的变动下发展战略具有足够的适应性和灵活性，而不偏离战略目标。

六、发展战略的平衡、效益与效率

发展战略要在追求的目标、为目标使用的方法和可用资源之间提供一个适当的关系和平衡。在战略制成过程中，目标、方法和资源是完全的整体系统，在发展战略中以协同方式运作实现目标效益，而且增强发展战略的累积效应。战略评估确保战略目标、方法和资源必须在定性与定量，内部与外部环境保持一致，审视发展战略所具有的适应性、接受性和可行性。

发展战略的效率必须服从于效益，即有效性。战略目标如果实现，就能形成战略效益，促进战略环境更加有利于发展战略的变化，才能为持续发展奠定良好的基础。好的发展战略既有效率也有效益，但效益优先于效率，而效益与效率的结合才能产生很好的社会发展效应。

七、发展战略反映出人的进取心与向往

发展战略的非物质因素反映出更多的知识与精神，人的进取心与向往是知识与精神的重要表现。发展战略的行为者和参与者的教育、信仰、制度和文化观念的作用都在战略制成和实施过程中是非常重要的，也是战略评估的重要内容。

发展战略所表现的人性进取心与向往，涉及人性的情感、价值和信仰，是难以量化的。信仰与制度、世界观与文化观的作用在战略制成过程中会是非常重要的。战略评估必须认真消除适得其反的偏见，同时还要确保发展战略满足国内可接受的非物质影响（标准）和国外视情而定的差异补偿。

八、战略评估帮助减少摩擦

摩擦或矛盾是发展战略制成与实施过程中的一种固有表象。摩擦是发展战略在设想上要求“如何”运作与在实施时实际显示“怎样”之间的差异及比较。摩擦是无法消除的，表现为战略环境和战略机遇的无序与复杂的一种自然结果和人性的弱点，但作为一个好的发展战略制成和实施是可以对摩擦进行预防，通过战略专业人员在制定战略过程中可以认识和把握（或控制），并在一定程度上给予说明。

第二十三章／全球发展战略的设计

无论多么庞大的国内市场规模，总有其极限。国家为求发展，必须进入发展的全球化。国土疆界已不再能够局限时代的发展和想象空间，发展的全球化已成为一个国家生存和发展的必要选择。

发展的全球化已成为最紧迫的战略问题，正在通过各种方式日益扩展至无处不在。世界许多力量正在驱动各个国家的发展通过扩大参与海外市场进入全球化，从国家到市场促进了全球化思想的转变。在世界许多国家的发展活动中，几乎每一个产品（例如，计算机、快餐、螺母及螺栓）与市场都有外国竞争者的参与，促进了世界贸易保护主义减缓，不断创建自由贸易区，货币全球化兴起（例如，欧元的出现、中国人民币正在向多国流动、南美洲新生美元化运动）。国内市场的完善与成熟也推动各个国家积极参与全球化，整合国内与国外发展，寻求发展的全球战略。

发展的全球战略虽然可以获得大市场的规模效益，更充分地使用比较优势，开发新产品占有新市场，但也显露出许多挑战，其多样性、复杂性和不稳定性日益增多。这些挑战决定全球战略怎样利用竞争优势和处置竞争劣势，实现巧用全球化，增强获取利益、减少成本和消除风险的战略能力。

第一节　全球战略的涵义

全球战略的一体化发展与跨国战略的跨国发展形成了反差，跨国战略是在一个国家（或市场）建立子公司，为当地需要进行产品设计、生产、销售和服务。这种跨国模式（亦称之为“多国化战略”，multidomestic strategy）现在面临着全球化的挑战，一方面世界不同国家的居民购买需求或消费需求的相似性正在增长，另一方面是关税和非关税壁垒正在减少，而技术投资在一个海外市场的成本是昂贵的，投资全球化日益显得更加重要。因此，全球战略将比跨国战略具有更大的效益性和成功性。

表1　战略维度与差异

战略维度	跨国战略	全球战略
市场参与	非特殊模式	主要市场占有重要份额
产品供应	在一个国家充分消费	世界各地标准化
增值活动的定位	所有活动在一个国家	在一个国家集中一项活动
销售方法	仅一个市场本地	实行世界各地统一
竞争行为	依国家独立进行	全球统一进行

全球战略首先要对世界各地发展的要求按照一定的战略维度进行抉择。表1列出了五种战略维度，以及跨国战略和全球战略之间的差异。对于每一个维度，跨国战略通过对竞争优势、利润和效益的本地化，寻求一个市场的最大绩效；而全球战略通过共享和一体化的方式，寻求全球化的最大绩效。因此，跨国战略是在世界获取一个国家或市场的不同利益，是分散性的利益，而全球战略是要获取世界各地（各市场）的共享利益，是整体性的利益。

一、市场参与

在跨国战略中，进入一个国家或一个市场的选定是以其独立的利润和效益潜力为基础。在全球战略中，进入一个国家或一个市场的选定需要依据其对全球利益的潜在贡献，这就意味着进入一个市场凭独自潜力没有吸引力，而必须具有全球战略意义。同时，全球战略要求在一些关键市场建立份额，例如，在美国—欧洲—日本（或其他重要国家）几个主要市场建立重要份额，称之为“三合一”概念模式，具有全球战略意义。相反，在跨国战略中，参与或占有市场的模式没有特殊的要求，而其模式只是产生于追求当地优势和利益。

二、产品供应

在跨国战略中，供应每一个国家或市场的产品要适合当地需求。在全球战略中，核心产品或其核心部分实行标准化，只是最小地适应当地需求。全球战略的重要内容是产品标准化，以减少成本来实现最大利益。标准化也需要有灵活性，更需要一个功放的产品系列和许多产品的种类，以便分享技术和营销渠道。实际上，一些跨国发展已经实行了产品标准化，但对世界各地的不同需求，可以适当修改标准化的核心产品得到满足。例如，在 20 世纪 70 年代初，波音飞机 737 开始趋向稳定，即标准化，并转向发展中国家，作为一个吸引力的新市场，但最初发现其飞机不适应新的环境，跑道短，质地松软，驾驶员技术低，当飞机着落反弹时，制动不起作用。为解决这个问题，波音修改设计，对发动机增加推力，重新设计机翼和起落架，安装低压轮胎。作为标准化的核心产品，这些设计修改使波音 737 成为历史上最好销售的飞机。

三、增值活动的定位

在跨国战略中，增值活动有两种形式，一种是增值链的所有活动或大部分活动在海外一个国家进行，另一种形式是出口，增值链的活动是在自己一个国家。在全球战略中，价值链被打断或被分离以减少成本，即一个产品增值链的活动可以在不同的国家进行，一个产品的增值链是在不同国家各个环节的集合。因此，全球战略的关键因素是全球增值链的战略定位与布局。

现在世界许多电器产品的发展已经把部分或全部的增值链定位于东南亚，因该地区成本低、有低廉的熟练工人。例如，芯片的低成本与低劳动力结合在一起，吸引了许多计算机和电子设备的制造商定位于东南亚国家。

四、营销方式

在跨国战略中，营销要求在当地开发的产品必须完全适应这个国家的要求。在全球战略中，尽管营销方式中不是所有的元素都需要一致，但在全世界要实行统一的营销方式。例如，全球战略对世界不同国家产品要实行全球共同定位、统一的广告主题和象征，但商标以不同国家而变化。因此，虽然营销环境差异，但一种产品服务于共同的需求，可能采用统一的营销方式扩大地域范围。

五、竞争行为

在跨国战略中，对外发展可以在一个国家开展竞争活动，不必考虑其他国家发生了什么情况。在全球战略中，发展的竞争行为是世界统一的，同时在不同的国家进行同样方式的竞争行为，在一个国家对竞争者进行争夺或反击，以便为了在另一个国家耗尽竞争者的资源，或者在不同的国家进行反击这个国家的竞争对手。当然，最好的方式是在竞争对手的本国市场进行反击，而要避免对自己在本国市场的冲击。

全球战略的出发点是要巧用全球化，对多样性要素进行精细的分析，以便做出更准确的抉择，适应开放发展的全球化和避免在全球受到不利的影响。巧用全球化完全不是复制国内战略和跨国组织结构，开放发展的全球战略需要有战略分析、组织安排、管理模式，确立增值链及各环节的战略定位，赢得在全球发展的主导地位和竞争优势。

第二节　全球战略的动力

全球战略实现全球的利益是受着全球化驱动。这些驱动可能分为四类：市场、成本、政府和竞争。

一、市场驱动

市场全球化驱动取决于消费行为和分销渠道的结构，主要表现在四个方面。

（一）相似的消费需求增长

全球化推动了产品与服务的全球可实用性、可服务性和认同性，同时增强了消费者的相似喜好。当不同国家和不同市场的消费实际上需要同样的产品或服务时，就产生了销售标准化产品的机会。关键是要了解产品哪些方面可以标准化和适宜用户化，即适应消费的标准化。此外，均衡需求能促进向跨国消费提供全球标准产品，也比较容易促进参与许多国外市场。国际软饮料和快餐，智能手机和计算机制造都是这种战略的领先典型，许多金融服务，如国际信用卡，必须实行全球战略。

（二）全球消费

全球消费以价值与协调为基础的购买，分散使用。全球消费的存在允许和要求统一营销规划。全球消费有两种形式：本国的和多国的。本国的全球消费寻求世界供应商，但在一个国家使用购买的产品或服务。多国的全球消费也寻求世界供应商，但在许多国家使用购买的产品或服务。世界卫生组织购买医疗产品就是多国全球消费的例证。多国全球消费对服务具有特殊的挑战，应设立单独的全球账户管理，就能很方便为全球客户商谈单一的全球价格，能够调整多国价格的差异，防止全球客户以最低国家价格购买而成为全球价格。

（三）全球营销渠道

与全球消费类似，全球营销渠道是全球战略的重要组成部分，对降低成本和提高竞争力具有重要意义。随着市场全球化，全球战略的分销渠道可以是全球购买方式，或至少是一个国际地区购买方式。通过全球渠道了解在一个国家的较低价格，在另一个国家的较高价格，可以利用价格差。这种情况的出现对于世界范围内的定价是很有必要的。如果全球渠道缺少，可以增加国际区域范围的渠道。

（四）可转让的营销

在市场购买中一些营销因素，例如商标和广告，要求较少的当地适应性，并增强了可转让性。这种可转让性将推进全球战略和促进扩大市场参与。全球营销业务也可能调整其品牌和广告宣传，促进其更可转让，甚至更好地作为设计全球战略的开始。

二、成本驱动

全球战略的效益取决于成本驱动，而成本驱动尤其影响战略行为的集中。

（一）规模效益

全球战略可能减少世界范围内投资发展的成本，在两个或更多国家进行联营生产或其他活动，可以从规模发展中获得利益。为了获得规模发展的潜在利益，全球战略可以把发展集中在成本较低并可获得适宜技术的国家。

减少成本首先是开拓低成本要素，将制造业或其他活动转移到低成本国家。单一国家的市场不可能大到足够实现当地发展的规模效益。通过参与多种市场并与产品标准化或集中选定的增值活动相结合，就可能形成和增强一个既定的当地发展规模效益，风险的强度就会大大减弱。全球战略可以通过开发适应性减少成本，在几个国家进行投资发展，就可以很快地在不同的地点转移生产，在一个既定的时间内利用最低成本的优势。考虑到国际汇率的差异、税收、运输成本和劳动成本，可使用线性模式提出一个计划周期，确定各地点生产量的最佳组合。

20 世纪 70 年代是开拓低成本时代，促进全球电子产业发展的规模效益发生了很大变化。由于其成本减少，经济优势流向能够生产最低成本组件的地域，效益规模已成为一个重要的资产。人们日益认识到对于具有规模效益的发展需要进入全球市场。

规模发展可以积累知识与经验，扩大市场和全球活动能够加速知识的学习和经验的积累。知识与经验的积累越多越广，潜在利益就越大。战略决策者和管理者应当意识到，追求规模发展的全球战略具有一般风险，不宜过于放肆定价，不仅损害竞争而且损害市场，如果价格之低，利润就不足以对付竞争对手。

规模发展可以提高采购效率，对各材料的集中采购可能大大地降低成本。全球战略可以在制造厂家之间购买原材料进行全球协调，特别是对生产的关键原料。因此，原材料订购的合理化可以大大地加强企业低成本优势。

（二）良好的物流

运输成本在价值中的合理比例将增强全球发展的动力。运输成本取决于物流因素，包括非易腐性、时间不需紧迫和物流地点不要求接近客户的设施。这些对降低成本有直接影响，甚至产品形状也可能产生物流成本的重大差异。

（三）国家与技能的差异成本

为了要减少成本，全球战略就可以集中发展利用不同国家成本差异的优势。全球发展的要素成本一般依国家而变化，尤其在某些产业因技能的实用性也产生成本变化。因此，成本是取决于不同国家和技能差异而变化。培训技能能够增强成本优势，能提高生产率和减少成本，但需要预判可能培训了未来海外竞争对手的风险。

（四）产品开发成本

产品开发成本可能通过开发适应全球或国际地区产品来减少成本，而不是只开发适应几个国家的产品来减少成本。此外，成本高的一个原因就是跨国的重复开发。全球战略就是优化发展项目，减少一些重复性的开发，扩展通用平台，利用全世界专家的不同技术知识。这种集中开发和设计避免了重复，节省了成本。

三、政府驱动

全球战略的政府驱动取决于国家制定的政策与法规及其对推动开放发展的影响。

（一）良好的贸易政策

国家政府对全球战略的影响潜力主要包括进口关税和配额、非关税壁垒、出口补贴、本地成份（自制率）要求、货币和资本流动限制、技术转让规定，等等。国家政府的政策可能对市场参与、产品标准化、活动集中、统一营销产生影响，而且还可能促进统一化的竞争行为。然而，国家政府的一些激进的贸易政策会限制全球战略活动，包括关税、配额和保护主义措施。

国家政府贸易政策限制的取消可以为扩大市场参与。例如，欧洲共同体对银行和金融服务的规定于1992年就在成员国之间进行了协调，促进了其贸易市场的扩大，而且欧洲共同体决定允许资本在成员国之间自由流动，使得欧洲金融机构才有了全球驾驭的地位。

（二）兼容的技术标准

技术标准的差异，尤其政府强制性的标准，可能限制技术标准化的程度。技术标准经常是与保守主义思想纠葛在一起。如果国家政府的法规是允许兼容的技术标准，就可能更有利于开放发展的全球战略。

（三）营销宣传规则

不同国家的营销环境可能对全球统一的营销方法产生影响，有些营销形式的宣传可能会受到不同国家政府的限制和禁止。例如，美国在电视上进行各种广告宣传要比欧洲更加自由，英国政府不允许营销方式包含社会不良行为的描述，不允许电视播放小孩缠着父母购买产品的场景。

四、竞争驱动

竞争驱动完全在各竞争对手的选择范围内。竞争驱动可能提升发展的全球化潜力，促进全球战略的效益。

（一）国家间相互依存

竞争推动全球战略创建国家间的相互依存，这种基本的机制是通过发展的分享活动。当发展活动（如生产活动）在国家间分享时，海外投资者在一个国家的生产份额影响到其在分享活动中的规模和整个成本状况，而规模和成本的变化影响到其在所有分享活动国家里的竞争地位。为了要在一个国家里市场地位领先，就要促进一个“领先品牌”，增加市场参与，统一营销，实施一体化的竞争战略，以避免在不同国家地位下降的恶性循环。

规模发展与分享活动是很重要的，可能降低成本，促进市场具有竞争的相互依存性。如果集中生产更具有成本竞争力，那么全球战略就可进入更多的市场，增加生产量降低成本。

（二）全球化竞争

全球战略要使海外发展处于竞争优势，就要抢先进入世界主要市场

(如欧美)，使用标准化产品，使用统一营销规划。

抢先全球竞争的必要性可能促进增加市场参与。例如，1986 年，欧洲消费产品公司，联合利华（Unilever）通过竞争收购理查森维克公司(Richardson-Vicks）寻求增加其在美国市场的参与。联合利华的全球主要竞争对手普罗克特和甘布勒，看到了对其本国市场的威胁，就出高价与联合利华收购理查森维克公司。由于理查森维克的欧洲系统，普罗克特和甘布勒公司能够极大地加强其在欧洲的地位。因此，联合利华公司试图扩大在竞争对手的市场参与，而事先允许竞争对手扩大参与联合利华的本国市场。

全球化驱动为全球战略在许多方面提供了机会，在一些产业诸如民用航空，全球战略的绩效获得高分。现在越来越多的产业正在开发全球化的潜力，甚至以其味道多样化著称的欧洲食品行业，现在是主要食品跨国公司全球化的目标。

（三）时间的变化

产业革命发挥着重要作用。产业革命推动每一个产业全球化驱动随时间而变化，全球战略也要发生适宜性的变化。例如欧洲主要家电行业，全球化力量似乎已经倒转。在 20 世纪 60 年代末和 70 年代初，区域（地区）标准化战略促进了一些主要竞争者取得了成功。但在 20 世纪 80 年代形势似乎已经转过来了，大多数成功的战略似乎得益于产业革命后的竞争方向与速度的变化。

随着时间的变化，不同的竞争行为可能影响竞争对手和竞争速度的变化，而且利用全球化力量进行竞争就要加速方向和速度的变化，可能引领全球竞争。在全球化过程中，具有较强制造能力的竞争对手，可能要加速世界范围内接受标准化产品的方向竞争，以提升竞争能力。

第三节　全球战略：比较与竞争的增值链

全球战略的构建主要是基于比较优势和竞争优势之间相互作用。这两种优势决定着全球战略中的两个主要问题：

一是增值链应在哪里打破跨越国界？

二是资源应当集中在哪些发展活动中？

这两个问题的解决受到比较优势和竞争优势的影响。比较优势有时被称之为特殊“区位优势”（Location Advantage），影响到资源在哪里和市场在哪里的抉择，这是基于一个国家相对于另一个国家的低成本要素（如，劳动力），有利于海外发展而广泛地使用这种要素。竞争优势有时被称之为特殊“投资（开发）优势”，影响着如何按照增值链进行发展活动（或开发什么活动）和技术的抉择，而在产业发展中与其他竞争者相比所占有的特殊优势，如某些专利技术和商标，竞争对手是不可复制的。因此，在比较优势和竞争优势确定之后，应当集中于投资和管理好资源。

增值链是技术与原料和劳动力投入的加工，然后将加工的投入进行组装、销售和分配。一家投资商（公司）可能是这种加工过程中的一个环节（One Link），或是广泛的垂直整合（一体化），例如，钢铁公司可以从事矿产开发到制造最终产品和经营。增值链的跨国形成需要比较优势与竞争优势的有效结合。

比较优势与竞争优势在增值链中起到不同的优势功能。生产与原材料的区位差异，可以更好地利用国家间的比较优势获得竞争的边际效益（最大效益），而竞争优势主要体现在技术和管理的优势。无论比较优势还是竞争优势都可能形成战略优势，区别以竞争优势为基础的战略与以比较优势为基础的战略是非常重要的。

在全球战略中对比较优势与竞争优势之间的关系进行考察，研究增值链的概念有助于分析国家和公司在全球产业发展中的竞争地位：首先，使用增值链构建战略分配抉择；其次，考察比较优势的概念，国际生产链源于要素成本的差异；再次，通过分析世界发展的变化，将增值链作为一种杠杆来研究比较优势与竞争优势之间相互作用。

一、竞争优势与增值链

全球战略的形成可能看作商品（产品）——市场分配抉择，这是产生经济利益的前提。为了获得经济利益，必须要设计一种优于竞争的战略。战略研制的技巧具有启发式的指导，帮助分析竞争优势，并将资源分配给利益最大的活动。这是一种产业竞争分析。此外是分割市场及互补性的分析，这种深入分析的结果是指导将资源分配到不同的生产单元，而这些生产单元能够表现出增值链的特征。

产业竞争分析方法开始含蓄地表现为利益（利润）决定的静态模式，然后扩大到如何竞争的模式。这种模式的逻辑通常表现为两种通用的战略。第一种战略是发展的特点表明处于高度竞争的产业中，各产品在竞争的性质上是相似的。在这样的产业发展中，全球战略趋于以低成本为导向，或实现增加利润，或降低价格。降低价格的危险当然是产品都将同时在预期规模中降低价格，结果是不公正的竞争。第二种战略是在低度竞争的产业中，通过区别对待不同的产品（按照产品的差异性）而实现收益导向。竞争对手在心理上对产品的差异也影响到价格竞争，产品总是面对来自替代品的竞争。

低成本和差异化对于区别不同的竞争战略是非常有用的，但其本身并不能说明在哪里（国家或地区）成本要降低，或是应当怎样使产品差异化。为实现这些目标，利用增值链就是极为简单而又非常明确的方法。增值链环节的确定应当依据低成本或差异化来进行战略抉择。

二、增值链的作用

在高度市场竞争中，全球战略应遵循增值链的每个环节对总成本的贡献来确定。在多种产品的发展中，可能有许多的横向环节，当这些产品在市场进行交易时，许多环节体现出（存在着）中间产品价值的数据。在一些情况下，可能获得对竞争对手的生产成本的精确评估。通过对每一环节出现的成本与竞争对手进行比较，就可以找到必须成功的关键因素。这种比较可以使战略产生重要变化，决定购买或其他方式获得增值链某些环节的新技术。

全球战略如果通过产品差异化的驱动竞争来设计，增值链要按照每一环节对市场价值的贡献来进行确定。对市场价值的估计并非十分明确，但这种估算存在于任何寻求产生经济利益的战略之中。确定市场价值的贡献会引发出强烈消费需求的产品属性，并回归到形成这种属性的价值链的环节。如果市场消费倾向于售后服务，那么发展资源就要转移到售后服务。例如，如果消费者要买一台售后服务很好的家用电冰箱，而全球战略就要能够提供比起竞争对手更好的售后服务，这意味着资源分配就要从价值链的其他环节转移投资，以便发展下游环节（售后服务）进行投资。战略的关键问题是：价值链的什么环节产生强烈消费需求的属性？哪些属性是与当前和潜在的竞争优势相一致？后一问题显然是最重要的。如果问题只是确定产品需求属性，那么战略只能简单地表明是对市场的研究问题。但具有这些属性的产品资源不是很容易地按照增值链来进行重新部署或调配的，既是没有风险和不稳定性，也不是竞争之间的产品模仿或加工模仿。重新部署会有成本和风险，可以在某一个行业中进行竞争，追求不同的战略内涵。全球战略不仅是选择有利益的市场，而且要试图创建竞争优势。一旦消费需求的属性和竞争相对有利而已经确认，全球战略就可以确定目前发展的新方向或新目标，决定重新部署资源，进行新的投资。

增值链是决定全球战略成功的最有效方法。对于产业竞争性的全球战略，增值链可确定哪些是目前具有竞争优势的环节；而对于产品差异化的全球战略，增值链可确定哪些是产生下游利益的环节。

三、比较优势链

国际环境主要用比较优势来进行分析，有两方面原因不同于国内环境。首先，体制与文化因素对国家间的竞争优势很容易形成强有力的壁垒。这些壁垒可以严重阻碍增值链各环节的转移。全球战略中营销规划时常需要重新设计，而分配（流通）网络的确立和售后服务已成为日益重要的可变因素。

其次是要素成本（如工资、材料和资本费用）在国家间的差异。这些宏观发展变量的差异具有较大的风险，并关系到全球战略的产品市场和资源分配抉择。要素成本的差异对于全球战略在增值链的环节上确定其国际区位（定位）有着重要的意义。一般来说，全球战略应当（按照相关密集要素）在具有比较优势的国家选定其活动，确定其区位优势。由于国家间存在要素成本的差异和要素使用的密度，并依照增值链而变化，所以在国家间增值环节活动的分布将有很大的差异。显然，研究与开发主要在于人力资本，需要训练有素的人员。基本的制造业具有更多的变量，低密集的人力资本，可能是相对劳动密集型，尤其在组装环节。新产品的制造趋向依赖高加工技术，不能脱离训练有素和受到教育的人员和技术人员。因此，依据国家间要素成本的差异，在全球战略中劳动密集型活动可以选定在没有经验或非技术劳动力的国家，而资本密集的活动可选定在资本不是很昂贵的国家。

四、影响比较优势的因素

比较优势中第一个因素是运输成本和税收，可能在国家之间建立很强的壁垒，特别影响低增值的产品。关税和运输成本可能阻碍国家间贸易的顺畅，国家比较优势的贸易一般会影响到世界资源的分配。增值链中的比较优势将对国家间要素成本差异比较小的产业不会有效，对差异较大的产业可能有效。

第二个因素是国家间竞争优势的差异。全球战略可遵循增值链开拓某些发展活动，可能产生竞争优势，而竞争优势可能有时在全球转移。竞争优势涉及三方面的因素：规模、区位和知识（技能）。（1）规模，如果全球战略可获得大规模生产，这种竞争特性可能远胜于要素成本的劣势，那么，全球战略尽管处于比较差的区位优势，也可能保持竞争优势。（2）区位，一种地域发展（生产）的利益可能降低或弥补另一地域生产的成本，亦即全球战略具有一种利益方面的竞争优势，而尽管另一种发展处于区位劣势，但仍可能是有利可图的。（3）知识，全球战略可能在一个时期具有获得知识或技能的优势。知识可能表现为制造的高级技术和销售的高级形式，是不容易转让和复制的。因此，全球战略可以通过产品加工技术保持竞争优势。

第三个因素是分析国家间比较优势和竞争优势之间的相互作用与意义。当在规模和知识方面获得竞争优势时，全球战略可能在区位方面处于劣势，但还能取得竞争成功。换言之，全球战略的竞争优势可能战胜国家的区位比较优势。因此，区位劣势越突出，全球战略中的竞争优势必须要更加强大。

从上述分析可以看出，全球战略应当主要是对全球竞争做出反应，而不是因比较优势的变化而进行调整。在具有差异特征的产业中，全球战略对全球竞争的反应可能是在新的竞争优势中进行投资发展。然而，在具有商品替代或接近替代品特征的产业中，比较优势的变化表明全球战略可能有四种反应，即脱离；转换技术，利用国家区位有利的因素；在海外工厂投资作为资源地；游说政府干预。

五、比较优势链的变化

对于国家间比较优势的长期变化，不同的产业具有不同的优势，且同样具有不同的脆弱性。

当前世界市场被分为三大区域：发达国家、新兴工业国家和发展中国家（欠发达国家）。自第二次世界大战后至今，世界发展的结构可以看出大致的图景。经过20世纪70年代至90年代的发展，形成了新兴工业国家，已处于发展中国家和发达国家之间，这充分表明全球发展结构的主要变化正在从新兴工业国家中发生，而已经对战后比较优势链的环节产生了巨大的影响。日本的崛起强烈地影响了比较优势和竞争优势最脆弱的产业，如钢铁和汽车生产。此后一些国家的工业化，如巴西、韩国，比较与竞争优势正在取代传统产业，虽然这种变化的程度受到发达国家的关税干预而影响。

自1963年至1980年之间，发达国家在世界制造业的增值比重（份额）从77.3%下降到65.2%，而新兴工业国家从5.5%上升到7.7%。从这种百分比的变化看出未来的趋势。中国作为新兴工业国家的变化要更大一些，对世界市场的影响已开始起到了重要作用，在全球化过程中其作用将更加显现。

第四节　全球战略遵循的原则

全球战略的设计是怎样把本国的特殊竞争优势与外国当地特殊的比较优势结合起来，以适用全球发展的潜在变化。制定有效的全球战略不仅要确认竞争优势及其重要性，而且要认识到全球战略对提升竞争优势的重要作用，要分析国内竞争优势和国外机会与限制。全球环境的关键因素在于跨国比较优势的差异，这就是对外发展的动力。虽然本国发展的因素可能限制着选择，但有效的全球战略更需要精确分析外部（全球）环境，要深入认识自身现有的和潜在的竞争优势。

分解增值链在国际上利用不同要素成本的优势是全球战略的重要方

法。全球战略的关键是要确定增值链各环节的活动，并能产生独特的竞争优势，而且运用区位比较优势的差异提升这种竞争优势。全球战略可以帮助提升现有竞争优势和修复（弥补）落后于竞争的部分增值链环节，区位优势将随着时间和国家的发展而改变。通过对增值链的特殊竞争优势和比较优势变化的分析，开放发展战略就能够开创有效的全球战略。

随着全球化发展水平的提升，比较优势不仅扩展到许多的国际地域，而且跨国一体化发展又促进了比较优势。然而，跨国一体化的结果可能以发展的全球化而变化，并取决于全球化的四种驱动力量：市场驱动、成本驱动、政府驱动和竞争驱动。如果把增值活动的定位作为关键因素，还可以增加另外四个因素：市场的选择、产品提供、销售方式和对抗主要竞争对手的战略定位。全球化的驱动可能有助于开放发展建立全球战略，以确定其增值优势。

有效的全球战略促进潜在的创新，实现持续发展，要求在不同的环境（国家与世界）下制定不同的战略。在发达国家，称之为“消费者市场”，主要挑战是减少发展资源的消费和浪费。在新兴工业国家，亦称“新兴市场经济”，要解决迅速增长的需求与稳定物质供应之间的矛盾；另一类发展中国家被称之为“生存经济国家”，其基本挑战是满足人的基本需要。新兴工业国家能够提供开发全球战略新模式的新机会，同时获取利益和提供发展的坚实基础。对这三种类型的市场，采用适当的创新全球战略能使开放发展战略建立优势，并为持续发展起到积极的作用。

第五篇　战略实施与管控

故善动敌者：形之，敌从之；予之，敌必取之。

——《孙子兵法》

兵静则固，专一则成，争决则勇，心疑则北，力分则弱。

——《淮南子·兵略训》

故其战胜不复，而应形无穷。

——《孙子兵法》

第二十四章 / 发展战略的实施系统

发展战略制成后的一个重要阶段是战略实施（strategy implementation），战略实施往往被称为发展战略的执行和行动阶段，而有效的战略实施才能保证已制定好的发展战略及其目标实现成功，否则发展战略制成后就是一纸空文。

战略实施是依据发展战略确立的长远目标，建立战略任务，确定目标重点，提出有效方针和措施，在市场机制和政府职能互动作用下确保战略资源的合理配置。战略实施活动包括培养支持战略实施的社会文化和建立有效的组织管理，坚持正确的社会发展方向，建立和使用管理信息体系，形成实现发展的绩效与目标相结合的架构系统。中国著名科学家钱学森提出“组织管理的系统工程”和“组织管理社会工程”①，实际上指明了发展战略实施就是一种社会系统工程，要求以系统工程的方法进行发展战略的实施与管理。

战略实施要确保在实践中完全贯彻和顺利进行，首先是发展战略的正确性和战略实施的科学性，适应社会发展的规律，适应民众消费需求，并具有清晰的内容；其次战略实施要有实现的精神动力，也就是要有社会舆论的支持与大众心理的向往，广泛的民众参与。战略实施意味着动员社会成员和发展参与者将已制定的发展战略付诸实践与行动，要求战略实行者和参与者遵守纪律规范和创业精神。战略实施的成功与否取决于管理者激励发展战略参与成员的组织管理能力与水平，与其说是一门科学，不如说是一种艺术。发展战略制定的无论多好，但如未能做好实施与管理，便不能产生任何实际的社会效应。

---

① 钱学森等著：《论系统工程》，长沙：湖南科学技术出版社，1982 年版，第 7 页、第 28 页。

第一节　战略实施的特性与要素构成

我们必须认识，发展战略实施往往比发展战略制成还要重要，具有更高的难度。实际上，尽管发展战略制成与战略实施之间有着密切和复杂的关系，但这两者之间又有着明显的差异，具有不同的特性：

发展战略制成是行动之前部署发展的力量，发展战略实施是在行动中进行管理和运用力量；

发展战略制成注重效能，发展战略实施注重效率；

发展战略制成表现为一种思维过程，发展战略实施表现为一种行动过程；

发展战略制成需要有好的洞察与分析技能，发展战略实施需要有特殊的激励和管理技能；

发展战略制成主要是高层商讨与决策，发展战略实施则要对众多参与的人进行组织与协调。

无论是国家还是公司或企业，甚至各种不同的组织，在发展战略制成的思想与方法上并不存在很大的差别，然而发展战略实施在不同类型、不同规模的组织或机构间却有一定的差异性。从战略制成到战略实施的转变，实际上是从战略家的决策到执行管理者责任的转移，这种责任的转移可能是战略实施的关键，尤其中层和低层管理者需要引起高度重视。

发展战略制成确定了战略目标，即解决了做什么的问题，其后的战略实施是解决怎么做的方法，既要回答“应当”怎么办的问题，又要回答“可能”怎么办的现实问题。换言之，战略实施既要力争保证战略思想的贯彻和战略目标的实现，又要体现实施的步骤（计划）与措施（方案或具体办法）的现实可行性。如果战略实施没能保证战略思想、战略目标的有效贯彻和实现，发展战略实施也就失去了真正的意义。反之，发展战略实施若不具备科学性和充分的可行性，则再好的战略目标也只能束之高阁。战略实施应当反映出全局效益和局部效益、长远效益和当前效益辩证统一的辩证思维与设计理念的联系；战略实施的系统应当包括高瞻远瞩的战略部署和衔接现实的具体措施两大部分。一方面，建立在科学分析和科学预测基础上的战略部署指明了发展战略方向，另一方面，战略措施与方案又给出了战略实施的可行途径，这两方面结合成一个有机的战略实施的系统。这样，才可能保证整个战略实施既具有相当的高度，又不至于落空，才可能发挥出现代发展战略的巨大社会效益功能。发展战略不仅是从现实与未来提出问题，而且需要战略实施对发展领域给出解决实际问题的办法和途径。

发展战略的实施在其目标的指引下必须具备发展任务的可达性，发展途径的可行性和发展活动的可靠性。如果认为战略目标是灯塔、是路标的话，那么从实践的意义来说，战略实施的基本要素一般可以由战略任务、战略重点、战略方针和战略措施等所构成。

一、战略任务

发展战略实施的基础是战略任务，亦称发展任务。战略任务体现出特定时期内在发展目标指导下所要实施和执行的重大行为抉择。战略任务的抉择应具有以下特征：

一是发展战略结构形态需要解决的主要矛盾；

二是必须能激励发展战略系统的整体创造力，并反映出大势所趋，人心所向的本质问题；

三是必须以维护国家或全局利益为出发点，实现整体社会效应。

因此，战略任务对发展战略的计划和项目具有约束性、原则性、概括性很强的特点，而且只有确定合适的战略任务，才能使战略目标建立在夯实发展的基础之上。

战略任务的确定以发展的整体性为主线，充分体现发展战略实施的必由之路，必须符合国家的基本国情和发展阶段的特性，决定着发展方式。战略任务的基本要求是：坚持把战略任务作为加快或转变发展方式的主攻内容，构建国内需求与外向开放的合理有效结构，形成良性互动、协调的持续发展；坚持把科技进步和创新作为促进发展方式的重要支撑，提高现代科学与教育水平，增强自主创新能力，建设具有创新型国家；坚持把保障和改善民生作为发展方式的根本出发点和归宿，建设发展为民的服务型社会；坚持创建资源节约型、环境协调型社会作为发展的重要着力点，走可持续发展之路；坚持把改革开放作为发展的强大动力，实施互利共赢的开放发展，应对全球性挑战、分享发展机遇。因此，战略任务应当以促进综合国力、提升国际竞争力、抵御风险能力为基础，确保发展战略实施的顺利有效完成。

二、战略重点

发展战略实施的核心是战略重点，亦即发展重点，没有重点也就没有战略实施。战略重点是决定资源分配的关键要素。实际上，任何一个社会系统，在纷繁的发展活动中，都不会是平均分配资源和力量，而是有所侧重、有所指向。况且，在现代社会发展具有多因素和多目标的复杂系统中，战略重点往往并不是唯一的，各个重点也并不是孤立存在的，其间具有错综复杂的关联性。为了有效地实施发展战略，人们应当确立符合实际的战略重点体系架构，认准相关领域及其背景，以决定现有资源的配置。

战略重点是指具有决定性意义的战略任务，关系到国家整体性和全局性的战略目标能否达到的重大或薄弱领域。为了达到发展战略目标，必须明确战略重点，没有重点，便没有任务。国家发展的战略重点是涉及全局性的关键领域（产业）、关键部门和重要地区，而不只是某一个项目或企业。战略重点具有相对的稳定性，是在国家发展中能长期发挥重要作用的领域、部门、地域，而不是只在短期内发挥作用的项目或某一局部地方。

战略重点的确立要考虑以下几方面：

一是竞争中的优势领域。在市场条件下，一般是优者生存，劣者淘汰。优势的领域，往往就是效益较大的领域，扬长避短，助优淘劣，才能争取主动，提高竞争能力，求得发展。

二是发展的基础性建设。农村是国家与社会发展的基础，能源是工业发展和经济发展的基础，科技与教育是培养人才、提高劳动者素质的基础，交通是发展运行和区域物资流通的基础。因此，在农村、能源、科技、教育、交通等部门，而且还要在新兴产业中优选战略重点。

三是国家发展中的薄弱环节。国家发展是一个系统整体，各领域、各部门、各区域是一个有机联系，相互制约的组成要素。如果某一领域、某一部门或某一区域出现问题会制约全局和整体的发展，会影响到发展战略目标的实现，那么该领域、部门或领域应当成为战略重点。这好比发展如同链条的强度，发展的整体性不是取决于最强的一环，而是决定于最弱的一节。对国家发展的薄弱环节，在资金、人力和技术方面进行重点投入，国家发展的整体效益就可能不断提高。

战略重点具有阶段性，是发展战略过程中需要注意的。形势在不断变化之中，在不同时期，国家发展面临的环境和所要解决的主要矛盾会发生改变，战略重点就会相应做出调整，才能适应变化的情况。

三、战略方针

方针顾名思义就是方向的指针，指在一定时间段内的主要工作方向，所要达成的目的和要求。可见，“方针”的侧重点是在发展阶段的“方向”上，而必须指向目标。一般说来，方针比较抽象，是行为活动的普遍性和统一性的宗旨与指向。

战略方针是指发展战略实施过程中实现战略目标的阶段性策略和原则，是规范发展战略实施阶段行为的指南；是指导发展战略实施的阶段性纲领和指向，有针对性地促进发展战略的实施。比如，在发展战略目标确定后，是否采取全面推进，还是采取跳跃式的发展，是否依靠自身力量为主，还是依靠外源（外部资源）为主去实现目标，这就是战略方针所需要确定的问题。

根据战略方针既定的原则，再制定能够推动战略实施的具体办法和措施。实际上，战略方针是由最高决策者或最高管理者正式发布的战略实施所奉行的宗旨，阐明战略实施的具体要求，是对战略实施的指导思想和承诺并形成文件，必须具有明确的原则性。战略方针为建立和评审战略实施的成效提供了框架，是战略实施的重要组成部分。

战略方针一般具有“以发展求生存，以战略促发展”的内涵，是一种高度概括而且具有强烈的感召力。战略方针的基本要求是与发展战略的目标具有相互的一致性，并为战略实施提供可遵循的准则框架，一般包括：战略实施的系统设计、各层级战略管理的关系、发展活动的要求、发展战略的参与、发展的成效与质量、战略评估的要求、战略管理的教育与培训等等。这些准则实际上又为制定战略方针提供了基础。

对战略实施的指导活动而言，战略方针服务于战略目标，需要使之适当具体化和明确化，使人们容易掌握要领。因此，战略方针即不能过于琐碎，或是细微末节，又不能过于空乏，流于形式。战略方针切忌公式化和一般化，越具体而明晰，对发展战略的实施就越具有指导意义。

四、战略措施

战略措施是实现战略目标的步骤和途径，是战略实施的具体手段与方法，针对出现的问题而采取的对策。战略措施的制定就是把比较抽象的战略目标、战略方针进一步具体化的过程，通常包括实施发展战略的相应组织机构、资源分配、资金投入、就业扩大、产业调整，以及经济和社会发展的控制、激励、协调等手段。在现代国家发展战略中，关心民众生活需求的各种措施，如社会福利、社会文化、环境保护措施和协调各关系，促进平衡发展的措施，已经成为战略措施的主要内容，而且表现为越来越重要的战略地位。

战略措施还要针对战略实施过程可能出现的问题而提出解决的办法，称之为应变措施，或应急措施。应变措施是指在战略实施过程中应对事态的变化而采取的有效方法。孙子兵法在“势篇”中说道：“善战者，求之于势，不责于人。”战略实施就是要善于根据变化的环境和竞争的情景，制定出各种有效的对策，以加强应变能力。在战略实施过程中要充分关注战略环境所出现的“势”，可能存有四种应对措施：（1）战略环境发生突然性的巨大变化，及时采取战略性的应急措施；（2）在科学技术进步的推动下，社会需求必然发生不断的变化，就应审时度势，及时调整对策和采取应变措施；（3）针对全球化发展与竞争的挑战，需要果断采取应对措施；（4）自然灾害等对战略实施带来的巨大影响，及时采取应急措施。

在战略实施过程中还要有预防措施。预防就是事先防备，应对可能发生或将要出现的状况。预防措施谋于应变措施之前。为了保证战略实施的有效而顺利进行，需要预防“势”之突变，制定一些预防性措施。

第二节　战略实施的组织架构

发展战略实施的组织架构亦简称战略组织，并具有智能型，是战略实施的基本保证。战略组织架构一般分为决策组织、管理组织和执行组织等三个层级，是个复杂而多样的组织架构。一个理想有效的战略组织架构应该是围绕着战略目标、战略任务、战略重点和战略计划、战略绩效（效果与成绩)、战略决策与战略关系等发挥其功能。战略组织架构应该是一个相互关联的系统架构，并有机体地起作用，犹如人的神经系统、循环系统、消化系统、免疫系统和呼吸系统，都是自主而相互依存。在战略组织架构中，最高战略管理层起着整体聚合作用，主要通过战略任务、重点和计划的决策，而不是通过权力控制战略实施。战略组织架构既要体现有驾驭整体实施系统的高层管理，又要求中低层管理有更大的自觉性和责任性。这种战略组织的系统架构是战略实施的必然要求，在全球市场竞争日趋激烈和发展全球化的条件下显得更加重要。

发展战略实施的组织架构在古今中外皆有之，不断地演变和进化，成为一种严密的组织系统。虽然由于各个国家的社会制度和有关条件不同，组织形式和内容也不尽相同，但战略组织系统越来越发挥重要的作用，而且表现出一些共同的趋势。传统战略组织是寓于经济管理机构和国家行政、财政管理机构之中的，其特点是分散而不成专门的体系。这种分散的管理机构，在现代社会发展中越来越显示出脆弱性。在发展过程中，各部门、各区域的发展缺乏相对一致的总目标，没有统一的协同合作，就会出现本位主义占据主要地位，发展结构畸形，社会效益甚差。作为专门战略组织机构首先存在于现代经济管理部门，出现于第二次世界大战结束之后。由单一经济发展战略到全面的整体发展战略，而成为经济、社会、政治、文化、军事、外交、教育、科技等全面发展的综合管理，因此发展战略组织架构已不只是一个单纯的经济发展问题的功能。

战略组织为了保证战略实施的顺利进行，其架构与机制正朝着以下几个方面不断变革：（1）传统的垂直架构不一定适应战略实施与管理，需要从“金字塔”垂直型向“横向网络型”转变，消除复杂低效的官僚体制，创建专业职能互动的层级结构，设立具有自觉意识的“职衔制”而职责明确，具体灵活；（2）缩减行政职能机构，战略实施过程中的后勤和服务性工作，尽可能交托于日益完善的社会服务性机构或产业；（3）战略组织架构寻求适度规模，确保各层级管理的畅通和有效，以适应战略实施的坚定性、灵活性和发展战略环境的多变性。

现代战略组织架构具有统一整体性功能，相互叠交，相互协作，显现为环状结构。战略组织的环状结构系统所体现战略实施的高层管理既具有

“指挥”功能，又要体现“顾问”“参谋”的角色，亦侧重关系的协调；而中低层管理既具有执行功能，又具有反馈和咨询或建言之职责。

战略组织架构对战略实施的完成应该是非常有效的通信网络系统。战略组织架构要充分体现战略实施过程中各级管理部门对目标、任务和计划及详细的运作方法进行沟通与反馈，而且随着战略实施接近尾声，各级管理对战略实施过程中出现的重要机会和问题不仅要进行沟通，而且还要达成共识。战略组织作为一种通信系统对发展战略实施体现整体价值的战略功能。

战略组织的功能体现发展战略目标的方向，具有与战略任务相适应的战略行为和活动，或依据国家发展方向完成战略目标所规定的具体任务或使命。战略组织的功能是发展战略本质决定的，是发展战略本质的外在表现。战略组织的功能可分为对内和对外两个方面，对内功能是主要的，是要执行和完成本组织内的目标任务；对外功能是对内功能的延伸与延续，主要是协调各组织间和部门间的关系，保持战略任务完成的整体性效益。

战略组织的功能表现出四维特征：

第一，战略组织的功能具有时间维特征，是随着时间而演化。经济与社会结构是随着时间而变革，是决定战略组织功能的重要变量。从时间维度来看，不存在固定的战略组织功能模式，必须和不同的经济与社会发展的结构水平相适应。

第二，战略组织功能具有空间维特征，表现为处于不同地域的发展水平，其功能也体现不同的差异。不同领域空间的发展水平产生不同的发展要素结构，就会导致不同的组织功能要求。不同地域空间的环境是不同的，也要求组织功能有所不同。

第三，战略组织功能具有价值维特征。在国家发展的系统中一定会有占优势的发展部分或集团，战略组织功能的界定可能会体现优势发展部分的价值偏好，并尽可能地为其提供服务。优势发展集团的存在是以一部分发展攫取另一部分发展的成果为提前的。这就需要一种组织功能机制来保障资源流向或配置于特定的一部分发展或非优势发展集团。这种组织功能机制就能保障劣势发展部分能获取资源，促进资源流动方式的合理价值。

第四，战略组织功能具有领域维特征，在不同领域应有不同的要求。(1) 政治领域。战略组织体现促进实现社会公正与平等的功能。公正与平等是战略决策者应坚持的原则，是战略管理者应承担的责任。没有公正与平等，发展战略就会失去社会基础，没有实施存在的合理性。（2）经济领域。战略组织体现参与和促进竞争的基本功能。在参与和促进竞争过程中，战略组织坚持效益原则成为其功能的核心作用。竞争是经济发展的活力源，战略组织保证竞争的有序进行。（3）文化领域。战略组织体现为公众提供价值表象的基本功能。战略组织与文化是相互作用，一方面，文化作用于战略组织，影响和制约战略组织的类型和形式；另一方面，战略组织又反作用于文化，影响和制约文化的创新和演变。（4）社会领域。战略组织提供秩序的基本功能，遵守法律，促进社会和谐。秩序是社会正常运转的基本保证，没有秩序，就没有发展战略的顺利实施。

在发展战略实施组织架构的系统中，最重要的是国家组织机构，又称为国家权力组织，体现国家机关体系的总和，包括立法、司法、行政、军队、警察，以及中央和地方国家机关。这些都是战略实施中最强有力的战略组织，是一个纵向梯次和横向交叉的结构，复杂严整而充满活力的战略组织系统，对发展战略实施具有强大的保障作用。

发展战略实施的主体是人，而人是从属于一定的战略组织，人的作用的发挥有赖于战略组织的科学化，以及一整套科学方法的确立和合理的战略实施原则。一定的战略实施原则是建立在一定的组织管理基础之上，战略组织系统不断完善，管理方法和实施原则不断改进，发展战略实施水平就得以明显提高。

组织关系对于社会关系和人际关系在发展战略实施中显得极为重要，会影响到所有参与者和社会成员。战略实施的各部门都必须明确实施发展战略中属于自己的责任部分，确立如何去做的方法，而且要有信心将工作做得更好。战略实施是对实行者（管理者）和参与者的一种挑战，要求激励全体成员的自豪和热情，为实现战略目标而努力工作与奋斗。

第三节　市场机制与政府职能

任何发展在市场条件下都要求各种资源的合理配置，有一个投入产出的比较问题，首先发展自身成果的大与小和多与少，形成经济利益的比较；其次，发展自身成果所产生的社会影响，出现大与小和好与坏，形成社会效益比较。一切发展行为与活动都整合于市场机制运行之中，成为市场的组成部分，并促使利益与效益成为衡量发展战略实施的客观尺度。因此，投入产出的关系是评价发展活动的最佳参数，而发展战略实施过程带来的社会影响和产生的社会效益要受到市场规律的支配和政府的正确主导。这不仅表现为对数量与质量关系的认知，实际上体现市场机制与政府职能关系的认知。

发展战略实施主要是由市场和政府两个机能所制约，市场如“水”，“水顺势而流”，而政府必须把控好水的流向与流速。市场如水是依据利益导向产生动力，可以说市场动力通过发展战略实施向战略目标的转移是“水顺势而流”的现象化表述。虽然市场的“水”动力在发展战略目标的引力下可以自然流动，但是其流向、流量、流速却不能自觉控制，需要借助外力调控，这种外力就是管理与控制。政府担负起这种管控的战略职能，政府职能在战略实施的过程中加强对市场管控表现出特有的效应。

首先是发挥权力效应。政府机构可组织和协调市场动力流向的“大合唱”。市场动力流向是一项庞大的社会工程，需要各部门发展的协调运转，政府机构就成为发展战略决策导向的领导机构，致力于发展动力的整体布局。政府在市场动力流向中担任总指挥的作用，即决策总体战略、政策、方案，利用权力的影响协调各部门的发展协调，确保实施发展战略的资金、科技、物资、人才等资源的落实。

其次是发挥战略的目标效应，把发展战略目标的内容落到实处。根据发展的客观情况，政府制定发展战略的计划，既有长期发展方向，又有分期或阶段的发展具体目标，还有年度或现实目标的具体指标，形成发展战略的目标体系和指标体系。为了增强战略观念，扩大目标效应的力度，可采取分级分步制定发展目标，层层签订目标责任契约的方式，落实战略目标的责任单位和责任人，实施目标进度考核，纳入发展战略实施过程中的考评内容，依法统计监督，依绩按章奖罚。

再次是发挥择优效应，获取发展的高效益。政府要主导战略实施中避免发展的盲目性，不适宜的规模，不适宜的起点所带来的负效应。发展战略实施要坚持高起点，高标优质为创新准则，以创建高效示范为突破口，坚持择优引进（从外地和外国），重点突破的方式，把引进、消化和创新结合起来以实现整合效益。发展战略实施是知己知彼的选择和及时的行动，是关于选择与权衡。行动是战略实施之本，政府主导战略行动的时机选择显得至关重要。

市场作用于政府功能要寻求各个方面的平衡点，市场不能在无序的状态下运行。当市场完全被无序和垄断或人为所操控时，可能会出现问题，甚至出现危机，那么政府要有足够的干预能力。当市场在有序地运行时，政府对市场的控制不能过大，干预与控制需要有个边界。这个边界清晰了，政府与市场各自的功能就会发挥得更好，发展战略实施就会达成更大效益。无论在完善或不完善的市场条件下，各种资源合理配置都难以完全实现，政府的干预是非常必要的。尤其在市场发展的初级阶段，更是需要政府较多的政策行为对发展起到主导作用。

发展战略的实施是市场机制和政府职能对国家发展的运作过程与结果。政府对市场具有指导或主导的功能，市场对发展具有引导与调节功能，而战略参与者（主要为企业、公司等）对市场和政府既有契约关系，更有责任关系，才能真实地完成发展战略所规定的任务。实际上，发展战略的实施是宏观与微观发展活动有效结合的过程与结果。

第二十五章／发展战略实施与民众参与

发展战略要确保在实施过程中的完全贯彻和顺利推进，不仅需要充分体现民众的意愿和需求，而且需要体现民众的义务和责任，形成强大的支持和动力。这就要求在发展战略的实施过程中必须有广大民众的参与，称之为“战略参与”。这是完成发展战略实施和实现战略目标的重要基础。战略参与是特指在战略实施过程中的参与，也可称之为一种“社会参与”，或指民众特定的社会参与，是为实现特定战略目标的参与。实际上，从发展战略的制成，一直到战略实施的完成和战略目标的实现始终都应有民众的参与。

第一节　战略参与的涵义

战略参与是指广大民众参与或介入国家发展战略，使战略实施过程及其成效能够促进国家发展，体现关于秩序、自由、平等、公正等的价值标准，避免发展战略出现地区性和产业性的偏差。战略参与是对发展战略实施过程中一系列活动的概括，体现着社会的正义与责任。

20 世纪 90 年代发展理论与战略研究提出了发展的“参与性”，并认为成功的发展不应该仅以抽象的、总的经济增长为指标，还要以人为中心，诸如满足基本需求，改善社会不平等现象，提高人的生产力和创造力，促使人（即民众）参与发展过程，达到认定自己的发展能力和分享发展的权益。因此，现代发展理论与战略研究认识到，民众参与发展战略不仅能够促进经济与社会的发展，而且可以增强民众自身的能力，才可分享到发展成果。战略参与是包括参与和知晓发展战略决策、战略实施、战略管理、分享发展利益和受益者参与发展成果的评估。

战略参与是指社会成员（公民）或社会组织参与发展战略实施的过程，是公民基本权利的组成部分，合理和适度的战略参与是实现有效的战略实施与管理的基础。战略参与可以反映出民众所要的期望和诉求，也是对国家、企业和公司发展的倾心关注，从而增强民众对发展战略实施的责任感，以更加主动、积极地维护和促进有效的发展战略实施。

战略参与也是指公民通过组织或自愿的各种方式参与发展战略过程，并以直接或间接的方式影响发展战略实施的行为。在现代国家和社会的发展战略实施中，战略参与不仅是公民享有的发展权，或宪法所赋予的权利，而且是发展战略得以有效实施的重要条件。有序的战略参与能使发展战略获得广大民众的支持和帮助，促进发展战略的顺利实施，而无序的战略参与则可能导致发展战略实施的不稳定性，甚至造成战略实施受到阻碍。

战略参与从理论上讲是民众参与发展的权力，分享发展的利益。要分享发展，首先要参与发展，而只有通过战略实施过程中的战略参与才能保证参与发展和分享发展的权利。战略参与意指民众有权参与发展战略实施的活动，不仅有权获得有关发展战略的信息，而且有权成为战略实施的参与者和战略成果的分享者。因此，国家应当促进和维护民众参与发展战略的意愿与自由，保障战略参与的权利。

战略参与要求发展战略实施不能封闭性地进行，一方面要广泛吸纳社会各界民众的反映与要求；另一方面要增强战略实施与成效分享的秩序、公平、公正，经得起社会监督与检查。战略参与的基本特征有：（1）发展战略的参与角色；（2）发展战略的公平受益；（3）民众对战略实施的贡献；（4）参与不单是自愿的贡献，同时亦有发展的管控权。

在从传统社会向现代社会转变的国家，经济发展和社会变革必然导致战略参与的要求（欲望）增加，这就为发展战略实施提供了良好的契机。然而，如果在战略参与的要求不断扩大的同时，不能相应地提高国家对发展战略管理的制度化和法治化水平，就有可能带来政治和社会的不稳定。这就要求国家在推行发展战略实施中，通过法治化的途径，疏通参与渠道，健全战略参与制度，以有效地吸收和引导民众日益扩大战略参与的意愿。

国家或社会的发展之伟力源于民众参与中最深厚的基础，动员和激励民众参与发展战略是战略实施之伟力。毛泽东在《论持久战》中说：“战争的伟力之最深厚的根源，存在于民众之中”，说得非常有道理，这一思想可用于指导战略参与。战略实施就是要贯彻民众参与的伟力，努力把组织民众、动员民众、激励民众作为战略实施的重要基础。

第二节　战略参与的途径与方法

战略参与作为发展战略实施的一种“参与式”工作手段和方法，在20世纪90年代被国内外发展理论与战略研究的学术界广泛认可，特别是联合国在推行农村发展战略的一些外援项目中作为实施的方法与手段得到应用。自21世纪以来，联合国进一步倡导世界各国要将“战略参与”或“参与式发展”渗透到发展战略的各个领域，如发展战略决策与制成、专业人才的教育与培训、发展与社会矛盾的确认与协调、全球发展中不同文化间的沟通，等等。当然，联合国将“战略参与”最广泛应用于发展战略中是农村发展项目的计划、确认、设计、执行、监测与评价。①

战略参与也是发展战略实施中的一种行动过程，通过这一过程，相关者（stakeholders）共同影响和管理或控制发展战略的导向、决策、发展质量和资源配置。战略实施的参与方式表现为参与既是“手段”，也是“目的”或“目标”。虽然发展理论与战略研究对战略参与是战略实施的“手段”，还是“目标”存有不同的看法，但一般认为战略参与是一种改善发展质量的重要手段，是促进有效战略实施（包括分配资源）和实现发展战略目标的基础。如以战略参与作为手段是用当地已有的经济、社会和自然资源来达到发展战略的目标，则强调参与所能达到预期的战略目标大于参与本身的意义。

战略参与要求社会成员（民众），亦即战略主体对发展战略的实施活动的关心，了解参与行为的投入；同时以某种方式参与、介入、关注或倾心发展战略实施的过程，从而促进发展战略目标的实现。战略参与的方式不仅是对发展战略实施过程中的行为参与，还包括意识参与。行为是一种参与，意识也是一种参与。从某种意义而言，意识参与是一种重要无形的

---

① 塞缪尔·保罗著：《发展计划的战略管理》，北京：中国对外翻译出版公司，第86页；联合国计划开发署：《人类发展报告》2006年。

战略参与。

战略参与要求社会成员能够积极参与对发展战略环境和成效的评估，参与对个人权益和发展活动有重要影响的各种事项，如有权听取发展战略决策，民众如何参与发展战略以及在发展战略目标实现中获得的利益。社会民众对战略参与的各种事项有权知晓信息和提出建议，如要求加强资源管控的有效组织，并对那些不能满足发展要求的社会状况进行调整。从这个意义上讲，社会民众关心发展战略的实施，表明其战略参与的积极性。

战略参与的指向是发展战略的实施，反映出广大民众能够按照自己的需要、愿望和能力参与战略实施过程。战略参与的方式不仅表现在能力方面，还表现在价值方面。战略参与在于实现参与者的社会价值和为社会做出贡献。战略参与是在战略实施的互动过程中，在社会均等的基础上，所参与的一切（包括行为与意识）必须有益于战略实施的各项活动。

战略参与要充分体现社会民众的参与角色，也是民众与发展战略实施相互衔接的一种形式。战略参与通过角色赋予参与者相应的权利、义务、责任和期望，参与者通过角色获取相应的社会地位和利益回报。因此，战略参与是参与者以角色的身份对发展战略实施的贡献来满足自身物资需求和精神需求的一种形式，满足程度随着角色的变化而提高，其积极性和自觉性也随着增强。

战略参与作为发展战略实施的一个重要部分，以保障广大社会民众获得分享发展。社会民众有责任和权利通过战略参与去影响自己生活的发展战略，包括战略制成、实施和管理等各方面。如果只有战略参与才能分享发展的成果或效益，那么战略参与不仅只是手段，而其本身就是结果，就应该成为所有发展战略实施中的重要特征。当发展战略继续实施，这就说明参与性会明显增加，且更强调战略参与作为发展战略实施的一个组成部分，也就更显得广大民众作为战略参与的角色越来越重要。

发展战略需要有广泛的战略参与，促进提高战略实施的动力，也能增强社会民众对发展的责任精神。在促进发展战略实施过程中通过战略参与，民众至少应从国家的发展和自己的命运这方面得到一种满足感，知道自己被赋予的期望和责任，当发展战略目标得以实现并分享战略成果时，就更会有一种成就感。通过战略参与，社会民众的个人安全感加强了，责任感增强了，同时也树立了对国家发展的自信心。在现代国家，各层级的社会成员都热心战略参与，为国家发展奉献自己的学识和能力，寻找发挥其独创性的机会。战略参与过程是实现人的一切欲望的过程，对国家发展来说这是很有价值的品质。

战略参与是人才培养的一种重要方法，实际上发展战略实施通过战略参与的过程也就成为人才培训过程。如果战略参与者没有对发展战略的认识，没有战略参与的基本能力，是无法有效配合和协助战略管理者完成战略目标。战略参与前需要人才培训，而且战略参与过程本身就是人才培训的过程，对提高民众素养具有重要意义。

战略参与的加强和创新是战略实施的重要保证，也是战略实施创新的内在要求，是发展战略科学化和民主化的保障。战略参与的创新应构建多元化的参与主体，优化战略参与的制度环境，拓宽战略参与的渠道，充分发挥社会组织及成员在战略实施中的作用。

战略参与的方法论意义和主要观点可以归纳如下：（1）战略参与应是社会民众参与发展战略的重要途径与方式，并能充分体现出民众对战略实施的作用；（2）社会民众通过战略参与既是对发展战略信息的知晓者，又是其信息的维护者和传递者，形成对战略实施的社会力量；（3）时代在变化，越来越多的民众不只是单纯的战略参与，而且主动意识与自觉性日益增强，以此提升了战略参与的质量；（4）战略参与可以促进社会民众积极了解发展战略的意义和重要性，更有利于战略实施而得到广泛的社会支持，民众亲身积极参与形成的思想，也可能更有利于社会的发展；（5）战略参与是发展权在民众与社会中的具体体现。

第三节　战略参与的功效——分享发展

战略参与就是促进民众参与发展，分享发展，获取发展的利益。毛泽东指出：“马克思列宁主义的基本原则，就是要使群众认识自己的利益，并且团结起来，为自己的利益而奋斗。”[①]根据毛泽东的思想，发展战略实施就要实现好、发展好、维护好人民群众的利益。

物质利益是人民群众最基本的利益需求，是实现政治利益和文化利益

① 毛泽东：《对晋绥日报编辑人员的谈话》，载《毛泽东选集》第四卷，北京：人民出版社，1991 年版，第 1318 页。

的基本条件。一切经济活动和政治行为，归根到底都源于物质利益的需求。毛泽东在领导中国革命过程中，一直十分重视人民群众的物质利益问题。早在1934年1月，毛泽东在《关心群众生活，注意工作方法》中指出："如果我们单单动员人民进行战争，一点别的工作也不做，能不能达到战胜敌人的目的呢？当然不能。我们要胜利，一定还要做很多的工作。领导农民的土地斗争，分土地给农民；提高农民的劳动热情，增加农业生产；保障工人的利益；建立合作社；发展对外贸易；解决群众的穿衣问题，吃饭问题，住房问题，柴米油盐问题，疾病卫生问题，婚姻问题。总之，一切群众的实际生活问题，都是我们应当注意的问题。假如我们对这些问题注意了，解决了，满足了群众的需要，我们就真正成了群众生活的组织者，群众就会真正围绕在我们的周围，热烈地拥护我们。"[①] 1942年12月毛泽东在《经济问题与财政问题》中强调："一切空话都是无用的，必须给人民以看得见的物质福利。……我们的第一个方面的工作并不是向人民要东西，而是给人民以东西。我们有什么东西可以给予人民呢？……就是组织人民、领导人民、帮助人民发展生产，增加他们的物质福利，并在这个基础上一步一步地提高他们的政治觉悟与文化程度。"[②]战略参与就是组织社会成员或民众参与发展战略实施的过程，并成为国家发展的主体，保障其物质利益的实现。战略决策者和战略管理者应该切切实实地在战略实施过程中贯彻战略参与，去实现目标、分享利益，并且具体地解决一些民生实际问题，使战略参与者看到利益，看到前途，形成自己努力奋斗的方向。

战略参与应当遵循毛泽东"为人民服务"的思想，实现人民群众的利益。毛泽东"为人民服务"的思想实际上提出了为谁而发展和为什么而发展的问题，要求战略参与充分体现以人为本、民生为本作为发展战略的鲜明标志和基本宗旨。发展战略是着眼于国家大事、民生大事。战略参与以为人民服务为宗旨，就是从战略实施着眼，从战略管理做起，相信民众的觉悟和智慧，依靠民众的力量，促进国家发展之大事，使民众获得之利益。

发展战略实施的出发点和落脚点就是战略参与、分享发展。战略参与

---

① 毛泽东：《毛泽东选集》第一卷，北京：人民出版社，1991年版，第136—137页。

② 毛泽东：《毛泽东文集》第二卷，北京：人民出版社，1993年版，第467页。

和分享发展指明了发展战略实施的价值取向，体现了人是发展的主体，发展为了人，发展依靠人，发展益于人。战略参与提升发展以人为本的思想，坚持为人民服务的思想，就能使民众认识国家与自身的利益，维护国家与自身的利益。正确处理各种利益问题是战略参与坚持为人民服务思想的核心问题。战略参与必须体现国家和最广大民众（人民群众）的利益，没有其他特殊利益。坚持国家和民众利益高于一切，参与者个人利益服从国家和民众利益。在利益问题上，战略参与者分享发展利益只能获得制度和规定范围内的个人利益。在个人利益和国家与民众利益发生冲突时，要无条件地服从国家与民众的利益，维护国家与广大民众的利益。因此，战略参与不仅强调要实现好、维护好分享发展的利益，而且还要正确处理利益关系，把国家利益和民众利益放在第一位，绝不能搞个人利益至上。

当今社会发展是利益多元化的时代，利益冲突乃无处不在，战略参与和分享发展可能是避免或减少利益冲突的重要方法。很多个人张扬自己的利益，有时甚至认为个人可以独立于社会而存在，把个人利益不恰当地置于国家和公共利益之上。如果民众不可能正确认识“自己的利益”，而不能恰当地处理个人利益和国家与公共利益（当然，公共利益中包含着民众个人“自己的利益”）的关系，那么需要一种外部因素的干预——战略参与就是深化其认识的过程。

当今世界各国的发展显示，只有推进战略参与和分享发展，才能促进社会安定、民族团结，追随时代发展。发展战略及其实施不是凭空产生的，而是源自对发展实践的总结、理论反思和现实超越。长期以来，世界各国在战略参与和分享发展方面既积累了有益经验，也有过深刻教训。从教训看，一些国家在发展战略中不关注不参与，更不注重分享，一部分人获得的“发展利益”建立在另一部分人的“发展失落”，甚至“剥夺分享”的基础之上，造成各种社会群体对立，民族纷争，甚至国家被撕裂，利益集团争权夺利。从经验看，随着对发展战略实施没能带来贫困人口消除，反而导致贫富差距扩大，引起了国际社会对发展战略的反思，提出了“人的发展”“参与性发展”“分享型发展”“穷人的发展”“包容性发展”等理论，以消除“没有分享的发展”。这些理论与实践，在提高民众生活水平、促进社会公平正义方面取得一定成效。战略参与和分享发展正是对国际发展的借鉴和超越。中国主席习近平指出：“国家建设是全体人民共同的事业，国家发展过程也是全体人民共享成果的过程。"① 这充分体现了中国政府促进"战略参与和分享发展"的科学发展理论。坚持战略参与和分享发展就能促进国家安定，增强社会凝聚力，推进持续发展战略。

只有战略参与和分享发展才能更有效地推进发展战略实施。战略参与和分享发展为标准来衡量与检验发展战略实施的成效，为排除影响战略参与的障碍与问题而发力，使分享发展更具有公平性、普惠性，使广大民众在发展战略实施中具有更多获得感、更强参与感和更好幸福感。天下没有免费的午餐，没有参与就没有分享。坚持分享发展，既追求人人享有，也要求人人参与、人人尽力，人人都为国家发展、民族振兴和个人幸福而贡献自己的努力。在全球急速发展和激烈竞争的时代，如果国家没有战略就没有发展，没有战略参与，发展就不可能强大和参与竞争。只有战略参与，发展才不会停滞。国家要强大只有人人参与发展战略，每个人都不应企望坐享其成。分享不是不劳而获，要分享首先要参与，在参与之中努力奋斗。汉代王符说"大鹏之动，非一羽之轻也；骐骥之速，非一足之力也。"（［汉］王符《潜夫论·释难》）战略参与要求每一个人对国家和民族的发展要秉持"天下兴亡，匹夫有责"之心，坚持自强不息的精神，有梦想、要担当、敢奋斗，不仅为国家和民族之强大，也为个人分享发展而释放自己的光和热。

战略参与是为了分享发展，而分享发展必须要有战略参与。战略参与和分享发展是发展战略实施中的辩证逻辑过程，在全社会营造人人参与发展、人人尽力发展、人人享有发展的良好环境，体现公平正义，追求普遍受益的理念价值。以分享发展引领战略参与、以战略参与推进分享发展，必将厚植发展战略之优势、凝聚发展战略之伟力、提升发展战略之境界。

人类社会发展正在深入走向全球化，发展竞争日趋激烈，哪个国家制定了科学的发展战略，有了明确的战略目标，并鼓励民众参与发展战略，就必定在发展全球化过程中立于不败之地。今天的中华民族，正以坚实的步伐迈向民族复兴的伟大战略目标，民心所向，来自人民群众的雄厚伟力，中国人正以极大的努力和热情参与伟大的战略实践，必将开拓人类社会发展的新征程。

---

① 习近平："在庆祝'五一'国际劳动节暨表彰全国劳动模范和先进工作者大会上的讲话"，2015年4月28日。

第二十六章 / 发展战略实施与战略管理

现代社会发展可用“瞬息万变”来形容这个动态性的大系统，而任何一个科学的发展战略实施都不应当是一成不变的。无论是军事战略，还是经济、社会和科技发展战略，其实施中各要素之间的联系既具有相对的稳定性，又具有可调节的动态性。因此，发展战略实施需要建立一个运转灵活、畅通便捷和互动协调的战略管理机制。这种机制的运行，既有发展战略实施的自身规律，又受到经济、社会和文化环境的影响，涉及到行政管理、人才管理、资源配置、市场传递等诸多方面，构成一个相互渗透的战略实施管理机制的运行架构。战略管理是发展战略实施的基础与保证，没有战略管理就不可能形成有效的战略实施，顺畅地达成战略目标。

第一节　战略管理的认知

发展战略制成固然非常重要，但发展战略的实施与战略管理是奠定实现战略目标的最重要过程。发展战略的制成是战略实施与战略管理方向的主观表现和反映，而不能替代战略实施与战略管理对发展所取到的决定性的作用。因此，发展战略的制成是基础，战略实施是支撑，战略管理是保障。战略实施与战略管理形成源动力，是促进发展战略实现整体效应的统一机体。如果只是追求战略制成，而忽视战略实施与管理，发展战略似乎成了没有车轮的战略。在人类社会发展至今，对发展的认识和战略制成的方法都有了非常高度的层次和非常完善的程度，但对战略实施与战略管理却缺乏应有的认识与重视。第二次世界大战结束以来，许多发展中国家制定了各种发展战略，而取得的成效却相差甚远，关键在于发展战略未能很好地实施和管理。从全球视野来看，未来发展不仅取决于发展战略制成，更依赖于发展战略实施与战略管理。然而，发展战略实施离不开战略管理，只有战略实施而没有战略管理，发展战略就是一辆独轮车，有了战略管理，发展战略就是双轮车，既跑得稳又跑得快。因此，战略实施与战略管理是一对孪生兄弟，已成为一个国家发展和国际竞争的重要战略能力。

发展战略管理顾名思义就是从战略的角度对发展及发展战略实施的管辖和治理。发展战略管理作为人类管理活动的一个重要方面，是与发展同生同在的。发展战略管理是在动态条件下形成的，与传统的管理相比，无论是管理内容、手段、方法，还是管理的基本原则和原理，都有很大的变化。战略管理要以学科的方法来进行认识，有必要对其概念进行适当的解析。

战略管理是人们为了有效地实施发展战略，而达到发展战略的共同目标，有意识、有组织，不断地进行协调与控制的活动。战略管理具有三个基本特征：一是目标的一致性和明确性，战略管理都必须围绕发展战略的共同目标进行，没有明确的共同目标，行动就是一盘散沙，战略管理也就无从谈起；二是组织与计划性，战略管理就是通过组织职能和计划方法，设计和维护发展战略的环境，将处于其间的各种资源发挥恰当的作用；三是要素协调性，战略管理就是协调人与人之间、人与物之间的各种关系，形成要素的整体功效，而这种协调又要贯穿于发展战略实施的始终，是反复不断进行着的动态过程。

发展战略管理可以定义为：为了国家的发展战略目标，遵循发展活动的客观规律，借鉴现代管理科学的原理、方法和手段，对发展战略实施活动进行系统的组织、指挥和控制的过程。发展战略管理既具有现代一般管理的共性，又与一般管理相区别，其特点决定于发展活动的客观规律和发展战略实施的基本要求。

发展战略管理的定义包含下列几层意思：其一，追求国家整体发展利益，保证国家总体发展目标的实现，是发展战略管理的本质和根本方向；其二，发展活动的客观规律，国家发展政策和方针，是发展战略管理的依据；其三，对现代管理科学原理、方法和手段的借鉴，并在实践的基础上进行改善，为发展战略管理奠定了最基本的理论和方法；其四，发展战略管理是对发展全部活动的系统管理，包括发展战略的制成、实施、执行和评估（包括环境和效益）等相关方面的管理，是一个不间断的动态过程；

其五，发展战略管理的主旨是发展的整体效益和综合效应，要求充分发挥计划、组织、执行、控制等多种功能；其六，发展战略管理的效绩有各种表现形式，可以具体表现为民众生活水平的提高，经济与社会发展的协调，发展与环境的平衡，或者抽象表现为综合实力的增强，社会文明的提升。

第二节　现代化管理对战略实施的作用

发展战略实施需要形成相适应的战略管理机制，而战略管理的现代化是强化战略管理机制的重要标志，也是发展战略实施过程中的一个重要组成部分。战略管理的现代化就是以科学而先进的管理方法运用于发展战略实施之中，已成为有效地推动发展战略实施的重要保证。现代化战略管理机制强化于计划、组织、指挥和控制功能，并直接作用于发展战略实施的各个方面，关系着能否从宏观上把人力、财力和物力等资源有机地结合起来，充分发挥其整体效益。

一、现代化管理是战略实施的重要基础

现代化的发展标志着当代最新科学理论与方法，以及科技成果的运用，体现国家经济实力、军事实力、基础设施、生态环境、生活水平等等明显的不断提高，形成良性的发展循环系统。如果把这些领域的现代化看作是国家发展的“硬件”，那么，战略管理的现代化就是国家发展的“软件”。“硬件”的现代化是发展的基础，而“软件”的现代化是发展的保障，两者缺一不可。

美国的“阿波罗”登月飞船的设计与制造体现出一种战略管理现代化的机制，由560万个零件组成，有数万家公司，40多万名科技人员参加研制，投资达1000亿美元。“阿波罗”总负责人韦伯博士曾说：“我们没有使用一项别人没有的技术，我们成功的奥妙就是科学的组织管理”，反映出的就是战略管理现代化的运用。相反，英国在20世纪70年代中期开始的“猎迷”预警机的研制，却因缺乏整体科学管理或战略管理，结果几家

公司“各自为战”，虽然研制的设备在单独试验室工作状态良好，而综合成系统后，其性能却明显下降，难以达到预期目标，其主要原因就是缺乏战略管理的现代化。

对于发展中国家来说，在发展战略实施过程中，战略管理的现代化尤为重要。发展中国家用于发展战略实施的资金有限，而且科学技术相对落后，缺乏各种专业人才；另一方面，在全球化浪潮的冲击下，其现代化发展又必须加快步伐，期望在短期内赶上或接近发达国家的发展水平。发展中国家要解决基础条件差与任务要求高之间的矛盾，特别是要解决战略实施所需资源与可能供给之间的缺口，一条重要的途径就在于向战略管理要时间、要速度、要效益，亦即通过现代化的战略管理，搞好综合计划，统筹安排，做到科学决策，杜绝浪费，力争少走甚至不走弯路，更不能走他国走过的弯路而又步后尘。只有现代化的战略管理才能有效地配置人力、财力和物力的有效利用，让有限的资源在战略实施中充分发挥出更大的效益。

二、现代化管理是战略实施的深层因素

战略管理作为“软件”，看不见，摸不着，对构成社会发展力量的人和物等因素更加具有决定意义，并对战略实施的作用和影响更为深远。因此，战略管理离开了现代化，人和物等因素的进步就必然受到制约，发展战略实施也就要受到深远影响。如果人的素质提高和物资条件的改善是构成实施发展战略的第一层次因素的话，那么，战略管理的现代化就是实施发展战略的最深层次因素。

在世界各国发展实力的比较中，物资的多与少、先进与落后，人的素质的高低，表现得非常直观，往往最先引起人们的重视，成为发展战略实施中优先考虑的重点。然而，战略管理在发展战略实施中居于更深层次的位置，很容易被人们忽视或轻视，更看不到战略管理现代化在发展战略实施时的必要性和紧迫性。

考察人类社会发展史，尤其是近现代发达国家的发展史，人们常常会发现管理的变革在社会发展诸多因素的变革中处于滞后的状态，而战略管理的滞后，就会成为发展战略实现目标的严重制约因素。因此，人们日益认识到现代社会发展战略实施必须以战略管理为先导，并且遵循本国发展

的特性，才可能更有效地推行战略管理。战略管理作为发展战略实施中的深层次因素，作为一种社会实践活动，具有鲜明的时代特征，又具有各个国家自己的特色。世界各国发展战略管理的理论基础不同，指导思想不同，文化传统不同，管理对象的情况也不同，因而不同的国家具有不同的发展战略实施的管理机制与模式。如果无视不同的差别，一味地强求与发达国家水平看齐，显然是违背战略管理的科学规律。与此同时也应看到，战略管理与各国的政治、文化传统有着密切的联系，可能容易产生对本国传统文化的偏爱。因此，在推行战略管理现代化的过程中，要摒弃自我封闭，注意借鉴和求新，吸收他国成功的战略管理经验。

第三节　发展战略管理的特点与功能

发展战略管理不同于一般的传统管理，在实践与理论方面具有鲜明的时代特色，在国家与社会发展活动中的功能也显得日益强劲。

一、发展战略管理的主要特点

战略管理的特点是与传统管理相对而言的。尽管战略管理自身也在发展和完善，也经历了不同的阶段，但是总起来看，战略管理与传统管理却具有实质性的差异。

战略管理的特点主要表现在下列几个方面：

（1）管理观念的现代化。首先，战略管理的现代化越来越要求，从发展整体效益决定成败的战略高度来重视发展战略实施的质量管理。在思想观念中，战略管理现代化的作用和地位在发展战略实施中得到了更加的肯定，不仅能有效地促进发展活动更加符合现代化发展的客观规律，直接增强经济效益，而且能够扩大社会与文化，乃至政治的效应。其次，人们已经从思想与理论上认识到战略管理是一门更严谨的现代科学，是随着人类社会现代化而不断增进，更需要树立起遵循发展的规律与管理科学的规律，以科学的战略管理的理论与方法实现发展战略整体效益的观念。

（2）管理方法的科学化。发展战略管理离不开现代化的管理方法，要求以系统方法为基础，以现代化决策方法为核心，同时注重法规管理方法和标准管理方法，力求使战略管理成为系统化和最优化、标准化和制度化的科学方法体系。这种科学化的管理方法是发展战略管理区别于传统管理的主要标志。

（3）管理手段的自动化。战略管理既有行政手段，又有法律手段和经济手段。这些手段都有一个共同的趋势，就是越来越与现代电子计算机技术、现代通信和网络技术相结合。利用现代计算机和网络通信技术处理，传递发展战略研究和发展战略实施与管理的信息，可以使之做到既迅速又准确，而且能综合分析和有效控制发展战略实施的过程。因此，战略管理手段自动化可以提高发展战略实施的综合管理效能。

（4）管理人员的专业化。发展战略管理需要有一个专门管理人才群。在战略管理人才群内部，有领导层、决策层与执行层、操作层的区别，还有不同专业的分工。但无论是哪个层次、哪个专业和方向的人员，每一个人都应成为战略管理的专家或行家。战略管理人员不仅具有发展战略的一般知识和理论，又要精通自己的本职业务。因此，发展战略管理人员素质的高低，直接决定着发展战略实施的管理水平，而且最终影响到发展战略实施的整体效益。

（5）管理组织的高效化。发展战略管理要求组织结构比较发达，机构比较健全。战略管理组织的发达与健全，一方面是指具有相当的规模，科学合理的内在逻辑结构，有利于促进高效化；另一方面更为重要的是，要求其组织结构的相对稳定，内部层次的职级划分清晰，才能保持功能高效化的持续性。战略管理组织的高效化是发展战略实施的基本保证。

二、发展战略管理的主要功能

一个系统为了达到其总的目标，完成其总体任务，需要有各种不同的活动以发挥各种不同的作用，这些不同的活动和作用，就是不同的功能。战略管理最一般的功能通常包括计划、组织、指挥、控制和协调等五个方面。况且，“协调”包含在前四者之中，计划、组织、指挥和控制的过程充分体现着协调的过程。因此，发展战略管理的主要功能可以从计划、组织、指挥和控制等四个方面进行解析。

（1）战略管理的计划功能。“计划”功能实际上是计划管理，既是发展战略管理活动的开始，又是发展战略管理中一切活动的依据。发展战略管理作为一种系统工程，维护系统内部各要素长期的系统运转和变化，追求全系统的高效率，首先要有一个系统的计划。发展战略管理的各个子系统，如发展战略的信息管理、资金管理、评价管理等等，为了完成本系统的任务，保证发展战略实施的顺利进行和目标的实现，需要有相应的计划管理。计划管理是发展战略管理的首要功能。

战略管理中的计划功能是依据发展战略所明确的目标和方向，区分发展战略实施中各个方面的任务，提出完成各项战略任务的手段和步骤。战略任务与手段是发展战略实施的过程，而战略任务是发展战略目标的具体化，手段是战略任务完成的具体方法。因此，在战略管理中，任务和手段是计划功能的核心。战略任务既是具体的，又统一于战略目标，没有目标就没有任务，而手段须保证任务的完成。实际上，战略目标影响着战略管理中的任务，手段决定着战略任务完成的效率。目标、任务和手段须力求一致性，并决定着发展战略实施的效益。战略管理中的计划功能，一个很重要的问题就是协调和处理好目标、任务、手段之间的关系，力争做到任务适度，手段可行。

（2）战略管理的组织功能。组织功能是战略管理中的一种活动功能，对发展战略实施过程进行有目的、有系统、有秩序地进行组合，发挥整体效能。组织功能的活动首先就是组织机构的确立，这是发展战略管理活动的一个重要基础。

战略管理中的组织功能是有意识的、积极的。组织功能是根据完成发展战略任务的需要，设计一种人力、物力和财力编组体系，选择适当的人承担整个体系中的有关工作，并且规定其相应的职责和权利，以便充分发挥其工作积极性，合理地配置物力与财力，形成整体的高效益。显然，组织功能的主体是人，其最主要的直接作用对象也是人。人具有了组织活动的积极性，资源配置就更能显示出效能。

战略管理的组织功能一般是本着便于分工、便于控制、便于协作、简练精干、职责明确的原则，并力求做到结构相对稳定而又便于临时编组，具有一定的弹性。组织功能的结构形式直接影响到其效能的发挥，影响到战略管理的执行。因此，在发展战略实施过程中要十分重视对战略管理的组织功能结构的设计。然而，如果有了良好的组织功能结构却不一定能取得良好的组织效能，就需要对组织人员进行科学的选择与安置。人员的选择着眼于组织功能的结构需要，就是“因事择人”。不同的岗位，不同的要求，需要有不同的知识和能力。战略管理从完成任务的需要出发，去考察、选拔、培养和使用人才。

(3) 战略管理的指挥功能。发展战略管理具有一定的强制性，战略计划和任务是否付诸实施、如何实施、实施的程度，战略组织如何建立、如何发挥作用、发挥什么作用等等，都需要服从某种统一的意志。战略管理的强制性是通过指挥功能来实现的。在发展战略管理中，指挥功能是指上级根据一定的战略计划，给下级发出的指令，规定的任务，同时向下级提供完成任务的方式和方法，并督促指令的贯彻，检查任务的完成情况。因此，指挥功能使计划和组织建立起密不可分的且牢固的联系，使计划在一定权威的作用下通过有组织的行动得以实现。

发展战略实施中管理功能被强化，组织功能就较为发达，且对指挥功能提出了更高的要求，使之表现出特殊的作用。战略管理的指挥功能在发展战略实施过程中起着灵魂作用，不仅难度大，而且作用深远。指挥功能的核心在于抓住发展战略实施中关键部位的主要方向，并且做到及时可靠，重点突出，既坚定又灵活。指挥功能一般要由德才兼备，才华出众的战略管理人员来承担，能始终保持清醒的头脑，具有科学的态度和民主的作风。

(4) 发展战略管理的控制功能。发展战略实施是涉及多方面的系统工程，又是一个连续不间断的动态过程，而战略管理的组织和人员在执行的过程中必然发生这样或那样的偏差。有时候由于情况的变化或其他种种原因，发展战略实施也需要做适当的调整。为了及时地发现和纠正各种偏差，并对发展战略的相关内容做必要的调整，战略管理就要形成一套控制功能。

战略管理一般使用计划控制的方法，即针对战略计划执行情况进行监督和检查，及时发现问题，采取干预措施，纠正偏差，以确保发展战略的顺利实施。在发展战略需要调整，或发展战略环境急剧动荡，发展战略受干扰因素很强的情况下，可采用目标控制方法，对战略目标任务进行跟踪控制，通过战略任务的修改并借助于战略管理的灵活性，以促进战略目标的最后实现。

战略管理的控制主要包括三个方面的内容。一是确立控制标准，这是控制过程的开始。控制以计划或具体目标为依据，但计划较细微详尽，目标又过于抽象，因而需要从其中选出一些影响管理成效的关键点或因素进行阶段性评估，制定出专门的明确具体的控制标准。二是及时获取偏差信息。对各种发展战略实施活动进行跟踪监测，迅速地反馈必要的信息，并通过高效率的分析对实绩与标准进行比较，做出定性与定量相结合的正确评估。三是采取纠正偏差的措施。一旦发现偏差，就要进一步弄清导致偏差的制约因素。如果这种制约因素是所能控制的，便通过决策领导与管理人员采取相应措施予以纠正，或对目标及计划进行修正。

由于控制理论和系统分析方法已经被广泛地引入发展战略管理，不仅使得人们对信息反馈意识明显加强，而且使得控制标准以及对阶段性发展实绩的评估也明显趋于精确化。因此，战略管理控制可以及时发现问题，及时纠正偏差，提高对整个发展战略实施的动态控制能力。这就是发展战略管理控制功能的一大特色。另一方面，战略管理的控制功能又有严格的程序和权力的限定，不能直接干预被管理对象的工作，而只能提供咨询性的管理建议。这样既不致于挫伤被管理对象的积极性，也使发展战略实施系统的关系井然有序。

第二十七章／发展战略实施的控制论

在发展理论和发展战略研究中有许多重大问题与控制论的理论和思想有着密切的关系，然而，人们却缺乏对此的认识。发展理论和发展战略的研究与控制论相结合有可能产生新的认知，更有利于人类社会的发展。发展战略控制论具有两个层次，首先是发展控制论，将控制论运用于研究和解决发展问题；其次是战略控制论，将控制论运用于战略实施与管理之中，更有效地实现目标。发展战略控制论不仅要解决发展问题，而且要以战略思维和战略管理来控制发展，才能实现发展的整体战略效益。

控制论要完全运用到发展战略之中，是一项非凡而长久的研究与实际应用工程。本章中只是将控制论的某些概念和方法应用到发展战略的实施与管理之中，以此促进人们认识控制论对发展问题和发展战略研究的重要性，能起到抛砖引玉之作用。从发展战略系统控制、调节作用的角度来认识现代控制理论，并以控制论的基本思想和方法探索发展战略控制论，促进人们认识发展战略实施与管理过程中运用控制论的思想和方法所具有的重要价值。

第一节　战略控制论的释义

当今人类社会已进入信息时代，信息功能几乎渗入到发展活动的每个领域，已成为发展过程的主导动力。各种发展活动极大地依赖于信息交流、信息处理和信息储存，促使发展战略成为结构复杂、层次繁多、联系密切的系统；推进物资和信息的交流不断加强，组织化程度不断提高，各种发展活动或行为不断得到整合。在这种情况下，控制论对发展战略是必要而有效的了，从而形成战略控制论或发展战略控制论。此外，从控制论角度观察问题不仅可以看待信息社会的各种发展问题，而且能够使人们以新的高度对国家发展的不同阶段以控制论系统观念来看待现实发展问题，有利于整体认识与分析，把握未来发展的战略方向。从这个意义上来讲，控制论是解决现代发展问题及发展战略的方法论系统工具。

控制论是20世纪40年代开始形成的一门综合性科学，其理论不断运用于各种领域，如社会控制论、经济控制论、工程控制论等。“控制是对被控制对象施加某些作用，使对象行为或变化过程符合或逼近目标，实现行为或过程的目的性。”① 战略控制论是探索对发展战略实施与管理的方法论系统，以便更有效地实现发展战略目标和最佳效应。战略控制论不是零星地运用某些控制论概念来个别地解决某些发展问题，而是以控制论特有的逻辑结构分析并结合已有的发展战略研究的成果，探索与开拓自身的体系。

战略控制论包括以下三个层次：

（1）发展战略控制论的对象涉及国家或社会整个发展领域，以及其中的所有过程和机制，并形成战略大系统；

（2）战略控制论使用有关系统、结构、功能、行为、信息、控制等概念、观点和方法，来观察和分析战略实施与管理中的现象并由此创立自身的概念体系和基本方法。

（3）战略控制论可采用有关的数学方法，为发展战略的统一量化分析提供可能性，同时运用质的分析方法来确定量与质的关系，以达到真实的战略效益。

战略控制论首先是作为系统，就具有一般系统的特征；而且作为控制论系统，也就具有一般控制论系统的特征。然而，战略控制论不同于一般系统，也不同于一般的控制论系统。战略控制论的对象是如何控制发展战略的实施与管理，实现发展战略效益的最大化，而一个最重要的特征是人的因素，即在发展战略活动中人的因素每时每刻都在起到关键性的作用。人的因素主要体现在两方面：人的目的性和人的控制作用。目的性是显而易见的，无论微观还是宏观发展战略的活动几乎无不存在或包含人的目的性，并产生了各种形式的战略控制作用，主要体现人直接而自觉地参与、

① 葛长庠：《控制论经济学》，北京：中国物资出版社，2005年版，第1页。

执行、完成、调节、监查和评估等活动。

战略控制论系统是多级控制过程，所涉及的控制活动是多层次的复杂系统结构，是由各种有序的和相互联系的发展战略要素有机结合而成的集合。该集合可以包含许多子集合，相互之间又具有各种联系而形成较复杂的结构，而在既定的发展战略目标的要求下，以整体方式执行整个系统的某种（或一定的）战略功能。因此，战略控制论系统可以由各种子系统组成，体现为发展战略的不同方面、不同层次，各自相应有不同的子目标，执行不同的子功能。依据这一概念，凡是具有某种直接的（或一定的）发展战略目标，能独立执行相应的发展战略功能的行为实体，都可以看成是发展战略控制论系统。

战略控制论作为科学体系而言，不仅是要以战略的视野与控制论方法开拓对发展领域各种问题的管控，而且探索其基本概念和观点，才有益于对发展战略控制论方法的指导。战略控制论要研究部门和领域发展问题的分析与对策，其重心在于对宏观发展战略研究，在于对发展战略的整体研究与控制，对发展战略实施运作从总体上的把握。从战略控制论的研究趋势上看，随着整体发展（全社会发展）和部门发展（某个领域发展）不断加强各种关系的研究与控制，国家发展才有可能融为一体，实现最大效益。

战略控制论是对发展战略实施与管理过程中有关信息的传递和加工过程，而且涉及到整个国家发展战略系统及其各个子系统，涉及各个系统内部和外部的各种联系，以及在各个系统中运行的一切过程和机制。因此，战略控制论是运用控制论的概念与方法去解决国家发展战略的各个方面和各级层次的问题：从宏观发展现象到微观发展行为过程，从国家发展整体系统的结构到各个子系统的结构和关联，从政府政策与计划到市场调节，从地方与部门发展到企业与公司发展，无一不是需要运用控制论的理论与方法。

控制论对发展战略实施有特别重要的意义，从理论认识上可以解决以下几方面的问题：

（1）正确认知发展战略系统的结构、功能和动态变化的自身规律性；

（2）发展战略实施与管理及调节过程的规律性，包括如何使战略整体性原则同发展计划与活动中的自调节、自组织原则相吻合，在战略实施中如何确定政府决策与市场调节的关系；

（3）发展战略实施与管理信息系统方面的问题，包括发展评估、经济价值、社会价值和文化价值等发展的综合效益问题；

（4）中央、地方和部门如何在发展战略实施与管理的最优决策方面相互协调等问题；合理配置资源、开拓新技术和基础设施投资的发展效果等问题；

（5）发展战略目标实现所体现的成效如何统筹兼顾国家、部门、地区、企业（公司）和个人之间的利益共享方面的问题。

战略控制论是针对战略实施与管理庞大而复杂的国家发展、部门发展和地区发展，也包括企业（集团）发展，并对发展战略控制论体系的功能性在科学的定性分析基础上实现定量分析。这是战略控制论的重要部分，同时也表现了战略控制论的一个基本的特征——定性与定量分析的严密化和科学化。通过研究发展战略系统的可预性、稳定性、可靠性和可控性等问题，建立起战略控制论的基本原理与分析方法，从而实现对发展战略控制论系统的功能性认识与把握。

战略控制论的基本要义可分为两个方面：首先是在战略控制论所特有的观察角度和概念体系的基础上，辨识发展战略控制论系统的性质，辨识其运行的过程和规律性；其次建立发展战略控制论模型，运用相关现代科学的手段，进行数量分析和模拟仿真。战略控制论是用计算机系统解决发展战略实施与管理的科学基础，其分析方法首先可以使对象明晰化、确定化，进一步可以为发展战略设施与管理系统规范化，为战略决策提供比较可靠的依据。

战略控制论及方法的运用将促进发展战略活动及过程的组织、执行和管理，以实现发展战略的最优控制，对发展信息传输过程和发展信息系统的最佳控制。因此，发展战略实施的有效控制将有利于战略目标、战略计划、战略预期、战略决策达成应有的成效。

第二节　战略控制论的系统分析

为了对发展战略的有效实施和管理，首先就要从控制论角度研究与分析发展战略系统，也就是说，以战略的高度，从控制论的角度，把实施与管理对象的某些属性、某个过程或某种问题放在发展战略控制论系统的范围内进行研究与分析。因此，战略控制论就要引入系统分析的概念，阐释发展战略系统。

一、系统分析的方法

战略控制论是通过控制系统进行，是对各种发展活动和资源加以限制、配置与调节，以便使发展活动付诸实行。战略控制论是以系统思想为基础，以系统方法为导向，以此来解决发展战略实施与管理中的复杂问题。系统思想与方法形成对事物的系统分析，采用步步为营、层层展开、有条不紊地进行解剖事物的逻辑结构与内在联系。对于战略控制论，无论在理论分析上，还是在实际应用上，都离不开应用系统分析。系统分析方法介于科学和技术之间，也介于理论和应用之间，不断适应着人类社会发展问题日益复杂形势下的战略实施、管理和决策方面的要求。

系统分析方法可遵循几个基本步骤：

（1）问题的辨识，要求系统地阐述所要解决的问题，包括目标、背景（环境）、约束条件、假说（设想）；

（2）调查研究，考察和搜集与问题有关的事实、资料和数据，为此提出各种事实、各种可能性、各种可供选择的方案、估计每种方案所要付出的代价以便权衡利弊；

（3）概念化过程，建立模型，包括采用近似方法、进行近似处理，进行评估，做出结果；

（4）诠释，依据评估结果对模型和原型作比较，提出各种不可限定的因素、各种不能度量的因素，评析以上各种情况的概率、最后结论；

（5）证实，在实际过程中检定结论正确与否，并可按结论来进行小规模的实验；

（6）执行，将以上所得的结论应用于实际。

为了有效地进行系统分析，首先就要认识发展战略控制论是一个大系统，其基本特征是在控制作用的影响下，能够改变自己的运行而进入某种（或一定的）状态。例如，在市场机制的作用下，发展可以按需求和供给的不同而变化，并使需求与供给关系在平衡线上波动。政府可依据发展战略的目标要求促进和保障需求与供给关系的控制。

战略控制论可以是简单系统，也可以是复杂系统或特大系统，但不管是简单还是复杂，控制论系统往往指的是具有反馈的系统，这种反馈体现在控制部分和受控制部分的交互作用中。发展战略控制论的系统分析作用在某种意义上可以说是按一定目标对系统在状态空间中的各种可能状态进行选择，使战略实施与管理系统的运行达到或趋近这些被选定的状态。因此，没有选择的可能性就没有控制。

二、系统分析的战略决策

系统分析可以帮助战略决策解决发展战略实施与管理中的决策问题。战略决策的基本要求：（1）采用组织理论，把系统当作有机整体；（2）具有目的性，以目标来确定决策的方向；（3）寻求最优标准，以最小成本获取最大效益；（4）进行可靠性分析，利用可靠的资料、数据和方法从定性与定量进行分析确定，提出解决办法。

从系统分析的角度来看战略决策的基本要素是系统的目标，可供选择的方案，各种方案的代价，约束条件，整体效益，决策标准以及采取的对策与办法。战略决策利用系统分析的基本步骤达到科学与准确决策的效应：第一步是调查研究，即“情报活动”，探查环境，寻找所要求的决策条件；第二步是制定和分析可能采取的行动方案，称之为“设计活动”；第三步是“抉择活动”，即整个概念化过程，从可利用的方案中选出一种特别行动方案；第四步是“审查活动”，即诠释与证实，对已选择的方案进行评价和检定。

三、有组织的可控系统分析

战略控制论要求对发展战略实施进行有组织的可控系统分析，即发展战略实施存在着有其组成元素及其联系形成的特定结构。战略控制论认为战略实施是有组织的系统，并非是各自分立而相互无关元素的复合体，其间存在着各种联系，同时各种联系之间存在着互相影响并形成了可控的整体性关系。从系统分析来看，战略实施的有组织性可以通过组织行为来实现可控性，而具有组织性和组织行为的可控系统往往具有如下特征：（1）在输入方面（战略实施的投入），首先具有任务性的输入（投入），其次输入是有序地排列；（2）在过程方面要处理两种行为关系，即战略实施的个体行为和群体行为，并协调这两者行为以达到一定目标的行为；（3）在输出方面，要达到总体目标及其实现的可能性，而各种输出体现有序性和相容性，或融合性以及整体的适应性，还要有与环境作用的反馈性。发展战略控制论作为有组织的可控系统架构具有信息联系，并且系统与系统之间以及在系统内各部分之间存在着信息链或称信息流。信息链成为战略控制论有组织系统的必要条件。

第三节　战略控制论的基本方式

在发展战略实施的复杂架构中，控制一般分为两种类别：管理控制和操作控制。管理控制是对各项活动及资源进行适当管制的一种过程，以便有效地朝着战略目标前行。操作控制是确保某项特殊活动（行为）得以有效进行的一种过程。在战略实施过程中，有各种计划、方案和活动，都是事先拟定所要做的事情，而控制过程告示事情已经完成了多少，是否达到了设定的要求，或会遇到什么问题。战略实施中的一切活动都与拟定的事情有关，一切活动都是基于实现目标而运行。战略目标、政策、各种程序、预算及执行规范是控制运作的依据和准则。战略实施的各项活动必须符合这些准则，如有不符合准则的现象发生，战略管理人员必须及时纠正，或检查原因，思考活动是否有必要进行修正与调整。这种过程简称之控制。

战略控制论具有两层涵义：一是表示对战略实施过程的监视，以确保其过程在既定的规范内进行；二是用以追踪战略实施状态的方法。因此，战略控制论可以视为一种循环圈的过程：（1）建立标准（准则）；（2）观察绩效；（3）比较真正的绩效与预期的绩效；（4）采取纠正行动。

发展战略控制论系统通常是在外部环境极其复杂的变化中进行的，必须从外部环境中吸收大量信息，经过控制系统加工后再对受控系统进行控制。为了有效而便利地进行控制，需要采用分级控制形式。发展战略系统的控制机制要体现有效性、稳定性、简易性和适应性，而且在于其具有组织严密、协调性强的多级递阶控制层次，体现了集中控制和分散控制的最理想的结合方式。

一、分级控制方式

发展战略控制论是分级控制系统。随着发展过程日益复杂，涉及领域繁多，协作性要求越强、组织程度越高，分级控制机制就要求越严密。战略控制论方法可以解决战略实施中分级控制的相关问题，消除机构臃肿、层次重叠、人浮于事而效率低下的现象。战略控制论关于分级控制的方法可以概述为一个分级控制的系统，可以划分为若干有分级结构的子系统，且原则上可以分为集中控制和分散控制的两种方法。

（1）在发展战略实施阶段，发展问题的决策或战略指令由下级子系统导出，即最后决策由最上级系统做出，这就称为集中控制或决策；

（2）在发展战略实施阶段，发展问题的解决或决策分别由各子系统分担，这些子系统具有较强的独立性，可以自主选择对大（总）系统施加影响的大小，这就称为分散控制或决策。

在分散控制中，上一级或最上一级不仅具有结构形式上的意义，而且对其下级各子系统间起指导与协调作用。集中控制和分散控制的两者之间没有绝对的分界，许多分级控制往往介乎这两者之间，兼有两者的特征，不过有所偏重罢了。

发展战略实施中合理组织的分级控制系统，亦称为多级递阶控制系统，每一级受控层次的每一部分都是作为一个统一的整体来执行一定的功能，并且又通过自己的受控目标在行为上和整个系统的总目标的要求协调一致。这就意味着受控系统的等级是根据控制目标的等级来设置的，控制是从上向下的，而进入控制层次的信息是以相反方向运动的，从最低层次向上运动并且逐次收敛。因此，分级控制系统的较低层次向较高层次报告（或传递）信息，只是反映其活动的结果，而不是与现实结果有关的内部过程或中间过程。

分级控制系统的每一层次，在执行功能时越是独立，吸收的信息就越大，而发出并进入上一层次的信息就越少，控制的效率就越高。由此，每个控制层次在其管辖范围内最大的独立性和信息的逐次收敛性是分级控制系统有效运行的基础，这对于发展战略实施控制系统是一个基本方式，可以促进各层级的自责与绩效，可以开启解决许多问题的方法。

二、目标控制方式

发展战略实施控制系统的最有效方式是目标控制，或称之为跟踪控制和随动控制，具有对环境干扰和受控对象特性发生变化的适应能力。对目标控制来讲，从外部输入控制系统不是预先设计好的控制程序，而是控制目标以及控制变量与参数的限制条件。对目标控制系统来讲，外部输入的程序规定性越少，其适应性也就越大。

随着人类社会的进步，发展日益具有极强的目的性。人们要使发展达到预期目的性效果，就要有目标控制，实行最优化的目标选择。目标控制一般通过求解一定目标函数的最大值或者最小值，目标函数反映出指导应规定的发展标准和要求，例如，发展效益的目标函数要求最大值，发展对生态环境影响的目标函数要求最小值。解决最优化目标选择与控制的方法可以建立相应的发展模型，并进行电子计算机模拟，以得出最优方案。这一方法就是对发展战略系统实行最优目标控制的方法。

发展战略实施的控制系统中，需要不断协调实施者的积极性，目标控制就是最好的方式。决策者只是给实施者和管理者输入目标信号，即所完成的任务，而让实施者和管理者以相当大的弹性来应对任务中出现的各种问题。这里关键是确立战略实施的控制目标，即质量优劣与效益大小的关联，使实施者或管理者可以按任务对象的多少、难易等状况随时采取应对办法，而这一切又和其切身利益有着直接联系，从而在实施者或管理者与任务之间形成一个运行良好的动态系统。

发展战略实施的目标控制，最初只是人们追求单一利益的不自觉的产物，但是随着发展活动的日益复杂、各种发展因素不断增加、联系不断密切，实行目标控制就逐渐成为人们自觉而有效地控制发展行为的重要方式。在国家发展战略的实施过程中，最好的方式就是以目标控制来促进地方或部门发展战略来完成国家发展战略的目标。

在国家发展战略实施中，在每一确定的时期，社会的一切单位都应具有同国家发展战略总目标相协调的形式表现出各自的发展战略目标。确定发展战略目标是一个复杂的过程，运用控制论的分析方法，借以计算机技术就可以实现最优化的相互衔接。

第四节　战略实施控制论原则

发展战略控制论的核心问题是对战略实施过程的优化控制原则，主要由两种涵义：（1）战略控制论系统中控制的一般优化原则，主要偏重于定性分析；（2）针对不同的条件和不同的目标，针对不同的系统和不同的过程，寻求控制的最优化原则，主要偏重于定量分析。战略控制论的优化控制原则包括控制的整体性、目标与手段的适应性、控制的主动性。

一、战略控制的整体性

发展战略控制的整体性是由全局的方向、部分和时节构成。发展战略的整体性主要体现如下三方面内涵：

第一，要详细地了解和把握各个部分。整体是对部分的统领，部分是整体的基础。通过详细了解部分，找到各个部分之间的联系，进而把握整体，更好统筹安排好各个方面和各个阶段的关系，使整体协调运转，朝着预期的战略目标和方向努力。

第二，要科学预测整体的变化与发展。毛泽东说："战略指导者当其处在一个战略阶段时，应该计算到往后多数阶段，至少也应计算下一阶段。尽管往后变化难测，愈远看愈渺茫，然而大体的计算是可能的，估计前途的远景是必要的。"① 只有预测整体的变化，才能把握整体的发展。

第三，抓住战略核心推动整体发展。战略核心是决定战略整体的主要矛盾和矛盾的主要方面，在一定时间和空间内可表现为：主要战略目标的实现和主要战略方向的行动；承上启下的战略枢纽和战略转换的时机；承担主要任务的力量等等。在一定时间和空间范围内，战略核心只能有一个，而不能多个，多核心则无核心。战略决策者和管理者应该从战略整体出发，找出对整体具有决定意义的环节和方向，以战略核心为重点，集中全部资源及能力，推动战略整体朝着预期目标发展。

---

① 毛泽东：《中国革命战争的战略问题》，《毛泽东选集》第一卷，北京：人民出版社，1991年版，第221页。

二、战略控制目标与手段相适应

发展战略控制论的基础是坚持目标与手段相适应的原则。战略手段主要由两部分构成：一是实力与资源，这是战略手段的内在因素；二是实力与资源运用的方式，包括方法、途径以及政策和策略。

发展战略控制目标与手段相适应要处理好三种关系：一是目标不能超出手段能力的范围；二是目标不能低于手段能力；三是目标与手段保持平衡。目标超出手段能力的范围有可能造成巨大战略损失，甚至出现灾难性的后果。这种关系的失衡必将导致国家发展的不稳定，甚至严重损害发展的持续性。虽然手段与方法上的损失，可以通过战略阶段、战略整体来弥补，但战略目标上的不利影响可能具有长期性或根本性的损害。对于国家发展战略来说，战略目标的损害将影响生存与发展，导致利益与安全将面临严峻考验和危险。目标低于手段能力，将造成巨大的资源浪费，对于国家发展极为不利。战略决策者和管理者应该努力处理好目标与手段的关系，力争相互协调，达成最佳效益。

发展战略目标具有层次性和多样性，而且一个目标也可以对应多种手段。在战略实施规定的目标中，可以交替使用多种手段。当然，既可使用不同的手段，又要对不同手段之间进行协调。政治、经济、社会、文化、军事、外交等因素都可以成为完成战略实施的手段。

三、战略控制论的主动性

发展战略控制论的关键是掌握主动性。发展战略控制论的主动性是指发展行为的主动权，或自主权，不仅是以硬实力为基础，而且是以软实力为依托。首先，要正确认识硬实力。发展战略控制论中的硬实力是一种现实应有的力量，既包括一种潜在的力量，也包括一种相对的力量，而关键是要在发展战略的全局或整体的某个方向、某个时节或某个结构上形成实力优势。其次，要恰当运用策略，即政策与谋略。策略是一种战略软实力，其作用在于对精神与意识通过社会发展实践转化为物质力量的重要环节，是通过智慧所产生的促进社会发展的方法与手段。在发展战略控制论中，通过恰如其分地运用策略，实现优化战略资源与力量的配置，进而争取战略主动权。

发展战略控制论的主动权必须是以国家利益为出发点，而国家利益是有层次的。为使有限的战略资源能够有效地保护国家最重要的发展利益，就必须对不同层次的国家利益的重要程度进行评估分析，并分类排列，才能更有效地运用主动权。

发展战略控制论的主动权须根据战略思维和战略内涵的要求处理和把握好一系列的关系。依据战略思维，发展战略控制论要求把握发展战略事项或活动的优先次序、全局和局部、整体和部分、长远和短期、理性和情绪、效益和成本、目标和手段、当前和未来等一系列重要辩证关系之间的平衡。只有处理好了战略平衡性，才能掌握战略控制的主动权。

第五节　战略控制论系统架构

任何国家可以选择适合自己国情的发展战略，同时要参照世界发展的状态与环境，从战略控制论的视角来认识国家发展体系存在着多种结构形式和多种控制方式，建立可行的战略控制系统架构，发挥其特有的功效。

一、战略控制论系统的功能

国家发展无论处于什么结构形态，都必须有相当“权威”的控制中心和相当强度的集中控制或中央控制。国家发展战略控制论系统（或称总控制论系统）是具有相当“权威”的指挥控制系统，核心功能就是集中控制，其他各种发展战略控制系统必须隶属于和服从国家“权威”指挥控制系统。当然，集中控制不一定完全都是“计划”指令式的程序控制，而是可以辅之以各种形式的目标控制和分散控制相结合。

发展战略控制论系统是保证国家发展战略在实施过程中同步与协调的运作。战略控制论系统在结构上体现为中枢神经系统（中枢管控中心），指挥、控制、监督和检查国家发展战略实施的每一组成部分在发展时空间的运动与变化，并使之在发展时间上取得同步协调和空间结构的合理平衡，促进国家发展战略实现最佳效益。

发展战略控制论系统的决定性部分是战略决策功能。战略决策依据国家发展战略目标，确定以平衡、稳定、持续和有序的最优发展方向，并为其他各种发展战略系统以信息的方式提出具体的计划、任务和目标。这些信息的作用可确定发展战略控制的方式：一是程序控制可以通过指令方式下达；二是目标控制可用指导方式下达。

决策和指挥行为的基础是科学预测，尤其是对各系统、子系统发展趋势的预测。预测是一种战略控制行为，其功能发挥在于应有大量信息传递与分析，包括信息中干扰条件下的失真鉴别，不同内涵的信息整理与加工，结果被纳入发展战略时空，形成认识发展战略实施过程的基础，并从趋势向量的基本作用与影响的角度认识发展战略的基本规律。在确定的发展时空中，运用规律来认识过程，那么在发展战略时间的时序中，对于未来发展过程及其终了状态，给出基本的结论性认识。这被称为发展的战略预测。

发展战略控制系统依据预测结果并按照国家发展战略总目标，确定一系列不同性质的决策。战略决策在形式上可为政策、法令、条例和各种计划、任务等；其性质上可以是指令性的，也可以是指导性的。这些决策以不同的形式输入，并作用于发展战略控制执行系统和成果系统，进行动态协调，形成了整体系统按照战略目标的最优控制，局部实现优化状态调节。因此，发展战略实施呈现程序控制与目标控制相结合，集中控制与分散控制互补，保证战略实施的统一性与灵活性，相互协调、相互补充的发展战略控制论运行机制。

二、战略控制论的执行系统

发展战略控制论系统要发挥其功能，取得战略成效，实际上控制论执行系统的运行是关键，而且要使国家利益、全民利益和可控性原则都要在控制论执行系统中得到充分的体现。

在发展战略控制论系统的架构中，战略执行系统的结构是相对更为复杂一些。在战略执行系统中，经济和社会系统、人力和教育系统、研究和开发系统、对外关系（合作）系统等，四个部分组成结构、功能和行为联系。在这些系统之间都存在双向与互动联系，且存在与影响其运行的因素很多，在总体行为上作用于发展战略控制论系统，所有这些战略系统的行为又都受世界发展大环境的影响。

在发展战略执行系统中，这四个层次的组成部分之间的相互联系和行为的相互影响，决定着执行系统以战略信息输出，作用于战略控制系统，同时以经济成果和社会效益输出，作用于发展战略成效系统。国家发展战略控制论系统中以发展成效表现为国民收入、国民财富、国民福利、国防强大、外交主动、社会稳定、环境优美等，都来自发展战略控制执行系统。在执行系统相互联系的结构上，体现着发展战略成效的整体构成。

在全球化时代，发展战略执行系统肩负着世界发展系统联系的功能，而联系世界发展空间和国家发展空间的纽带与桥梁是对外发展战略系统。通过对外经济关系、政治关系和文化关系的交流与合作等行为实现对外发展战略关系。对外发展战略系统的行为，对应着各层次的系统结构，在整体性上又与经济和社会、人力和教育、研究和开发、国民福利、国防强大等系统操作有着密切的双向联系。这些联系的相关条件来自管理系统决策指令，并确定发展战略空间的状态，决定对外发展战略系统与世界发展空间的相互联系。

对外发展战略关系中，国际发展合作是其最重要的组成部分，其主要功能和任务是通过国际发展合作，促进国家发展战略实施，优化国家发展的领域，提升国家发展的水平。国际发展合作的内容通过发展战略决策和调节机制，必须与国家发展战略相适应，推动发展战略系统的有效运行。

在全球化过程中，世界发展空间和国家发展空间发生了前所未有的变化，相互之间发展的影响与作用，从形式到强度，都有别于原有的发展空间联系。况且，发展战略控制论系统可以帮助人们从整体角度去认识世界发展空间的合作关系，及其对国家发展战略系统运行的影响与作用。

任何国家对外发展关系只能是其发展战略系统所必需的补充和扩展，从控制论的角度去认识对外关系的“度”，而不能使发展战略系统产生对外的极大依赖，否则就会丧失自身活力和降低抗干扰能力，致使发展战略系统缺乏自主的特征，又难以保持持续发展。

各种不同类型的发展关系和控制方式，在执行系统中，不断地相互作用，推动着发展战略控制论系统的运行。在发展战略控制论系统架构中，战略执行系统和战略成效系统间的功能联系和行为的相互影响，决定着发展战略系统的运行状态。

三、战略控制论的成效系统

发展战略系统运行过程中，所有发展活动最终都将以不同的成果与效益显示出来，主要包括经济成效，社会成效和政治成效，并形成战略成效系统，并且在整体上服从国家利益和全民利益为原则。一方面要直接着眼于国家、集体和个人三者利益的统一与平衡；另一方面必须立足于国家整体发展。因此，在对成效系统进行分析与研究时，发展战略控制论必须保持成效系统结构、功能、行为和控制机制要兼顾国家、集体与个人的利益，即成效体现利益的原则，寻求合理的过程控制，以保证成效系统的优化运行。

发展战略控制论成效系统的状况反映出经济、社会、文化、政治、外交与军事等各种进步与关系，也表现为国家整体发展速度与协调，是整体效益的充分体现。整体效益既要保持发展战略系统状态相对于发展时间过程的变化运行速率，又要体现在发展空间中动态平衡变化的协调关系和稳定性，显示波动范围的可控性。协调发展是节奏性、稳定性的前提，而稳定是保证可持续发展的条件。如果发展成果引发失调不仅表现为发展战略效益的结构不合理，更重要的是失调将严重干扰和阻滞发展战略系统的协调发展，且不协调的发展过程决不可能是最优发展结果。

战略成效系统的结构如以功能为基础来辨识，可以划分为社会产品系统和国民收入（GDP）系统、国民财富系统和国民福利系统，各系统之间都以不同的发展活动与作用方式，保持着密切的相互联系。战略成效系统在国家发展战略空间中，与执行系统的组织行为方式保持密切的双向联系，共同决定着发展战略控制系统的运行状态。

国民财富和国民福利系统是社会成效的反映，体现国民财富的增加与分配，国民福利的改善与提升。国民财富和国民福利系统需依赖于社会产品和国民收入系统对其输入的物资基础与保证。这些系统之间的直接联系和反馈联系，体现了相互间的关系特征，相互支持运行。①

---

① 何维凌、邓英淘：《经济控制论》，成都：四川人民出版社，1984 年版，第 235—236 页。

四、战略控制论的平台系统

发展战略实施可以建立控制平台系统，包括政治、经济、社会、文化和科技等控制机制，建立秩序确定与优化锁定系统。在不同发展水平的地域和阶段，发展战略实施的控制平台运用组合与侧重点会有所不同。发展战略实施控制平台是决定发展战略整体效益的基石，是对有效控制和规范行为的需要而进行设计和运作。

第一，政治控制：战略控制系统的“大脑”。

政治控制系统是战略组织贯彻和执行政府的政策、法律和法规，确定发展战略的方向、目标，规范各种行为活动和主要资源的配置。政治控制是置于整个发展战略的全局与高度，主导各种发展战略要素的相互关联、相互依存、相互制约的整体性和综合性，发挥宏观统领的职能。

第二，经济控制：战略控制系统的“血液”。

经济控制系统主要由经济体制、市场秩序和资源流向等系统构成，以促进经济结构的合理性，经济与社会的平衡性，经济和社会发展的可持续性。从理论上来讲，经济控制可以避免很多浪费，克服资源在不同区域、不同社会阶层之间的不平等配置。经济体制是经济控制的核心。经济体制的不断完善才能保证经济控制起到更强大的作用，促进监督并避免经济浪费和腐败现象的发生，促进发展战略更有效地实施。

第三，社会控制：战略控制系统的“经络”。

社会控制系统是包括价值取向、社会目标、社会主体、社会对象、投入方式等内容的逻辑整体，各内容之间有机统一，相互联系。社会控制主要体现平等、公正、共享的基本准则。社会控制的价值取向要求公共利益的最大化，而非个人利益的最大化，让更广泛的民众共享发展的成果。社会目标是维护社会秩序和促进社会公平正义，实现共融共生。社会主体是指一切参与发展行为的人和组织（机构），不同主体为社会发展担负不同的角色，相互配合与互为监督。社会对象主要指社会事务、社会行为和社会活动，并且与社会主体有密切关系，形成依法遵规的良好秩序。社会投入方式是社会控制的传导机制，包括法律、行政、道德和舆论等，是构建和谐社会的必要条件，不仅形成对社会有控制的战略能力，而且还要有强大的服务功能。

第四，文化控制：战略控制系统的“灵魂”。

文化控制系统有内外之分。对内，文化的政治性和社会性表现为统一民众之思想，即用意识形态来增强民众对发展战略的认识，促进其参与意识，保证战略实施的基础。文化表现为内在的文明性，是民众自发的、自然沉淀的创造力和精神力的反应。对外，文化起到促进不同民族或国家了解与认同本国的发展战略，维护环境的稳定和国家安全，实现和平为发展，以发展促和平。

文化由于自身超强的时空延续性已成为一个国家和民族精神基因的进化载体。在信息社会，不同的文化可以在不同地域传播与生长，甚至延续，其精髓得到弘扬。因此，文化控制是保证国家发展战略持久的支撑要素。

第五、科技控制：战略控制系统的“肌肉”。

科技控制系统主要是促进科技的研究与应用，加强共同合作科学研究，促进产业技术开发，保障经济与社会的持续增长，同时，创造良好的科学研究与技术开发的环境。科技控制的措施包括科学技术的研究与开发、人才教育与开发、科技资源分配、科技信息的传授等智财权等内容，形成科学技术引领发展。

第二十八章／发展战略实施的动态决策

现代世界环境中的一个最突出的特征是“变化”，且成为唯一不变的事物。任何国家发展的成功要能有效地适应变化，对发展战略实施系统中的战略管理和战略控制适时地进行调整，进行动态性的战略决策，以便能够接受“变化”之冲击，在激烈变幻的世界环境中立于不败之地，永葆国家发展与繁荣。战略决策的周密思考贯穿于整个发展战略实施过程而成为深谋大略，就能保证决策的有效性。

第一节　战略决策的动态性与特征

世界环境的变化对于发展战略实施来说就是“不确定性”，指在一定条件下属于无法明确的因素。不确定因素是一种过渡状态，存在于内外环境之中。依据环境变化的不确定因素，发展战略实施就需要战略管理与控制，简称之为战略管控，而战略管控又需要依据环境的不断变化进行战略决策。战略决策的过程主要是对各种不确定因素的分析、认识、权衡、评估和利用的过程，具有明显的动态性。

战略决策的动态性是解决发展战略实施过程中不同阶段战略计划、任务和方案的优化方法，也是考察变化因素与问题的一种途径。发展战略实施过程可划分为若干个相互联系的阶段，在环境变化的条件下，其每一阶段都需要进行决策，而这个决策不仅决定这一阶段的效益，也决定下一阶段的初始状态，每一阶段决策确定后，就得到一个决策系列，这种过程可称为战略动态决策系统。不同阶段动态决策过程就是力求效益优化，使各阶段的效益的总和达到整体最优。战略动态决策是对发展战略实现最大优化，在一定的时间内，利用有限的资源，取得更多、更大的经济社会效益。最优化就是针对发展战略实施与管控的系统中，求得合理运用人力、物力和财力的最佳方案，发挥和提高系统的效能，最终达到整体效益的最大化。

当今，战略决策面对的问题比以往更加复杂，发展战略实施的环境变化本质上不确定性和动态性，决定了大部分决策都属于动态决策，相对于静态决策而言，动态决策更具有普遍性，也使决策者在决策过程中对所承受的时间压力提出了挑战。战略决策是一个复杂的整体性和系统化过程，围绕着发展战略实施，要把政治、经济、社会、文化、科技、自然等各种因素考虑周到，组织和利用起来，构成一个紧密联系的、强有力的动态决策系统。

战略决策是科学决策思想与方法，依据发展战略实施的客观规律在管控中的具体运用，表现出非一般的性能。

首先是能动性。战略决策是人们能动作用的积极发挥，是管理者大脑思维的结果，以主动的意识去应对不确定性。针对环境变化的不确定因素，动态决策可用最大保险系数加以覆盖，用极强的确定性来对付不确定性，用有目标计划的确定性对付不确定性，即准备了对付最坏情况的办法，创造了向好的方面转化的必要条件。因此，只要战略实施与管控者具有主动意志和能力，就能提升战略动态决策的能动性。

其二是涵盖性。战略决策存在于战略实施、管理与控制职能发挥过程的始终，从目标计划的确定到方案的筹划、选择，乃至付诸实施及其效果的反馈和方案的进一步修正都离不开决策。战略决策存在于发展战略实施的各个方面，如何选择目标计划就需要计划决策，如何区分任务就需要任务决策，如何确定时间阶段就需要阶段决策，如何选择执行方法就需要方法决策，如此等等。

其三是优化性。战略决策是要针对发展战略实施中诸多不确定因素，权衡利弊，选择最有利的方案和方法，实现战略优化。在决策过程中，面对同样的客观对象，同样的客观规律，在不同的决策者那里，会使用不同的可行决策，产生不同的结果。战略决策要求决策者和管理者必须遵循发展战略实施的客观规律，根据环境变化的因素和要实现的目标，在选择的多种方案和方法中，选定一种最佳的，以最大限度地达成整体效益。

发展战略的决策对象是关系到国家安危，民族存亡的大问题，与其他决策相比，具有强烈的特殊性，如决策层次高、时效长、环境复杂、风险大等等，因而对决策类型、方法和过程都有较大的制约作用。认识这些特殊性，无疑是发展战略实施中动态决策的重要前提。

层次高。战略决策通常属于对发展战略实施中涉及强国惠民的政策、方针、目标等重大问题做出决定的高层次行为。高层决策是确定发展战略的整体方向以及远景有关的重大部署和布局，涉及发展战略的根本方向，对实现具体的目标有明确的指导作用。高层次的战略决策不仅涉及高层的管理者，而且在许多情况下是由国家领导人做出的，是十分严肃而慎重的决断。

时效性。战略决策一般不是短期的或局部的发展战略实施行为，有关国家的发展政策、方针、方向等都要在相当一段时间内保持稳定，不能朝令夕改，大起大落。即使由于客观条件的变化而需要做出某种变更，也要照顾到前后的连续性。

复杂性。战略决策是复杂的多因素决策，涉及到政治、经济、社会、文化、科技、军事、外交、地域等广泛的内容。政治环境的好坏、经济形势的优劣、科技水平的高低、社会发达与落后、军事的强与弱、外交是否友好、地域条件的险易等等，都属于决策条件中的多变因素，会直接影响到战略决策的整体效应。同时，发展战略实施是一个庞大的、复杂的动态系统，包含着众多具有差异或一致、程度不同、相互制约和影响的因素。面对极为复杂的决策因素，孰先孰后，或重或轻，都需要战略管理者审时度势，做出全面考虑，决不可盲目做出决定，否则会酿成大患。

风险性。战略实施是复杂的，与之相关的诸多因素中不明显、不确定的因素很多。同样一个决策也可能会出现几种不同的结果，客观上存在着很大的风险性。这就要求管理者在决策时要有更敏锐的判断力和相当的胆略，而且要避免风险带来的损失。

第二节　战略动态决策的基本类型

战略动态决策作为人的一种创造性思维活动，在具体运用过程中是千姿百态的，但也不乏可寻共同规律。为了真正把握其共性与个性的辩证统一，正确做出对发展战略实施的战略动态决策，可以从不同角度划分类型。

第一，从决策所实现的管控目标上划分，有战略性决策和策略性决策。战略性决策主要指关系到发展战略实施的长期性、全局性问题的决策，通常由最高领导层经过反复商讨，以十分慎重的态度做出。战略性决策牵涉面大，相关因素多，关系复杂，随机性大，要把定性分析和定量分析的方法有机结合起来，尤以准确的定性分析最主要。策略性决策是发展战略实施过程中的一系列具体问题的决策，是实现发展战略目标的具体行为。策略性决策不仅服从于战略性决策的需要，而且又是战略性决策的具体表现。

第二，按战略管控出现的情况（问题）和处理的方式划分，有常规性决策和非常规性决策。常规性决策主要指对发展战略实施中经常反复出现的一些问题进行决策，有一套可以遵循的程序。例如，在解决一般较常见的发展问题时，可以依照认识或理解情况——分析情况——确立决定——下达指令，这种基本程式化的顺序来进行。这中间决策者和管理者熟悉决策程序，避免顺序颠倒而造成决策失误是非常重要的。非常规性决策是指对过去没有或很少出现过的问题进行的决策，甚至是突发问题或事件的决策，一般缺乏以往惯例作为依据，且时间紧、责任大，对决策者和管理者自身的知识、经验、作风和毅力的要求可能更高。

第三，从决策的方式上划分，有个体决策和群体决策。个体决策是由个人所做出的决定，其他人或机构只能收集信息、执行决定，无权参与决策。这种决策的效果受个人的经验、知识、见解、主张和所运用方法的影响，要想做出更有效的决策，就需要通过增强和改进其知识、观念、方法来进行。群体决策是由多种个体共同做出的决定，其决策效果既受群体的知识、经验、观念的影响，又受决策过程的制约。群体决策效果除了取决于每个决策个体的知识、观念外，还决定于决策群体成员之间的关系，决策机构中各部分、各个决策人员之间的关系，而且改进决策机构的设置和决策程序，也可以达到完善的决策效果。

第四，按管控所掌握的情况程度划分，有确定性决策和非确定性决策。确定性决策是指一个方案只有一种确定的结果，决策者和管理者只要比较每个可行方案的优劣便可做出决定。非确定性决策包括风险性决策和博弈性决策，在发展战略实施的管控中是经常可以见到的。风险性决策经常是偶然性因素较多，一个方案可能出现几种不同的结果，客观上存在着不受管理者意识约束的多种自然状态。在这种决策中，管理者并不能预知全部后果，必须承担一定的风险。博弈性决策主要是指发展战略实施中存在着许多不确定的因素，而且决策的对象会不断地出现新的反应，或对手也会不断地做出新的反应。管理者在做出博弈性决策时，要准确地把握发展战略实施中的必然性和偶然性，认真了解和分析情况，坚持科学地权衡利弊得失，灵活果断地处置问题。

第五，按管控方案或方法的复杂程度划分，有单项决策和多项决策。单项决策是指衡量各方案好坏的标准只有一个，是针对解决具体问题只有唯一方案或办法的决策。多项决策是指衡量各方案好坏的标准有两个以上，要求决策者和管理者必须针对各种因素的影响，统一权衡，做出综合性的决定。发展战略实施的管控决策是非常复杂的，多项决策不能计较简单的一时一事的利害得失，而要树立全局观念，坚持整体利益和局部利益相统一，长远利益和暂时利益相一致的原则，做出切合实际的决策。

战略决策具有不同类型和不同特点，所采用的方式和手段也不同。战略管理者只有全面了解不同的动态决策类型，才能本着具体问题具体分析的原则，做出正确的决策。

第三节 战略动态决策的程序

战略决策程序表明决策过程的基本步骤。世界事务的多样性和复杂性，不同领域、不同类型的决策程序不可能完全相同，但战略动态决策需要遵循其基本程序。

一、发现问题，了解原因

发现问题就是确定战略管控决策的问题或对象。发现并正确地提出问题，是战略动态决策的出发点。毛泽东同志在《中国革命战争的战略问题》一文中指出："指挥员的正确部署来源于正确的决心，正确的决心来源于正确的判断，正确的判断来源于周到的和必要的侦察，和对于各种侦察材料联贯起来的思索。”这就要求战略管控决策者必须要有宽阔的视野，严密注视与发展战略实施相关的国内外政治、经济、社会、文化、外交和军事的形势，从大量偶然事物中发现问题，并透彻地分析问题产生的背景，问题的实质及影响的诸因素。发展战略实施中问题一旦确定，战略管理者就要围绕着这一问题充分了解有关信息。了解产生问题的原因要尽可能详细，需要深入调查，以免遗漏某些因素，才能寻求达成决策问题的具体途径，这是保证管控动态决策有效性不可或缺的基础。

二、分析研究，提出方案

发现问题后，接下来就是要确定战略决策的方案或办法，是要解决问题，即探索和拟定方案。战略决策方案的制定必须进行深入分析研究，才能寻求方案。方案通常是先从比较熟悉的经验方案中研究与寻找，然后再考虑其他方案。先考虑把握大的方案，然后再考虑把握小的方案，而且对其进行比较分析研究。战略管控的动态决策通常具有风险性，遇到的不确定的因素将会很多。回顾和借鉴研究以往的经验式方案是重要的，但丰富的想象力和勇于创新的精神更为可贵。在探索多种可行性方案后就要进一步加工、整理和完善，这需要战略决策者和管理者有冷静的头脑和准确的判断力，不仅要反复推敲方案本身，也要考虑到方案实施的后果并可能控制，特别是要预计对战略决策后果有重大影响的因素，如国际风云变幻，国内政治状况、社会文化风气、科学技术水平等等。

战略决策要分析方案的可行性，也要具体明确，不能含糊不清，避免选择方案时产生歧意。战略决策的确定还要及时、果断，这是对问题做出的快速反应，也是非常关键的一环，如对重大国际危机和突发事件的处理，迟缓被动就可能危害到有关利益。况且，一些重要的发展战略项目和巨大的工程系统的研发、建设也往往需要相当一段时间，若举棋不定，迟迟不做出决定，如国内外情况发生了变化，就会贻误时机。

三、方案评价，优化选择

方案的评估和选优就是对所有方案的分析预测结果进行逐一鉴定和比较，从而选定最令人满意的方案。这是战略决策过程中的关键环节和步骤，要求广泛吸收专家和各部门的意见，对可供选择的各个方案进行充分地介绍、解释和答疑，允许各方案间的深入讨论以至辩论。作为方案的最后决策者，不要急于表态同意什么或不同意什么，这样会妨碍更多更好的意见发表。经过详细评估，然后选择一种最令人满意的方案，并吸收落选方案中有价值的部分，以补充、修改和完善已选择的方案。

为了进行方案的评估和优选，应当确立适当的价值标准以衡量可选方案的作用、结果和意义。战略决策是一个相当复杂的系统，无法确定一个统一的价值标准，只能以发展战略实施的成功概率大小为取舍。

四、执行决策，反馈控制

把选定的方案付诸实施并监督其执行的过程，就是战略动态决策的重要环节。在战略决策的执行过程中，因决策本身可能存在的偏差和客观外界情况的变化，往往会遇到一些意料不到的新问题，必将影响决策的有效性。因此，决策者和管理者就要对已决策的方案或正在执行的方案进行不断地修改和完善，将修改和调整后的方案付诸执行。实际上，战略动态决策的整个过程就是：决策——执行——再决策——再执行的循环往复的过程，直至决策目标的彻底实现。这循环中间，反馈执行的信息是至关重要的。反馈的信息必须是真实的、及时的，并能反映出决策所影响的各个方面，才能保证管理者进行有效监督，保证决策正确无误得以贯彻和执行。

第四节　战略动态决策的基本法则

科学的战略动态决策依据其活动的内在规律，必须遵循一些必要的法则。管理者要想对战略实施动态过程中的管控做出有效的决策，正确地选择一个可行的优化方案，就要始终不渝地遵循其基本法则。

一、信息准全法

信息是决策的基础，信息的变化决定着战略动态决策。在复杂的国内外环境中，战略管理者必须首先进行切实的调查研究，全面掌握各方面的信息，并对其适时进行系统的归纳、整理、识别，去伪存真，去粗取精，才能清楚地认识其变化态势，做出科学的发展战略决策。在科学技术高度发达的今天，信息传递的欺骗和迷惑层出不穷，使了解信息的正确性增添了难度。欲按照一般决策学原理要求的那样，待完全获得准确全面的信息后，再做出决策几乎是不可能的。因此，一时难以获取全面的信息，至少要确保已获信息的准确性。况且，在具体决策过程中，一定要千方百计通过各种渠道，采取各种手段获取尽量准确、完整和及时的信息，要保证其中的重要信息具有相当程度的可靠性。信息越可靠，决策的基础就越坚实，科学性就越高。

二、科学预判法

预判可称之为预测或预估，是发展战略决策的前提。完全准确的预测是很难做到的，但运用科学方法进行预判是可能做到的。从理论方法上来说，可根据以往和现在推测未来，可根据已知推测未知。当然，根据主观的经验教训、客观的信息和条件对未来做出有客观依据的预估，有可能做出有效的决策。预判不是什么不着边际的主观臆想，而是必须有科学理论依据和采用科学的预估方法。战略管理者应该运用科学的知识和手段，分析研究历史资料和调查现实情况，找出战略管控活动必须遵循的规律，正确地估计发展战略实施的绩效，以此作为决策的基础。科学预判的方法主要有定性预估、定量预估和综合预估三种。在战略决策过程中，通常是将定性预判与定量预判相结合，即以综合预判方法来弥补定性过于抽象和定量应用范围受限制的不足，提高预判的科学性和准确性。

系统分析是科学预判方法的基础。战略动态决策不同于一般决定某一具体事务，而是以系统的结构关系，从整体来认识问题和解决问题。管理者不仅要顾眼前，也要顾及长远；不仅要顾及局部，也要顾及全局；不仅借鉴过去，也要展望未来；不仅要考虑到发展战略纵向关系，也要考虑到与之相关的横向关系。

三、满意择优法

战略决策的基本追求目的是优化，即满意择优。在战略决策中，人们通常提供不同的可供选择的多个方案，如只有一个方案，就无从比较，也分不清优劣高低。战略实施的管控决策不可能一味追求最佳决策，而最佳决策往往是在理想条件下建立的方案，这些条件一旦变化，就会或多或少地导致失误，甚至带来严重后果。因此，管控的决策应立足现实条件求得一个满意择优的决策，以增大保险系数。

满意择优决策的根本目的是为了发展战略实施的效益，战略管理者不能只强调需要，而不重视可能；不能只考虑有利因素和成功的机会，而不考虑不利因素和失败的风险。战略管理者做出任何管控决策，都要从实际出发，分析经济实力、环境保护和科学技术水平，分析发展过程中的可能变化，分析决策后对政治、社会、道德、人际等关系的影响及利弊得失。经过慎重论证，周密审定和评估，就能确定满意择优。

四、民主科学法

在日趋复杂，瞬息万变的现代社会，战略实施的动态决策具有比以往历史上更大的难度。对于战略动态决策，任何战略管理者都不可能拥有足够的时间、精力和知识去处理所有的信息，也不可能过分相信自己的经验，过分相信自己的智慧，从而对一些涉及到发展战略的重大问题不能轻易决断，更不能个人说了算。战略动态决策可以充分发挥咨询机构，即“智囊团”的作用，吸取各方面的智慧和经验，进行实事求是的评析，促进管控决策能做出正确的选择。因此，战略管控动态决策不仅是管理部门和人员的事情，而且与智囊机构——战略管理者的“外脑”有密切相关。虽然现代战略决策的方法在不断变化，但在战略决策中扮演重要角色的谋士们的作用不仅没有降低，反而越来越重要了。面对国内外发展领域和问题日益广泛且复杂多变，战略管理者和决策者，甚至国家领导人都十分重视发展理论和战略的研究，重视智囊机构的合理建议，充分体现出了决策的民主作风。

发展战略实施对管理者和决策者素质的一个基本要求，不是看其个人能出多少好主意，而要看其能否正确地选择决策。有时战略管理者和决策者在集体决策中，设法用自己的思想和意见去控制其他成员的意见，以形成最终决策。这在某些特定的条件下是可行的，紧急的情形不允许集体成员做过多的、冗长的讨论。然而，在正常情况下这就容易产生许多弊端，长此以往，参与决策成员可能容易养成冷漠、消极的态度，其主动创新、群策群力的热情受到压抑，影响到决策的质量。因此，坚持决策的民主性是战略决策发挥集体智慧的基本法则。

战略决策中的民主与科学是密不可分的。决策者要有科学的态度，不能把决策当成少数人的特权，要充分听取咨询机构和研究人员的各种意见，不能要求其与自己的意见完全一致，可以对决策提出怀疑和歧义。决策者要充分重视决策的科学性，遵循正常决策程序，尊重咨询和研究人员的科研成果，相信其对决策意见所负的切实责任。同时，战略决策的科学性也要求咨询的科研人员具有坚持真理的求实态度，不能把咨询研究当成为决策进行的注释或论证，而要站在为民族、为社会负责的立场上，知无不言，言无不尽，坚持真理，修正错误，进行真实的科学研究与论证。只有当战略管理者与咨询研究人员都具有了科学态度，战略决策的科学性就能切实得到保证。

五、辩证唯物法

辩证唯物主义和历史唯物主义是发展战略动态决策的方法论基础。马克思、恩格斯等革命导师所创立的辩证唯物主义和历史唯物主义，乃是当代科学的世界观和方法论，也是指导发展战略实施中动态决策的重要思想基础。辩证唯物主义和历史唯物主义为战略实施决策提供了最根本的方法论原则，主要有以下三个方面：

一是坚持主观和客观相统一的实事求是的思想方法，反对主观与客观相分离的主观主义的思想方法；

二是坚持各种事物相互关联，辩证思考和观察问题的方法，反对孤立、片面、僵化和静止的观点；

三是坚持矛盾方法，反对形而上学的一点论和绝对化。

战略动态决策只有坚持马克思主义哲学观和方法论，才能取得发展战略实施的更大成效。

发展决定于战略，而战略决定于决策。

参考文献

1.《毛泽东选集》，第1—4卷，北京：人民出版社，1991年版。

2.《马克思恩格斯选集》第1—3卷，北京：人民出版社，1972年版。

3. 列宁：《帝国主义是资本主义的最高阶段》，北京：人民出版社，1964年版。

4. 杰拉尔·迈耶，达德利·西尔斯编：《发展经济学的先驱》，北京：经济科学出版社，1988年版。

5. 王永生著：《决策方略》，北京：人民出版社，1999年版。

6. 孙书贤著：《战略决策学总论》，北京：军事译文出版社，1992年版。

7. 陈东晓等著：《联合国：新议程和新挑战》，北京：时事出版社，2005年版。

8. J. David Hunger and Thomas L. Wheelen：Strategic Management，Sixth Edition，1998，Addision Wesley Longman Inc.

9. Peter Wallace Preston：Development Theory：An Introduction，2002，Blackwell Publishing Limited.

10. Charles W. L. Hill and Gareth R. Jones，1989，Strategic Management Theory，An Integrated Approach，Houghton Mifflin Company.

11. Richard Peet and Elaine Hartwick，2009，Second Edition，Theories of Development，Contentions，Arguments，Alternatives，The Guilford Press.

12. Gerald M. Meier，1984，Leading Issues in Economic Development，Oxford University Press.

13. A. P. Thirlwall，1983，Growth and Development with Special Reference to Developing Economies，the Macmillan Press Ltd.

14. M. V. S. Rao，K. Porwit and N. Baster，1978，Indicators of Human

and Social Development, the United Nations University.

15. William C. Olson and David S. McLellan 1983, The Theory and Practice of International Relations, Prentice-Hall Inc.

16. Gerald M. Meier and Robert E. Baldwin, 1963, Economic Development Theory, History, Policy, John Wiley & Sons Inc.

17. Everett E. Hagen, 1980, The Economics of Development, Richard D. Irwin Inc.

18. Gilbert Rist, 2010, Third Edition, The History of Development from Western Origins to Global Faith.

19. Mary Jo Hatch, 1997, Organization Theory: Modern, Symbolic and Postmodern Perspectives, Oxford University Press.

20. United Nations: Meeting the Challenges of a Changing World, 2006.

21. United Nations: A More Secure World: Our Shared Responsibility, Report of the High-Level Panel On Threats, Challenges and Change, 2004.

22. Donald E. Riggs, Strategic Planning for Library Managers, 1984, Oxford Press.

23. Anthony Payne and Nicola Phillips, Development, 2010, Polity Press, New York.

24. Philip Mcmichael, Development and Social Change, A Global Perspective, 2008, Pine Forge Press.

25. U. N. D. P. : Human Development Report, 1990—2017.

26. OECD: Green Growth and Developing Countries, June, 2012.

27. United Nations: the Green Economy Progress Measurement Framework Application.

28. W. M. Adams, Green Development Environment and Sustainability in a development World, Third Edition, 2009.

29. United Nations: Practitioner's Guide to Strategic Green Industrial Policy, 2016..

30. OECD: Strategies for Sustainable Development, 2001.

31. Ross Harrison, Strategic Thinking in 3D: A Guide for National Security, Foreign Policy and Business Professionals, 2013, Potomac Book.

32. John Blewitt, Understanding Sustainable Development, 2015, Rout-

edge, New York.

33. S. I. Cohn, World Development and Economic System, 2015, World Scientific Publishing Co. Pte. Ltd.

34. H. W. Arndt, Economic Development: The History of an Idea, 1987, The University of Chicago Press.

35. Magnus Blomstrom and Bjorn Hettne, Development Theory in Transition, 1984, Zed Books Ltd, New Jersey.

36. Run Skarstein, Development Theory: A Guide to some Unfashionable Perspectives, 1997, Oxford University Press.